世界银行贷款/英国政府赠款
"西部地区基础教育发展项目"

21世纪农村教育改革与发展丛书

学校发展计划与学校自主发展

——"西部基础教育发展项目"的经验与反思

主　编　陈向明
副主编　陶剑灵

北京大学出版社
PEKING UNIVERSITY PRESS

图书在版编目(CIP)数据

学校发展计划与学校自主发展:"西部基础教育发展项目"的经验与反思/陈向明主编,陶剑灵副主编. —北京:北京大学出版社,2008.12
(21世纪农村教育改革与发展丛书)
ISBN 978-7-301-14695-8

Ⅰ.学… Ⅱ.①陈…②陶… Ⅲ.①基础教育－发展－研究－西北地区②基础教育－发展－研究－西南地区 Ⅳ.G639.21

中国版本图书馆 CIP 数据核字(2008)第 188601 号

书　　　　名:	学校发展计划与学校自主发展——"西部基础教育发展项目"的经验与反思
著作责任者:	陈向明　主编　陶剑灵　副主编
责 任 编 辑:	李淑方
标 准 书 号:	ISBN 978-7-301-14695-8/G · 2523
出 版 发 行:	北京大学出版社
地　　　　址:	北京市海淀区成府路 205 号　100871
网　　　　站:	http://www.jycb.org　http://www.pup.cn
电 子 信 箱:	zyl@pup.pku.edu.cn
电　　　　话:	邮购部 62752015　发行部 62750672　编辑部 62767346　出版部 62754962
印　　刷　者:	北京飞达印刷有限责任公司
	787 毫米×980 毫米　16 开本　21.75 印张　550 千字
	2008 年 12 月第 1 版　2008 年 12 月第 1 次印刷
定　　　　价:	39.80 元

未经许可,不得以任何方式复制或抄袭本书之部分或全部内容。
版权所有,侵权必究
举报电话:(010)62752024　电子信箱:fd@pup.pku.edu.cn

编委会成员

(以姓氏笔划为序)

马成虎　马旭光　田继中
刘旭东　李亚琴　何锡光
陈向阳　陈永进　陈标智
张升平　杨　东　杨朝晖
武宇林　童本诚　雷专平
裴晓春

写在前面的话

世界银行贷款/英国政府赠款西部地区基础教育发展项目"学校发展计划和参与式教师培训"子项目在广西、四川、云南、宁夏、甘肃五个项目省（区）实施以来，在国家级专家组的管理和指导下，通过各项目省区的不懈努力，取得了预期的成果，收获是多方面的。学校发展计划这一新的学校管理理念和工具的实践，为探索适合不同学校的校本管理方式和思想，尤其是农村地区中小学自身发展需要的管理机制提供了新的思路和途径。学校发展计划活动的开展，对学校管理思想和管理模式的变革具有现实的意义，这一具有创新思想的变革实践活动对项目省区构建更为有效的教育制度，制定更为切合实际的政策将产生积极而深远的影响。该项目实施以来，将学校建成社区的学校、密切社区与学校的关系、自下而上、上下结合、不同群体平等参与学校管理、发挥学校发展委员会的作用等新的理念和做法已经开始为项目地区的社区成员、校长、教师、教育行政管理人员所接受并用于实践。

学校发展计划项目的实施是一个"痛并快乐"的过程，项目经过各级行政管理机构、专家组、校长、教师、学生和社区群众的共同参与，发现了许多值得讨论的问题，积累了大量来自不同层面的材料，总结了许多值得推广的经验，提出了许多有价值的建议。为及时而真实地记录参与人员对这一"创新活动"的感受和体验，更大范围地分享经验，国家级专家组在较短的时间里，收集整理了学校发展计划制定和实施方面的文章和材料，经过国家级专家组的筛选，汇集成本册文集。

本册文集分三部分：

第一部分为实践反思，收录的主要是项目省区一线校长、教师、教研人员和基层教育行政管理人员，亲历学校发展计划活动的感受、体会和经验文章，内容囊括学校发展计划的整个技术环节和步骤，从中可以看出学校发展计划作为一种"新生事物"，在基层学校从培训到试点、从宣传到实施的历程，尽管很多文章文辞浅显，甚至稚嫩，但它们鲜活地记录了学校发展计划开展的轨迹，体现了这项活动过程的原貌。通过这些文章，可以感受到基层学校对实施学校发展计划的探索过程，更可以感受到学校发展计划的实施给学校带来的实际的、深层的变化。

第二部分为文本案例及简评。学校发展计划文本是实施学校发展计划工作的依据，也是开展项目活动的成果体现。文集选取了项目省一所初级中学制订的完整的学校发展计划文本，并对文本各部分填写的情况作了简单点评，既可以看出项目学校发展计划文本的真实面貌，也能直观地了解如何制订文本。

第三部分为监测评估。为促进学校通过学校发展计划的实施形成自我监控与调整、自我反思与评估、自我完善与发展的内在运行机制，进一步强化学校发展的主体意识，切实提升学校的自主发展能力，更为重要的是提高实施学校发展计划活动的实效和质量，国家级专家组通过对项目省区的深入调研，开发研制了《SDP监测评估方案》，从评估指标的系统完整性和自评的角度来讲，这在国内开展的诸多学校发展计划项目中，还是第一次。这一评估指标的使用,将有力地促进学校发展计划的可持续性开展,为实际形成新的校本管理机制创造条件。

　　文集所反映的主要是校长、教师、教研人员、基层教育管理人员在实施学校发展计划过程中形成的初步经验和体会,出版他们的文章也是对他们艰辛工作的一种反映和回报,这些文章的价值在于它们的真实性。文章收集整理时间仓促,来源广泛,不成熟和不妥之处在所难免,敬请读者不吝赐教,批评斧正。

"参与式教师培训与学校发展计划项目"
国家级专家组副组长
陶剑灵
二○○八年八月

目 录

第一部分 学校发展计划实践反思

实 践 反 思

英国学校发展计划的历史演变过程和运行模式 …………………… 陶剑灵(1)
SDP 监测评估方案的研究实践 ……………………………………… 裴晓春(11)
以学校发展计划为核心的学校督导 ………………………………… 雷专平(21)
学校发展计划与我国教师的发展 …………………………………… 杨朝晖(29)
论 SDP 与学校文化重建 …………………………………………… 刘旭东(37)
实施 SDP 和 PTT 项目给农村教育带来的机遇与挑战 …………… 安继广(47)
实施 SDP/PTT 项目 促进基础教育和谐发展 …………………… 何兴宝(51)
学校发展计划意味着什么 …………………………………………… 华俊昌(53)
"思路"与"出路" ………………………………………………… 解光穆(57)
实施 SDP 项目提升学校的整体素质 ……………………………… 蒋伟平(61)
管理的艺术 学习的力量 ………………………………………… 李广峰(63)
转变观念 提高技能 落实课标 全面推进 ……………… 李天霖 李子军(66)
学校发展计划为学校管理注入活力 ……………………………… 任菊莲(70)
实施 SDP 和 PTT 项目促进教育发展 ………………… 王桂红 陈万荣(74)
校长领导是学校发展计划的核心元素 …………………………… 卢光辉(79)
实施 SDP 项目促进学校发展 ……………………………………… 杨少春(83)
借项目实施之东风 实现社区学校双赢 ………………… 张成云 金忠红(86)
学校发展计划的认识及实践诉求 ………………………………… 支爱玲(92)
实施 SDP 使学校管理更有凝聚力 ………………………………… 曹琼仪(97)
SDP 项目学校校园文化建设的几点思考 …………………………… 胡 明(99)
实施 SDP 是校长专业化发展的有效途径 ………………………… 王 萍(104)
实施 SDP 项目的几点思考 ………………………………………… 王 琴(108)
SDP 实施中教师民主参与学校管理的思考 ……………………… 杨馨凤(110)
学校发展计划的关键是促进学校内涵发展 ……………………… 禹晓成(114)
让文化的"和"风吹拂校园 ……………………………………… 刘明星(117)
在计划中完善计划 在发展中谋划发展 在反思中学会反思 ……… 卫方挺(122)
国际视野下的学校管理与创新 …………………………………… 徐 进(126)
学校文化应成为学校生存与发展的灵魂 ………………………… 杨少祥(132)

实施 SDP 给学校带来的可喜变化	张学海 王亚迪	(136)
实施 SDP 项目　协调好教育行政部门与学校的关系	竺荣安	(139)
实施 SDP 项目　走集中办学之路	杨保华	(143)
实施学校发展计划应体现人性化	马建文	(145)
鼓励自省　淡化评价	马建文	(150)
实施 SDP 项目推动学校健康有序发展	马绍贤	(153)
实施 SDP 项目走特色化的学校发展之路	李相贤	(157)
实施学校发展计划，加强校园文化建设	毕继武	(162)
实施学校发展计划　走特色发展之路	陈德明	(166)
实施学校发展计划带来的转变	高志佐 李云仙	(168)
浅谈学校发展计划的社区参与功能	马志国	(170)
实施 SDP 项目　建立良好的学校人际关系	徐　勐	(173)
制订和实施学校发展计划应遵循的原则	杨朝生	(177)
让学校与社区真正互动起来	杨国翠	(182)
实施 SDP 项目　促进和谐校园建设	张　银	(183)
实施 SDP 项目　正确处理学校与社区的关系	自德春	(185)
实施 SDP 项目促进农村学校发展	马永芹	(187)
从 SDP 视角看校本管理的实施	陈向阳	(189)
"SDP"项目实施带来的变化	陈月华	(193)
SDP 和 PTT 项目所体现的过程与价值	陈　静	(195)
基于 SDP 背景的校长角色转变	蒋世标	(196)
SDP——学校发展的新机遇	黎承素	(198)
基于"SDP"下的校长培训模式	李文红	(200)
SDP 的实施在我国农村学校发展中的现实意义	陆远来	(204)
加强社区联系　促进学校发展	罗长全	(210)
制订和实施学校发展计划的几个到位	袁林权	(212)
运用 SDP 理念提高学校管理效能	周　鋆	(217)
问渠哪得清如许　为有源头活水来	王凤兰	(221)
农村中小学校与社区关系的调查与研究	张　旭 李文红	(223)
学校是社区的学校	黄芳芳	(227)
如何有效地进行社区访谈	覃　娜	(229)
提高学校管理水平　增进校社联系的有效途径	言光文	(230)
变了——我们的学校	杨玉梅	(232)
实施 SDP 给一所薄弱学校带来的变化	郁德义	(233)
浅析学校发展计划制订过程中应注重的问题	庄兴钊	(234)
制订学校发展计划的几点原则	范明伟	(237)
学校工作计划融入学校发展计划的尝试	熊光建	(239)
拾得学校发展三件宝	钟德清	(247)
制订学校发展计划的几个关注点	黄胜利	(250)

学校发展计划制订过程中应注意的几个问题……………………黄志远(252)
学校发展的新动力……………………………………………………金　晶(254)
规范SDP的制订和实施　促进教师的专业发展………………张　敏(256)
实施学校发展计划带来可喜的变化…………………………………赵兴文(259)
如何有效收集学生意见………………………………………………张和翠(262)
整县推广"学校发展计划"的实践与思考…………………………王喜元(265)

第二部分　学校发展计划文本案例

文本案例及简评

学校发展管理委员会组成人员名单……………………………………………(271)
第一部分　社区概况及变化……………………………………………………(271)
第二部分　学校概况……………………………………………………………(272)
第三部分　过去三年学校发展的自我评估……………………………………(273)
第四部分　未来三年学校发展展望……………………………………………(275)
第五部分　本学年需优先解决的问题…………………………………………(276)
第六部分　本学年学校发展的主要目标与具体措施…………………………(278)
第七部分　学校周历表(第一学期)……………………………………………(287)
第八部分　学校管理部门和人员工作计划表…………………………………(289)
第九部分　教研组工作计划表…………………………………………………(300)
第十部分　本学年学校发展计划的监测与评估………………………………(314)
附件………………………………………………………………………………(315)

第三部分　学校发展计划监测评估方案

监测评估

编写说明…………………………………………………………………………(319)
SDP监测评估的目的是什么……………………………………………………(319)
SDP监测评估的程序是怎样的…………………………………………………(319)
SDP监测评估的范围和内容有哪些……………………………………………(321)
SDP监测评估采用怎样的评判方法……………………………………………(331)
SDP监测评估信息收集工具……………………………………………………(332)
SDP自我监测评估报告格式……………………………………………………(335)

附录………………………………………………………………………………(335)

第一部分
学校发展计划实践反思

英国学校发展计划的历史演变过程和运行模式

国家级专家组　陶剑灵

学校发展计划在我国是一个全新的学校管理概念,英文的缩写是 SDP(School Development Plan),从现有的文献和"校本管理"的内涵来讲,其起源于英国。在十几年的发展历史中,学校发展计划这种新的管理理念和方式为许多国家所借鉴、应用和推广。作为一种先进的或不同以往的学校管理方面的理念与工具,学校发展计划的效果,尤其是在学校层面带来的变化为实践所证实,学校发展计划的价值不断受到教育管理部门、学校和校长的青睐,学校发展计划和学校绩效之间的紧密关系也日益引起研究人员的关注。

20世纪90年代末,学校发展计划的概念和做法首次通过中英之间的"发展性督导评价项目"引入上海,2000年始,又在英国国际发展部资助的"中英甘肃基础教育项目"(GBEP)中广泛实验和推广,从2002年截至目前,学校发展计划不断在大大小小的国际合作项目中开展,诸如针对西部8省区基础教育的联合国儿童基金会的项目(UNICEF)、国际计划组织(PLAN)在陕西开展的项目,等等,与中英甘肃基础教育项目相比,世界银行贷款/英国国际发展部赠款"西部地区基础教育发展项目"("西发项目")中的学校发展计划活动,其规模和影响也是非常巨大的。无疑,学校发展计划的引入和实施对项目地区的教育和社会发展产生了积极的效应和深远的影响。

学校发展计划作为一个崭新的管理学概念,具有理论研究价值和实践指导意义,对它的深入研究和不断探索无疑将对我国的教育改革和学校发展提供新的思路和管理模式。本文意在通过梳理和探索英国学校发展计划的演变历程与运行模式,为进一步完善和寻找适合我们自身的"学校发展计划"提供一些启示。

1. 学校发展计划的产生与历史演变过程

20世纪80年代末和90年代初,学校发展计划已大规模地在英国的学校出现和使用。虽然这一时期,英国政府和地方教育局仍没有明确立法要求学校必须制订自己的学校发展计划,但现实已经为学校发展计划的有效实施创造了必要的条件与政策环境,英国教育和科学部着力建议所有学校制订发展计划。据1991年进行的一项全国性针对中小学校长的调查显示,98%的学校具有各自的学校发展计划,可见,学校发展计划的思想已深入英国教育制度和办学体系,并且成为英国学校管理的一个显著特点。

学校发展计划的发展历程不长,但其内容比较复杂,它涉及一系列影响、支持、监测和"控制"学校工作的策略。严格讲,学校发展计划的起源可追溯到20世纪70年代。作为一项专业化活动,学校发展计划基于学校的自主管理和发展,基于学校、督学和专家的共同参与。学校发展计划有机地将学校工作与地方教育政策和国家政策结合起来,学校通过自主管理使自身担负更多的责任。尽管在20世纪40年代,在制订未来人口和校舍规划方案中,特别是在1944年的英国教育法案中,已在地方一级的政府文件中涉及有关"学校发展计划"的意见和提法,但真正意义上的学校发展计划,在20世纪70年代以前还无从谈起,这一时期,无论政策还是实践方面都很少有关于学校发展计划的内容与做法的。

在20世纪70年代的地方和国家的"活动"中,也可能寻找到最初的学校发展计划的影子,当时英国最大的一个教育局就已开始鼓励学校在自主管理与发展方面作出努力和承担更多的责任。1977年伦敦教育局颁布了《使学校保持自评》的文件,其目的在一定程度上是对学校自评提供革新方面的指导,帮助学校明确发展目标和优先发展的内容,发现学校自身的弱点和长处,保证对学校各个方面给予足够的重视,该文提供了学校自评的框架,并为学校和督学之间的对话与合作奠定了基础。第一个将这一革新活动引入学校实践的是埃里克·布瑞奥特先生,在他早先为教育技术协会撰写和发表的文章里,就已经指出学校应当在资源管理方面变得更加主动和富于创新精神。在那时,他已经开始考虑如何通过市场化的方式让学校选择和利用资源的问题,并为此促使学校作出相应的计划安排。一年以后,伦敦教育局也出台了相关的文件。《使学校保持自评》一文以及后来的这些文件都在一定程度上涉及和强调了学校的自查、自评和自主管理。与此同时,这些以"以校为本"的建议和策略,无疑也提高和加强了督学在学校发展中的角色作用。

从整个英国来看,当时的教育正在倍加受到社会各方面的关注。英国教育和科学部的一份报告反映学校没有连续和长期的发展计划,英国下议院资金支出委员会也有这样的报告。与此同时,政治上对于教育体制的干预和关心也在日渐增强。政府的许多文件涉及有关教育制度的内容,可以说,也正是在这一时期孕育了学校发展计划的"种子"。政府鼓励通过各类相关措施促进这一活动的发展,包括在职教育和课程的变革。在20世纪70年代早期,将在职教育和培训作为提高教学的策略与手段已在相关的政府报告中得以重视,报告建议扩大和增加在职培训的规模与机会。1976年,政府关于在职培训的观点发生了较大的变化,这时,人们对于以往脱产培训和提高学校发展水平之间的必然关系和传统做法提出了质疑,而对在职培训和教师发展则偏爱有加,更加肯定,并且针对学校在这方面的实际需求提出了相关建议。这一时期,还有很多的理论研究是有关如何建立教师发展计划、如何使用学校计划以及确定学校优先发展目标的。可以说,在这一时期教师的专业发展和提高学校发展水平之间的相关性研究出现了。20世纪70年代晚期,英国政府有两个活动与课程有关,这两个活动都促进了学校发展计划的开展,特别是在小学阶段的开展。

一是1977年英国国务卿签发了对地方课程政策进行调查的文件。后来的一系列报告反映了大量的有关课程政策和实践的情况,揭示了学校有控制课程的必要和需求。英国皇家督学1978年对于小学的调查也支持了这一发现,突出了学校在课程宽度和平衡方面的问题和矛盾,指出学校在提高课程设置和管理的需求,这些需求不仅仅局限于课堂之中,而且涉及整个学校层面。调查提出了在学校范围进行课程设置的意见。1980年,英国国务卿公布了有关课程方面的咨文。咨文导致了当时很有影响的《学校课程》一文的发表。咨文认为学校应采用更为系统的方法制订自己的计划,"每一所学校应分析它的目标、明确写出并有规律地评估学校整体的课程情况,计划应针对每一学生,衡量其制定的目标的完成情况。"在这一背景下,中央政府要求所有地方政府制订有关课程设置规定。这使得地方教育局要求或鼓励学校制定他们自己的整体课程政策。这些都促使了教育和科学部发表了题为《更好的学校》的报告,意在进一步探求如何提高学校整体发展的质量,该报告强调了学校整体性政策的重要性和自我评估的规律性。这一报告为政府制订安排在职教育资金打下了基础。1989年,英国政府开始将"培训资金方案"这一做法引入地方教育局,并称之为"教育支持资金",意在提高当地在职培训的质量。政府要求当地教育局在强调国家重点发展方面的同时,尽可能地满足地方的实际需求,鼓励学校参与这一方案的制订过程,征求学校的建议和意见。这样做的目的是建立一个更加有效的计划和管理的培训框架。这一培训资金方案使地方教育局具有了一个更具协作性的开展在职教育培训的方法。在此基础上,地方教育局要求学校制订在职教育培训计划,以此作为拨付在职培训资金的前提。与此同时,在皇家督学的报告中,也反映了培训资金的使用情况。

二是政府为"让学校自身确定优先发展的重点"的做法提供了有力支持。1984年学校委员会实施了一个相关项目,名为《学校的自我检查和内部发展指南》。经过大范围的在小学和中学的实验,开发的材料被用以支持和指导学校的自我评估活动。这些成果也被广泛使用到学校管理的培训和实践之中。

在英国中央政府调整和变革学校发展工作的同时,地方政府也开展了一系列有针对性的活动,这些最终导致了真正意义上的学校发展计划的出现。为了巩固这一成果,伦敦教育局出台了两份报告,一份针对中学,一份针对小学。中学的回顾总结报告由哈维格斯(Hargreaves)负责撰写,发表于1984年,题名为《提高中学教育水平》。报告建议利用计划的方法发展学校,要求每个学校制订包括自己优先发展重点的计划。1985年诺曼·托马斯(Norman Thomas)负责撰写的题名为《提高小学教育质量》的回顾总结报告发表,正式对学校发展计划提出建议:我们建议每一所学校应该有自己的发展计划,计划应当考虑到当地政府的政策、儿童的需求、教职工的能力和家长的意见。计划应当附有行动表,标明每个成员的责任和要达到的目标的日期。计划同时需要说明需要哪些外部的支持或特殊的资源,以及时间限制;计划还要显示通过哪些方式评估计划的有效性。当然,提高儿童的学习水平这一中心目的要在计划中表明。

一年以后,这项地方性措施变为国家的建议。1986年下议院教育、科学和艺术委员会的报告中提出:我们建议,每一所学校应当按照一个由学校和学校管理委员会或与当地教育局达成一致的发展计划运行,计划符合学校所在的地区的状况和自身的情况。计划应当考虑政府、当地教育局、学校管理委员会的政策、考虑教师的能力和家长的意见。计划应附有行动表,标明每一成员的责任和要达到的目标的日期。计划最好长于一年并具有连续性。这样的计划应说明需要那些外部的支持或特殊的资源。计划还要显示通过那些方式评估计划的有效性。提高儿童的学习水平这一中心目的要在计划中表明。为了保证计划的成功,当地教育局和学校管理委员会达成的协议中还将包括有关资源和在职教育培训的协议。

值得一提的是,在下议院教育、科学和艺术委员会的备忘录中,教育和科技部强调了在职教育培训和校本发展。由此可见,最初的伦敦教育局的建议和作出的改革对学校发展计划的发展是有实质性意义的,这其中包括学校应当考虑政府和管理委员会的政策。这一阶段的活动,使得学校发展计划的应用从地方向全国范围扩展开来。

2. 1988年英国教育改革法案对学校发展计划的影响

1988年,英国政府颁布的教育改革法案,对学校发展计划的发展产生了巨大的影响。法案拓展了学校发展计划的内涵和作用,促使学校发展计划这一革新活动得以正式确定,法案提供具体的方案和措施,保证学校能够符合和适应法案的要求。政府通过法案对学校产生压力,使学校实施学校发展计划。除了国家政策和新的评估要求以外,学校的自主管理成为法案的主要条款,其中要求地方教育局向学校下拨资金成为这一有关"学校自主管理"立法的一部分,这意味着学校对资源管理,包括房产、人员、在职教育培训和课程设置将负有更大的责任,具有更大的自主权。同时,学校将学校发展计划视做达到新的立法要求的途径。正如一位校长说的:"学校需要针对1988年立法制订详细的实施办法,学校发展计划成为应对和解决学校主要问题的主要手段。"

1989年教育和科技部委托哈维格斯和霍普金斯(Hopkins)开展了一项研究,旨在向学校和当地教育局提供有关学校发展计划方面的指导。相关的两份研究报告被要求分发到每一所学校,报告提供了制订、实施和评估学校发展计划的建议。同年,在英国皇家督学有关在小学实施国家课程的报告中写道:英国国家课程委员会建议学校制订课程发展计划,但不清楚这与学校发展计划有何不同:就制订的进展和质量而言,学校发展计划和课程设置区别是很大的。有学校发展计划经验的学校在制订详细的课程计划方面困难较少。大多数学校需更为紧密的将学校发展计划与整体的课程联系起来,包括与国家课程联系起来,确认对每一位教师在课程方面的要求。哈维格斯和霍普金斯的研究指出了当地教育局需要向学校提供哪些支持和建议,尤其是对在采用学校发展计划方面有困难的学校。一项对于135个地方教育局的调查显示:到1991年,出台学校发展计划政策的地方教育局从1988年以前的5%激增到83%。由此可以认为,1988年立法是学校发展计划大规模被推行和扩展的一个分水岭。

当时有三项政府的活动与学校发展计划息息相关。第一项是有关评价指标。1989年政府委托一个工作小组研究和开发一套判断学校工作的核心指标。这项任务比预期的要复杂得多。管理是六个评价主要部分中的一个,管理方面的十个指标中的七个直接或间接地与学校发展计划有关,这意味着提高学校发展计划的质量被认为是提高学校绩效的主要途径和措施。第二项是,作为政府地方自主管理政策的一部分,在1990年,政府成立了学校管理任务团。1990年底,该团提交的一份报告中将与管理和教师发展政策相结合的学校发展计划列为成功学校的一个特点。第三项活动与学校督导有关。1989年在政府的委托下,审计委员会发表了有关学校督导的报告和文件,强调当地督学在学校发展中的作用和重要性以及学校发展对督学和督导的需求,要求督学对学校质量方面的监测应当更为严格。报告批评了那些对学校督导不重视的地方教育局。一些教育局忽略了督学和专家在学校发展和建议方面所做的大量工作和付出的大量时间。这项活动引发和促进了地方教育局对督导和学校发展工作作出相应的调整与改革,予以督学以非常重要的角色和位置。在1992年颁布的学校教育法案中,学校发展计划被纳入国家督导计划。在《学校督导框架》草案中(1992,教育标准局),有一部分是专门关于管理和计划的内容,要求督学对学校发展计划的质量作出判断,对学校发展计划作为学校变化和发展的途径与手段的有效性作出判断,对学校发展计划所确定的优先发展方面的现实性和取得的成绩作出判断。与此同时,英国教育标准局的有关文件提供了评估学校发展计划有效性的标准。应当特别指出的一点是,这一文件强调管理过程的重要性,而并非结果。

1994年,在英国教育部学校教师检查团的报告中,将促进实施学校发展计划列为提高学校管理水平的必要步骤和方法。无论是该检查团还是教育标准局的报告都显示小学学校发展计划的质量在逐步提高,达到了相应的监测和评估的标准,报告同时反映出,课堂质量问题在管理中是最容易被忽略的领域,建议如果要恰当评估学校的目标是否完成,则需要更为科学的评价尺度和方法。报告还反映出在过去几年的督导中,50%的中学在学校发展计划方面显得比较薄弱。报告再次强调了监测、评估和回顾检查。自1988年以来,地方教育局的职责和角色发生了巨大变化,其对学校的具体指导和支持在逐步减少甚至取消,教育局不再针对具体的学校,而学校则转向依靠自身解决那些经教育标准局即督导部门也确认的薄弱环节。

综上所述,从学校发展计划出现和拓展的历史来看,学校发展计划已被当做满足不同利益群体和不同条件背景学校的方式与途径,用做达到各种目的的一种有效方法。起初,学校和地方教育局将其用于课程设置和教师的专业发展,学校发展计划被看做是在当地教育局支持下,通过学校的自检实现学校整体发展政策的方式与途径。因此,学校发展计划为当地教育局鼓励学校改善和提高学校课程设置以及确定优先发展的领域方面提供了工具,通过制订和实施学校发展计划使学校对自身更具责任心。国家课程的引入、相关的评价以及在职教育培训资金拨付政策的变化,为学校发展计划产生根本性的变化注入了动力。

学校自主管理和国家督导计划的引入,显著地拓宽了发展计划的目的和功能,使学校发展计划发挥了管理工具的作用,而非仅仅局限于制订的过程。这一点在英国政府的文件中开始得到重视,中央政府的期望是学校发展计划能够完成1988年立法的相关要求。当然,更为重要的一个前提是对学校财权的下放,人们普遍认为这是学校发展计划的"主要理念"。1988年之后,政府明显加大了对学校制订学校发展计划的压力,这就意味着学校发展计划被当做管理学校和促使学校对自身变得更加有责任心的途径之一。由于学校发展计划一度被认为是有关提高学校绩效的外部措施,因而政府和当地教育局进一步调整了学校发展计划重心,使其成为满足学校自查、评估和发展目的的主要工具。

持续的技术支持

实施学校发展计划的目的是多样的。研究表明实施学校发展计划和提高学校绩效之间有着显著的因果关系。学校发展计划目的的多重性是一个值得研究和思考的重大课题。由于学校发展计划已不是外在强加的革新活动,所以应当考虑如何在利用发展计划控制学校和赋权于学校之间保持良好的平衡,也应当考虑发展和责任之间潜在的冲突和压力。当然,检查和保证学校发展计划作为管理策略和提高学校水平之间的关系是学校发展计划的永恒的主题。

3. 学校发展计划的运行模式

经过英国政府、教育部、地方教育局、学校、教育标准局和众多专家学者十余年的实践和探索,学校发展计划形成了基本的组成环节与运行模式。英国皇家督学和教育标准局对实施学校发展计划的各个环节提出过许多批评,最初,督学所关注的是计划的内容和学校不同成员的角色以及所承担的责任,后来,批评则直接转向监测和评估过程。但无论是督学和学校,还是政府、教育局,探究和关心的一个中心是如何构建一个能提高学校发展水平和教学质量的运行模式,这一模式应当是科学和有机地将各个环节相互衔接起来的操作过程和质量保证系统。

人们共同认为,如果学校十分关注和保证了这一运行模式的每一环节的质量,那么学校发展计划的总体效果和质量就会自然而然地得以提高。实践证明,学校发展计划的运行过程远远要比计划文本所描述的内容复杂得多。综合性是学校发展计划的特征之一,计划既要发挥学校自主管理的功能、考虑学校的总体状况、优先发展的方面和解决的问题,又要考虑符合国家和当地教育局的政策规定。在运行过程中,学校要提前考虑将要做什么,如何做和是否达到了计划的目的与理想的水平。

根据学校工作的特点,一般来讲,一个运行周期通常需要三年的时间,每一年都要制订详细的年度行动计划。

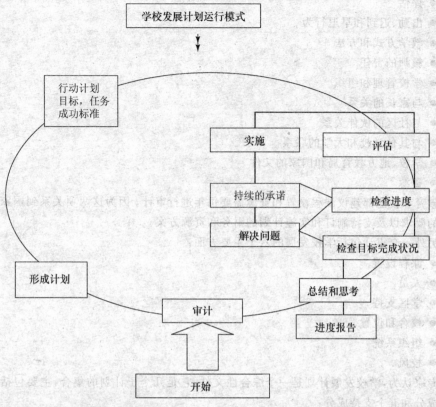

学校发展计划的运行过程主要包括三个主要步骤：计划的形成、计划的实施和计划的评估。计划形成包含审计、制订和计划定稿三个环节；计划的实施阶段包含制订行动计划、实施行动计划；计划的评估阶段包含回顾检查、成果评估和进度报告，如上图所示。

3.1 计划的形成：审计、制订和计划定稿

3.1.1 审计

需要首先说明的是，审计在这里并不仅仅局限于财务范畴，学校财务仅仅是其中的一部分。审计是对学校工作全面的调查和盘点，通俗地讲，就是先"摸清家底"，是学校层面的基线调查。审计是一个收集信息的过程，学校根据信息发现自身的弱势和强势，进而确定计划中需要优先考虑和解决的问题。审计的目的在于"提供一张学校现状图"。1989至1990年间，英国教育和技能部的指导文件中强调，学校在审计时需要考虑自身的发展目的和目标、地方教育局和国家的相关政策、最新督导和评估的结果以及社区的意见。专家认为，确定和反复确定学校的发展目的与目标是实施学校发展计划的一个重要前提，这样计划才能作为在实践中实现目标的工具。

学校发展计划是一个动态的发展过程，审计也应是动态的，并非是一次性的，只有在动态中把握学校的现状才能使学校适应变化的需要。审计涉及学校工作的不同层面，在深度的年度审计中，包括如下主要内容：

学生的差异和成绩水平
- 课程设置和就学机会

- 评估
- 出勤、迟到和早退行为
- 教学方式和方法
- 教师的责任
- 学校管理和组织
- 与家长的关系
- 与社区的伙伴关系
- 与其他学校和大学的联系
- 学校、地方教育局和国家的文件
- 资源

教育和技能部建议课程设置和资源需要每年进行审计。因为这两项关系到国家课程立法的要求以及支持制订和实施计划的财务和资源方案。

另外一套审计包括学校发展的六个主要方面：
- 课程设置
- 人员
- 学区支持
- 校舍和位置
- 组织系统
- 校风

专家认为,学校发展计划是一个综合性文件,它是几个子计划的集合,主要包括三个核心成分和五个支持成分：

核心成分	支持成分
● 课程和课程发展 ● 人力资源 ● 学生福利和思想、心理辅导	● 学校硬件条件 ● 学生名单和市场 ● 管理结构和方法 ● 监测和评估机制 ● 财务资源

持以上观点的专家认为,这八项审计内容需要结合学校每年优先解决的问题分期分批予以审计。但鉴于国家课程的要求,建议课程内容每年都进行审计。值得注意的是,在教育和技能部的指导意见中特别强调了要对教学的关注,尤其是学生的学业水平。

审计阶段还有需要考虑的两个问题,即谁进行审计和如何审计。教育和技能部建议审计应在征求校长、教师的意见的基础上,由官方决定审计内容。有专家建议的一个更为全面的审计应将学生、家长以及与学校工作相关的人员也包括进来。但这一建议在操作上不太现实。关于审计的讨论和建议十分丰富,但有一点是一致的,无论谁参与这一过程,都必须明确其所承担的责任和角色。审计的最终目的是准确地掌握学校的现状、确定学校的问题和目标,进而制订行动计划中优先解决的问题和发展内容。

3.1.2 制订计划

制订计划的总体要求是计划的内容必须是现实的和可以实现的。计划的制订要充分利用审计中获得的信息,包括学校的经费状况,这样才能确保计划的现实性。制订计划包括考虑学校的现状、商讨决定优先发展的领域、撰写和宣传计划。这一环节的中心是确定优先发展的领域,并将优先发展的领域包含在长期的计划和一年的行动计划里。另外,在对撰写的计划进行宣传前,需征得地方教育局的同意。确定优先发展的领域主要从亟须解决的问题、涉及的范围、区别哪些革新活动是基础性的、哪些革新是因为基础性的革新活动产生的以及优先发展领域之间需形成逻辑联系等诸多方面加以考虑,这些有助于帮助校长决定优先发展领域之间的轻重缓急和次序,并且在所确定的优先发展领域之间形成连续的且符合逻辑的关系,以促使优先发展领域之间相互协调运行。

3.1.3 计划的定稿

定稿的学校发展计划应当具有简明、清晰、易于理解、便于使用等特点,计划内容主要包括:

- 学校的目标
- 建议优先发展的领域和时限
- 根据学校实际情况,对所确定的优先发展领域的合理解释
- 计划是如何综合子计划内容的
- 报告成果的方法
- 计划的经费
- 专家建议

每所学校的计划应根据其特点制订,不必有统一的格式,格式应由学校自己决定。用于散发的计划,比如发给学生和家长的计划,最适合的格式是包括主要目标和时间表的概要性计划。同时,概要性的计划,可以根据实施的需要和使用对象进一步附以详细的行动计划。一份成功的计划,在文本的格式和内容上,要考虑到具体实施中的问题,体现可操作性,这是学校发展计划文本的重要特点之一。

3.2 计划的实施:制订行动计划、实施行动计划

3.2.1 制订行动计划

毫无疑问,学校发展计划中最难的是将其付诸于实践,由于计划的实施使学生的学习质量发生变化,因而,所有的建议最后都集中到如何将目标转化为行动计划。行动计划是一份具有很强操作性的工作文件,它应当包括详细的目标、任务、时限、责任、所需资源和自检的步骤。专家建议,目标的设定应当考虑到现实性和可实现性方面的问题,目标易于被具体实施的人所理解。这些已成为设定目标的基本原则,但在使用这些原则设定目标时,在一定程度上要防止有些学校为了人为增加学校发展计划的成功系数而将目标定得过于容易。目标的设定要与成功的标准结合起来考虑。行动计划中的成功标准,实际上是学校自行设计的衡量学校发展计划质量和目标完成情况的指标。成功指标应当是可以量化的,而其在本质上又是可定性化的,这样的指标具有以下特点:

- 与将来的表现有关
- 与设计的目标有关
- 由设计目标的人设计
- 对目标的设计产生影响
- 标准难度适中

在行动计划中要充分考虑评估的问题。实施和评估必须联系起来,这样做可以确保

评估对于行动计划的指导。也正是这一原因,建议在行动计划中要有进度检查的环节。一旦目标和成功的标准确定,就要考虑明确和安排与目标相应的具体任务,确定负责完成这些任务的成员以及时间表。在制订行动计划时要充分考虑财务和在职教育培训的内容,只有和在职教育培训很好地协调起来,行动计划才能得到恰当的实施。需要强调的是,应该将评估和教师的专业发展联系起来。

3.2.2　行动计划的实施

为促使计划有效实施,需要以下这些方面的支持:

- 持续性的责任心和承诺
- 检查实施的进度
- 克服遇到的各类问题
- 思考和总结
- 进度报告
- 考虑下一轮发展计划的制订

3.3　计划的评估

3.3.1　回顾检查和成果评估

这一过程是对学校发展计划投入、实施和产出全过程的评估。就监测而言,应达到两个功能:保证实施过程的评估和实施过程的管理能够被评估。监测应为评估提供方式和途径。概括地说,总结和思考阶段的主要目的是:

- 检查计划的成功
- 学校目标实现的程度
- 评估计划对学生学习和学业产生的影响
- 决定如何在整个学校进一步推广成功的做法和经验
- 使进度报告变得简便

这一阶段也被称之为"迷你审计",是对完成进度报告和制定下一轮计划的准备。检查目标完成状况是在成功标准和行动计划的目标基础上进行的。需要注意的是这时不要仅仅停留在对目标和活动本身完成情况的检查上,对实施过程的检查也要注意,要特别强调学校发展计划在教师的专业发展评价中产生的作用。

讨论交流,答辩审核

3.3.2 进度报告

回顾检查和成果评估环节为进度报告提供了必要的信息。报告应重点反映实施过程的成果。报告的提交对象主要是地方教育局,如有可能或必要也应以不同的方式和内容向家长与学生提供。

虽然进度报告的完成被认为是一个学校发展计划周期的结束,但对于学校发展而言,学校发展计划是一个周而复始的工作,前一轮学校发展计划制订、实施、评估中的经验和成果为下一轮学校发展计划提供了制订的框架,是下一轮的基础。对一个成功的学校发展计划而言,对其实施过程的把握和管理是成功的关键因素。

目前,通过实施"西发项目",我国学校发展计划正处于一个相对总结经验和大规模推广的阶段,英国学校发展计划的模式和在甘肃的经验,已被世界银行、联合国儿童基金会、国际计划、利众基金会等许多国际组织和非政府组织在其所进行的基础教育项目中所借鉴和应用,它在推动学校管理、教育管理和社会发展方面的意义和作用正为实践所证明,学校发展计划的理论和学术价值也为我国政府、教育界所广泛关注和认可。现阶段,学校发展计划无疑将为探索适合我国自身的学校管理模式,促进和改善学校的自我发展提供重要的实践和理论指导。

SDP 监测评估方案的研究实践

国家级专家组　裴晓春

为了发挥监测评估在"西发项目——学校发展计划(SDP)"实施推进中的导向、诊断、改进、激励的功能,提高项目实施的整体水准,并指导和引领项目学校在项目关闭后的持续、自主、内涵发展,本文对 SDP 监测评估方案的研究实践作一阐述。

1. SDP 监测评估的背景分析

1.1 基于规范 SDP 项目管理的思考

1.1.1 认识项目的基本特征

美国学者明戈斯在《24 小时精通项目管理》一书中,把项目较简洁全面地定义为:"在一定的期限内为达到一个特定的目的而需要完成的一系列任务。"并认为正是由于有"特定"的目标,使每个项目具有其独特性,实施步骤也会有所不同,因此需加强对项目的规范管理。美国项目管理协会(Project Management Institute, Inc.)在其《项目管理知识体系指南》中认为:"项目是为提供某项独特产品、服务或成果所作出的临时性努力。"美国项目管理协会的这一界说从时间的临时性、结果的独特性和过程的逐步完善性三个方面阐明了项目的基本特征。

时间的临时性，是指每个项目都有确定的开始和结束，即项目的期限都是有限的。但这并不意味着项目结果或效应的短暂，有许多项目是为了得到持久的效应。正如 SDP 项目，是事关学校可持续发展的策略、途径、方法、手段的实践探索，期望通过项目的实施，形成学校的发展理念，明晰学校的发展愿景，构建学校自主发展机制，深化学校的教育教学改革，促进学校的内涵建设、特色成熟。

结果的独特性，是指每个项目都会产生某种结果，这种结果可能是产品、服务、文献或著作等等，但不论以何种形式呈现，独特性是它们共有的特征。SDP 项目实施的结果，有其独特的校本特征，应体现各校立足于对自身发展轨迹、水平、传统与特色研究的基础上，依据自身发展的优势和不足，确定适合学校发展的起点与目标，形成具有学校个性特征的改革举措和经验、机制和制度。

逐步完善性，是伴随时间的临时性和结果的独特性两个概念而出现的项目的另一特征。逐步完善性意味着分步、连续的积累。在项目的启动阶段、实施阶段和总结阶段，学校对 SDP 项目的目的意义、技术流程、策略步骤、目标成果的理解逐步完整和深入，为项目关闭后延伸、拓展项目结果和效应奠定基础。

鉴于这样的认识，SDP 项目实施者应在实施过程和总结阶段，重视反思，提炼经验，构建机制，形成制度，使项目的结果和效应得到延伸，在学校后续发展中体现项目实施的应有价值。

1.1.2 明确项目的管理要求

项目管理就是把知识、技能、手段和技术应用于项目活动之中，以达到项目的要求，实现项目预期的目标。项目负责人是实现项目目标最重要的个体，并由项目负责人牵头组织项目团队（项目组）共同努力，运用系统理论和方法对项目的资源和计划、组织、协调、监控，旨在构建实现项目特定目标的管理方法体系。项目管理的基本内容或者说项目过程应包括启动、计划、实施、控制和结束五个项目活动范畴。

作为教育领域中，涉及学校文化建设、促进教师学生共同发展、促进学校可持续发展的 SDP 项目，其最终目的旨在树立"以人为本"的发展理念，促进素质教育的全面实施。由于实施素质教育是一项长期的、复杂的、系统的社会工程，不可能一蹴而就。在实施过程中，必须贯彻国家的教育方针，执行政府的教育政策，遵守统一的教育法令，遵循客观的教育规律，依据自身办学的主客观条件，主动寻求学校实施素质教育的切入点，树立可持续发展理念，才能使学校一步一个脚印地向高层次健康发展。因而，在 SDP 项目实施推进过程中，需要运用 SDP 的发展理念对传统教育观念、办学理念进行冲撞，需要运用 SDP 的操作技术和工作流程对传统的学校管理方式进行改革和对传统的教育教学行为进行变革。由此可见，有效地发挥项目管理的监控职能，就显得格外的迫切、重要。

项目管理的监控有助于使项目质量达到要求或符合标准。项目质量是一个持续改进、提高的过程，而计划—实施—检查—行动的循环（PDCA 循环）则是注重改进、提高质量的基础。因此，依据 SDP 项目启动阶段的计划制定、实施阶段的操作行为、总结阶段的结果成效，研制以项目操作技术、工作流程和项目实施目标为主要内容的项目监测评估方案，构建运行机制，形成管理制度，加强对项目过程的管理，是实现项目预期目标的必不可少的管理行为。

1.2 基于促进学校发展的需要

1.2.1 完善学校自主管理机制

随着教育管理体制改革的深化,地方教育行政部门对学校的管理职能已从微观管理向宏观管理转化,从直接的过程管理渐变为间接的目标管理,使由行政部门的意志和权力取代学校办学的自主性、以行政计划的规定性替代学校自身发展的需求性正在得以改变。学校逐步成为在政府大政方针指导和宏观调控下,依法自主办学,并与经济建设和社会发展相联系的、具有自我发展机制的、充满活力的办学实体。学校主体地位的确立,校长负责制的实施,赋予学校主动适应社会发展的独立性和主动性,从而使"学校管理的侧重点从注重外在的控制转到注重学校组织的内在发展",这种校本管理理念已渗透到学校各项管理活动之中。因此,从现代学校管理思想来思考学校自主管理的系统运作,学校不仅需要增强决策的意识和能力,提高系统运作的统筹和协调,更需要建立重视行为自律,强化反馈调控,增强学校自主发展能力的监测评估运行机制。SDP 项目监测评估的开展,能有效地使各种校本活动更好地立足于学校的发展需求和发展基础,促使学校自主管理真正形成决策、执行、监控相结合的结构完整的系统,促进学校自主管理的民主化、科学化,强化学校成员的目标意识和责任意识,提高学校领导的管理效能,促进学校的自主发展、内涵发展和实现学校的发展目标。

1.2.2 提高学校办学质量水平

素质教育的全面实施,需要转变传统的教育观念,树立"以学生发展为本"的教育理念,学校应积极创设适应儿童发展的教育,明确学校的责任是寻求能使每个学生达到他们能达到的最高学习水平的学习条件,这无疑对学校教育提出了更高的要求。为了更好地完成学校使命,需要学校认真贯彻落实课改的精神和要求,并根据本校学生的基础和发展需求,重视教育教学改革的目标导向,不断地实践、研究、再实践、再研究,及时强化正确的教育教学行为,及时调整、矫正不当的教育教学行为,善于总结经验,不断改进工作,完善学校教育教学改革的举措。《基础教育课程改革纲要(试行)》明确指出,要"改变课程评价过分强调甄别与选拔的功能,发挥评价促进学生发展、教师提高和改进教学实践的功能",这就需要学校运用 SDP 项目监测评估这一管理手段,形成长效的学校内部管理机制,加强对学校成员的自我诊断、自我调整,扎实推进教育教学改革的深化,提高学校的办学水准。正如《英国学校发展与督评资料》一书中谈到"一所好的学校应知道:(1)学校在为什么目标而行动;(2)学校是否成功地实现了目标;(3)哪些方面需要保持和改进;(4)改革是否有效。如果一所学校了解这些事情并且行动起来,那么学校将拥有一个好的质量保证体系。而学校的自我监测评估正是质量保证的核心。"

2. SDP 监测评估的理论基础

2.1 可持续发展理论

1987 年联合国在《我们共同的未来》报告中提出:"既满足当代人的需要,又不损害子孙后代满足其需要之能力的发展。"这一可持续发展思想,1996 年 3 月江泽民同志在谈话中指出:"可持续发展,就是既要考虑当前发展的需要,又要考虑未来发展的需要,不要以牺牲后代人的利益为代价来满足当代人的利益。"教育只有自身融入可持续发展性质时,才能有效地承担起促进社会经济发展的使命。学校应站在时代的前沿来思考自身的价值追求、办学理念和改革实践,以可持续发展提出的新的发展观、新的伦理观、新的时空观和新的思维方式,指导学校全面实施素质教育的全过程;以持续的、整体的、协调的发展原则规划学校的未来发展,改变片面追求办学的近期效果而忽视远期效应的办学现状,在适应当前社会需求的同时,增强学校教育的超越发展意识和前瞻性思考,强化为学生终身发展奠定基础的学校教育的超越性功能。因此,SDP的监测评估应以可持续发展理论的持续、整体、协调的发展原则为基础,引导学校的改革发展,促使学校构建发展机制,加强制度文化建设,使学校从流于盲目、无序、单纯施行性的管理运作状态,转变为重视研究学校的发展轨迹、水平、传统与特色,分析发展现状的优势与不足,确定发展的起点与目标,制订发展的策略与步骤,积极开展具有学校个性特征的改革实践,形成有层次、有控制、有序化的可持续发展态势,才能使学校承担起推进社会发展的伟大使命。

2.2 现代学校管理理论

20世纪70年代末,发端于美国而后波及大部分发达国家和地区的国际性学校管理改革运动——校本管理,它提出学校管理的运作方式应从外控式管理转变为学校民主的自我管理,教育行政当局在授予学校相当大的自主权的同时,也让学校肩负起对等的责任,并加强对学校的问责,从而提高学校的办学效能。它强调从学校本身的特性和需要出发,发挥学校成员自身的主动性、责任感,合理配置各种资源,解决学校面临的问题,开展有效的教育教学活动,使学校不断发展。校本管理是以学校为本位的管理思想、管理策略和模式。它的产生既适应当今世界教育素质化的趋势和学校层面改革深化的需要,也是现代学校管理变革的自身要求。学校应成为学校日常事务的决策主体,成为学校未来发展的改革主体,学校应树立"校本"的理念,更好地运用办学自主权,遵循教育规律办学,从学校特色出发,确定办学理念,设计发展蓝图,走质量内涵发展道路。随着我国近年来教育改革的深化,政府管理职能的改变,教育管理重心下移,学校办学自主权进一步得到扩大,SDP项目的监测评估应适应乃至推进校本管理这一基础教育改革与发展的重要走向,创设学校自主发展空间,强化学校发展的目标意识、责任意识,提升学校自主发展能力,促进学校的自主发展。

2.3 现代教育评估理论

教育评估,经历了"测量时代"、"描述时代"、"判断时代"这三代的发展,以1989年美国教授枯巴和林肯合作的《第四代教育评估》,标志着教育评估已进入第四代的发展。第四代教育评估理论,从心理的角度阐释了评估现象,突出了价值取向的多元化,强调了教育评估过程中评估者之间以及评估者与评估对象之间的互动,与以往的评估理论相比,它更加重视评估对象在评估过程中的作用。近几年,以促进评估对象发展为目的,强调评估对象是发展主体的发展性教育评估理论的提出,在评估方向上,注重评估对象的现实表现,更注重评估对象的未来发展,重在使评估对象"增值";在评估方式上,倡导评估对象的参与,重视发挥评估对象的积极性,由评估者和评估对象建立在互相信任的基础上制订双方认可的发展目标和评估计划,由评估的双方共同承担实现发展目标的相应职责,促使教育评估进入了一个蓬勃发展的崭新阶段。重视学生、教师和学校在评估过程中的作用和主体地位,构建家长、社区参与学校评估的工作机制,改变以往学校单一评估主体的状况,强调自评、互评、他评,建立多层面、全方位、立体式的评估运作方式,使学校评估成为学生、教师、学校管理者以及社会共同参与的交互式行为已日渐显现。因此，SDP项目监测评估的内容应尊重学校自主选择、监测评估的过程应体现学校的主体地位、监测评估的方法应注重对学校的激励与其潜能的激发，更有效地强化评估的导向、激励、诊断、改进功能。

3. SDP监测评估方案的设计思考

3.1 内涵界定

SDP的监测评估，是项目管理中必不可少的一项工作。其内涵可表述为：运用教育评估的理论和方法，发挥教育评估的导向、诊断、激励、改进的功能，对SDP制订、实施过程的运作规范性和实效性进行价值判断，强化学校的目标意识、责任意识，总结成功经验、改进和完善运作机制，提高办学效能，促进学校持续、自主、内涵发展的监测评估活动。这里的监测，就是经常检查SDP在实施过程中规定应该做的事情是不是做了、做到什么程度；评估就是对目标达成度的估价，对SDP中目标完成情况的分析总结。监测是评估的基础，及时准确的监测能为评估提供和积累大量的信息和证据；评估则是一种比较，与既定目标比较，与学校自身的发展比较，与同类学校比较，这样才能做出科学、合理的判断。

SDP项目的监测评估是以学校发展计划为主线，围绕学校发展计划的制订—实施—总结这一过程循环往复。依据监测评估的目的、内容来划分，可把SDP项目的监测评估分为以下三种类型：

SDP制订的监测评估，是学校发展计划制订后，对制订过程规范化和规划文本合理性的价值判断，增强学校后续发展的规范意识，提高学校自我规划的能力，促进项目的有序推进。

SDP实施的监测评估，是学校发展计划实施过程中，对实施运作状态的诊断和对阶段目标达成度的价值判断，充分运用监测评估结果，适时调整、充实发展规划，改进学校管理，保障规划顺利实施和促进学校发展目标的实现。

SDP总结的监测评估，是学校发展计划实施年限期满后，对学校历年来规划实施情况整体发展的态势和目标达成度进行全面的价值判断，总结学校成功经验，寻求发展生长点，为学校制订新一轮发展规划提供可靠依据。

因此，只有积极主动地开展上述三种类型的监测评估活动，才能使SDP监测评估更有效地把握学校发展计划的本质属性——过程性。

3.2 设计思想

鉴于SDP项目涉及西部地区五个省（地区），各项目学校发展的文化背景、办学条件与办学水准存在较大差异，为了使SDP项目的监测评估更有效地促进各省（地区），各项目学校规范有序地实施，同时更好地凸现学校发展的主体地位，促进各校发展特色的形成，方案的总体设计思想为：

规范发展行为，即着眼于促进项目规定的操作技术和工作流程，在不同地域、不同发展基础的项目学校中落实，为项目的整体、有序推进奠定基础；

创设发展空间，即应尊重不同地域、不同发展基础的项目学校自主选择发展目标、发展领域和发展中需解决的问题，满足项目实施进程中学校追求个性办学的需要；

催生发展机制，即引导不同地域、不同发展基础的项目学校总结反思，概括提炼有效

经验,依据项目的期望目标,构建学校的发展机制,确保项目效应的延续;

激发发展潜能,即重视不同地域、不同发展基础的项目学校在原有办学水准上的提高,让每所学校获得成功的体验,更好地调动各校办学的积极性、主动性和创造性;

促进学校发展,即追求不同地域、不同发展基础的项目学校,形成持续、自主、内涵发展的良好态势。

从而在 SDP 监测评估方案具体设计时,体现为:

选择监测评估内容时,以 SDP 文本制订的规范性、合理性和文本实施的规范性、实效性两大模块相结合,形成对 SDP 项目全过程的监测评估,注重监测评估内容的全面性和整体性。

拟订监测评估标准时,以共性的规范标准和个性的选择标准相结合,注重监测评估标准的绝对性和相对性,有助于促进项目实施的规范运作,创设和尊重学校自主发展空间,调动学校办学的积极性、主动性和创造性。

实施监测评估过程中,以项目实施过程与监测评估过程相结合,开展形成性评估和终结性评估,尤其注重形成性评估的诊断、改进功能,及时发现问题,及时反馈信息,及时改进不足,及时总结成效,促进项目顺利的推进、实施。

选用监测评估方法上,以学校自我监测评估与外部监测评估相结合,重视学校的自我监测评估,以学校的自我认识、自我改进、自我完善为归宿,催生学校自主发展长效机制的构建,提升学校自主发展能力。

处理监测评估结果时,以激励与改进相结合,充分发扬学校项目实施的有效经验与成效,提出改进工作与调整、完善计划的举措,促进学校的可持续发展。

4. SDP 监测评估的指标体系

4.1 指标体系的构建原则

SDP 监测评估是以现代教育发展观为指导,努力促进处于不同发展水平的学校最优化发展,以实现学校教育活动增值为目的的监测评估活动。它旨在确定学校依法办学的主体地位,促进学校自主发展内在机制的构建,规范项目实施行为、改善学校管理、优化师资队伍、创建组织文化、提高办学水准,推进学校素质教育的全面实施。

我们依据这一监测评估目的,在指标体系的框架结构上,采用规范性指标和发展性指标相结合的原则,即把项目规定的操作技术和工作流程作为规范性指标,把依据学校自身发展选择的改革目标和项目预期学校变化的发展内容作为发展性指标,促进学校不断向高层次迈进,引导学校向办学个性显明的方向发展;在评估内容上,采用共性规范要求和个性发展需求相结合的原则,既要有学校必须共同遵循的项目操作技术行为和工作流程要求,又要体现各校发展中具有个性发展需求的改革实践,为学校自主发展创设时空,增强学校努力实现自身发展目标的责任感,同时又有促进学校深化发展的引导性内容,促使学校对项目关闭后的发展思考;在评估标准上,采用统一标准与学校的自订标准相结合的原则,既要有适应每所学校落实项目操作技术行为、工作流程要求和项目预期变化的统一标准,又要依据学校自主发展目标到达度的自订标准,以利于更有效地调动学校办学的积极性、主动性、创造性。

4.2 规范性指标及其基本内涵

规范性指标反映 SDP 项目在实施过程中规定的操作技术和工作流程。它所强调的是不同地域、不同发展基础的项目学校必须达到的基本要求,是对学校一种规范项目实施的引导,目的是强化学校执行项目的意识和行为,体现办学背景条件不同的学校实施项目的共性。

规范性指标检测内容主要涉及两大方面:一是依据项目要求学校制订学校发展计划文本时对操作技术和工作流程的掌握度和落实度;二是学校发展计划文本实施过程中的操作技术和工作流程的掌握度和落实度,以此来强化学校在项目实施中的目标意识和责任意识,规范学校项目实施的行为,形成学校今后发展的内部运行机制。在评价内容上,采用统一的操作技术和工作流程的行为进行评定,从而体现规范性指标的基础性、规定性、统一性的特点。

规范性指标由三个一级指标组成,即 A1(制订的规范性)、A2(文本的合理性)和 A3(实施的规范性)。依据每个一级指标各自工作流程的工作要素,A1 设置,组织建设—职能发挥—工作计划—宣传培训—信息收集—问题排序—资料管理等七个二级指标;A2 设置,文本填写—文本修改—文本质量—文本审核—文本公布等五个二级指标;A3 设置,实施准备—履行职责—合作互动—自评调整—资源开发—资料管理等六个二级指标,并把各工作流程的项目操作技术要求作为评估内容,体现规范性指标的内涵特征。

4.3 发展性指标及其基本内涵

发展性指标既有学校自己制订,根据时代和社会发展对学校教育的要求以及学校自身发展的现状,为进一步提高办学水平、质量和效益,形成学校个性发展而制订的三年发展规划中的发展目标,体现校际间的差异性和学校的自主选择性;又有项目期望学校变化,引导学校深化改革的发展目标,强化对学校未来发展的导向性、指导性。

发展性指标检测内容主要包括两大方面:一是各项目学校为实现学校发展计划总体目标而制订各发展领域需解决实际问题的目标达成度;二是实现项目预期变化的目标达成度,创设学校自主发展设空间,引导学校在项目关闭后寻求进一步发展的生长点,提高对需解决实际问题的选择能力,促进学校的个性发展和持续发展。

发展性指标由两个一级指标组成,即 A4(自主目标实现)和 A5(项目预期变化)。A4 将依据不同地域、不同发展基础的项目学校自选的发展领域(类别)的数量,下设相应的二级指标,并以各校自订各领域(类别)中实际问题解决的程度为评估内容,尊重和体现了学校的自主选择性;A5 立足于引导学校的未来发展,下设教育公平与学生关爱、教师的专业发展、参与式教学、全员参与学校管理、校社共建和学校特色创建等六个二级指标,并以这些领域的改革要求为评估内容,实现对学校未来发展的指导和引领。

从而形成由 SDP 的制订和 SDP 的实施与成效两大部分组成,其中制订部分包括制订的规范性和文本的合理性,实施与成效部分包括实施的规范性、自主目标实现和项目预期变化所构成的 SDP 监测评估指标体系。

5. SDP 监测评估的评估技术

任何一项监测评估活动,在评估内容确定之后,都要解决评估技术问题,即具体的评估方法,否则,要完成评估目标,达到评估目的,就只能是一句空话。评估技术是为评估目的和评估内容服务的,同样,评估方法应根据评估对象加以选择。

SDP 监测评估的技术与方法的运用遵循的基本原则是:

绝对评估、相对评估和个体内差异评估有机结合,以个体内差异评估为主。SDP 项目监测评估重视学校的未来发展,重在促进学校在原有基础上的发展,对体现规范性指标的监测评估侧重于绝对评估与相对评估相结合,以确定学校规范制定、实施行为与 SDP 项目技术流程客观标准的差距,以及在同类学校中规范化程度的位次;对反映学校自主发展内容指标的监测评估,以个体内差异评估为主,重在对学校的现在与过去的纵向比较,凸现学校自主发展成效的价值判断,激励不同条件背景、不同层次学校自主发展的积极性,使学校获得成功的体验,增强学校发展的内驱力。

诊断性监测评估、形成性监测评估和终结性监测评估有机结合,以形成性监测评估为主。SDP 项目监测评估,把整个监测评估视为与学校发展计划文本制定、实施、总结相结合的活动过程,需要对学校发展计划启动阶段的诊断性监测评估、实施年限到期后的终结性监测评估,但更强调规划实施期间重诊断、勤反馈、求改进、促发展的形成性监测评估,促进学校针对偏离素质教育与学校期望目标要求的问题,采用必要的纠正措施,完善可持续发展的运行机制,从而确保 SDP 项目顺利、健康地实施和推进。

自我监测评估与外部监测评估有机结合,以自我监测评估为主。SDP 项目监测评估,认为受评学校是发展的主体,有效的监测评估应建立在对受评者高度信任及其自尊、自信、自觉的基础上,以受评学校的自我认识、自我改进、自我完善为归宿,因而必须坚持以自我监测评估为主,建立学校的自我监测评估组织与制度,不断增强受评学校的自我监测评估意识,调整评估心态,提高自我监测评估能力,形成学校内部的自律工作机制。

6. SDP 自我监测评估的实施

从 SDP 监测评估的设计思考可看出,SDP 监测评估是以激发学校内部动因为逻辑起点,需要赋予学校在监测评估中的主体地位,强化学校自我监测评估实施的意识和行为,使学校及其成员与外部监测评估活动密切关联在一起。这既有助于提升学校发展的自我精神、主体意识,也有助于引导学校关注自身发展过程,关注多方面的发展,关注未来发展。正如美国评价学者费特曼(D. M. Fetterman)主张评价对象要最大限度地参与评价的全过程,通过参与评价提高每个成员独立发现问题与解决问题的能力,从而达到能够在工作中自我决定(Self-determination)的程度。他还把"效能评价"(Empowerment Evaluation)解释为,是通过应用评价的概念、技术和结果,促使每个参与者自我改善和自我调控的一种评价。

6.1 建立自我监测评估组织,明确职责、任务,是开展学校自我监测评估的基础

学校自我监测评估组织一般应建立两个层次的组织机构。一是成立学校自我监测评估领导小组,二是成立学校自我监测评估专题小组。

学校自我监测评估领导小组以校长为组长,学校各有关部门主要负责人、教师代表、学生代表、家长代表和社区代表是小组主要成员,其担负的评估任务是系统的、综合的。

学校自我监测评估专题小组是依据自评指标、自评内容,成立若干个相应的专题评估小组,组长应由学校有关部门的主要负责人、教师代表、学生代表、家长代表和社区代表担

任,小组成员应考虑代表性,其担负的评估任务是单项的、局部的。

作为学校自主评估领导小组,其主要职责与任务是:

——制订评估工作计划,组织评估的宣传学习;

——组织和协调各专题评估小组开展评估活动,检查、咨询、调控、指导各专题评估小组评估工作;

——分析、汇总、审定各专题评估小组的评估结果,形成学校自我监测评估报告;根据自主评估结果,制订学校改进计划,调整充实学校发展计划。

学校自主评估专题小组的主要职责与任务是:

——制订评估专题小组工作计划;

——依据评估专题的具体内容,采用座谈、访谈、问卷调查、查阅资料等方法,多渠道、全方位收集信息;

——对获取的信息进行整理、分析、概括、提炼,得出本专题自我监测评估小组的自评结论,形成专题小组自评报告,按时递交学校自我监测评估领导小组审核。

6.2 规范自我监测评估的实施程序,掌握操作技术,是提高自我监测评估质量的关键

学校自我监测评估是一个自我诊断、自我反思、自我调控、自我完善、自我发展的过程。因此,必须按照科学的程序和方法,规范操作,才能提高自我监测评估的实效性。学校自我监测评估可分为三个阶段九个实施程序:

6.2.1 监测评估准备阶段

(1) 制订学校自我监测评估工作计划

依据评估方案,拟定自评工作操作步骤和要求,规定完成各项评估任务的时间,形成学校自我监测评估工作计划;明确任务分工,任命学校自我监测评估各专题小组组长,并选择有关指标,落实他评(家长、社区)的任务

(2) 开展学校自我监测评估宣传和人员培训

召开学校自我监测评估动员会,明确目的意义,学习自评方案,了解自评工作计划;开展自评技术方法的全员培训,掌握观察法、问卷法、访谈法等评估信息的收集方法;组织学校自我监测评估各专题小组制订工作计划,编制有关的评估工具,如问卷调查表、评估信息汇总表等。

6.2.2 监测评估实行阶段

(1) 自我监测评估专题小组进行评估

各自我监测评估专题小组依据本小组工作计划,收集、汇总评估信息资料,形成定性、定量分析及测量评估对象特征的客观依据,撰写评估专题小组自评报告,并依据学校自评工作计划规定的时间,按时向学校自我监测评估领导小组递交本专题小组自评报告。

(2) 审议专题小组自评报告

学校自我监测评估领导小组对各专题自我监测评估小组的评估报告进行讨论、审议。

(3) 撰写学校自评报告

学校自我监测评估领导小组在审议各专题自我监测评估小组的评估报告基础上,综合分析、概括提炼,在充分发扬民主的基础上,形成学校自我监测评估结论,写出学校自我监测评估自评报告。学校自评报告可包括以下内容:自我监测评估的工作概况(评估的

目的、依据、组织分工、日程安排、方法手段);主要成绩和经验(概括提炼规划实施过程和办学成效内在相关的成功经验,并运用典型事例和反映成效的数据作为经验的支撑);学校发展趋势分析(提出进一步发展需解决的问题,并针对问题提出针对性的改进意见,使学校明确今后努力方向)。

(4) 审议学校自评报告

召开学校教师代表大会,在听取学校自我监测评估领导小组汇报学校评估工作和自评报告的基础上,与会代表进行讨论、审议;学校自我监测评估领导小组根据教代会的建议,修改、完善学校自评报告。

6.2.3　评估结果处理阶段

(1) 反馈学校自我监测评估信息

学校自我监测评估领导小组向全体教师、学生、家长、社区反馈学校自评报告,公布评估结果,让所有人员了解学校的发展成效,学校的优劣所在,学校应该如何改进,以此增强学校成员的工作热情和信心,争取家长、社区对学校的理解与支持,为学校的后续发展打好基础。

(2) 制订工作改进计划

学校自我监测评估领导小组指导各自我监测评估专题小组制订改进计划,共同分析和诊断问题的"症结",指出解决问题的办法和改进工作的途径,促进相应职能部门加强自我反思,调动全体成员的主观能动性,形成学校改进计划。学校改进计划的内容要做到简明扼要、重点突出,落实实施改进计划的实施者和责任人,明确完成期限、改进的目标与可测量的阶段目标,并以此作为监督改进进展状况的依据。

(3) 建立学校自评工作档案

学校自我监测评估领导小组建立评估档案;评估档案内容可包括本次学校自我监测评估方案、学校自评计划、工作总结、各类报告、有关评估工具与评估信息等材料,为今后的总结提供翔实的资料。

6.3　建立自我监测评估的制度,形成运作机制,是促进学校持续发展的保障

SDP自我监测评估是学校充分利用评估这一管理手段,对学校发展状况进行自我监控、自我改进的过程,需要根据学校自身的实际,建立必要的评估制度,确保这一涉及面宽、统一性强的评估活动规范、有序的运作。

SDP自我监测评估制度可有自我监测评估目的、自我监测评估组织、自我监测评估工作程序、自我监测评估形式与方法、自我监测评估周期与时间、自我监测评估结果处理等几方面内容组成。通过制度的建立,明确为什么评、谁来评、怎样评、何时评及如何运用评估结果改进、完善工作,并依据制度逐步完善各项运行机制。从而以制度、机制来确保学校发展计划自我监测评估工作的落实,改变自我监测评估的随意性,强化学校成员自我监测评估的意识和行为,搭建家长、社区参与学校管理的工作平台,增强学校发展计划自我监测评估整体运作的规范性、有序性,促进学校发展计划自我监测评估与学校各项工作有机结合,提高学校管理水平,提升学校持续发展、自主发展的能力,使学校发展计划顺利实施和发展目标的实现。

参考文献

[1] 范国睿. 学校管理的理论与实务[M]. 上海: 华东师范大学出版社, 2003.
[2] 郭景扬. 现代学校管理变革[M]. 香港: 香港银河出版社, 2003.
[3] 刘本固. 教育评价的理论与实践[M]. 浙江: 浙江教育出版社, 2000.
[4] 孙雪芬, 王立强. 现代学校发展策略与项目管理[M]. 上海: 同济大学出版社, 2006.
[5] 王斌华. 发展性教师评价制度[M]. 上海: 华东师范大学出版社, 1998.
[6] 王纲. 定量分析与评价方法[M]. 上海: 华东师范大学出版社, 2003.
[7] 张岚. 学校发展计划50问[M]. 吉林: 吉林人民出版社, 2006.
[8] 张民生. 上海市学校发展性督导评价探究[M]. 上海: 上海教育出版社, 2004.
[9] 郑百伟. 学校教育评价的思考与实践[M]. 上海: 上海教育出版社, 2006.

以学校发展计划为核心的学校督导

国家级专家组　雷专平

办好一所学校,营造一个良好的育人环境,培养具有良好素质的公民,处理好学校、社区和教育行政部门的关系至关重要。但长期以来,在如何处理学校、社区和教育行政部门的关系方面,许多学校在很多时候很多地方做的并不理想,如学校与社区之间缺乏有机联系,学校与社区的关系表现为近乎"隔绝"的状态,如何办好学校是政府的事情,是教育部门的事情,与社区没有太大的关系,社区群众对学校的发展很少关注,更谈不上参与学校的管理。又如教育行政部门和学校之间是一种单纯的上下级行政关系,学校成为教育行政部门的"附属物",学校缺乏办学自主权,导致学校缺乏主观能动性和积极性,一切被动而消极地听命于教育行政部门。

那么,如何处理好学校、社区和教育行政部门的关系,定位好各自的角色并各自积极主动地承担起自己的职责,从而发挥各自在学校发展中的作用呢?世界银行贷款/英国政府赠款"西部地区基础教育发展"项目(以下简称"西发"项目)所实施的学校发展计划在这方面进行了可贵的探索和实践,积累了宝贵经验。过实施学校发展计划,学校、社区和教育行政部门充分发挥各自在学校发展中的作用,并形成一种合力,共同促进学校发展和学生健康成长。围绕学校发展计划的制订和实施,开展学校督导,使学校发展计划更适合学校发展的实际。这不仅使学校发展计划在项目地区更好地得到实施,而且能在更大的范围内推广,使这一学校管理思想和模式能在中国大地上发挥更大的作用。

1. 制订和实施学校发展计划的重要意义

针对中小学管理中存在的一些主要问题,诸如学校管理缺乏前瞻性,对社区缺乏了解,学校和社区有限的教育资源不能得到合理有效的利用,学校管理的人为因素和随意性较大,社区成员、家长、教师和学生参与学校管理的渠道不通,决策缺乏民主性,学校的发展和各项工作的开展缺乏自主性,忽视对教师的教和学生的学的指导,忽视学生的主体地位,教师教法单一、教学能力偏低等,"西发项目"引进学校发展计划的理念,给学校管理提供了突破口。学校发展计划是在学校层面通过自下而上的方式,广泛征求社区群众的意见,由学校和社区自主制订的关于学校未来发展的计划,包括学校未来3年发展展望和年度行动计划。学校发展计划的根本目标是:充分利用社区所拥有的各种资源,让社区所有的儿童少年接受高质量的学校教育。

1.1 学校发展计划体现了以人为本的学校管理思想

1.1.1 学校发展计划为学校管理提供了具体目标和措施

学校发展计划是由学校和社区共同完成的。为制订学校发展计划,校长和教师通过家访、村民大会、绘制社区地图、问题树、对比排序和优先排序等方法,与社区群众一起确定学校发展计划的目标、内容、具体措施等。其目标是现实而具体的,行动措施有明确的量化指标、时间要求、责任人和相应的投入安排。特别是把问题、需求转化为目标,再把目标转化为措施,使计划具有可操作性、可检测性,监督评价有章可依。学校发展计划的内容涉及学校发展需要解决的问题及其所需的资源,主要包括提高学校管理水平、提高教学质量、加强学生思想品德和养成教育、改善办学条件和保证儿童入学等问题。这些内容归结起来,就是通过学校发展计划来保障素质教育的顺利实施。

1.1.2 学校发展计划的制订强调自下而上的广泛参与

"西发"项目所推行的学校发展计划与传统的学校各种"计划"的制订过程相比,学校发展计划的制订是自下而上,而不是自上而下的。做到这一点,可以起到两个作用:一是培养学校自我发展的主动性;二是使计划紧密联系学校工作实际,从实际出发,解决什么问题,满足什么需求都有很强的针对性。在制订和实施学校发展计划过程中,"西发"项目引入了社会发展的理念以及社会分析工具。由于社区成员在财富、社会地位、性别、宗教信仰、民族和教育等方面的差异决定了他们不同的认识和不同的需要,也决定了他们在社区参与中的角色和积极性方面的差异。特别是在贫困地区实施学校发展计划,关键是吸引贫困家庭中没有机会接受教育的儿童上学。没有机会接受教育或良好教育的儿童常常生活在社区最贫困和边缘的家庭。制订学校发展计划最需要听取这些人群的声音、了解他们的需要,这是制订学校发展计划的关键环节。学校发展计划的制订强调自下而上,采取参与式的民主决策。如在访谈、座谈中可以有针对性的征求妇女、儿童、残疾人等弱势群体的意见。关注到了弱势群体,就等于关注到了全体。在制订学校发展计划时,学校还召开村民大会,村民意识到他们对学校发展能产生一定的影响;学校进一步了解到社区的人口、贫困状况以及儿童辍学的社会性原因,意识到了社区是当地学校发展的最大支持力量。

1.1.3 制订和实施学校发展计划已形成了一套完整的程序

制订和实施学校发展计划是一个宣传组织、征求意见、归纳问题、提出目标、制订方案、落实计划和总结提高的过程。在组织机制上成立了"学校发展计划管理委员会",其成员包括社区干部、教师代表、村民代表和宗教界人士等,使社会各方面力量都能参与学校管理。这个委员会一般由5~9人组成,女性比例不低于30%,至少要有一名女村民代表。委员会坚持一至两个月召开一次会,研究解决学校存在的问题。特别是贫困地区乡村学校所要解决的问题很多,学校发展计划遵循轻重缓急的原则,对学校发展中各种问题进行排序,首先解决突出问题,每解决一个问题,都会使学校前进一步。

1.1.4　学校发展计划的制订和实施为学校发展提供了良好的环境

在学校和社区的关系上,社区就是学校的环境,学校的发展始终要受到社区的影响,所以,要开发利用社区资源,使其为学校发展服务,这是项目要求学校完成的重要工作任务之一。通过学校发展计划,使社区和学校共同发现学校所面临的问题、原因和需求;鼓励社区与学校一起承担学校改进和发展的责任,形成社会活力,挖掘一切可以转化为教育资源的力量,把积极争取外部资源和自力更生有机地结合起来;学校发展计划旨在加强学校和社区的联系,使社区干部群众、学校教师和校长都能认识到,学校是社区的学校,帮助学校就是帮助社区,满足社区的教育需要是学校的"天职",从而提高社区所有成员参与学校活动的意识和能力。

1.2　学校发展计划在教育管理制度创新方面进行了有益的探索

1.2.1　尝试新的教育资源配置方式

在学校发展计划的制订和实施过程中,教育行政部门及时给予帮助、支持、指导,加强了学校与教育行政部门之间的联系和沟通,促使行政部门在教育资源的分配上,特别是财政和项目资源的配置上,更多地从学校实际需要出发,满足不同学校的发展需要。在贫困地区动员社区资源,不局限于财力资源,同时发动乡村各种政治的、宗教的、文化的、地缘的资源力量,形成学校教育的支持系统。这种对学校发展的社会资源的开发和利用,不但促进了学校物质条件的改善,还大大拓展了学校发展的公共空间。

1.2.2　创建学校与社区共同发展的机制

为普及和巩固义务教育,必须在学校和社区之间架起沟通、理解和合作的桥梁,学校发展计划就是试图在学校和社区之间建立互动、互助、互利的有效机制,改变学校与社区相互隔膜的状态。通过社区和学校的努力,在当地形成良好的文化氛围,使家长更好地认识到受教育对自己子女的价值,吸引更多的儿童入学,降低辍学率。同时强化社区成员对学校的主人翁意识和责任感,社区资源的挖掘和利用也促进了社区的发展。

1.2.3　在贫困乡村开展了教育平等和民主的尝试

采取参与式的民主决策,而不是仅由校长和少数社区精英决定。参与的主体有教师、校长、村干部、村民、妇女代表、宗教界人士、学生以及辍学和失学的儿童。学校发展计划制订的过程不仅要求广泛的参与,而且重视参与的有效性。各种人群的意见同样重要,每个人都有表达自己见解的机会。如在决定优先解决问题的时候,采用排序的方法,每个人都有打分的权力,以得分多少确定需要优先解决的问题,保证了参与过程的民主性。正因为坚持平等公平的原则,使学校发展计划的制订和实施都能充分关注弱势群体,所以不论是学生,还是社区群众,如果关注到了弱势群体,就等于关注到了全体。因此,教育公平的体现能有效调动弱势群体的积极性,使其广泛参与有关活动。实际上,学校发展计划从设计理念到实施过程,都把教育公平和教育民主化作为基本目标。如助学金的发放,通过村民民主参与,学校更多地倾斜给女童、贫困的少数民族儿童。在课堂教学中,教师更多地关注贫困生和濒于辍学的儿童。许多学校积极地开展快乐校园活动,使儿童喜欢学校。在项目县,上学对儿童成了一件十分快乐的事情,小学生辍学率明显下降。

1.2.4 调动学校自主发展的主动性和积极性

学校发展计划作为一种全新的管理模式,是实现校本管理的一个突破,它显著的特点在于既强调了学校自主发展,又实现了社区广泛参与的开门办学。学校通过一系列活动实现目标,又通过自我监测与评估来促进发展。通过测评反思工作过程,制订下一年的工作目标。这是一个联系紧密、环环相扣、互相依存、互相推动的系统活动。学校正是在这种活动中学会自我管理、自我评估,从而实现自我发展的。同时,学校发展计划的制订和实施改变了教育行政部门和学校的关系,不再是简单的上下级领导与服从的关系,开始逐渐向着服务与被服务的关系转变,学校不再消极等待资金、等待命令、等待检查,而是开拓发展空间、主动进取、自主发展。通过学校发展计划,使许多校长开始认识到贫困地区学校自主管理能力和水平是学校发展的关键因素,其重要性不亚于土建和资金。即使在贫困的乡村社区,通过广泛发动社区,学校在合理使用有限的资源、提高入学率和教学质量上都是大有可为的。

1.3 学校发展计划为学校督导提供了重要依据

学校督导通过监督、检查、评估、指导,推动学校发展计划的施行,形成"制订—实施—督导—修订—实施"的循环操作流程,以保证学校发展始终保持螺旋式上升的态势。

1.3.1 学校督导为学校发展计划的制订与实施提供了保障

项目县成立由督导人员为主要成员的学校发展计划支持小组,教育行政部门的有关人员以项目督学的身份参与其中,对各学校的发展计划实行"跟进式"支持,其中包括计划制订中的审核、校长的陈述与答辩、实施过程中的检查与指导、实施结果的检测与评估等。通过对学校的督导,促使学校发展计划从实际出发进行制订,按计划进度认真落实,以此来规范学校的管理。

1.3.2 学校发展计划为学校督导提供了重要依据

督导人员在平时进校检查工作时,以学校发展计划为主对照检查,促使学校工作按计划内容、进度有序进行。督学对学校发展计划了如指掌,才能找准问题,分析透彻,指导到位,学校也才能心悦诚服地接受建议,督导效益才能体现出来。督学通过学校发展计划收集信息,帮助学校分析现状,发现问题,确定目标,提出建议,体现了督导与学校平等合作的关系。

1.3.3 把督导结果与下学期学校发展计划结合起来

督学进行督导反馈,强调学校要把本次督导提出的问题列入学校发展计划中,用"问题—目标—活动措施"的形式制订整改计划,把它与学校发展计划中的行动计划结合起来。同时,督学通过发挥帮助和指导作用,对学校发展计划制订和实施提出合理、可行的建议,帮助修订目标和强化措施,促使学校依据发展计划,改进工作,提高管理水平和教育教学质量。

2. 以学校发展计划为核心内容的学校督导工作的开展

在学校发展计划的实施中,监测评估无疑是一个十分重要的环节。除了学校自身日常的监测评估之外,外部的监测评估也是必要的。作为一种重要的管理手段,除了各种不同类型和方式的评比之外,学校督导评估显然是教育行政部门对学校进行评估的主要途径。为了巩固学校发展计划的成果,实现学校发展计划与学校日常管理、教育行政管理工作的紧密结合,对学校督导也进行了比较大的改革,推行以学校发展计划为基础的专业化督导,具体做法是改变过去督导以"督政"(督促地方政府为教育事业的发展投入更多的资源)为主的思路,向以帮助学校不断改进教育质量的"督学"方向发展。同时,对学校的督导不再是使用"一把尺子",而是"多把尺子"相结合。学校自己根据自身的具体情况拟订自己的发展计划,督学则根据学校自己的计划来看其是否在按自己的规划发展,哪些方面进展顺利,哪些方面还有待改进,并把督导意见向学校及其上级教育行政主管部门反映。通过以学校发展计划为基础的督导,学校自己清楚了哪些方面需要进一步的努力,同时教育行政部门也知道了需要在哪些方面给以学校更多的支持。这种做法的直接好处就是承认学校在发展水平上的差距,不再局限于学校之间的横向比较,更强调学校自身的纵向的比较,使得由于种种历史原因而处在不利境地的学校也看到了希望,不会再一味地受批评。

为了使学校发展计划在学校管理中有效运行,并且保持可持续发展,学校督导通过监督、检查、评估、指导学校认真实施发展计划,使学校督导与学校发展计划有机结合,用学校督导推动学校发展计划的实行。所以在学校督导工作中把学校发展计划作为核心内容,客观地对待学校制订的计划,透过计划看学校的发展,了解制订计划的过程,对计划的可行性、科学性进行客观的分析,从而发现学校问题,进行指导。这无疑是建立了一种学校发展计划实施与运行的保障机制。因此,督导与学校发展计划的目标是一致的,都是推动学校发展。学校发展计划是学校内部进行自我完善、自我发展的主系统,而督导则从外部对学校发展计划制订过程、实施情况进行监控,将学校发展计划完全制度化,通过督导评估帮助学校推动自我发展机制的运行。这一过程可叙述为学校在实施发展计划过程中,根据自评结果与督导评估中发现的问题,对原学校发展计划做必要的修订,使其在学校、师生、家长、社区群众广泛参与下,始终能与实际相结合,形成"制订—实施—督导—修订—实施"的循环操作流程,以保证学校发展始终保持螺旋式上升的态势。督导评估又通过学校发展计划收集信息,帮助学校分析现状,发现问题,确定目标,提出建议。更体现了督导与"学校发展计划"互为依存的关系。

开展以学校发展计划为核心内容的学校督导工作,既体现在督导内容和范围的确定上,又体现在督导过程的组织程序和实际运行上,它有两个显著特点:

第一,学校督导范围和内容的确定,充分体现了学校发展计划以学生为中心的理念,学校督导就是保证学生进步。

以学校发展计划为核心内容的学校督导,其范围可分为四个方面,即学生的表现、教与学、学校环境和学校管理。

一是对学生表现的督导评估。学生的表现是学生通过学校教育活动,在学业成绩、道德水平、个性发展等方面的综合结果。其他三个督导范围即教与学、学校环境和学校管理是导致这一结果的过程。在学业成绩的评判中,测试成绩是主要信息。为了判断测试成绩是否真实反映了学生的实际水平,督学将测试成绩与当地其他学校的成绩相比较,与学生原有的成绩相比较。督学还通过评价学生在学科上表现出的变化情况来做出评判。即使当学生的表现水平较低时,也可能由于好的教学使学生在原有的基础上取得进步。另外,通过学校发展计划也可帮助督学做出有关学生进步和学业成绩质量的评价。因此,学生的变化是评价学业成绩时督学应特别关注的,不仅通过观察学生的作业来了解学生在学科上的变化情况,而且比较学校近三年来在测试成绩方面的变化情况。个性发展是学生表现的另一个重要方面。督学既从学生的道德品质、学习动机和能力、身体素质和心理素质、审美情趣等方面对学生的基础性发展进行观察和评价,更要注重了解和观察学生个性的发展和培养。督学还应特别注重督促学校帮助学生形成良好的公民意识,使他们成为有益于社会发展的好公民。

二是对教与学的督导评估。督导中把教与学作为评价一所学校实现教育目标和提高学校整体教学质量的主要内容和重要环节。督导过程中通过发现好的教与学方面的具体行为表现,从而找到它与学生表现直接和间接的联系。教与学的水平高,必然会使学生的表现好或者比原来有很大的进步;反之,教与学的水平低,就必然导致学生的表现不好,或者在原来的基础上没有进步,甚至倒退。督学就是想方设法通过各种途径收集更多的教与学的信息,包括正面的信息和负面的信息,特别是通过课堂观察,收集教师"教"的行为表现和学生"学"的行为表现。在掌握了充分的信息之后,分析教与学的过程是否和学生的表现一致,并做出对教与学过程的确切评判,以便从整体上评价这所学校的办学方向和教育教学质量,找出其优势和不足,帮助学校改进工作。督学在收集教与学的信息时,应特别关注两个问题:一个是教师在树立了以学生为中心的理念之后,其具体的行为表现在哪些方面;另一个是让学生在学习过程中主动参与,表现在哪些学习行为中。带着这两个问题观察课堂教学,判断教师教得好的行为,就不是只看教师讲得如何精彩,如何到位,而是看教师在课堂上创造了哪些条件,让全体学生积极参与,自主、主动地学习。这里涉及学习的时间是否给予了学生,教师是否运用了多样化的方法,设计了好的教学活动,让学生参与学习。在参与过程中学生是否质疑,是否通过合作、讨论解疑,教师与学生在活动中是否平等相处、互相尊重。从这些关键点收集信息,对教师的"教"做出准确的评判。对教与学做出评判,不仅仅是对一堂课做出评价,还对整个教学活动做出判断,包括教学准备、教学活动和教学效果三个方面,在充分收集这三方面的所有信息的基础上,对整个教与学的活动做出全面评判。评判教学质量关键的标准是学习质量。由于学生的能力和需要有差异,只有全体学生都学有所得、学有进步,才能说教学是好的。

三是对学校环境的督导评估。督学通过实地观察,与师生、家长、社区人士进行访谈或问卷调查,把重点放在对学校环境质量的评估上,一方面看学校是否为所有学生接受教育提供均等的机会,是否为学生创设了应该具备的学习条件;另一方面看处境不利地区学校教育的不利处境是否得到改善,还要注重对校内环境和校外环境一起考察。督学评判学校环境时,根据所收集的有关信息,了解政府、学校、社区是否为教育教学和学生的学习、生活创造了良好的或必备的环境;学校现有的办学设备设施是否得到充分利用,为教学和学生的学习服务,保障了学校教育活动的顺利进行;学校的环境创设是否为所有学生接受教育提供了均等享用的机会。督学还通过对照学校发展计划判断学校环境改善的达标程度和发展水平,并帮助学校提出进一步改善学校环境的计划和措施,争取政府、教育行政部门和社区对学校的帮助和支持。

四是对学校管理的督导评估。督学评判学校管理时,从整体上把握以下三个方面:第一个方面是学校发展计划的制订是否坚持正确的办学方向,是否建立在民主参与基础上,是否抓住关键,学校的教育活动是否依据学校发展计划规范、科学、合理、合法、有效运行。第二个方面是校长是否尽最大努力为教师的教学、生活和专业发展及学生的学习、发展提供了帮助和支持,调动了广大教师、学生的积极性。第三个方面是学校是否重视与社区、家长的沟通、协作,充分利用校内外教育资源,满足学生发展的需求。教学管理作为学校管理的核心,督学从学校课程设置、课程资源开发,教师学科结构、岗位配置、培训提高措施和教研教改、教学评价等多角度的管理来全面掌握学校的教学管理过程及绩效;更应关注学校对每一个学生学习、发展的帮助和支持,特别是对学生中弱势群体的关爱和扶助。监测评估是学校管理中一个重要的环节,学校的决策、执行情况是否科学、规范、合理、有效,要通过学校自身建立的全程性监测评估机制来调控、改进、完善。督学就是从学校监测评估体系的建立、实施过程和效果上去把握学校的管理过程,帮助、指导学校改进管理工作。对学校管理做出评判,学校发展计划文本是一个重要依据。有效性是学校发展计划的生命,督学通过深入考察各方面的工作业绩,并进行整体分析,从而对学校发展计划质量做出一个较为客观的评判。

第二,学校督导的组织程序和运行过程,充分体现了以学校为主体,学校督导就是促进学校的发展。

以学校发展计划为核心内容的学校督导,严格按照督导前、督导中、督导后的工作程序,开展学校督导工作。

一是督导前强调学校的自我评价工作,及时开展指导帮助。学校自我评价是学校依据督导评估的范围和要求,依靠广大教职员工以及家长对学校工作进行广泛认真的检查,通过与学校发展计划确定的目标对照,明确学生现在的表现如何,学校的管理如何,学校的质量如何;明确哪些地方需要改进,哪些地方需要坚持和发扬,从而使学校确定新的发展方向和目标。学校自评是教育督导评估的一个重要组成部分,自评的质量直接关系到学校督导活动的质量和效益。组织良好的自我评价,有利于充分调动被督导学校的成员参与督导评估的积极性,有利于督导人员获得较全面、较完整的评价信息,有利于学校的自我诊断、自我整改和自我完善,有利于督导目的的实现。根据督导部门的安排,在学校自评阶段,督学定期深入学校,加强指导,帮助学校开展自评工作,确保了学校自我评价工作的质量。

二是督导中以全面收集信息为主,注重第一手资料的掌握。督学通过听课,查阅学校发展计划文本并了解其制订过程、实施情况,查阅教师教案,查阅学生作业,参观学生的制作、作品等,观察学生的校内活动(包括集体组织活动和学生自由活动),察看校容、校貌及学校教育教学设备设施,查阅学校各种文件档案资料,召开座谈会,个别访谈,进行问卷调查等一系列活动,来收集信息,作为评判学校的证据。在收集信息时,还特别强调以学校发展计划为依据,督学将50%以上的时间用于听课、观察教师和学生在课堂上的反应,以获取第一手资料;督学听课做到了两个覆盖,即全体教师和所有学科。

三是督导后强调将对个别学校的指导和对一个地区教育的整体指导结合起来。被督导学校在收到督导报告后,要及时向学校和社区宣传,并组织教职工广泛讨论《督导评估报告》,按督导报告中提出的意见和建议,结合学校发展计划,制订跟进计划。对这项工作做得如何,督学还要进行定期回访。随着学校督导数量的不断增加,督导报告将大量的产生和积累,这些报告所提供的信息,就成为各级政府和教育行政部门制订教育发展政策措施的重要依据。利用学校督导报告所提供的"点上"有关学校表现的信息,从"面上"帮助教育政策措施的制订和执行,将督政和督学结合起来,这是以学校发展计划为核心内容的学校督导工作的一个特色,也是大面积开展学校督导工作的一个重要步骤。这项工作的开展,是通过建立一种工作机制来进行,即建立督导报告分析机制。每轮学校督导评估后,督导报告交到市、县督导室,由督导室组织专人进行汇总分析,收集信息,为市、县教育政策措施的制订和教育计划的调整提供参考依据和咨询意见。

怎样实施以学校发展计划为核心内容的学校督导,使这一保障机制长期运行,目前较成功的经验是:

——项目县成立由督导人员为主要成员的学校发展计划支持小组,对各学校的发展计划实行"跟进式"支持,其中包括制订中的审核,实施过程中的陈述与答辩,实施结果的检测与评估等。通过对学校的督导促使学校发展计划按原则制订,按计划进度落实,以此来规范学校管理。

——督导人员在平时进校检查工作时,以学校发展计划为主,对照检查,促使学校工作按计划制订的内容、进度有序进行,较好地解决计划文本中的目标活动与实际工作脱节的问题。

——把学校发展计划的制订与实施情况作为学校管理的一部分纳入学校评价的内容,与学校年度工作评价挂钩,确定了学校发展计划在学校管理中的重要地位。

——所有督学透彻掌握学校发展计划特点,理解制订过程中的原则及各部分之间的关系是督导成功的基本前提。督学对学校发展计划了如指掌,才能找准问题,分析透彻,指导到位,学校也才能心悦诚服地接受建议,督导效益才能体现出来。如在学校督导时,督学们与学校领导座谈,不但了解学校制订和实施学校发展计划中的具体困难,而且分析产生这些问题的原因,可以较好地解决校长对学校发展计划制订意义认识不够、中层管理者和教师的工作计划不切合实际、问题不具体、难以转化为目标等突出问题。

——学校发展计划是督导中掌握学校和社区的信息源,是督学必须掌握的重要资料。较好的学校发展计划清晰的展示学校办学思想,完整的呈现学校管理目标制订——组织落实——检测评估的全过程、学校所处的背景及它的"昨天""今天"和"明天"等。为督学准确客观地做出督导评估结论提供了信息,同时也是提出合理建议的依据,所以收集信息时要紧紧依靠和利用它。

——重视督导结果的利用,把督导结果与下学期学校发展计划结合起来,是促进学校发展的重要方面。督学要在"督导反馈"这一环节中强调学校一定要把本次督导提出的问题列入学校发展计划中。已督导过的学校用"问题—目标—活动措施"的形式制订"整改计划",把它与学校发展计划中的行动计划结合起来。

3. 开展以学校发展计划为核心内容的学校督导的体会

第一,由于学校发展计划具有先进性、科学性,并且统领着学校发展的全局,所以学校督导把学校发展计划作为督导的核心内容和主要依据,这样使督导和学校具有共同的目标、任务。学校能够真正体会到学校督导确实是在帮助自己,从而形成合力,共同把督导工作做好。督导虽然对国家教育方针、政策和法规的执行起着监督作用,但更具体、直接的工作任务是帮助学校实施学校发展计划,促进学校发展。

第二,学校督导要求督学和校长、教师是伙伴关系,他们都是督导工作的重要参与者,这个伙伴关系充分体现了对督导对象的尊重,减轻督导对象的心理负担,很好地实现心与心的交流,在交流中互相借鉴,共同发展提高。

第三,与学校发展计划的制订和实施相统一,学校督导也实行开放性督导,要求学生、家长、社区群众代表参与,从而广泛获取信息,增强信息的真实性、可靠性。

第四,学校督导重视学校的自评,督导组在学校自评的基础上进行复评督导,这样很多问题就在学校自评的过程中被发现并加以解决。这个过程的不断进行,使学校的主动性和自我发展的意识不断增强,从而逐步实现可持续发展。

第五,学校督导抓住教与学这个学校工作的主要环节,在听课上做到"双覆盖",使教师和学生直接受益。

第六,学校督导还建立督导评价机制,既通过提供督导分析报告,促使有关方面解决被督学校中存在的突出问题,又通过督导评价,找出督导本身存在的问题,为督导工作的自我完善和发展起到了很好的保障作用。

总之,学校督导既是学校执行国家教育方针和法规的监督者,又是学校发展计划的制订和自身完善方面的帮助指导者,也是学校发展计划实施上的监督评价者。它的具体任务是保证国家教育方针和法规的贯彻执行,帮助学校站起来自己走,找准自己的路走好自己的路,促进学校自我发展和可持续发展。(中英甘肃基础教育项目学校督导的实践与探索.兰州:甘肃民族出版社,2006年.)

学校发展计划与我国教师的发展

国家级专家组　杨朝晖

关于学校发展计划的研究,始于20世纪70年代英国的学校效能研究。20世纪80年代初,我国首次引进"学校发展计划"(School Development Plan,简称 SDP)的概念。2001年6月,在联合国儿童基金会的大力支持下,教育部正式引进"学校发展计划"项目,并首先在甘肃等13个西部省区开展试点。从此,"学校发展计划"的理念得以广泛传播。2006年在世界银行和英国政府的大力支持下,我国教育部启动了"西部基础教育发展项目"(简称"西发项目"),其中"学校发展计划"又成为其核心的研究和推广内容。

SDP之所以在我国得到认可和普及,主要源于人们对SDP实践意义的认可。人们普遍认为,开展SDP有利于提升管理者的行政能力,使学校变得更有效能;有利于建立与完善校本管理机制,促进学校自主发展;有利于增进人们对计划、规划规律的认识,促进传统教育规划概念的革新与发展。(范国睿,2003:216—220)

可以看到,目前人们对于SDP的实践意义,一般都定位于学校宏观层面组织管理方面意义的挖掘,而对于生活在学校之中的教师发展则论及较少。那么,SDP与教师的发展存在哪些密切的联系?SDP作为一个外来引进的项目,对于我国教师的发展又存在哪些特殊的意义呢?

本文试从 SDP 与我国教师的理性提升、SDP 与我国教师主体性的激发以及 SDP 与教师发展的环境三个角度，对 SDP 与我国教师发展的内在关系，以及对于教师发展可能存在的价值意义进行了探讨。

1. SDP 与我国教师的理性提升

目前关于"学校发展计划"的一些代表性的观点有："学校发展计划是围绕发展性目标，同时又兼顾基础性目标而设计的学校发展综合性方案"。（徐承博，2004）

"计划在本质上是一种运用脑力的理性行为和程序。几乎所有的策划内容都是未来的事物，也就是说，是针对未来要发生的事情作当前的决策。换言之，计划是找出事物因果关系，衡量未来可采取之途径，作为目前决策之依据，即计划是事先决定做什么，何时做，如何做，谁来做。策划如同一座桥，它连接着我们目前之地和我们要经过之处。"（赵光忠，2003）

"学校发展计划作为学校的一种自主发展活动，是在国家和地方政策的环境下，为了对学校的有效管理而提供的一种实际可操作的策略，并对学校的活动所进行的评估和优先排序。"（转引自楚江亭，2007）

"学校发展计划是一个学校在未来三年内要达到的主要目标，既包括硬件方面，如校舍的新建、购置教学仪器设备和图书、配备课桌椅等，也包括软件方面，如教师素质提高、学生学习成绩的改进以及学校管理的改善等。"（中/英甘肃项目基础教育项目领导小组办公室，2001）

可以看出，由于对学校发展计划关注的重心、层次以及形式等方面的不同，人们对学校发展计划的理解也存在明显差异，一种意见认为：学校发展计划是围绕发展性目标，同时又兼顾基础性目标而设计的学校发展综合性方案；而另一种认为学校发展计划不仅仅是学校发展方案（plan），它还是创制发展方案并确保这一方案产生效果的活动或过程（planning）。（范国睿，2003：217）

然而不管怎样，本文认为人们对于 SDP 的认识有一点却是共同的，即假定人们的行为和学校的行为都是建立在理性的思考和轨迹之上的，假定 SDP 研究有利于增进人们对计划、规划规律的认识，同时还隐含着人们既承认未来发展过程中的不确定性，又强调理性的力量，强调人的认识能力是有限性与无限性的统一，强调在不断反思、持续改进的学习过程中探索学校未来发展的策略（范国睿，2003：220），因此，人们可以对未来做出预测与规划。其主要表现如下：

第一，作为一种行为，规划是以客观现实为基础对未来采取的预见性行动。在制订的过程中，SDP 强调在全面翔实的客观实际的基础上，经过深思熟悉的判断来作出决定。其次，作为一种管理手段，SDP 是一种目标取向的管理模式，它强调目标在人们行为和学校发展中的重要意义，假定目前的状况与未来的目标之间存在一定的因果线性关系，因此，强调改进的路线与实施的策略、措施的具体性、可操作性。例如，在甘肃模式中，包括两个方面：一是系统的培训材料和格式统一的文本，二是严格的实施步骤、环节和过程。就实施程序而言，它反映出是一个理性主义的运作模式。（中/英甘肃项目基础教育项目领导小组办公室，2001：3）

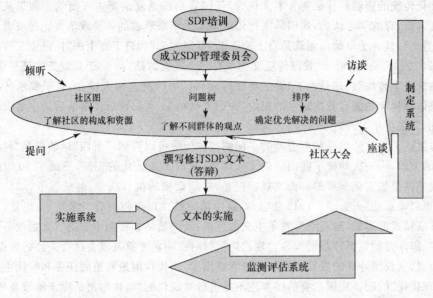

由此可见,SDP实际上是以理性为指导的一系列理性行为的综合,既有行动的前期行动、决策过程,又有执行策划方案和反馈的过程。SDP反映了人们对理性主义的追求。

然而,对于"理性主义",在当代社会却存在很多批判的声音。这主要来自后现代主义思潮。(大卫·雷·格里芬,1998:5)后现代主义认为,在这个时代,工具理性日益控制一切,经济的发展并没有导致社会的全面进步,相反,现代西方社会陷入了前所未有的危机。人类发生了自相残杀的战争、生态变得更加恶化、恐怖主义遍布全球,其他有悖人之本性的矛盾冲突不断。因此,他们提出要解构现代性。正如一位批评家所表达的那样:"科学长期被信奉为一种神圣的理性知识产品的顶峰,它是如此强大,以至保留着对社会变迁兴衰的能力。然而如今,科学正在等待着解构,就像西方其他的权威性教条一样。"(蔡仲,2004:3)

由于后现代主义批判的锋芒直指现代西方社会的弊端,具有鲜明的时代性和历史的使命感,因此对当代社会产生了非常广泛的影响。有的学者甚至这样宣称,"我相信,我们正在不可改变、无可逆转地步入一个新的时代,一个后现代的时代。"(多尔,2000:序言)在后现代主义思潮的影响下,20世纪70年代以来,西方教育科学领域也发生了重大的"范式转换":开始由探究普适性的科学规律,转向寻求情景化的教育意义,关注现象,运用复杂性思维成为新的范式代表。这种变换在课程与教学研究领域也有突出的表现,即从以泰勒为代表的具有理性主义的"课程开发范式",向把课程当成一种多元文本进行理解的"课程理解范式"转变。后现代主义思潮如此强劲,以至于此次国家基础教育课程改革的价值理念也深受"后现代主义"思想的影响。(钟启泉等,2004:99)

那么,在倡导"后现代主义"思想的今天,我们应该如何看待具有理性主义色彩的SDP带给我国教师发展的意义呢?我们又如何看待对反映现代主义精神实质的"理性主义"呢?

对于这些问题的回答,需要联系我国特定的历史背景来思考,也就是说对于我国教师的专业发展的思考,应将其置于我国特殊的国情和文化传统的情景脉络下来进行。那么,我国文化传统的影响是什么呢？本文认为，任何影响都是复杂而多方面的。如果从负面的角度来看，有的学者认为，我国的文化传统是几千年来形成的一种政治文化的或者道德性的"道统"，其骨子里的内涵就是自上而下的"专制主义"和自下而上的"臣民主义"（陈乐民，2004：253）。由此带来"我国传统文化中有两个最大的缺点：一个是缺乏实证科学，一个是缺乏民主传统"。正是由于"缺乏实证科学和民主传统这两大特点，对于我国传统文化的整体结构和功能有着决定性的影响，我国文化在15世纪以后逐渐落后的主要表现即在于此。"（张岱年，1990：218）

本文认为这一分析是颇有道理的。回顾我国历史可以看到，"五四"运动举起"科学与民主"的大旗，第一次冲破了我国旧的文化传统，开启了新文化的先河，导致了20世纪二三年代我国思想文化发展的巨大发展。但是，接踵而来的抗日战争、解放战争，却使我国的"思想启蒙运动"夭折了。1949年以后，新中国固然在很多领域有很多发展，但是，由于受到苏联模式的影响、对马克思教条主义的理解，我国始终在徘徊中前进。直到改革开放以后，我国才开始重新睁眼看世界，"现代化"、"理性"问题才重又成为社会关注的焦点。

所以，从我国特殊的发展历史和国情背景出发，当代我国最紧迫的任务和时代主题依然是"现代化"问题。我国紧要的任务还不是进行对现代的"解构"，而是应该继续高举"科学"和"民主"的大旗，开展建立理性精神的"启蒙运动"。而作为生活在我国社会背景下的我国教师，其发展的主题也应该与我国当代社会整体发展的主题具有内在的一致性，我国教师的发展内容依然需要围绕理性主义的建立和民主的思想启蒙来展开。

通过以上分析，我们看到建立起理性精神，对于我国教师的发展来说，具有重要的社会现实意义。而SDP因其特有的理性主义色彩，无疑为培育我国教师的理性精神提供了现实的途径。

我们看到，在制订学校发展计划的过程中，尽管各地区所采用的模式以及侧重点等各有不同，但综合来看其内容主要包括：共同评估学校目前所处的位置；建立共同愿景，描述学校发展的整体目标和基本策略；把目标、策略以及相关指标分化、具体化；制订出多种可供选择的发展方案和途径；对短期、中期、长期的发展项目进行优先排序；在各种可供选择的方案中做出选择，等等。这些内容和程序对于培养参与SDP制订和实施的我国教师来说，无疑具有理性主义精神熏染和思维方式启蒙的作用。

当然，承认理性主义的现实意义，并不意味着我们要陷入工具理性主义的机械、教条之中，对SDP采取一种僵化的理解和实施。相反，当我们在通过SDP倡导理性的同时，还应该保持清醒，充分认识后现代主义的时代意义，让后现代主义的精神在我国发挥作用，这样我们才能少走弯路。所以，本文非常赞同这样的观点，现代主义和后现代主义并非是两种相互排斥的视角，也不是前后相继的不同时期，而是两种可供选择的观察世界的方式(瑞泽尔，2003：11)。

2. SDP与我国教师主体性的激发

当代教育的重要价值取向就在于，在重视社会发展需要的同时，更加注重人的主体性，人固有潜能和创造精神的发挥，试图通过培养个性健全、人格独立、富有创造性的人来满足社会的需要，更好地推动社会的进步，实现教育本体功能与社会功能的整合。这种价值趋向既是社会发展到现代化和国际化时代对人的素质提出的更高要求，也是对我国教育忽视人的主体价值,忽视个性发展的一种修正。

长期以来,我国的教师培养比较忽视教师主体性的发展。我国教师的专业发展基本上以师范教育、在职进修继续教育为最主要的途径,培养的目标是依据上级教育主管部门的统一部署和要求,完成既定的学习任务。这种培养模式,采取的基本上是一种自上而下的"灌、喂、抱"的强迫式的被动教育,因而从某种程度上忽视了教师作为成年学习者的主动性、能动性、个体需求、个性特长的差异性以及自身实践经验的丰富性。实践证明,这样的教师教育很难满足新世纪对教师素质的要求,很难让教师形成积极主动参与自身发展的态势。

心理学研究表明,人的主体作用不仅表现在对外在世界的改造活动中,而且更重要的是表现为内在的对自己个性、自我精神的有意识地改造中。个体只有在主体性的引导下,实现自我发现、自我定位、自我教育,才能扬长避短,更好地适应社会发展的要求,进而更好地推动社会向前发展。(黄希庭,1997:199—121)因此,教师如果没有对自我主体价值的追求,没有对自我意识的觉悟与觉醒,就不会具有在自己的教育实践中主动培养学生主体性的自觉性;就不会主动地在教育实践中学习、研究、实践、反思,改进自己的教育行为,提高自己的教学质量;就不会具有发展的内驱力,主动地在自己的职业生活中充实自我,实现对自我的提升与超越。所以,促进教师的主体性发展是教师自我发展的关键所在。

而 SDP 的制订与实施,为教师主体意识的萌发与发展创造了条件。首先,SDP 致力于学校的自主发展为教师的主体意识的萌发创造了组织和文化条件。

从 SDP 的发展背景来看,SDP 是在一种倡导教育民主,走向教育分权化的发展趋势之下而得以广泛认可和传播的。SDP 在制订与实施的过程中,一直致力于建立"校本管理"的办学机制,促进学校"自主发展"。学校自主发展,就是指学校自主性的发挥过程,就是指学校自觉、主动地利用自身内外条件,独立支配和合理调控自身行为的过程,即学校独立开展教育和管理活动,并合理进行自我设计、自我组织、自我活动、自我评价、自我调控、自我教育的过程。其主要价值理念为:相信学校能够不依赖外部环境而具有独立的主体意识,有明确的发展目的和强烈的发展需要,能够自觉、主动地争取外部环境条件的支持,独立地进行管理决策和开展教育改革等活动;学校能够合理地对自身活动进行自我支配、自我调节和自我控制,充分发挥自身的潜力和创造性。

在这种理念之下,学校致力于自我主体性的提升,通过 SDP 将外部环境对自己的制约置于自己的控制之下,并自觉、主动地对外部环境加以利用、选择与改造的过程;学校作为自身活动的主人,独立、合理地实行自我支配、自我调控,以促进学校自我发展需要满足、学校自我实力提高、学校自我潜能开发的过程。

显然,学校的这种"自主发展"努力,为教师的发展创设了一种宣扬"主体精神"的文化氛围和发挥自身主体性的空间和条件。在这样的空间和氛围中,通过无形的熏染和浸润,教师的主体意识逐渐得以培育。

其次,SDP 倡导"自下而上、广泛参与"的行动机制,为教师主体性的激发提供了现实的可能性。SDP 致力于从学校发展中的现实问题出发,体现大多数人的意志,注重内在发展,面向实际,强调整个计划的制订与实施是多个利益群体广泛合作与深度参与过程与结晶。它有利于改善学校的管理、调动各方面的积极性、获得广泛的认同,从而通过解决问题满足学校发展的现实需要。由此可见,SDP 非常强调尊重主体,强调"赋权承责"以及民主、平等、开放的价值观念,而这些思想和价值观念是通过"自下而上、广泛参与"的行动机制来加以实现的。

参与式的方法贯穿始终

所谓"参与"是参与者的一种"投入的状态"。这种状态可以从个体和群体两个角度来考察。从个体的角度看,"参与"指的是个体在活动中认知和情感方面的卷入,个体与其他个体之间的互动,个体受群体影响以及个体影响群体的方式和程度等(曾琦,2001)。从群体的角度看,"参与"指的是所有参与者的总体投入状况,包括他们所形成的小组类型、小组内不同角色的分工、小组的动力机制和合作/竞争策略、小组的发展阶段和特点等。在 SDP 制订与实施过程,既表现为一种群体的参与,也表现为一种个体的参与(陈向明, 2003:序言)。这些参与主要通过制订 SDP 的实施规则和程序来加以落实的。例如,在实施 SDP 的过程中,需要广泛征求学校所在社区、学校人员的意见,特别是听取弱势群体的声音,广泛了解教师员工等的建议;确定参与制订学校发展计划的人员构成:不仅包括有影响力的人群,如上级主管领导、社区成功人士、学校管理人员、优秀教师、学习成绩好的学生等,也包括处境不利人群,如教学效果差的教师、家庭经济困难的学生家长、成绩不好的学生、学校的教辅人员等,这些规定都有效保障了"参与"的实施。

"参与"具有推动教师主体性发展的重要作用和意义。首先,"参与"是一种理念,在 SDP 中之所以提倡"参与",是因为相信每一个人都具有自给自足的能力,能够解决自己的问题。每个人都应享有平等学习和表达的权利,同时也应有机会与别人对话。参与者应该能够自主、自愿地参加到对问题的提出、分析和解决的过程中,为集体决策贡献自己的智慧和技能。

其次,"参与"又是一种过程,强调的是所有有关人员对相关事情的介入,包括对 SDP 的决策、规划、实施、管理、监测、评估等。因此,从这个意义上讲,"参与"也是一个促进教师能力不断发展的过程以及赋权承责的过程。在这个过程中所有有关人员的自尊、自信、自主性、责任感以及相应的能力都会得到提高。

促进所有人的"参与"需要使用一些特定的方法和工具,因此"参与"又表现为对特定方法和工具的使用(陈向明,2003:序言)。虽然这些方法和工具自身并不具有固定的作用,但使用它们比使用其他方法和工具具有更大的促进参与的作用。

SDP 创造和使用了很多具体的参与的机会和方法,这些参与的机会和方法对于教师主体性的提升提供了具体的实现途径。例如采用SWOT方法即分析学校的优势、劣势、机遇和挑战，分析学校的现状、存在的主要问题，使教师明确未来学校管理工作的中心任务，使用问题排序，采用问题树、确定应优先解决的困难、需要投入的人力和其他资源；采用社区地图的方法进行学校所在社区的资源分析，以此调动校内外的各种支持力量，不断出谋献策；使用问题归类找学校发展过程中存在的主要问题等，使教师对于目标的完成有递进性、层次感。应该说，这些方法的使用，对于促进教师的主体性以及主体研究能力的提升都具有重要的价值。

3. SDP与教师的发展环境

根据心理学的观点，教师的发展离不开自身需求，也离不开其周围环境的作用。"动力场"是勒温提出的团体动力理论的重要概念。他认为，人的心理、行为决定于内在需要与周围环境的相互作用。当人的需要没有得到满足时，会产生内部力场的张力，而周围环境因素则起着导火线的作用。人的行为方向决定于内部力场与情境力场（环境因素）的相互作用，其中内部力场的张力又是主要决定因素。在群体活动中，环境因素就是群体所构成的关系和相互作用的过程（王垒，1993：158）。

据此，有的学者认为，如果教育行政人员没有能力直接改变和影响组织参与者的内心状态（换句话说，参与者的动机的话），他们有相当的能力用间接的办法做到这一点。创造一种促进组织成员的个人发展的组织环境——一种支持创造、团体建设和参与解决问题的环境，这样，学校领导者就能够触及内在动机力量的强大能源（欧文斯，2001：186）。由此可见，环境是促进教师发展必不可少的因素。教师如果离开学校适宜的内部环境，即使教师自身的需求再高，也不能变成实际的动力。

而从SDP实施的本质来看，恰恰是为教师的发展提供一种更好的组织环境。因为学校发展计划的目的不是发展方案，更不是为了生成文本，而是通过发展方案的制订，生成文本的过程，帮助我们思考学校的发展问题，理清学校发展思路，落实学校发展、改进的策略、路径与方法。可以这样说，发展改进是目的，计划是手段。即通过"计划"这一常规工作程序和手段的改变，切入到学校整体的工作运作中去，促使学校整体发生变革。因此，SDP的根本归宿在于改进和发展学校也就是改进和发展教师生存和发展的组织环境。

从SDP的实施来看，SDP也为学校组织环境的优化和组织效能的提升提供了可能。

根据社会学结构化理论，"结构"一词具有结合、联结、构造、构建的含义（吉登斯：社会的构成）。所谓结构可以理解为事物作为一种统一体，其自身的各不同组成（因素、部分或载体）的相互依存和交互作用的方式体系，也是事物从这种相互依存和交互作用的方式所表现出的自身形状、态势和过程（杨敏，2005：296）。结构既影响和限制个人所获得的机会，也能够塑造人的行动取向。结构与人之间也具有能动作用。结构既然是由人的行动而形成——人们的行动按照"结构"中的规则不断重复而复制"结构"——所以人也可以靠"能动作用"来改变"结构"（杨善华，1999：222）。

从这一理论出发，作为学校行政管理的基本手段，学校发展计划是学校结构的一种反映。从某种程度上，它规定着学校日常的工作轨迹和工作内容，决定着生活在学校里的人的生活空间和行为方式。计划对于学校生活具有指导和规定的功能。因此，学校发展计划的制订是否科学，运行是否顺畅，与教师的专业生活空间息息相关。计划制订的合理、具有效能,则教师的发展空间就宽松,教师就可以从一些无效的劳动中解放出来,获得了自主发展的一些自由空间。而SDP的制订与实施恰恰致力于通过计划的制订和实施提升学校的工作效能,帮助学校进一步清晰工作思路,有效落实各项工作,优化学校的结构和功能。

首先,SDP起到了目标聚合的功能。在制订和实施SDP的过程中,总体目标在组织实施计划的过程中会被分解,形成组织的目标体系,随之工作任务也会被细分为每个部门、每个个人的工作任务。每一个人在追求自己工作目标的过程中完成着自己的工作任务,并由此获得自身的满足与实现,也正是通过每个人、每个部门的工作,最终实现了计划中设定的目标。这种通过目标的制订与分解,以及由上到下的导向,和由下到上的实现过程,使学校组织具有更强的聚合功能。

其次,SDP起到了资源的优化配置功能。因为从计划的内容来看,包括了未来的目标、任务、措施、路径、时间限定、人员分工等方面的内容。而这些内容的制订需要考虑根据目标任务的划分,将有限人力、财力、物力合理配置,人尽其才,物尽其用;根据工作的轻重缓急进行调配,或从环境中获得更多的资源,因此,SDP能有效地起到资源的优化配置功能。

第三,SDP起到了组织的自我监控功能。事物总是处在永恒的运动变化发展之中的。同样,学校组织的内外部环境也在不断地发生变化,为了促进学校组织的可持续发展,提高学校组织适应环境变化的能力,必须要在组织运行过程中,不断地根据环境变化的要求以及组织自身发展的要求,调整组织结构,优化组织关系。而SDP作为对整个教育活动进行的总体规划和安排,着眼于管理的"要素"和要素之间建立起合理的"关系",使整个教育活动有序化、效率化。因此,在实施SDP的过程中,监测评估系统是整个实施SDP的过程环节中不可或缺的非常重要的步骤,这一步骤的有效实施,为有效地改变学校结构,优化学校功能,起到保障的作用。

总之,SDP作为一个非常有价值的外来的引进项目,不仅对于推动西部地区整体教育水平,促进学校整体变革具有重要的现实意义,同时对于我国教师的发展也有重要的价值意义。SDP的实施与教师生活发展的组织空间息息相关,在SDP价值理念和方法途径的引领下,SDP可以有效提升我国教师的理性精神和自身的主体意识与能力,从而为推动我国教师的现代化发展作出自己的独特贡献。

参 考 文 献

[1] 蔡仲.后现代相对主义与反科学思潮——科学、修饰与权力[M].南京:南京大学出版社 2004:3.

[2] 陈乐民.欧洲文明十五讲[M].北京:北京大学出版社.2004:253.

[3] 陈向明.在参与中学习与行动——参与式方法培训指南[M].北京:教育科学出版社,2003:序言.

[4] 楚江亭.学校发展计划模式的转变[J].教育科学研究.2007(9).

[5] 大卫·雷·格里芬主编,王成兵译.后现代精神[M].北京:中央编译出版社.1998:5.

[6] 范国睿.学校管理理论与实务[M].上海:华东师范大学出版社.2003:216—220.

[7] 黄希庭.心理学[M].上海:上海教育出版社.1997:119—121.

[8] 乔治·瑞泽尔著,谢立中等译.后现代社会理论[M].北京:华夏出版社.2003:11.

[9] 罗伯特·G.欧文斯,窦卫霖等译.教育组织行为学.(第7版)[M].上海:华东师范大学出版社.2001:186.

[10] 王垒.组织管理心理学[M].北京:北京大学出版社.1993:158.

[11] 徐承博.发达地区中小学实施素质教育的行动纲领及实践研究.[M]上海.上海教育出版社.2001:34.

[12] 小威廉姆·E.多尔著,王红宇译.后现代课程观[M].北京:教育科学出版社.2000:序言.

[13] 杨敏.社会行动的意义效应——社会转型加速期现代性特征研究[M].北京:人民大学出版社,2005:296.

[14] 杨善华.当代西方社会学理论[M].北京:北京大学出版社.1999:222.

[15] 曾琦.学生的参与及其发展价值.学科教育[J].2001(1).

[16] 赵光忠.企业文化与学习性组织策划[M].北京:我国经济出版社.2003:51.

[17] 张岱年,程宜山.我国文化与文化论争[M].北京.人民大学出版社.1990:218.

[18] 中/英甘肃项目基础教育项目领导小组办公室.中/英甘肃项目基础教育项目——学校发展计划指南[M].2001:3.

[19] 钟启泉.高文.赵中建.多维视角下的教育理论与思潮[M].北京:教育科学出版社.2004:99.

论 SDP 与学校文化重建

国家级专家组　刘旭东

学校是学生发展的主要场所,其人文氛围的建设自古以来就受到重视。《礼记·王制》曰:"大学在郊,天子曰辟雍,诸侯曰泮宫。""雍"是周王朝为贵族子弟所设的大学,取四周有水、形如壁环为名。"泮宫"即周代诸侯之学宫。"西南为水,东北为墙,从水半,半亦尘。"随着时代发展,能够使学校充分展现其价值和功能的条件不断丰富。但是,在当今学校发展中,存在着目标不明确、依赖性强、信息基础薄弱、缺乏竞争的问题。究其原因,多是由于学校缺乏办学理念、学校活动缺乏自身特色等。学校发展是多方面因素共同作用的结果。在关于学校发展的论述中,更多的是认为学校是文化的机构,而文化又以个性为其存在的先决条件的,为此,要关注学校文化重建。SDP 是近年来与增强学校自身的办学水平有关的理念及方式。通过国外的经验和我们自己的实践,证明这种方式能够使学校在发现自己在发展中存在的问题并且在行动中生成解决该问题的策略和方法,通过自下而上的努力,群策群力地解决问题,实现发展。这也就是说,每所学校的各方面条件都存在着很大差异,学校开展的各种活动不能是划一化、模式化的,在各种不可预知的因素影响下,学校工作必须是开放的,这样才能使学校获得丰富多彩的发展。

1. 理想的学校文化的特征

学校要有自己的办学理念。办学理念是一所学校的灵魂所在,是一所学校是否步入合理的、有特色的发展道路的基本前提。由于它的存在,学校的发展将有明确的价值取向的引导,使学校方方面面的工作变得有意义、有价值。而如果缺乏它,学校的各方面工作就必然陷入到繁琐的、机械的重复劳动之中,其间的意义和价值必然会被消解得荡然无存,学生的发展也就必然会被扭曲。只有在一定办学理念的普照下,学校中所发生的一切才能是有意义的、吸引人的和激动人心的。办学理念是学校通过长期的办学实践活动和对学校的整体发展情势的清晰、深刻的把握而积淀、升华起来的反映学校办学宗旨、办学思想、办学策略的文化观念,是隐藏于学校思想深处的文化批判意识,它是"在学校的观念形态、哲学理念、仪式和学校标志中所体现的基本价值观"。一所学校是否拥有自己的价值观是这所学校发展的重要标志。由于办学理念关注的是学校自身已有的发展条件及其态势,使其始终具有强烈的自我否定和批判精神,成为学校发展的内在的、取之不尽用之不竭的动力和源泉。当然,学校的办学理念是"形而上"的,具有抽象性。为了能够把握它,必须要把它播撒到学校生活的方方面面,通过丰富多彩的、具体的表现形态展现和表达出来,只有这样它才能为人们所认识和把握,为此,就应该丰富文化的展现手段和方式。学校文化的展现手段和方式越丰富,办学理念就越能够体现出来,才能被人们所认识和把握,也才能越具有教育价值。换言之,学校文化的存在应该是别具匠心、经过深思熟虑的。不过,需要强调的是,文化的价值常常并不是以"宏大"、"规范"的形式来展现的,相反,它是在学校中各种不确定的事物中展现其丰富性的,其中并不存在固定的模式。

学校的实践重心要转向对每一个学生的多元发展的关注。以往,在对学生发展的看法上,占主导地位的是一元智力理论。它只注重那些可以被测验出来的能力,只承认学生发展中那些可以被规范和划一的部分,用整齐划一的方式对学生的发展进行评价,标准化的色彩极其严重。在这种情形下,每个学生所具有的丰富多彩的个性和风格被扼杀、创造性被压抑。多元智力理论认为,人的智力是多元的,每个人都不同程度地拥有多种基本智力,智力的不同组合表现出个体间的智力差异。这表明,智力与一定社会和文化环境下人们的价值标准有关,这使得不同社会和文化环境下的人们对智力的理解不尽相同,对智力表现形式的要求也不尽相同。正如加德纳所说:"几乎在所有人身上,都是数种智能组合在一起解决问题或生成各式各样的、专业的和业余的文化产品。"每个人的智能是多方面和相区别的,每个人有每个人的优势。不过,每个人创新能力的获得是"组合"的结果,即个人身心整体、和谐发展的必然结果,而不是人的某种特殊才能"单兵独进"的结果。多元智力理论表明,学校文化建设应当为每一个学生展现自己独有的优势和风格创造条件。在学校生活中,作为生活者的学生的任务不仅仅是学习,他们所面对的是"生活世界"。真实的生活是丰富多彩的,学校也应该如此。如前所述,人的发展是个复杂的活动,需要诸多因素的支持。作为学校,它所面对的是一个个正在成长的、有诸多发展需要的生命体,它理所应当地要为学生的各方面发展需要的生长提供条件和可能。杜威说:"学校教育的目的在于通过组织保证生长的各种力量,以保证教育得以继续进行。使人们乐于从生活本身学习,并乐于把生活条件造成一种境界,使人人在生活过程中学习,这就是学校教育的最好产物。"教育就是人的生活本身,学校教育应该在生活中进行并为生活而设计,培育人性，为学生的未来发展提供可持续的发展动力。

学校文化是丰富多彩的。学校文化之于学生的发展来说，其影响途径和方式应该是"无微不至"的，亦即它的形态应该是具体、细腻的。以往，每论及学校文化，多将其定位在"学术性"上，以"宏伟叙事"的思维方式来看它，能进入人的目光的通常是那些"宏大"的事件或人物。例如，学习一篇课文，一定要让学生懂得一个道理、一定要得出"歌颂什么"、"揭露什么"、"批判什么"等结论，而对那些细小、琐碎的事件或人物多是漠不关心，学生被这些"宏伟"之物所牵引和支配，不能仔细体会、感悟、思考和质疑其中存在的深层次的、细微的思想感情和价值观。又如，走进今天的学校，大部分给人以似曾相识的感觉，学校与学校之间的差别如此小，以至除了名称，我们很难辨别学校之间还有什么不同，致使学校文化刻板化、凝固化、单一化。其实，从人性的目光来看，学校文化应该具有浓烈的"生活性"，是具体、细腻的，因为人的发展不可能一蹴而就，文化价值的展现方式也是通过种种具体的事件展现的，它给予人的东西不能一次成型。学校是在"于无声处"展现其独特的作用的，应当丰富学校文化的展现方式和途径。

学校文化在功能上是隐蔽的、潜在的。学校之于学生发展的价值是在过程中实现的。人的发展本身就是一个过程，学校之于学生发展的价值应该与学生的发展相一致，突出交往的文化价值。正如有的学者所说，"效果好的教学最本质上取决于人与人之间的关系，认知和生活之间确实存在着深刻的联系，若割裂该联系，只能导致人们对知识本身持深刻的悲观态度。""阐释性课堂的教学方式乃是对话，其间，教师有能力以学生感到受益匪浅的方式对文化和信息进行解释，就像一溪流水，既流过生活，又是生活的源泉。"学校文化不能企望"一股脑"地"给"学生以什么，其之于学生发展的作用应该是在不经意间发生的，这就意味着学校文化不能是"赤裸裸"、"干巴巴"的理论说教，而应像小溪、似春风，对学生的影响如同"春风化雨"，在不知不觉中使其获得感悟、得到发展。

2. 学校文化为什么应该是这样的

文化的价值是点点滴滴地展现出来的。文化是人之所以为人的原因所在。人的生命价值是以"滴水石穿"、"润物细无声"的方式获得的，在许多情况下，生命价值也是以这种方式展现的，那种试图以"一股脑"、"疾风骤雨"的方式获得和展现生命价值的想法是过于理想化了。生活中每一个具体、实在的细节和方面对于学生的发展来说，虽然没有惊天动地的功效，但它的价值却是在渐变中不断地积淀到学生身上、并引发学生的感悟和理解的。生命的价值只有通过人对丰富多彩的生活细细地感悟、体验后才会真正内化于人。从效率上看，死记硬背、机械训练等形式的"教育"似乎有立竿见影式的效果，但从其对人的发展的影响来看，这种方式与人的生命特性相矛盾，在其中获得的东西只能赘存于人身上，不能融入人的血脉之中，极易剥落或消失。对人的发展来说，真正有价值之物是使人充分地感悟和体验生活的过程，并在这个过程中发展，而不是一味对结果的等待。况且正如有些学者所指出的那样，在"相对主义时代"，人们是根据下一步必须解决的具体问题来考虑生活的，而不是根据人们会被要求为之献身的终极价值来考虑的。显然，人是体验性的，在体验的过程中，产生了应然、孕育了思想和感情，而体验只能在过程中通过反思实现。在这层意义上，人生不仅仅是年轮增加的过程，它更是体验越来越深刻、情感越来越丰富、思想越来越全面的过程，或者更彻底地说，人生实际上是生命的意义感不断增加的过程。在这个过程中,人的生活得到肯定、人自身实现着超越。据此,学校文化不应当是"宏伟叙事"的,相反,它应当是"去中心"的,是具体和丰富多彩的。文化的价值是点点滴滴地展现出来的。

  人的发展是不断吸取文化的营养的结果。人的发展是生命意义不断丰富的过程,而丰富是在渐进中实现的。看不到这一点,人的生命的价值、教育活动的价值就必然会被消解,其内涵就会变得苍白无力。长期以来,在教育发展中唯技术主义倾向严重,标准化和急功近利式的发展愿望使学校教育在摆脱传统形而上的桎梏时,又滑向逐渐远离人真实的生命发展过程和真实的教育情景的极端,无视人的生命的丰富多彩,把学校教育活动简单化和模式化,许多思想家对此报以深深的忧虑。人的发展是在生活中实现的,是不断地汲取生活中的种种养料的结果。生活的复杂性和多彩性本身就表明它之与人的发展的营养是最为丰富的,其中的每一个成分、每一个部分都因为它与人之间的内在联系而具有了无以取代的价值。正如狄尔泰所说:"作为环境的任何物,都'对我施加压力或给我力量和欢乐,向我提出要求,从而在我的生存中占有一席之地。这样,每一个事物或每一个人都从和我的生命的关系中获得一种特殊的力量和色彩。'"

  建构主义学习理论为学校文化的建设提供了重要的基础。建构主义学习理论认为,学习不是被动地接受知识或信息的过程,而是学习主体自我主动建构的过程,强调学生是信息加工的主体、是知识意义的主动建构者;知识不是由教师灌输的,而是由学习者在一定的情境下通过协作、讨论、交流、互相帮助(包括教师提供的指导与帮助),并借助必要的信息资源主动建构的。所以,"情境创设"、"协商会话"和"信息提供"是建构主义学习环境的基本要素。建构主义学习理论要求将学生由外部刺激的被动接受者和知识的灌输对象转变为信息加工的主体、知识意义的主动建构者。而教师则要由知识的传授者、灌输者转变为学生主动建构意义的帮助者、促进者。他们反对传统教育将知识从具体的情景中抽象出来、把学习者孤立在教育情景之外学习的做法,认为知识只有在复杂的社会情景中才能交流。建构主义的思想对于学校文化建设的意义就在于,学生是在不知不觉的过程中主动发展的,真实的教育情景能够使学生发展得更好。

  工业化以来的学校,秉承时代精神,由此建立起了以追求数量和效率为己任的学校文化。而建立在这个背景下的学校文化,困扰着人们对人的生命和教育的理解。正如杜威所说:"现在教育上许多方面的失败,是由于它忽略了把学校作为社会生活的一种形式这个基本原则。现代教育把学校当做一个传授某些知识,学习某些课业或养成某些习惯的场所——结果是,它们并不成为儿童生活经验的一部分,因而并不真正具有教育作用。"突出表现在学校教育一味追求标准化和急功近利。

  标准化是追求规模的结果。随着工业生产规模的不断扩大化对劳动者需求量的不断提高,加之近几十年来不断增加的人口压力,在学校教育中,力图使整个教育过程标准化以解决由于上述原因给自己带来的压力成为我们这个时代教育的普遍愿望。标准化的学校教育"流水线"虽然在相当大程度上满足了工业生产对劳动者数量的需求,但当随着科技水平的提高和经济增长方式发生变化时,对数量和规模的需求逐步让位于对质量和效率的追求。于是,标准化之于教育的弊端开始显露出来。本来,人的生命是丰富多彩和独一无二的。但在标准化的框架下,衡量教育发展程度的最重要的尺度是数量和既定目标的达成,人的生命的丰富多彩性被扼杀,人们只关注生命中能够被整齐划一的方面而漠视其之外的其他部分,致使生命的完整性被割裂,出现了诸如用"原子论"看待生命的观点,将有机统一的生命分解为一个个孤立的原子,致使其完整性不复存在,人的发展、乃至教育都被视为机械和可以"预设"的,人与教育在发展过程中的丰富性都看不到了。

追求效率也是大规模的工业化生产所希望的目标,但是由此带来了急功近利的利益选择。在工业化飞速发展的时期,受利益驱动,追求急功近利效应的"快餐式"、"压缩饼干式"生产充斥于世,向往数量最大化是其旨趣之所在。在它的影响下,力争在单位时间内使学生数量最大化、学生掌握的知识的量最大化成为教学的目标所在,由此出现了诸多被称为科学的、快捷有效的教学方法、手段和组织形式。这种做法确保了在单位时间内训练最多的学生的愿望的实现,但它在满足社会对劳动者数量的需要的同时,也使教育出现了"夹生"现象,使学生缺乏必要的文化底蕴,且知识与生活背离。在此,教育不是一种促进、帮助的力量,而是训练和加工的工具,其价值意义因此被消解得荡然无存。

究其原因,主要有以下几方面:

一是工业化所带来的整齐划一的思维方式的桎梏。为了体现"公正性",强调采用标准化的方式评价学校的发展,只注重学校发展中可以被量化、便于比较和规范的部分,学校发展的多样性被忽略。在这种建立在班级授课制的基础上、充满现代性的学校发展价值取向的影响下,形成了以"规范"为内涵的教学管理模式的制度。其基本特点有二:一是追求数量的扩张和"效率",希望在单位时间内传授最多的知识。二是以"忠实执行"为基本价值取向和行为选择,教师只关注教学操作本身,普遍缺乏对教育教学活动的深刻反思。在这种情形下,每所学校固有的差异性和由此带来的丰富多彩的个性与风格被扼杀、创造性被压抑。

二是政府部门对学校的管理方式滞后。现代政府的权力和职能是有限的。就教育而言,政府应该为学校更好地发展提供专业化的支持和服务,使学校获得更大的自由发展的空间。但在旧体制下,学校被视为是教育行政部门的下属机构,外控式的管理方式使行政部门无所不至地控制着学校的方方面面,特别是过多地干预学校的教学和课程建设工作。例如,一些地方的教育行政部门以这样或那样的标准和方式给学校打分、排队,抑或以"末位淘汰"的方法管理教师。这种简单化的做法与学校所承担的文化使命背道而驰,也与现代政府的职能相去甚远,结果是学校在办学中仅对上级负责任而不考虑自身发展的差异性,不能放开手脚进行教育教学活动,难以对办学做出深邃的思考。受其影响,以标语形式表达出来的校训也多是对"校园环境的整齐美观"的考虑,学校本有的活力和创造性被束缚。

三是对学校教育功能的误读。与传统的教育观、学校观的偏差有关,一论及学校,往往就将其功能窄化为传授知识,"知识就是文化"的认识使学校不再被认为是需要文化的机构,学校的功能发生畸变,缺乏对人的全面发展的关注,教育的旨趣就是获得知识,人成为达到知识目标的工具。对理性化知识的独尊使教师和学生内在的生命价值被忘却,其丰富的发展可能性被漠视,不同学校独特的文化价值和特点被忽视,学校中的一切都被标准化、形式化,校训也整齐划一化。

人的发展是生命意义不断丰富的过程,而生命意义的丰富是个渐进的过程。看不到这一点,人的生命的价值、教育活动的价值就必然会被消解,其内涵就会变得苍白无力。在社会正在走向被称为"后现代"的今天,由于经济增长方式发生了重大转变,社会不再以追求数量为目标,而是更关注人的需要、人的价值,它也成为今天占主导地位的文化价值观,使我们不得不对工业化时代的文化价值观和教育观进行反思,进而使教育发展从一元化的藩篱中解脱出来,走向更合乎教育实际和学生个性发展的多元化阶段。

3. SDP 与学校文化的重建

借鉴发达国家的经验实施 SDP,是我国基础教育在数量和规模上发展到一定水平后,对提升学校的办学水平提出的更高的目标和要求,旨在提升学校的内在能力,凸现办学特色。

SDP 以促进学校发展为旨趣。以往,在科层制下,学校工作的目标通常由地方教育行政部门以工作计划或管理指标的方式做出统一规定,学校的任务则是设法实现这些预定的指标。这种以目标达成为策略的学校管理方式假定学校工作的目标是预设且不可变的,当在实现这个目标的过程中遇到困难或阻力时,所能够做的就是在有限的范围内改进与转变有关因素及其运作方式,而被指标化的目标本身是不做调整的。然而,实践表明,这种机械固守预设目标的目标达成策略低估了学校工作的复杂性。"任何一所学校都是具体的、独特的、不可替代的,它所具有的复杂性是其他学校的经验不能说明的,是理论所不能充分验证、诠释的。"每一所学校各方面情形客观存在的差异决定了地方在管理课程的过程中,必须深刻地把握当地学校的具体情况,了解其独特性,通过机制创新使学校能够依据条件的变化及时灵活地调整自身的办学目标,如是才能有效地推进学校的发展。正如有关学者所指出的那样,教学和学校的各种活动在本质上是展开式和"实践"(施瓦布语)的。"假如教师认为课程是一件产生于既定逻辑前提、指向于既定逻辑结论发展的既定商品,而教学就是将它付诸实施的行为的话,那么,作为以真理为归宿的教学的生机便遭到阻滞。在这个过程中,教学本身沦为某种形式的程序操纵,教师的存在无需与学生的存在、与作为某种开放的、可解释的、能够引向可能的未来的东西的课程之间进行真正的机遇。"为此,学校发展的概念被提了出来。在其看来,影响学校发展的因素不仅多种多样,而且其运作方式具有非线性,学校处于不间断的变化之中,由此决定它的发展目标始终需要不断做出调整。"教育环境的迅速改变,学校迫切需要在各个重要方面持续发展,如学校目标、教职员、组织结构、学校过程以及管理、教学及学习各个重要方面持续发展,始终适应转变中的环境。"在这种动态的视野下,与学校发展有重要影响的地方在学校发展中的作用就不能是科层化的行政管理,而是能够为各学校灵活地统合它们各自所拥有的资源和条件、形成有特色的运作方式、创建尊重学校自主发展的机制和文化提供支持和帮助,使每一所学校都能够有特色地可持续发展。因此,实现地方对课程领导和管理机制的创新是大势所趋。

实施 SDP 是拓宽学校办学空间的需要。每一所学校都有自己的办学条件和师资条件,而这些条件又是各不相同的,它构成了每一所学校的发展之本,是其形成自身的办学理念、走有自身特色的发展之路的前提条件,也是每个教师形成有自身风格特征的教学行为的环境条件。以往,在学校发展中,有一部分学校,特别是那些薄弱学校,一味地向好学校看齐,拼命地追赶。然而,由于自身力量和条件不济,最后无功而返。对此,他们不做认真分析和反思,往往由此得出自身办学条件差,只能如此的悲观结论。这种认识是有碍于事业的发展的。每所学校的各方面条件不尽一致是客观事实。但应当看到,这些条件再差,它也是学校已有的发展成果,更是未来发展的基础,离开了这一点,学校发展可能成为一句空话。另外,对那些所谓的办学条件差的学校来说,它也不是一无是处,它已有的条件和办学水平就是它未来发展的最坚实的基础和可能。在学校发展中,妄自菲薄不可取。对那些自身条件不尽如人意的学校来说,不顾实际状况一味追赶所谓的"好学校"不是一个好的发展策略。任何一所学校要获得发展,都应当充分利用自身已有的各方面条件,走有特色的成长之路。对于学校之间的发展差异,要看到它是其获得发展的重要基础,也是形成每所学校自己的办学理念和办学特色的重要条件,教师教学行为的转变在极大程度上有赖于这个差异的存在。为此,实施SDP之于学校发展和教师教学行为的转变具有重要意义。

4. SDP与对学校的知识领导和管理

变异是生物学的概念,通常是指生物体的性状为了适应环境所发生的适应性变化。对于生物体来说,变异是其生存和进化所必需的。在学校发展中,为了增强学校发展的适应性,减小从理想到现实之间的落差,变异也是必不可少的环节。各地和每所学校的各方面条件都存在着很大差异,影响因子不可能完全一样。它决定了学校发展不能划一化、模式化,在各种不可预知的因素影响下,学校发展必须是开放的和动态的,为此,知识管理和领导在学校发展中就具有极为重要的作用,而实施SDP正是生成学校知识的关键。

管理是为了实现组织目标而采取的活动,其权威来自于正式职位,运作方式是分权的,它对组织负责。在这层意义上,管理在学校发展中的作用表现为通过行政权力确保各地和每所学校坚定地执行国家的课程要求和有关的规章制度,同时为学校课程的开发和实施提供条件与支持。但是,对于学校发展来说,如果只是对组织(上级教育行政部门)负责,那么,在学校发展中所遇到的各方面的因素和情况,无论对于学校发展有价值还是无价值,都会因为与预先设计的"蓝图"不相符合而被忽略,学校发展过程中的复杂性、多样性无以得到充分顾及,愿景就必然会衰减。为了减少落差,各地和每所学校在对组织(上级教育行政部门)负责的同时,更要对自己负责,加强对学校发展的领导。

领导是具有共同目标的社会群体的共同行为,是通过共同的行动承担共同的责任,要求权利和权威的再分配,以迈向共同的、共享的学习。其作用是为了引导、率领达到社会群体的共同目标。领导功能的实现,是基于领导者和被领导者的共同意愿,通过创设一定的情景和对话,一起学习和合作地建构意义和知识,为价值观、意念和假设表面化提供机会。同时,也是领导者能够以自己内在的影响力改变他人的思想和行为,据此率领、引导课程及其相关人员朝一定的方向发展。因此,有学者认为:"领导行为偏重于决策、指挥、创新,较多地考虑管理中的人文、价值和发动动力因素;管理行为则侧重于安排、执行、中和协调,较多地考虑管理中的技术因素。"换言之,管理更强调对方案的忠实执行,而领导则更强调创造性地实施。为此,领导是包含有一定的文化内涵,特别是一定的理念和思想的范畴,这正是SDP的重要内涵。

领导的核心是知识管理,学校发展的领导的本质是知识管理。正如有关学者所说,有效的管理首先需要有人,但"人是不能被管理的……人必须接受领导"。学校发展的领导的目的在于"促进人员运用知识的一种机制,并使人员能够在特定情境中采取有效的行动"。其本质是使学校及其课程发生建设性转变的学习。以往,各地和每所学校在发展中,关注的更多的是对结构性的知识的管理,表现为"大一统"和"忠实执行",缺乏创新性。我们认为,在学校发展的知识管理中,结构化的知识固然非常重要,但非结构化的知识的作用也不能低估。各地、各校本身存在着的差异决定了非结构化知识的重要性,表明"知识决不是固定的、永恒不变的。它既作为一个探究过程的结果,同时又作为另一个探究过程的起点,它始终有待于再观察、再检验、再证实,如同人们始终会遇到新的、不明确的、困难的情景一样。"对非结构化知识的倾重对于学校的富有特色的提出了很高的要求。

关于这一点,也可以从教师知识的类型来看。教师的课程知识可以分为两类。一类是易于整理和进行计算机存储的知识,称为显性知识,如传统意义的教案、规章制度、常规等。一类是存储在教师头脑中的知识,是教师经验的体现,称为缄默知识。对于教师这样一个富有挑战性的职业来说,缄默知识的重要性是不言而喻的。为了能够把学校与教师的缄默知识调动出来,知识管理需要从现有知识的分享开始。但是,能够给教师个人和学校以长远的利益的却是新知识的创造和课程实施的创新。这主要表现在各地和每所学校在落实国家课程的过程中,更强调营造能够为本地区学校和教师所认同、具有本土特点的学校知识及其管理制度。"知识管理是一种策略、过程、收集、保存和分配——发展新知识和分享现存知识,以及建立一种机构文化为所有教育持分者创造价值。"学校要提升自身的发展能力,提高知识管理效率,在学校管理的过程中就必须将 SDP 所倡导的新型学校文化建设、思想建设置于首位,创新学校管理制度,在职能上由"管理"转为"领导",努力为学校和教师创造性地实施课程开拓空间。

5. 切实实施 SDP,实现校本发展

现代发展观认为,有差异才有发展。任何一所学校,都必然有自己已有的发展基础,哪怕是其物质条件再薄弱,它的学校文化也不会是"一贫如洗",也决不会和其他学校一模一样。每一所学校都必然毫无例外地生活在一定的社区之中,它都有自己的教师、学生以及学生家长,这一切构成学校的基本条件,同时,它们也是学校形成发展需要的源泉。每一所学校都有可能在自己的需要的驱动下,依据自身所处的条件,充分利用本校的一切可用的有利因素来推进自己的发展。如是,学校发展就可以摆脱以往"唯书"、"唯上"的"标准化"的发展模式。在此,有以下几层内涵值得关注:其一,学校要有明晰的办学理念、比较详尽的发展规划,这是实现校本发展的前提。其二,校本发展的主体是教师自己要反思、"觉醒"。其三,追求特色是校本发展的关键,目标在于形成"教有特色,学有特长"的教育理念。其四,任何一所学校都有校本发展的可能,它不是某些学校的专利。

社会是基于意义分享组成的。"一个组织的未来永远构筑于其成员在执行各项任务使命时所进行的对话交流之中。"在学校发展中,要特别关注学校间客观存在的差异,把差异当做资源。为此,要重视平等对话,积极创建校本教研制度。通过建立校本教研制度,创建合作的学校文化。在开展校本教研的过程中,要引导学校以积极的思维方式看待教育中存在的问题。对于在教育过程中层出不穷的问题和困难,必须要有积极的思维方式和清醒的意识去看待它,尤其对实施 SDP 的西部地区来说,更是如此。一所学校的发展固然会受到诸多方面因素的制约和影响,必然会遇到这样或那样的困难,对此,有一些是学校自身经过努力能够加以解决和克服的,但还有一些是学校自身力所不能及的。如果对于力所不能及的方面关注的太多,或者把自己的一切发展都归因于此,那就意味着会漠

视学校中本有的能动要素,低估教师个人的能动性,使学校发展停留在完全受人摆布的境地。实际上,对于学校发展来说,外部条件并不是制约其发展的主要制约因素,重要的是教师个人的主观能动性,因此,在创建合作的学校文化的过程中,以讨论、聆听、争论、探索等方式分享不同的观点,建立尊重、容忍、敏感和相互关怀的工作环境,能够在环境中主动寻求真知和不断学习,通过同伴互助,使教师更多地看到能够使教育获得更好地发展的积极因素,积极的利用和开发它,而不是消沉在对困难的埋怨中。

校内 SDP 培训

  积极实施 SDP,实现学校发展的知识管理方式的创新。知识管理需要博弈。知识与权利、金钱、个人的发展等密切相关,而学校发展又是涉及方方面面的利益体,在其中必然存在利益之间的交互关系。据此,学校发展的领导也具有知识博弈性。在学校发展中,如果其中没有各个利益主体的博弈,学校的文化功能就会降低。例如,学校发展涉及教育部门、教师、校长、学生和课程理论工作者以及家长、社区人士等等。他们各自的利益不尽相同,在知识管理中,它们之间必然会存在冲突。在这种情形下,各方面各因素都要统整到为学生发展的目标下,打破学校封闭式的办学模式,实现学校、家庭和社会三者之间的联系和沟通,共同参与、相互调适、形成合力,避免彼此间的冲突与抗衡,改变以往仅仅由学校承担起全部教育职责的做法,赋予家庭和社会以更大的、内容更为丰富的教育责任,充分挖掘蕴藏于其中的教育价值,扩大学生的发展空间,为保障和满足每一位学生学习的基本权利和多方面的需求、提高其素质和生活质量而协同活动。为此,就必须创新知识管理方式,通过共同的组织化的行为来达到相对的平衡,提升学校发展的灵活性和针对性,提高知识管理的效率,创建与之相适应的新的学校文化,从以往结构化、模式化的知识管理中超越出来,实现知识管理方式的创新。

  要把为学校发展开拓空间提供服务为价值取向。宽松的管理制度是学校发展所必须的条件。如果管理制度过于严整,会使学校发展在不知不觉中陷入某种必然性,受制于某种"套路"和"惯性",使教师不知不觉地认可和接受了它的合理性和合法性,不由自主地扮演了"匠人"的角色,据此,在学校发展中,有两方面的工作需要做:一是要通过建立校本教研制度,培养教师的批判与反思能力,增强其课程意识和课程能力。二是要制订合乎各地和每所学校实际、有自身特色、并且与素质教育理念相吻合的课程政策、课程实施和评价方案,充分开发和利用当地和每所学校所拥有的资源,为国家课程在学校层面的落实创造条件。

创建教师发展学校。学习型组织是20世纪90年代麻省理工学院根据系统动力学的观点,经系统分析和实践探索开发出来的一种成功的组织模式。它认为学习型组织是知识经济时代的"金矿",组织成员要适应未来社会中组织角色和工作方式的变化,就必须不断学习、不断创新。它的基本特点是组织具有来源于组织成员个人但又高于个人的共同愿景,能够引导大家实现自身的发展,学习成为组织成员的共同理想。学习型组织的理念与地方课程建设具有重要的启示。地方在课程领导中,要引导每一所学校成为教师发展学校,通过建立合理的、开放的制度,肯定每一位教师的实力,鼓励教师提出改善课程和教学的方法,让教师参与决策,使不同特点、不同背景的教师在学校中能够有不同的贡献,并努力维持这种多元化的组织形态,使每一所学校成为具有持续创新能力、能不断创造未来的组织。以往,教师在学校中的位置多被理解为"传授"、"给予",是学校教育活动中的工具性存在,"匠人"色彩严重。在我们看来,学校生活是由教师与学生——两个人组成的,而人的生活和学校生活又是不可逆的,具有非常显著的即时性特点,教师每时每刻所面对的是千变万化的教育情景。因此,从以往的将"预设"好的蓝图付诸实施的"工程师"的角色中跳出来,体现教师工作的专业性,是对教师实现专业成长的期待。在这个视野中,教师应当具有对自身教学实践的深刻的理解和反思能力,能够把实践过程与研究过程结合在一起,清醒地看到教学的生成性,在行动的过程中实现专业成长。为此,地方和学校要建立多元化和开放性的课程管理制度,确保个性与能力与众不同的人才不会被忽略。此外,要制订具有适切性的研修计划,让每一位教师都能通过不断的学习实现自身的专业发展。还有,要培养多元化团队的理念,促进学校与学校、教师与教师之间的相互了解与沟通。

参 考 文 献

[1] (挪威)波·达林著,范国睿主译.理论与战略:国际视野中的学校发展[M].北京:教育科学出版社,2000:70.

[2] (美)霍华德·加德纳著,沈致隆译.多元智能[M].北京:新华出版社,1999:10.

[3] (美)约翰·杜威著,王承绪译.民本主义与教育[M].北京:人民教育出版社,1990:55.

[4] (加)大卫·杰弗里·史密斯著,郭洋生译.全球化与后现代教育学[M].北京:教育科学出版,2000:22.

[5] (加)大卫·杰弗里·史密斯著,郭洋生译.全球化与后现代教育学[M].北京:教育科学出版,2000:89.

[6] 李超然.理解生命[M].北京:中央编译出版社,1994:10.

[7] 赵祥麟,王承绪编译.杜威教育论著选[M].上海:华东师范大学出版社,1981:5.

[8] 郑金洲.走向"校本"[J].教育理论与实践.2000(6):12.

[9] (加)大卫·杰弗里·史密斯著;郭洋生译.全球化与后现代教育学[M].北京:教育科学出版,2000:25.

[10] 郑燕祥著.学校效能与校本管理:一种发展的机制[M].陈国萍译.上海:上海教育出版社,2002:Ⅺ.

[11] 吴秀娟.沟通与分享:中外教育管理领衔学者世纪汇谈[M].上海:上海教育出版社.2002:79.

[12] [美]戴维·W·约翰逊 罗杰·T·约翰逊著.唐综清等译.领导合作型学校[M].上海：上海教育出版社,2003：12.

[13] 瞿葆奎主编.教育学文集·教学(上)[M].北京：人民教育出版社,1988：438—439.

[14] 李子建.课程领导与教师专业发展：知识管理的观点[A].课程领导与课程评价的理论与实施——第五届两岸三地课程理论研讨会论文集[C].兰州：西北师范大学,2003：89.

[15] (加拿大)迈克尔·富兰.变革的力量——深度变革[M].北京：教育科学出版社,2004：60.

实施SDP和PTT项目给农村教育带来的机遇与挑战

宁夏灵武市临河学校　安继广

农村教育在全面建设小康社会中具有基础性、先导性和全局性的重要作用。发展农村教育是提高农村劳动者素质,促进传统农业向现代农业转变,从根本上解决农业、农村和农民问题的关键所在,是实现教育公平和体现社会公正的重要方面,是社会主义教育的本质要求。多年来,各级地方人民政府攻坚克难,狠抓"两基"工作,狠抓农村义务教育管理体制改革,狠抓农村学校布局调整和危房改造工作,农村教育和农村学校的面貌发生了根本性变化,广大农民群众及其子女接受教育的权利得到了基本保证。但是,农村教育改革与发展中存在和出现的一些亟待解决的问题,必须引起足够的重视。

1. 农村教育发展中存在的问题

1.1 农村教育整体薄弱的状况还没有得到根本性扭转

1.1.1 农村教育资源短缺

从资源占有总量看,农村教育尽管面广量大、受益人口众多,但所拥有的实际教育资源却相对较少,优质教育资源的拥有量更为稀缺,同城市教育相差悬殊,且有进一步拉大的可能和趋势,很难保证城乡教育的全面、协调和均衡发展。表现为：学校的设施设备、仪器器材陈旧老化,图书存量少且相当部分不适合学生阅读,适应不了新课程的要求和学生的需要；大多数农村学校办学条件简陋,还存在一定比例的危房,楼房比例不高；规模化办学与学生就近入学矛盾突出,布局调整后,学校服务半径延伸,学生往返路途加长,安全隐患增加,学校、老师和家长都心存担忧；学校日常办公费用十分紧缺,仅仅依靠学杂费维持运转；同城市学校相比,国家投入不足,到位不及时,到位率不高,城市建一所学校的投入往往在农村可建几所甚至十几所学校。

1.1.2 农村"普九"工作的许多指标比较脆弱

尽管已经通过了"普九"验收,但农村"普九"的许多指标都是低水平的,特别是初中学生辍学问题还有随时反弹的可能和危险。

1.1.3 农村教育由于面广量大,投入多见效慢

国家的许多农村教育政策在落实中往往打了很多折扣,农村教育和农村学校的地位事实上尚未能全部落实和体现,而政府部门的目光实际上往往只是盯着亮点工程,建几所重点学校、示范学校、实验学校和窗口学校,突出政绩。

1.1.4 教育评价的不合理

农村教育改革与发展的基础差,但行政部门在评价、评估和考核时却不由自主地采用一个标准、一把尺子,因此农村学校获得激励的机会也不多,有些地方、某些学校甚至在客观上形成了"荣誉垄断",严重打击了农村学校的办学积极性。

1.1.5 农村学校的管理有待加强

农村学校的管理队伍整体素质不高,管理能力比较弱,基本上还处在经验管理和权威管理的层次。

1.1.6 农村中小学生所实际拥有和享受的国民公共教育资源量少质差

农村一所学校可能只有几只篮球,冬天教室里学生缩着脖子呵着手上课的情景并不鲜见。这种状况很难保证教育公平和公正。

展示学校发展目标

1.2 农村学校师资力量薄弱,城乡师资对比悬殊且差距进一步拉大

1.2.1 同城市教师相比,农村师资队伍中存在"三少一多"的问题

即:教师中高中级职称的比例少;教师中骨干教师或学科带头人的比例少;教师获得外出考察、培训、参会、晋级和评优选先的机会比城市、县镇少;教师中跨年级、跨学科兼课的人比城市、县镇多。

1.2.2 形成教师单向流动机制的事实

尽管农村学校师资力量薄弱,但近年来,已经薄弱的师资力量却大量被挖,逐渐形成了一种农村教师流入县镇、县镇教师流入中心城市或首府城市的教师单向流动机制的事实,农村学校变成了县镇和城市学校的见习实习基地,农村学校的师资力量更加薄弱,部分边远地区只能依靠支教维系生存,很难谈得上发展。

1.2.3 城乡差距影响农村教师队伍的稳定

由于城市教师工资稳定、发放及时,且有隐性收入,以及办公条件好、生活条件优越,利于子女教育,个人成才成名的机会较多等,所以农村教师工作不够安心,大都有想进城的愿望,势必会影响其工作情绪和绩效。

诸如以上问题,作为一名教育工作者,有着义不容辞的责任,如何能有效地解决以上问题成为我们每一位教育管理人员研究的课题,SDP/PTT项目的落户,尤其是为农村薄弱学校迎来了一片曙光。

2. 实施SDP和PTT项目给农村教育带来的机遇

面对农村教育发展中的困难,过去,由于学校与外界的沟通较少,缺乏交流,大多数学校"等、靠、要"思想严重,很少有人想到要积极主动地寻求外界的帮助。经过SDP培训后,大家眼前一亮,豁然开朗,SDP的理念就是加强校内外的沟通交流,就是要学校尤其是项目学校、薄弱学校学会如何与外界沟通,如何争取资金来改善办学条件,使大家意识到为了学校的发展寻求帮助和支持不再是尴尬的事情。

SDP即学校发展计划,是在学校层次上通过自下而上的方式制订的规划,是由学校和社区自主进行的关于学校未来发展方向的规划,参与的主体不再是单一的学校或教育行政部门,而是校长、教师、社区干部、企事业单位业主、知名人士和学生家长等,并通过宣传工作、社区家长会和校园开放日等活动,使大家意识到学校是社区的学校,是自己的学校,社区有责任和义务为学校的发展献计献策,参与学校发展、管理,学校的发展与整个社区经济社会的发展息息相关。

多年来,农村学校的发展一直处于一种自然状态之中,很少有学校为了发展制订规划,即使有规划,一方面缺乏可行性、科学性;另一方面是上报给教育行政部门给予解决,收效甚微。通过SDP培训,大家才意识到制订切合本社区学校发展计划的重要性。只有在对学校的现实状况充分认识的基础上,对社区各方面的资源充分挖掘、统筹整合,才能有条不紊地落实学校的发展规划。一石激起千层浪,一种理念的确立,一种意识的树立为学校的发展提供了不懈的动力。SDP对薄弱学校的发展与其说是一个契机,不如说是一种思维方式的拓展。

巡回指导与培训

实施 SDP 以后，在前期的宣传动员的基础之上，各个方面通过努力，各项目学校与社区一些单位都建立起对口帮扶关系，并争取到一定数量的资金和教学设备，极大地改善了学校的办学条件。2005 年，我校作为项目学校就争取到 120 万元建设项目资金为学生建设了一个 960 平方米、设备齐全的标准化学生餐厅，彻底解决了以往 300 多名住宿生风餐露食的问题，丰富了学校以人为本的内涵。2006 年市畜牧局作为我校的联系帮扶单位，经学校主动联系，市畜牧局领导对我校的办学条件进行了实地考察，表示筹措一万元资金支持学校发展。由于各方的积极参与，我校的面貌发生了较大的变化，对学校教育教学质量的提高、办学条件的改善起到有力的推动作用。

3. SDP 和 PTT 项目实施中面临的挑战

3.1 理论与实践的脱节问题

培训所倡导的理念和做法与现行学校管理体制难以在短时间内整合，导致学校难以找到 SDP 培训与实际管理工作的"切入点"，在实际操作层面上出现培训与学校实际管理脱节的现象。

3.2 理论转化为现实生产力的问题

参与式教师培训和参与式教学，当前，更多的教师还停留在"形似神离"或东施效颦的阶段，要促进教师从"形似"到"神似"，而实现"形神皆备"的根本转化，是参加培训教师面临的研究课题。

3.3 学校疲于应付外部不同形式的检查，正常工作的开展受到不同程度的干扰

学校忙于完成现实的诸多工作，疲于接受上级的各种检查，而使学校发展计划的制作过程流于形式，难以在具体的管理工作中真正实践项目的理念和规范学校管理行为，使培训的后续活动任务的完成与落实出现疲于应付的现象。

3.4 农村学校和农村教师的发展缺乏一定的政策保障

对农村学校和农村教师要实行保护政策，采取有效措施，吸引教师到农村任教，保证农村教师的实际收入，工作条件与城市教师基本相同，以维持农村师资队伍的稳定，切实体现教育平等和公平原则，依法保证广大农村中小学生接受教育的权利，尽可能为他们提供充裕和优质的教育资源，尤其要关心农村贫困家庭儿童少年的就读问题。

只要我们坚持科学发展观，坚决贯彻落实学校发展计划，我想，学校发展计划，这个已经被实践所证明的学校管理的有效模式就必定能推进农村教育的改革，促进农村教育的跨越式发展。

实施 SDP/PTT 项目　促进基础教育和谐发展
——中卫市 SDP 与 PTT 中期工作总结

宁夏中卫市教研室　何兴宝

中卫市城区是我区首批确定的"西发项目"县之一。2003年项目启动后,根据规划,贷款908万元,地方配套资金454.27万元。2005年10月,土建工程任务全部完成并交付使用。2005年底,自治区教育厅确定,将SDP(学校发展计划)与PTT(参与式教学)项目在我市城区15所学校进行推广,这为推动我市学校发展、提高教育质量、改善学校不利处境群体的状况、提高学校的吸引力提供了很好的机遇。两年来,在区、市人民政府的正确领导下,在国家、区级专家组的指导下,在项目学校的务实创新工作下,我市SDP与PTT项目实施进展顺利,成效明显,工作得到了国家级专家、自治区级专家组和教育厅项目官员的一致肯定。

1. 项目学校基本情况

我市城区共有15所项目学校,其中:完全中学1所(常乐中学),九年制学校4所(姚滩学校、郭滩学校、东台学校、西台中学),中心小学5所(常乐小学、宣和小学、永康小学、三井小学、夹道小学),村小学5所(倪滩小学、红圈子小学、景庄小学、景台小学、双达学校)。

2. 主要做法及体会

2.1 加强领导,政策作保障

为了扎实实施好SDP和PTT项目,我们成立了以教育局长为组长,副局长、副书记为副组长,财务科、教研室负责人为成员、以教研室教研员为市级专家组的项目领导小组,实施了专家分块负责指导制度。其中,我作为自治区级专家,负责我市SDP与PTT的整体实施,市级专家赵志平具体负责PTT的课堂指导。同时,我们制定了《中卫市SDP与PTT项目实施意见》,明确提出:在校长队伍建设上,确保项目学校的稳定;在学校综合考核上,制订了给予项目学校加分奖励的政策。

2.2 强化培训,认识先提高

认识是行动的先导。为了有效实施好SDP与PTT项目,2005年12月27日,我们派遣18名项目学校校长和教育局干部到银川接受自治区级培训,第一次认识和了解了SDP与PTT。紧接着,我们又于2006年3月24日,派遣了3名干部和校长到北京接受了国家级研修,加深了对SDP与PTT的认识,了解了其他省市实施SDP与PTT的有益探索。2006年12月5日,我们又派遣5名干部和校长到甘肃省考察学习了甘肃实施SDP与

PTT 的做法和经验。在实施 SDP 与 PTT 项目一年后,又于 2007 年 2 月 12 日,派遣 5 名干部和校长到银川再一次接受了培训。

在接受国家级和自治区级培训的基础上,我们充分利用市级专家资源,大力开展市级培训。其中,2006 年 3 月 9 日,在充分准备的前提下,召开了 37 人参加的 SDP 和 PTT 项目实施动员和培训会;2006 年 5 月 9 日,又根据项目实施的需要,举办了 39 人参加的中卫市 SDP 和 PTT 培训班;2006 年 8 月 1 日,配合自治区项目办举办了 6 个市县共 110 人参加的培训班;2006 年 12 月 5 日至 14 日,举办了中卫城区、中宁县、海原县共计 480 人次的世行项目小学教师继续教育培训班。

在大力做好市级培训的基础上,我们要求项目学校重视 SDP 与 PTT 项目的校本培训。一年多来,15 所项目学校共计开展了 60 场次达 1 500 人次的校本培训,各级各类培训,使项目学校的广大师生对什么是 SDP 与 PTT、为什么要实施 SDP 与 PTT、如何实施 SDP 与 PTT 的问题从理论认识到实践操作有了质的飞跃,为有效实施 SDP 与 PTT 项目打下了坚实的基础。

2.3 注重过程,实干求实效

在实施 SDP 项目中,我们从绘制社区图以明确学校为社区服务的意识,成立学校发展管理委员会以争取各方支持,召开社区大会以征求学校发展大计,梳理问题树以确定学校优先解决的问题,撰写 SDP 文本以绘制学校未来 3 年的发展蓝图等环节中脚踏实地,一步一个脚印。通过项目的实施,社区对学校工作的了解增加了,对学校的支持增加了,对学校的满意度增加了,学校成了孩子们学习和生活的乐园。

在实施 PTT 项目中,我们结合国家新课程提出"倡导自主、合作、探究的学习方式"和宁夏中小学课堂教学质量工程"民主化教学"的要求,从分组、分工、讨论、交流、总结等方面扎实推进参与式教学,使教师教学设计、课堂驾驭、处理预设与生成的能力得到了大幅度提高;使学生参与意识、合作能力、学习兴趣、学习成绩得到了积极的发展。

2.4 借助专家,全速来推进

"西发项目"有一个明显的有效机制,就是为 SDP 与 PTT 项目的实施制定了专家引领的措施。2006 年 5 月底,清华大学博士李海霞、北京大学刘笑飞带领他们的博士生到我市进行项目基线调研,国家级 SDP 专家组组长陶剑灵、PTT 专家组组长陈向明到我市进行课题讲座,自治区级专家先后共计 38 人次到我市进行课题指导与督查,有效而又及时的专业引领为我市 SDP 与 PTT 的健康、快速推进起到了非常必要而宝贵的支持。

2.5 论证文本,交流又研讨

为了保证我市 SDP 与 PTT 项目能够沿着正确的方向发展,2006 年 6 月,自治区级专家组、市级专家组和项目学校校长 28 人在我市教育局召开了中卫市 SDP 与 PTT 文本论证会,论证会修改、完善、确定了 15 所学校的发展规划。2007 年 3 月 14 日,我们又邀请自治区级专家组来卫参加了共计 30 人次的 SDP 与 PTT 研讨会,会议交流和总结了一年多来的项目实施工作,并就 4 月中旬召开全市 SDP 与 PTT 现场会的前期准备工作进行了具体安排。本次研讨会通过《中卫教育信息》和《中卫日报》进行了广泛宣传,为实施 SDP 与 PTT 项目创造了更加有利的氛围。

2.6 善于总结,稳步去推进

我们根据专家的指导、外地的经验和自己的实践,总结出的"实施 SDP 与 PTT,创建快乐校园"实施清单,有效地指导了我市 SDP 与 PTT 项目实施。总结出的为项目学校校长配备项目助理,有效地预防了校长人事变动带给课题研究的负面影响。总结出的为项目学校年终综合考评加分奖励,有效地调动了项目学校的积极性。

总之,通过实施"西发项目"子课题学校发展计划(SDP)和参与式教学(PTT)项目,使得学校与社区的沟通和交流加强了,学校与教育主管部门的沟通和交流增多了,促进了学生的自我发展和教师专业化的提高,推动了学校管理的改善,增强了学校的吸引力,推动了教育教学改革。

下一步,我们将重点抓好以下几方面的工作,力争将 SDP 和 PTT 项目的实施提高到一个新的水平:

一是坚持"实施—反思—提高"的工作流程,扎扎实实落实 SDP(学校发展计划)文本,总结推广经验。对本年度优先解决的问题实行挂牌改进并检查督促,切实提高项目效益;

二是以 PTT(参与式教学)为重点,切实提高课堂教学质量,加强对项目学校领导、教师的管理和培训,通过教师素质和能力的提高,促使学校教育质量再上新台阶;

三是督促各学校定期召开"学校发展管理委员会",不断调整和完善 SDP 文本,使文本切实发挥学校建设和发展的指南和行动纲领作用;

四是继续落实好项目后续经费,进一步改善学校的办学条件,为教育教学工作提供坚实的保障;

五是调整和充实市级专家组队伍,进一步落实市级专家联系、指导项目学校工作制度,深入调查研究,解决实际问题,为发挥项目的可持续发展奠定坚实的基础。

学校发展计划意味着什么
——参加自治区项目研讨会的感受

宁夏西吉县教学研究室　华俊昌

2006 年 12 月 5 日至 8 日,自治区教科所、教育贷款办在宁夏税务培训中心举办了"西发项目"的 SDP/PTT 省级研讨会。研讨会为期两天半,其中,两天的时间由国家级专家就学校发展计划进行了深度培训,半天时间就我区 SDP/PTT 项目工作,与会人员进行了深入的研讨。学校发展计划将意味着什么呢?如何理解学校发展计划?以下是本人的几点想法。

1. 学校发展计划意味着对"草根理论"的理解

众所周知,一所学校的生存和发展,取决于多种条件,而其中,制订一个科学、切实可行的学校发展计划是关键因素。规划是目标,目标具有导向作用,正确的目标可以引导学校迈入科学的发展道路。综观现行的中小学学校管理,大多学校并没有学校发展的长远规划。一些学校尽管有规划,但长期以来受计划经济体制在人们头脑中所形成的理念的影响,学校规划的制订一般在程序上采取自上而下(逐级变通抄写)的模式,使得这种规划形同虚设,难以发挥其所有的实际意义,又由于它常常由校长本人或少数几个人设计,很难得到广大学校成员和社区成员的认同与支持,所以,这种自上而下的规划缺乏坚实的群众基础,无法在实践中形成所需的合力。

相比而言,本次研究项目中所倡导的学校发展计划与我们现行的"学校发展计划"有所区别。它是一种全新的概念,是学校在广泛征求广大学校成员和社区成员意见的基础上,通过自下而上的方式,由学校和社区共同制订的关于学校未来发展的规划。

学校发展计划(School development planning,简称SDP)在20世纪80年代初就已经在英国开始实施,其最早由一些学校和地方教育当局提出,主要是通过"草根研究模式"探索学校管理问题,由于其成效显著,不久就为英国国家教育标准办公室和其他绝大多数地方教育当局所采纳,并加以推广。为什么会这样?一是实施SDP项目能促进学校的发展和变化,学校效能变化显著;二是由于这一项目采用"草根理论"探索学校管理问题,迎合了当时的教育管理"权力下放"的趋势,有力地推动了校本管理局面的形成。鉴于SDP的以上效果,SDP项目在20世纪80年代后期产生了相当大的影响。1989年,由英国科学和教育部资助的SDP项目研究成果出版(哈格利夫·D.等,《学校发展计划:给地方教育长官、校长和学校教师的建议》)。1991年,英国科学和教育部颁发了《学校发展计划实践指南》一书,呼吁全国中小学推广这一方法,促进学校教育质量的提高。《学校发展计划:给地方教育长官、校长和学校教师的建议》和《学校发展计划实践指南》两个文本的先后出台,马上使SDP项目在英国成为一个全国性的学校管理改革项目。随后,爱尔兰、澳大利亚、新西兰、丹麦、美国等一些国家也开始引入该项目,SDP项目产生了持续的国际性影响。联合国儿童基金会等国际组织也积极推介"学校发展计划"项目,旨在通过校本管理、社区参与以及提高学校的自治能力,来提高各国中小学尤其是贫困地区学校的综合办学水平和教育质量。SDP现已成为国际教育界的研究热点,成为西方国家中小学学校管理领域普遍为人们所采用的一种管理方法。

2. 学校发展计划意味着对其本质含义的理解

学校发展计划的定义为:通过学校共同体成员的共同努力,系统地分析学校的原有基础及学校所处的环境,发现学校的优先发展项目,确定学校的发展方向和教育目标,促使学校挖掘自身的潜在资源,按照自己的价值观,提高学校的管理效能,最终提高学校的教育质量。

在上述定义中,有必要强调两点:首先是学校共同体的概念,学校共同体包括校长、教师、投资方、后勤工作人员、学生家长、学校管理委员会和地方教育官员。SDP强调,制订学校发展计划必须发挥学校共同体成员的协同作用,而不能由其中单方面力量独自制订;其次,确立学校发展计划从本质上讲是一种对学校管理过程的反思和再认识。学校发展计划立足过去,指向未来,既有对过去的诊断和分析,又有对未来的预测和憧憬,强调规划要把握现在,任何一种规划都不是"为规划而规划",它强调的不仅仅是静态的规划结果,更关注动态的规划及其实施过程。从本质上讲它是一种学校管理的过程,而不是一种结果。正因为如此,学校发展计划有它自身的特点:一是自下而上,即 SDP 理念中的学校发展计划完全是由学校和社区自主所做的,有一些工作需征求上级有关领导的意见,但上级部门不能包办代替;二是自主所做,即鼓励社区和学校共同承担起办学的责任;三是开发潜在的教育资源加以利用;四是可以照顾到不同人的不同需要;五是充分体现着素质教育的要求,也就是真正体现教育为当地经济建设和社会发展服务的教育宗旨。

从时限上看,SDP 往往是一所学校三至五年的远景规划。SDP 的重点在于促进所有学生的学习并提高他们的学业成就。SDP 通过对学校发展的远景设计,最终促进学生全面发展和提高,它涉及课堂教学和培养目标,它所面对的对象是具有生命个体的学生群体。较日常的管理操作或工厂式的管理而言,SDP 更加复杂。

3. 学校发展计划意味着运行模式的创新

实践证明,SDP 对我国中小学学校管理模式也产生了很大影响。香港、上海、北京、甘肃等地采用这种方式来尝试改革学校管理,以提高学校效能、促进学校发展,均取得了较好的效果。需要指出的是,除香港地区和上海以外,其他省区的学校发展计划都是借鉴甘肃项目的经验,所使用的相关材料,包括指南、培训教材和文本也取材于甘肃项目。可以说,是一种"甘肃模式"的 SDP 的延伸和发展。

所谓"甘肃模式",简单的总结包括两个方面:一是系统的培训材料和格式统一的文本,包括指南、培训材料和文本。二是严格的实施步骤、环节和过程。就实施程序而言,它体现着下面一个流程:

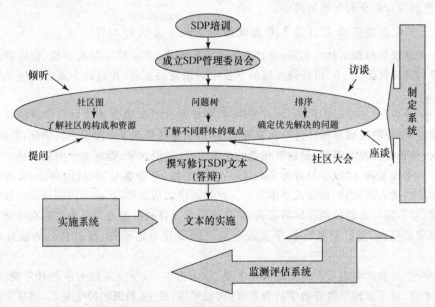

正由于学校发展计划有它自身的特点:自下而上、自主所做,也就是有着系统性、协同性、持续性、进步性、提高性、特色性。从制订学校发展计划讲,它要求坚持前瞻性原则、可操作性原则、讲求效益的原则、坚持标准原则。因此,学校不同其模式不同,环境不同其模式不同,要求我们在坚持 SDP 的基本理念的前提下,要创造学校自身的行动模式为佳。

4. 学校发展计划给我们的启示

4.1 需要对 SDP 进行大力宣传,进行基于我们学校的理论研究

SDP 始于西方教育发达国家,始于西方教育发达国家民间,产生了较佳的效果,最终为政府所采纳并推广,所以既有良好的民间基础,又有政府的大力支持,已经在西方一些教育发达国家成为全国性的学校促进项目。我国虽然引进了这一项目,但是认识上非常模糊,各个地方落实这一项目的力度大不一样,缺乏宣传,政策的支持力度也不大,基于我们学校的理论研究也不深入,还有大量的工作要做。

4.2 SDP 仍有不足的地方,还需要进一步改进与提升

有关资料表明,西方教育发达国家落实并推广 SDP 项目也存在不太令人满意的地方。其中突出表现在没有发挥学校共同体成员的应有作用。有专家对各个学校制订的规划进行研究,发现有三种类型:一为"言辞华丽却没有实质性内容的规划",这种规划往往是"外乡人"制订的,校长和学校教师对这种规划没有基本的认同感,甚至于这种规划会拉大教师和校长之间的距离,教师对这种规划既感觉到失望,又无所适从;二为"校长个人的规划",这种规划往往出自于学校几个主要领导尤其是校长的手笔,校长是认同的,无奈教师不认同,学校共同体其他成员不认同,校长很难实施规划;三是"分工合作的规划",把规划分成各个部分,由各个部门制订自己的规划,一部分教师和校长对这种规划有认同感,但这部分教师往往局限在中层管理人员和一些资深教师上,另外一些教师没有机会知道规划,更加没有机会参与规划活动。

4.3 从实践层面上仍需要考虑做好以下几个方面的工作

——学校要根据本社区实际,坚持自下而上的原则,真正建立起由学校、社区群众等广泛参与较为科学、民主、可持续发展的学校中远期发展规划,并以此为蓝图开展学校的各项工作。

——发挥"学校发展委员会"的有效作用,使学校和社区能真正建立起广泛的联系并形成制度,学校的发展得到社区全面有效的支持,学校的管理进一步民主科学化,教师、社区群众、校长共同参与管理,促进管理者的决策水平、理论水平、管理水平明显提高。

——学校要树立"以学习者为中心,以活动为主线,平等参与"的培训理念,掌握参与式培训的活动方式、组织形式及基本方法。在校本培训活动中,正确运用参与式的教师培训方式,使不同层次的教师在科研意识、研究水平和教育教学能力等方面在原有基础上有较大程度的提高,能针对教育教学实践中的问题展开专题研究,反思自己的教育教学行为。

——学科教师要进一步树立新的师生观、以人为本、以学生发展为本的教育观、质量观、人才观,进一步转变教育教学行为方式,构建平等、民主、和谐的师生关系,增强学生的参与意识,学生能够积极主动、颇为有效地参与教学活动,促进课堂教育质量和效益全面提高。得到学生、家长和社区居民的普遍认可。学生的入学率、巩固率提高,辍学率降低。

——教师通过参与培训,掌握参与式教学的有效策略并自觉运用于课堂教学,丰富教学组织形式,提高参与式教学的有效性,同时,打破关注教师的行为表现、忽视学生参与学习过程的传统的课堂教学评价模式,建立和完善"以学论教"、关注人的发展为本的课堂教学评价体系（课堂教育评价的关注点转向学生在课堂上的行为表现、情绪体验、过程参与、知识获得以及交流与合作等诸多方面，使"教师的教"能够真正服务于"学生的学"）。

——让小课题研究成为教师专业发展切入点，通过行动研究，及时总结成功经验，由校内向校外辐射，整体促进全县中小学教育教学质量的提高，为办好人民满意的教育而服务。

"思路"与"出路"
——浅谈 SDP 文本撰写的基本理念

宁夏教科所　解光穆

"SDP"（school development planning）作为西方国家的一种先进的旨在提高学校发展效能的管理理念与实践行为，在"西发项目"的推动下，已在宁夏 22 个县（区、市）、121 个乡（镇）、532 所项目学校开始全面实施。笔者在众多项目学校的墙壁上、档案盒内、展板中时时处处看到了许多规划科学、表述简洁并具有连续性、变化性、方向性、过程性的学校发展计划文本；同时在与一些项目学校校长的交谈中，我也了解到他们在撰写学校发展计划文本中的许多新颖观点、具体途径与科学方法。这些都给笔者以深刻启迪，也引发了对这一问题的深入思考。

无论是从教育理论还是学校发展实践来看，学校发展计划文本的撰写在本质上都是学校的领导者、参与者对学校未来一段时期内"发展"愿景规划与设计的文本呈现，也就是对学校发展"思路"的客观描述与发展"出路"的科学构想。因此，学校发展计划文本撰写要在详细调查研究、准确分析现状的基础上，紧紧围绕"设计"学校未来发展的"思路"来进行。这些关于学校未来发展的"思路"，就是解决问题的"出路"。无"思路"，就无"出路"；要有"出路"，就要有"思路"。怎样在学校发展计划文本撰写中体现出合乎实际的科学"思路"呢？如下六个"意识"的树立，对我们在撰写学校发展计划文本时确立"思路"、探求"出路"具有一定的指导意义。

1. 价值意识——学校发展计划文本制定的前提条件

有这样一则寓言：一个农夫将一头牛在市场卖了 5000 元，一个画家也将一幅画着一头牛的画在市场卖了 5000 元。农夫知晓这一消息后，怒气冲冲地找到上帝说："这是多么不公平，我喂养了五年的一头真牛才值 5000 元，他用五天画的一头假牛也值 5000 元，这实在是太不公平了。"上帝听后微笑着解释道："这也是公平的，你喂养一头牛需要五年时间，他画一头牛的学习时间却是十年。"农夫听后无言。

这则寓言有多方面的寓意并给人诸多启发，如从撰写学校发展计划文本角度看，其给我们的启迪有：学校发展计划文本制订虽然可在较短时间内完成，但这一"完成"却是长期准备的结果，正如画家"画牛"。因为是什么、为什么等诸多问题的解决都是要花费一番工夫的，并要体现于文本之中。学校发展计划文本撰写虽与"画牛"一样，人人可能都"会画"，但高明者与一般者所撰写出的文本却有天壤之别——如同画家笔下之"牛"与"普通人"笔下之"牛"：虽同为"画"，但价值却相差万里。因此，校长在领导制订学校发展计划文本时，就要树立价值意识——在最精短的文字中表达出凝聚各方心血与智慧、愿望与行动的发展蓝图。其撰写应如同画家作画一样，要调动多年知识积累、运用现代管理理论、多方征求相关人群意见，并在论证、听证的基础上才能完成，而绝非如普通人涂鸦"心血来潮"一样一挥而就。从理论层面上看，学校发展计划文本的撰写要将对学校现状认识、未来发展愿景准确呈现出来。这一表述的最基本、最主要作用就在于能将大家（校长、教师、社区群众、学生等）共同思维的结果以文字的形式"固定"呈现出来，成为大家共同努力的方向。其次，学校发展计划文本的撰写可使校长头脑中对学校的现状分析、发展愿景、行动计划更为精确和理性。书面文章的一大功效，就在于能将"作者"的认识清晰表述出来，而"清晰表述"的过程又有利于促进认识的条理化、逻辑性和科学性。最后，学校发展计划文本的撰写可使学校在未来一段时间内的发展目标相对"固定"下来，并成为全体师生共同的努力方向。总之，学校发展计划文本的撰写，会将我们对学校未来发展的认识变得更明确、更科学、更全面、更深刻，这就是撰写文本的价值所在。认识这一价值，才能提高文本撰写时的主动性，才能提高规划的科学性。

2. 自主意识——学校发展计划文本形成的深层动因

诺贝尔奖获得者李政道博士曾形象地说道："小学和中学，是教师提出问题让学生来回答，大学则是学生提出问题让教师来回答，工作之后是自己提出问题，自己回答。"显然，提出问题要比解决问题更困难。这里，李政道博士提出了一个有趣的现象：人的发展是从依赖到独立、从被动到主动，而且后者在自身发展中更具积极意义。同样，学校发展计划与传统学校工作计划的根本区别在于前者是主动的而后者则是被动的。所以，学校发展计划的一大理念就是强调学校的自主发展，即学校能自觉、自动地利用自身条件，独立自主地开展教育活动，科学合理地进行自我设计、自我组织、自我活动、自我教育和自我评价、自我矫正、自我完善。作为"SDP"理念集中反映的规划文本在撰写时必须也必然要体现出自主性意识，并力求贯穿于文本的撰写全过程中：文本撰写应是学校一班人依据学校特点而制订出的、主动追求自我发展的未来规划，而不是如过去那样主要是为应付上级检查时所做的计划；文本撰写应突出体现学校组织集体对来自自身未来发展的战略认识与理性思考，而不是一些无关痛痒的有关未来的简单陈列；文本撰写应是学校在得到社区、上级等外部环境认可、支持下的基本是自己的行动与愿望（"自我"），而不是外部施加力量的影响；文本撰写应体现"以学生自主发展为本"、"以教师自主发展为本"并最终体现为"以学校自主发展为本"的理念，而不是只是一些改善办学条件的事件罗列……总之，学校发展计划文本撰写时的一大原则就是要体现、凸现"自主"意识，即这一过程是校长们独立、主动、积极努力的结果，这就是西方社会所十分推崇的"open my mind"。有了自己提出问题、自己解决的自主意识，学校发展计划文本的撰写才能达到来自于学校实践需要并为推动学校实践发展而服务的目的。

3. 目标意识——学校发展计划文本表述的价值指向

无论社会学、教育心理学都反复证明了在个体、群体的发展、提高中都存在着明显而积极的"期待效应"("等待效应"、"罗森塔尔效应"),这种效应是由于人们对某目标的期待而引起的态度、行为、情感、意志等多方面的变化并最终实现了"既定"的目标。因此,学校发展计划文本在撰写中也要确立目标意识——通过文本或壁报、宣传栏等形式向校长、教师、学生、社区群众等多方人士提出的一些具体的可测的目标,必将会激励他们奋发向上、积极进取。

学校发展计划的核心问题之一,就是学校组织系统要依据一定的管理规律并以一定的教育科学理论为指导,对自身状况进行实事求是地分析,并通过"面向未来"的原则而提出问题的解决办法,促使目标的实现。所以,学校发展计划文本的撰写,应围绕着或指向于这一根本目的来撰写。在文本撰写中,要体现出目标意识:就要在文本中突出对学校发展目标的描述与说明,并使其成为文本的"中心"与"重心";就要在描述目标时抓住表达这一问题的关键所在——人与事("用人以治事"),也就是西方学者所说的"achieve things,through people"(通过人,成就事),即要表达清楚通过哪些人完成哪些目标;就要在表述目标时有系统观念,即在立足于学校发展全局的基础上按照从主到次的逻辑顺序把目标清晰地表述出来。

4. 发展意识——学校发展计划文本内在的基本追求

在一些发展基础较为薄弱的学校,笔者经常发现一些校长们在制订学校发展计划文本时有这一倾向——夸大劣势、忽视优势,常讲不足、不谈发展。实际上,每个组织、个体如以"发展"为第一要务,都可能会成为成功者,下面这一真实实验或许能说明这点:测试证明,跳蚤跳的高度可达它身体的400倍以上,是动物界的跳高冠军。有人将一只跳蚤放进一玻璃杯后,发现跳蚤能轻而易举跳出。重复多次,都是一样。随后他在玻璃杯上加一玻璃盖,当跳蚤再次跳起后便"蹦"地撞在了玻璃盖上。跳蚤虽困惑但却不会停下来——它的本性就是"跳"。次次跃起,次次被撞,跳蚤最后根据盖子的高度来调整自己跃起的高度。最后,跳蚤不再撞击玻璃盖,而是在盖子下面自由跳动。一天后,实验者取掉玻璃盖后,跳蚤不知玻璃盖已取掉,仍在原高度跳跃。三天后,这只跳蚤仍在杯内跳跃。一周后,可怜的跳蚤仍在跳,但已经无法跳出这只玻璃杯了。在现实生活中,有些人、团体或组织也是这样:不敢或不愿去突破外在局限,致使自己不能发展或发展缓慢。所以,校长在撰写学校发展计划文本时,应树立发展意识——在实事求是分析学校各种条件的基础上,明确表述出学校未来的发展方向。

促进学校发展,是学校发展计划的核心理念之一,也是学校制定发展战略、发展规划、工作目标、工作计划等的共有特性。因为无论是发展战略、规划还是工作目标、计划,虽有层次高低、时限长短、范围大小以及以定性为主还是以定量为主的区别,但它们都是指向于未来发展的。学校发展计划则更为强调这一价值取向,即强调在正确分析、客观认识自身优势与不足的基础上,以"超前思维"方式将学校未来一段时间内的"远景"、"愿景"明确表述出来。体现这一意识的具体方式有:一要表述出学校在教育教学与科研在未来一段时间内的发展方向;二要表述出学校在规模、设备改善在未来一段时间内的发展方向;三要表述出校容校貌、校园文化在未来一段时间内的发展方向;四要表述出学校在社区内、区域内的影响力在未来一段时间内的发展方向。自然,这些发展方向都应是"超前"的、"未来"的,并最终表现为学校的"发展"。

5. 分类意识——学校发展计划文本建立的逻辑思路

诗人臧克家除《有的人》一诗被人们耳熟能详外,《三化》一诗也是极为有名的:

"孩子/在土里洗澡;爸爸/在土里流汗;爷爷/在土里埋葬。"

这首诗之所以著名,原因之一就在于作者极为巧妙地将原本可以各自独立的生活情景组合在一起,表达出旧社会中农民的悲惨命运,其"艺术空间"是十分广阔的。显然,诗人是以农民的一生——少年、壮年、老年来谋划篇章、表达主题的。这一精巧构思,就把极为纷繁复杂的事物在短短数句诗中表现了出来。同样,在制订学校发展计划时,通过访谈、调查、排序、"问题树"等途径获得的材料将是异常丰富的,也是纷繁复杂的。在文本中书面表达这些丰富的材料时就要向文学家们学习,要以"最小的面积表达最丰富的内容"。而要用"最小的面积表达最丰富的内容",就必须对已有材料进行分类梳理,也就是文本撰写时要有"分类意识"。

就学校发展计划的一般内容而言,在文本撰写前、撰写中要有"分类意识",以强化对材料的逻辑梳理。这一梳理可根据规划内容的框架而定:社区材料、学校背景材料、学校现状材料、学校发展中存在的问题及解决方法、学校在一定时间内的活动安排、学校最终要达到的目标,等等。自然,规划文本写作者在对材料进行整理、运用(表述)时,也许会对原有分类产生新的看法,对已有分类项目也会有所突破(或增项或合并或减项)并恰当表述于文本之中。如对众多内容简单地罗列,则不仅会产生主次不分之弊端也会造成条理不清之不足。学校发展计划文本写作中对已有材料进行分类梳理,是思维活动的艰难阶段,也是产生创造性思维的重要阶段,必须认真对待。

6. 专业意识——学校发展计划文本体现的外部特征

学校发展计划文本是在教育理念、教育管理理念指导下形成的有关"学校"这一组织的未来行动组织、发展目标、具体措施等的书面呈现形式,是教育领域内的发展规划,理应也须有自己的"专业性"特色。具体讲,一是要在文本撰写时体现出先进教育理念,如"以学生发展为本"、"素质教育"、"教育公平与管理民主"等;二是要使文本表述的目标始终围绕着、指向于"学校",即这是"学校"未来三五年的发展规划而不是其他社会组织(如工厂、医院等)的发展规划,它要有体现出"学生"、"教师"、"学校整体发展水平"(校园环境、校园文化)等的内容;三是要使文本的文字表述具有"教育学"领域的特色,如"社会教育"、"校本课程"、"校本培训"、"全面发展"、"专业发展"、"个性发展"、"远程教育"、"教学技术"等概念术语。这些都是文本撰写时的专业性要求,要在撰写时使"专业意识"在文本的各个部分予以恰当的体现。

学校发展计划就其实质而言,是一种谋求解决学校未来发展的"思路"与"出路"的战略谋划、思想方法和管理工具,具有一些基本的原则。同理,学校发展计划文本的撰写也是一种书面呈现出的系统设计、认识方法和思维方式,也应具有一些基本原则,这些原则就是笔者上文所说的六种意识。

实施 SDP 项目提升学校的整体素质

宁夏灵武市宁东小学　蒋伟平

灵武市宁东小学位于灵武市东 30 千米处的宁东镇马跑泉村，始建于 2003 年，是一所寄宿制小学。学校占地面积 18 000 平方米，建筑面积 2 292 平方米，现有 12 个教学班，在校学生 429 人（其中住宿学生 203 人），教师 26 人。作为 SDP 的项目学校，我们以项目促发展，提升学校的整体素质，使学校发生了巨大的变化，取得了显著的成绩，现对工作作以下几方面的总结。

1. 正确认识 SDP 项目

学校发展计划（简称 SDP）理念中的学校发展计划是一种全新的概念，它是学校在广泛征求广大学校成员和社区成员意见的基础上，通过自下而上的方式，由学校和社区共同制订的关于学校未来发展的规划。学校发展计划，现已成为国际教育界的研究热点，成为中小学学校管理领域普遍采用的一种管理工具，它是通过项目建设带动学校发展，改变学校的面貌，加强学校的硬件与软件建设，尝试学校管理改革，以提高学校效能、促进学校发展，以提高学校的办学条件和质量，提高学校的办学效益，使学校整体的发展产生质的变化，是促进学校发展的建设性项目。因此学校领导要充分抓住 SDP 项目发展的机遇，从领导组织、经费保障、制度建设、校园文化建设、教师队伍的培训与提高等方面全方位开展工作，使 SDP 项目在学校扎根并茁壮成长，取得显著的效果。

2. 加强组织领导，扎实开展工作

2.1 加强组织领导，制订发展规划

2.1.1 成立学校发展计划管理委员会组织机构

在项目开展之初，学校领导积极与社区、村委会取得联系，多方协调，与各级领导达成共识，以把宁东小学建设成"山区基础教育的名校、有特色的寄宿制学校"为目标，在此基础上成立学校发展计划管理委员会组织机构。校长任主任，镇党委副书记任副主任，学校党支部书记、副校长、教务主任以及社区内的四个行政村的村长、村代表共 13 人组成，共同研究学校的发展问题，形成学校社区与家庭合力办教育促发展的良好局面. 我们的口号是"学校是社区的学校，社区是学校的社区"。只有学校和社区紧密结合才能使学校的发展目标得以实现。

2.1.2 召开村民代表大会

学校根据学校发展计划管理委员会的工作安排，及时召开四个行政村的村民大会，共同讨论学校发展中面临的实际问题，设立问题树，归纳了 5 个方面 11 个问题。(1) 办学条件：信息技术设备老化；教学设备陈旧利用率不高。(2) 教师队伍建设：教师敬业精神

不强;教师知识储备不够丰富;课堂教学水平不高。(3)学生综合素质:学生日常行为规范抓得不好;学生业绩不够理想。(4)管理水平:学校领导管理水平尚需提高;班主任管理水平尚需提高。(5)家庭教育:家庭教育意识不强;家庭教育方法与知识欠缺。

2.1.3 制订学校发展计划

学校根据学校发展计划管理委员会设立的目标和村民代表大会提出的意见,反复讨论,集体运作,制订了宁东小学2006—2009年《学校发展计划文本》,从社区概况、学校概况、学校发展展望、2006—2009年优先解决的问题、2006—2009年目标与活动等5个方面对学校的发展进行全面计划,形成学校发展的纲领性文件与指导思想。

2.2 加快硬件建设

作为2003年才成立的学校,学校的发展处于起步阶段,加强校园的硬件建设,高起点、高标准的建设好学校,是学校领导首先抓的工作,因此,我们千方百计筹措资金大力加强校园建设,使学校迅速成长起来。

利用项目资金20多万元建设建筑面积800平方米的新教学楼,改变了学校的面貌。自筹资金42 445元平整校园场地100平方米,对校园进行硬化,全部铺上红砖;投资12 946元新建52平方米的住宿区学生厕所并安置照明灯方便学生使用;投资9 640元新建5个乒乓球台、24个校园地凳、10个垃圾桶座,体现人文校园的特色;投资8 000元建设展板标牌与校园绘画,达到美化校园环境的目的;投资18 900元购置校园广播系统,学生的上下课以及校园活动改成音乐提示,校园充满温馨。

教师自己动手砌护花池,种上花草,制作"与小草一起成长""绿色天天陪伴我""多可爱,小心别伤害它"等标语牌,每天提示学生从小要加强爱护花草树木,在潜移默化中对学生加强教育。积极开展绿化校园活动,在校园种植柏树、槐树近百棵,每年投入数千元的水费进行浇灌,要知道,在干旱的宁东山区水是多么宝贵,浇灌一棵树经常是要几桶水,挖一个树坑要付出多么大的体力劳动!校园里的一草一木凝结了全体师生的心血。学校在校园显著位置标出测量身高测量线,让学生自己经常量量自己长高了吗,体验成长的快乐。为了改善教师学生的饮水条件,学生宿舍、教师办公室全部添置了饮水机。

2.3 加强软件建设

2.3.1 积极开展项目培训

学校的发展离不开一支素质过硬的教师队伍,学校在抓硬件建设的同时,积极加强教师队伍的建设:一是通过邀请国家级的专家到校检查指导,对教师进行培训,使教师对项目有了较高层次的认识外,同时还邀请自治区级的专家到校进行培训指导,提高对项目工作的理解,积极开展工作。二是组织教师参加市级举办的培训活动,加深理解。三是全面开展学校层面的项目培训,校长辅导教师开展参与式教学,把项目工作分解落实到教师的教学实践中去,最终达到推动教学工作,提高教学质量的目的。

2.3.2 加强校本教研活动,提高教师素质

我们在教学工作中坚持以人为本的教育观念,以改革教学方法为突破口,以参与式教学方式为主开展教育教学活动,主要进行了:

(1)加强集体备课

教师实行集体备课,备课前同年级教师共同学习新课标,共同研究。要求教师读懂教材,站在作者和自身的角度读懂教材的内涵,站在编者的角度读懂教材的编排,站在学生的角度读懂教材的难易,在几种角色中互换找到彼此的差异,然后从学生视角来考虑学习

教材的过程中可能遇到的种种问题，以及可采用的方法，教师们经过认真分析达成共识后，由一名教师执笔，形成共案，教师再根据自己的学生情况，充分考虑到学生在同一个文本面前，反映可能是千差万别的，学生与文本之间在理解上形成了各种错综复杂的差异，而这些差异往往会导致课堂教学中的最有效问题，教师针对这些矛盾，将共案再赋予个性化的设计。这种备课方式，有效地调动了教师互相交流、互相提高，统一了教学进度，减轻了教师负担，实现了资源共享，促进了教师的尽快成长，有效地提高了课堂教学质量。

（2）强化领导教师听课制度

我校建立了比较严格的听课制度，年初学校工作计划就明确要求学校领导每学期至少听课30节，教研组长每学期至少听课20节，提倡年级间教师相互听课。听课后，上课教师进行课后反思，听课教师要互相讲评，与上课教师认真交换意见，并检查上课教案与学生作业是否一致，期末听课人员包括校长在内将听课记录交由教导主任检查，目的是检测教师在常态下的课堂教学水平，进一步促进教学水平的提高，促进教师专业能力的不断提高。

（3）加强教学常规管理

我校教导处加强对教学常规工作的管理，每学期坚持两次定期全面检查和平时的不定期抽查，主要领导亲自参与教学常规工作的检查，检查内容主要针对教师备课、作业批改、考试检测、课后反思等诸方面，其中，我校特别重视教师的课后反思，要求和提倡教师积极写课后反思。通过写教学反思，有助于我校教师不断改进自己的教学思想和行为，为提高教学艺术起到了积极的推动作用。

通过项目的带动，学校近几年各项工作取得了突出成绩。2004年学校被灵武市人民政府命名为"依法治理示范学校"。2005年学校被灵武市人民政府评为"学校管理先进单位"。先后有60多名学生在银川市、灵武市教育系统组织的各类竞赛中获奖，有一半的教师在各级各类竞赛中获奖，学校的教育教学质量正稳步提高，向着创建山区基础教育的名校而努力奋斗。

管理的艺术　学习的力量
——参加西部基础教育项目校长班培训体会

宁夏吴忠市扁担沟回民学校　李广峰

我有幸参加了几次宁夏"西发项目"校长培训班的学习。通过听专家讲座、观摩考察、专题论坛、分组互动交流，使我大开眼界，受益颇多，开阔思路。我认为这几次培训很及时和重要，尤其是在新课改不断深入推进的今天，对我们农村学校校长来说是一次难得的机遇，对城乡教育实现均衡发展起到推动作用。通过学习我进一步明确了方向，理清了思路，思想认识有了很大提高，也更进一步认识到要做好学校工作，必须抓住根本。体会有以下几点。

1. 加强学习，摆正角色，提高素质

作为农村学校的一位年轻校长，通过培训，对如何能成为一位新时代的合格校长，如何摆正自己的角色等问题，有了新的认识。校长治校，做出决策的目的绝不是用制度来束缚人，把教师的工作变成统一指令下的机械性的操作，而是解放人，创造良好的时空环境，使广大教师的自主精神和创造潜能真正发挥出来。现代校长管理实践的角色应该是领导者，也是执行者；是组织者，也是协调者；是教育者，也是服务者；是管理者，也是倾听者。尤其是对"一个好校长就是一所好学校"有了更深入认识。校长究竟是将教师看做是自己管理的对象还是学校事业的成就者，决定了校长的管理态度和理念。

校长是学校的灵魂、学校的旗手。校长对学校的领导最重要的不是行政领导，长官意识的领导，而是正确的教育思想的领导，而且还要千方百计地将它转化为全体师生共同的教育信念与奋斗目标，从这个意义上讲，一个"好校长就是一所好学校"。对于校长来说，教师就是实现教育理想的"天使"，只有当教师从自己的角度能够把这种理想内化成自己的理想时，他(她)才会发自内心地去那样做。所以从这个意义上来讲，是一批优秀的教师在成就学生的同时，成就了自己的事业，成就了学校的事业，成就了校长的事业。

鉴于以上的认识，新时代校长应具备的基本素质是德才兼备，性格坚强，身心健康。应具有的理想素质是要有清醒的办学理念，宽容的民主作风，深切的人文关怀，公正的做人品格，扎实的教育理论基础，突出的创新能力，科学的决策能力，有效的协调能力，坚强的意志性格和完善的人格魅力，还应具有广阔的教育"视野"。

2. 树立全新教育观念，促进学校管理创新

2.1 树立"以人为本"、"育人为本"的管理理念

教育的根本目的就是促进人的成长与发展，这就决定了学校教育必须树立"以育人为本"的观念。要根据国家的教育方针，努力把学生培养成有理想、有道德、有文化、有纪律，德智体美全面发展的社会主义事业的建设者和接班人。要处处事事思考学校的管理行为是否做到了尊重学生、信任学生、保护学生，究竟是否遵循着青少年身心发展规律，是否为学生的发展提供了最有效的服务。教育的一切改革，最终要以促进人的发展，为人的发展服务。"一切为了孩子，为了一切孩子，为了孩子的一切"已经成为了每一个教育工作者工作的基本准则。"老师"和"学生"只是一种称呼，至多是尊称和谦称的关系，不代表任何权力含义。除了人格平等，教师和学生一样贫乏，也一样丰富。教师的丰富在于其知识的丰富和人生经验的宽广深刻；贫乏在于对学生的了解贫乏，不同的教师教学经验也不同；学生的丰富在于其作为青少年形成中的经验和行为的自足性，有自己独特的精神世界和生活追求，贫乏在于其经验，这为师生交往提供了一种机会。所以，树立"以人为本、育人为本"的管理理念，让教师参与学校的管理和决策，是教师在学校管理中主体作用的重要体现，把学校管理和决策过程转变为广大教师积极参与的主体活动。

2.2 树立正确的教育观念

首先，是传统的教师观。在中考升学压力下，目前农村中学教师的形象还是知识的传播者，靠一张嘴、一本书和一支笔打天下。其次，是陈旧的教学观，教师单向灌输知识，学

生消极被动地接受知识,使学生变成书本和分数的奴隶。再次,是"唯师是从"的专制性的师生观。许多教师在听到学生不同意见时,常用自己的想法束缚学生,或给予批评,造成学生不敢提出与教师不同的意见,创造性思维便无从产生。

因此,教师教育观念的转变和更新对一个学校来说就特别重要。只有教师具有新的教育教学观念,才能在教学中不断进行改革和创新,才能以较高的政治素质和业务素质适应时代的发展要求,才能培养出新世纪所需要的创造性人才。江泽民主席在第三次全国教育工作会议上提出:"每一个学校,都要爱护和培养学生的好奇心、求知欲,帮助学生自主地学习,独立思考,保护学生的探索精神、创新思维,为学生禀赋和潜能的开发创造一种宽松的环境,这就要求我们必须转变那种妨碍学生创新精神和创新能力发展的教育观念。"这就要求我们广大教育工作者,必须树立新的教育观念。

2.3 树立在学校管理实践中刚柔相济的管理理念

"管"是刚性管理,指的是依靠制度规范进行管理,这是科学管理的一种反映。科学管理讲究的是座钟式的精确,制度于任何时间、任何地点、任何人都具有强制性质,必须严格贯彻实施,显示出管理中硬的一面。没有刚性管理,学校的秩序就将难以维系,就会陷入混乱。但是硬性管理的"管"一是要适度,二是要出于公心,三是要领导率先垂范。

"理"是柔性管理,这是人文管理的集中反映。人文管理强调的是人际沟通,情感融洽,常通过关心、对话、激励等方式达成,显示出管理中软的一面。在管理过程中,既抓住制度刚硬的一手,又抓住情感、柔软的一手,一刚一柔,刚柔相济,形成一种力度,这时就能形成一种人格的魅力,给人以美感。

2.4 树立"经营学校"的管理理念

在现有的教育管理体制下,农村教育可以说困难重重,举步维艰。作为农村初中校长必须心系农村,立足实际,不怕困难,敢于奋斗,以"质量立校",以"科研强校",在自己实践探索的基础上,汲取专家的理论指导,形成自己的特色,形成自己的品牌,才能使学校得到社会的广泛认可,为学校的发展赢得一片广阔的发展空间,从而带动学校整体水平有较大的提高,真正把学校办成"让学生成才,让家长放心,让社会满意"的学校。

3. 努力实践,不断做好工作的反思

现在的教育改革,事情是越来越多,尤其是来自各方面的检查,很多校长"两眼一睁,忙到熄灯",工作很累,却不知道自己到底在忙些什么,让人感到非常悲哀,简直成了"事务型"校长。通过这次培训,我觉得这些忙乱之中的校长应经常做好以下几方面的反思:

反思一:是不是做了自己不该做的事。校长是一个策划者、组织者、指挥者,而不是事事都去执行的实践者。校长如果大事小事都要管,就无暇思考学校长远发展的大计,而且,学校其他管理者和教职工的积极性、创造性也难以充分发挥。

反思二:权力是不是过于集中。校长要善于授权,要做到"用人不疑,疑人不用",属于副校长、主任的工作就应该放手让他们去做。当然,不要把自己不喜欢做的、本属于自己的工作推给下属。

反思三:是不是工作缺乏计划性。一个优秀校长应该有自己的长远规划和近期计划,除非万不得已,不要打乱自己已经制订好的工作计划。

反思四:是否出现了下属工作目标不明、职责不清的现象。一所学校应该是人人有

事做,事事有人做。如果不是这样,校长就应该检查一下是否有下属岗位职责不明的情况。

反思五:是否出现了政令不通、内耗扯皮、工作不落实的情况。

反思六:是否科学地利用了时间。校长可以有意识地记录自己某一段的工作时间,而后对自己利用时间的情况进行分析与反思。

总之,我们是所新灌区吊庄移民、农村寄宿制、九年一贯制学校。多年来,我校的办学条件得到了较大改善,教育教学质量也有了很大提高。借助宁夏"西发项目",在三年的发展实践中,我们将进一步加强学习,更新观念,积极接受新理念,在课改实践中勇于探索和创新,勤于思考,不断总结反思,努力探索一条符合我校实际,切合新课程理念的管理之路,把扁担沟回民学校真正打造成为一所示范学校。

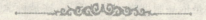

转变观念　提高技能　落实课标　全面推进
——宁夏中卫常乐中学实施 SDP/PTT 项目的思考

宁夏中卫常乐中学　李天霖　李子军

我区农村中小学正在大力实施的 SDP/PTT 项目,是当前我区基础教育发展改革的一项重要工作。这一重要举措促进了学校的长足发展。SDP/PTT 项目要求我们从实际出发,坚持参与式教学的五项基本原则,努力突出"以学生为中心"的参与式教育教学理念,全面落实参与式教学的"三个基本要求",探索学校发展计划的新思路,摸索课堂教学的新模式,加强学校正在开展的新课程教学改革实验,并且将各项教学改革实验与 SDP 项目的实施有机结合起来,通过教学改革提高参与式教学的质量和效益,通过参与式教学质量的提高促教学改革的深化,全面推进素质教育,全方位培养具有创新精神和实践能力的新型人才。这是目前乃至今后我们广大教育工作者必须努力完成的一项重要工作任务。

为了使 SDP 项目的实施落到实处,我们认为,必须把握住以下几个方面。

1. 加强领导、全面发动是 SDP 项目实施的前提

深入实施 SDP 项目,学校领导要高度重视,重组织、讲管理、抓落实。学校成立的 SDP 项目实施领导小组,要认真做好评价、帮助和研究等三项主要工作。在实施过程中,领导小组重视启动阶段的宣传、动员工作,加强实施过程的管理、指导、研究、评价、总结、推广等职能,认真总结经验,树立典型,以点带面,全面推广,整体推进 SDP/PTT 项目的顺利实施,学校方面一定要努力做到"四个保障"。

1.1 健全机构、完善组织,使项目的实施有制度上的保障

在项目实施中,学校除要成立管委会和实施领导小组之外,还要成立由主抓教学的校长和主管教学的主任分别担任文、理科组组长的参与式教学评价小组,负责管理策划、安排与协调参与式教学的实施,同时,还要完善其他制度,如《参与式教学考核制度》《参与式教学达标制度》《参与式教学评优制度》等,使SDP/PTT项目的实施逐步系统化、制度化、规范化。

1.2 转变观念、统一认识,使项目的实施有思想上的保障

思想是行动的指南,正确的思想也是保持正确方向的前提。在推进SDP项目向纵深发展的过程中,首先,学校要做好宣传动员工作,认真开好四个层次的会议。第一是召开学校服务社区群众大会,学校向群众发放问卷调查表,征求他们对学校发展的意见和建议,让群众参与学校的规划、管理和建设;第二是召开管委会,由管委会领导负责收集、整理问卷调查表,并梳理、汇总群众意见和建议,绘制问题树,利用优先法确定优先解决的问题,制订学校三年发展规划文本;第三是召开学校行政领导会,向班子成员传达实施SDP项目的文件精神,解读实施SDP项目的重大意义和突出作用,探究广泛开展此项活动的有效途径;第四是召开全体师生动员会,让教师和学生认真领会实施SDP项目的内涵,促进他们观念的转变,引领他们积极开展各种教育教学活动。其次,学校要做好参与式教育教学实践引导工作,认真贯彻"深入学习、全面领会、认真反思"十二字方针。以集体学习与个人自学相结合的方式,组织教师学习参与式教学的基本要求和新课程标准,鼓励教师相互交流,引导教师系统研究,提倡教师主动实践,使全体教师在实施SDP项目的过程中具有良好思想基础。

1.3 明确目标、落实责任,使项目的实施有责任上的保障

在SDP项目实施过程中,课堂教学能否达到参与式教学要求,参与者的责任感要强,评价领导小组的责任心要高,态度要严肃,学校要注意及时调整评价思路,对各小组成员实行第一责任人制和责任追究制,实行动态管理、参与达标考核。同时,在年级组、教研组考核中,将学科教师参与式教学达标率作为考核教研组工作业绩的重要内容,并将参与式教学达标与否与教师年度公务员考核、职评、评先和评模等挂钩,这样就会激发教师参与式教学研讨的积极性。

1.4 全员参与、注重过程,使项目的实施有质量上的保障

质量是学校教育的生命线,而教学质量的关键在课堂,课堂的关键在学生的全员参与。在教学工作中,学校要不懈努力使教师课堂教学实现"六个变化",即"观念有变化、认识有提高、教学有创新、手段更优化、方法更灵活、质量有突破";教师要不遗余力地把参与合作的技能教给学生,坚持培养学生"三会",即学会倾听、学会质疑、学会组织。在教学评价中,学校要严把参与式教学质量关,坚持做到"三严格",即严格评价标准、严格操作规程、严格评价程序。在教学管理中,学校要做到"三淡化、三注重",即:淡化形式,注重内容;淡化结果,注重过程;淡化束缚,注重创新,让教师在团结、紧张、严肃、活泼中发展。

2. 广泛研讨、学以致用是SDP/PTT项目实施的基础

转变育人观念,提高育人技能,提高课堂质量,提高教学效益是实施SDP项目的重要

组成部分,而诸如此类的提高是建立在广泛的教育科学研讨上,只有采取通过研讨达到提高的方式,才能使 SDP 项目健康迈进。

2.1 研讨"要求",做到有的放矢

参与式教学的实施,首先要准确理解把握三个"要求",对三个"要求"的研讨应该是学校重点工作之一。学校应采取形式多样的渠道进行研讨,可利用教研活动、听评课、看课堂实录案例等有效形式,组织教师集中研讨,对三个"要求"中的各项指标进行推敲,也可采用"请进来,走出去"的方法借他山之石,使教师进一步了解参与式教学的真谛,不断调整教学思路和改进教学方法,有的放矢地开展课堂教学活动。

2.2 研讨成果,做到学以致用

在参与式教学实施中要充分发挥骨干教师、学科带头人的引导作用,围绕参与式教学的研讨,学校要制订长期发展课题,集中优势人力、物力资源,深入研讨 SDP 项目实施的各个环节,及时总结研讨成果,坚持研讨一项、成熟一项、成熟一项、推广一项,使典型的带动作用、理论的指导作用、个人的能动作用得以充分发挥,参与式教学质量大面积提高。

3. 突出功能、落实课标是 SDP/PTT 项目实施的保证

参与式教学是 SDP 项目实施的主渠道。学校在加强 SDP 项目实施的过程中一定要紧紧抓住参与式教学这个环节,认真锤炼"四心",突出主渠道的功能。

3.1 用心营造课堂教学的气氛

在教室内设计布置各种适合学生发展的班级环境,悬挂学生人生感言,张贴学生作品,借用黑板优势,经常采用符合学生心理需求的教学新用语,合理运用教学体态语言,创设有利于人际交往的教学时空,使教室布置更趋现代化、动态化、家庭化、情趣化,使他们生动活泼、快乐地在合作中成长。

3.2 倾心探索课堂教学的组织形式

在发挥班级授课制群体优势的同时,全面渗透分组教学、个别化教学等新理念,从组织安排的角度,对时间、空间和人数等进行有效的控制和利用,力争实现全班教学、分组教学和个别化教学的最佳组合,大胆采用五官体验教学法、游戏教学法、尝试教学法、鼓励教学法、师生交融教学法、活用资源教学法、动手操作教学法、留有余地教学法等全面实施新课程。

3.3 精心创新课堂教学的手段

备课备到每个学生,实行全班、分组、个别化教学,充分调动学生的积极性和自主性,加大学生实践机会,增加施展学生手、足、脑和身体功能的机会,把课堂的时空交给学生;作业实行面批、个别指导修正、无书面回家作业,实行周测月考,注重学生学习过程测试;注重学生的全面发展,不仅强调学科学习,也强调养成教育,强调健康的情感和发挥潜能,做到老师多和孩子们在一起,使教学相长的原则落到实处。

3.4 潜心研究评价教学的策略

采用灵活多样的评价手段和方法,如:即时、多元、多次、分层、激励、形象、自我、集体、交互评价等,改变原来只评价学生对知识的掌握而对学生的综合素质、能力、情感、价

值观、学习过程等的评价较少的做法,让评价不仅成为教学质量的反馈、教学调控的依据,而且充分发挥其激励和导向功能,促进学生积极提高和发展。

4. 确定目标、点面结合是 SDP/PTT 项目全面实施的关键

参与式教学是实施 SDP 项目的核心。在实施 SDP 项目的过程中,学校要依据教育教学实际和教育改革与发展的需求,牢牢抓住参与式教学课堂这个主阵地,始终坚持做到"五个结合"。

4.1 把实施参与式教学与开展"目标教学"结合起来

学校的参与式教学活动的设置要紧紧围绕目标教学进行,这是对参与式教学效率提高的探索,也是推进素质教育、全面提高教育质量的必然选择。学校要求每一学科都要在教学中认真开展有关参与式教学的学习和研讨活动,让教师们都感受到引导学生在活动中积极参与、自我感悟、自我体验、自我评价的效果要远远高于简单地说教和机械地灌输这种传统教学方法,逐步发现和培养一批骨干教师,建立起校本研究的基本力量,逐步充实学校的人才库,充分挖掘校内的"专业引领"的人力资源,在总结"目标教学"参与式教学评价活动经验的基础上,开展"名师名堂教学模式构建"活动,全面推进参与式教学。

4.2 把实施参与式教学与教师继续教育结合起来

教师是素质教育的具体组织者和实施者,是全面推进素质教育的关键。为了适应教育发展,教师必须树立先进的教育思想,掌握专业知识(包括学科知识和教育理论)和现代教育技术,具备实施参与式教育教学的能力。因此,学校要高度重视教师的继续教育工作,加大教师培训力度,采取多种"校本培训"的方式,尽快提高教师素质,为全面推进素质教育打下坚实的基础。

4.3 把实施参与式教学与基础教育课程改革结合起来

课程改革不仅是推进素质教育的关键环节,更是推进参与式教学的关键环节。国家把树立新的基础教育的质量观并构建与之相适应的基础教育课程体系作为一项紧迫任务,并且提出了教学改革的具体要求,参与式教学实施是与之并行不悖的。基础教育课程改革使基础教育产生深刻的变化,教师的角色也发生改变。教师需要更新教育观念,改进教学方法和教学策略。这就要求教师必须加深对新课程的理解,提高教师实施新课程的水平,使教师适应新课程。

4.4 把实施参与式教学与建立新的学生学习评价体系结合起来

教学改革成功的首要条件是建立一个体现先进教育思想的学习评价体系,形成有利于教学改革的评价机制。如果不能对教学进行正确的评价,参与式教学改革是不可能成功的。在实施参与式教学中,要大胆探索,勇于改革,深化考试制度改革,建立新的学生学习评价体系,促进学生全面发展。

4.5 把实施参与式教学与教学常规管理结合起来

学校要重视日常教学管理,从严格教学常规开始,切实加强教学检查工作。一是抓好教学计划和教案检查、要求教师按照学校发展计划和要求制订自己的工作计划。学校领导要定期检查教案并作出指导,提出参与式教学实施中需要改进的意见和建议。二是抓好听课评价,向学校领导、教研组长、校内评价组成员发放听课记录表和评价表,每月及时反馈参与式教学中存在的问题。三是抓好教研组和备课组活动。由教研组长和备课组长负责活动组织和记录。学校每月检查一次活动登记表,学期末将活动登记表交学校。学校领导定期或不定期检查教研组、备课组活动。在实施参与式教学过程中,学校要抓住常规教学不放松,对教师的备课、讲课、辅导、作业批改、复习考试、社会实践活动等常规教学工作要进行认真的检查和考核,发现问题及时整改。

5. 总结反馈、跟踪指导是SDP/PTT项目实施的途径

及时总结,跟踪指导,共同提高是保证SDP项目实施质量,巩固SDP/PTT项目实施成果的有效途径。在参与式课堂教学活动的听评中,学校实施领导小组要对教师课堂教学过程中的优劣、得失及时反馈,要认真总结,要始终坚持及时发现问题、及时解决问题、及时调整实施思路的工作方向。对个别不符合参与式课堂教学活动要求的教师,由学校指派专人帮扶,在评价小组反复跟踪听评中促其提高。

深入实施SDP/PTT项目就是基础教育教学改革创新的工作,是与加强学校的组织与领导、转变教师的教育理念、提高教师的业务技能、培养教师勇于实践的精神、实现科学规划配套改革的宏大工程。笔者谈到的只是在实施SDP/PTT项目的组织领导中形成的一孔之见,但愿能为深入实施SDP/PTT项目增添一束科学民主的阳光。

学校发展计划为学校管理注入活力

宁夏青铜峡市教研室　任菊莲

随着基础教育改革的深入,人们对学校教育和学校发展有了更高的要求,政府管理权限的下放,使学校在一定程度上走上了自主办学的道路,办学自主权的扩大,使学校之间的竞争日趋激烈,使学校发展在拥有了更多机遇的同时,也要面对更多的挑战,在新的竞争环境下,学校已经成为一个自主发展的开放体系,越来越多地直接与社会各方面发生联系,如何寻求、利用好现有的、潜在的社会资源,紧跟教育改革的潮流,实现学校教育的跨越式发展,满足社会主体的不同教育需求,这是学校校长所面临的问题与考验。学校发展计划(SDP)为学校的发展提供了很好的思想和方法,该项目的诸多理念为学校管理注入了清风活水,也是决定学校发展的关键所在。

1. 科学规划,为学校长效发展保驾护航

学校作为一个组织,也存在着如何管理的问题。目前,部分学校管理胸中无宏伟蓝图,眼里无长远目光,头痛医头、脚痛医脚,随意性很强,常羁绊在琐碎的日常事务中焦头烂额,所制订的学校计划也仅仅是校长或几个校领导的意思,充其量是应付上级检查的摆设而已。学校发展计划项目正好切中上述弊端,提出学校发展首先要科学制订学校发展计划,它是学校发展的起点,也是学校发展的阶段性目标。

学校发展计划项目于20世纪80年代中期兴起于英国,近年来成为国内外学校教育改革的一个新热点。它主要是强调学校和社区联合,通过自下而上的方式自主制订、实施学校三至五年的发展规划,以实现学校教育的发展和提高。它是学校在未来三至五年要达到的主要目标,从某种意义上讲,它不仅仅涉及学校发展的有效性问题,还涉及对学校教育未来发展可能性的估计,从而实现对组织目标和组织变革的深层次的认识。它可能是硬件方面的发展目标,如,校舍的新建与改建、购置教学仪器设备、配置课桌凳等;也可能是软件方面的建设,比如,教师素质的提高,教学方式的转变、学校管理的改善与教学质量的提高等等。从本质上讲,它是一种思想方法,也是一种管理工具,其目的是为学校发展创造良好的机制,采取一些优化的方案来调适组织与环境之间的关系,以适应内外环境的不断变化,迎接新环境带来的不同挑战,更好地达成学校发展的效能目标。其目标是可测量的、程序是自下而上的、制订者之间的合作是充分的,它通过认真设计和全面实施学校发展和规划的过程,强化校本管理机制、提高社区参与的程度,并通过充分调动各方面的资源和能动性,最终达到提高教育质量、更好地满足社会多方面需求的目的。

对于每一所学校,学校发展计划都是办学的行动指南,是实现学校管理目标的重要组成部分,是明确学校发展目标、进而执行规划、推动学校不断前进的重要手段。规划中的许多发展目标实际上就是学校质量要求的一种体现,发展的总体目标就是办学质量的总体反映。学校如果没能准确地制定好发展规划,就好像一个人没有根据自己的基础、特长等特点设计好自己的人生轨迹一样。目前,许多学校办学基础比较薄弱,教育资源更为紧缺,面对这种现状,除了依靠政府和教育行政部门的支持外,主要还要依靠自身的力量,努力谋求进一步的发展,那么,学校发展计划的制订就显得尤为重要了,它会帮助我们的教育远离教育的平庸,逐步提高教育质量和办学水平。

实施SDP项目的目的就是使社区和学校共同参与发现学校面临的问题、原因和需求,全面而具体地了解学校的现状和优先发展要解决的问题,并找出解决问题的办法,明确学校今后发展的方向和目标,鼓励学校和社区成员承担起改善教育的责任。加强学校和教育行政部门之间的联系和沟通,帮助教育行政部门在分配教育资源上做出更为科学合理的决策,使有限的教育资源得到充分而有效的利用,发现学校现阶段最突出的问题、急迫的问题,及时得到上级主管部门重视和社会各界的重视和支持。

SDP项目的重点是在实施的每一个过程中,关注学校未来发展,重视学校的主体意识和创造精神,遵循自下而上、实事求是、切实可行、轻重缓急的原则,立足现在,回顾过去,面向未来,重视培养主体意识和创造精神,从制定目标出发,重视过程,及时反馈,促进发展。学校通过制订学校发展计划,可以很好地规划学校发展,能够使学校形成一个自我约束、自我发展的新机制,这样一种机制能更好实现政府举办教育的目标,因而有利于教育行政部门了解并支持学校的办学,为学校自主发展创造了一个很好的氛围,走出教育行政管理"一抓就死、一放就乱"的怪圈。

由此可见,SDP项目主张科学规划学校发展,为学校长效发展保驾护航。

2. 参与型管理,形成社会合力办学的良好格局

长期以来,有些学校习惯于关门闭户保守管理、孤独运作,求静畏动,求同避异,校长

或者是没有思想的上传下达的传声筒,或者在某种程度上还带有专制、集权、权威等色彩。SDP项目提出了参与型管理,即学校、政府、社区共同参与学校管理,现代学校不再是一个封闭的系统,它与周围社区有着更为紧密的联系,在教育观念变革方面,树立全员、全程、全方位的社区大教育观,与社区各界人士共同探讨学校的未来发展,实现教育社会化、社会教育化的统一。

2.1 制订学校发展计划,应处理好学校与教育行政部门之间的关系

使这两者目标一致,功能定位清晰,共同为学校的发展贡献力量,而不要出现权责不清、互相推诿,或者约束过重、控制过严的情况。在学校发展计划的制订中,教育行政部门应该进行宏观的协调与指导,在政策上给予支持,在信息上给予帮助,还要在力所能及的情况下给予财力资助,尽可能不要过多地对学校内部具体事务进行干涉。因此,在学校发展计划的制订中,学校管理者,尤其是校长应该充分发挥其主观能动性,有胆识、有魄力,组织大家为学校的发展出谋划策,而不能过分受制于上级教育部门的牵绊。

学校发展计划制订过程中,还要处理好学校与政府之间的关系。首先,政府可以通过监控学校发展计划方案的制订,协调学校发展与国家教育改革计划以及地方教育当局的创新项目之间的关系,使其能够保持一致;其次,学校发展计划为学校层次和地方教育当局层次各方面提供一个管理中介,政府可通过对学校发展计划制订执行过程的监控来确定对学校发展的资助额度,了解学校发展进程,评价学校发展状况。

2.2 学校发展计划的制订,还要处理好学校与社区之间的关系

SDP项目与传统的学校计划最大的区别在于,它是由学校与社区共同合作,基于社区和学校的问题自主制订的,旨在满足社区和学校发展需要的规划,社区参与是它最突出、最重要的特点。因此,处理好学校与社区之间的关系在学校发展计划的制订中就显得尤为重要了。

社区是人们社会生活的基本环境,是青少年成长的重要场所,也是学校不可回避的外部环境所在。社区对学校的影响也是客观存在的,一方面,社区内蕴含着丰富的人、财、物等资源,学校对社区资源的充分利用将有利于学校教育的发展和提高;另一方面,青少年教育中许多问题的解决要依赖于社区的支持与帮助。

2.3 与社区建立友好关系

要与社区共担学校发展重任,首先要与社区相互了解,建立友好关系,这样,学校才能够进一步赢得社区的支持、协作和帮助。例如,可以采用问卷、访谈或者实地调查等方法了解本地社区的基本情况;学校可以适时参加一些社区的文化、体育、经济等活动;可以在相关的科目中加入乡土教材,实施乡土教学;可以组织教师和学生到本社区进行考察、春游、野营、参观,实地接触、亲身体会本社区的实际情况,总之,通过各种渠道充分接触了解社区。此外,可以采取多种途径,创造让社区了解学校的机会,如,采用报纸、电台、电视等新闻媒体手段报道学校的状况和活动,宣传学校所取得的成绩,展示学校的成果;邀请社区人士参与学校的艺术节、运动会等活动,实行"学校开放日"制度,举办学生成果展览会等;再次,学校要积极为社区提供服务,如,学校教师为社区举办家庭教育讲座,开设电脑班,为企业职工进行培训等,此外,节假日学校的图书馆、礼堂、实验室、运动场、教室等均可向社区居民开放。总之,只有相互了解,多方接触,建立和谐、良好的关系,才有利于共

同承担学校发展的责任。

2.4 充分挖掘社区资源

社区内蕴含着丰富的人、财、物等资源,学校对社区资源的充分利用将有利于学校教育的发展和提高。因此,SDP项目理念鼓励学校通过各种形式与途径充分挖掘本社区的资源。比如,建立社区教育委员会、家长委员会、校友会等,通过固定的组织形式加强资源的开发;鼓励社区单位和个人在学校设立奖学金,捐助教育设施,提供图书,捐助教育经费等;邀请退休社区居民帮助维持学校上学、放学时交通秩序,协助整修校园环境等;鼓励家长积极参与学校教育及管理工作;邀请社区知名人士、先进个人到学校做报告、开座谈会、演讲等,组织学生参观政府部门、法院、军队驻地、爱国教育基地、社区历史遗迹等;利用社区的活动中心、体育场、博物馆、天文台、气象台、公园等从事学校不能完成的教学活动等等。

总之,只有与各方面和谐共识,学校才会摆脱"赶不走的'南郭先生',筑不完的高高债台"的办学困难局面,形成社会合力办学的良好格局。

3. 人文关怀,彰显爱生快乐校园之魅力

校园是育人的场所,它不仅仅是一个教室、操场的概念,同时也是一个环境、文化的理念,它应具有独特的魅力。校园文化所营造的育人氛围无时无刻不在潜移默化中发挥着环境育人的功能,但有的学校视学生为被管制的对象,校园机关化,威严、肃穆中透着冰冷与生硬。不少学校看起来布局合理,做到了净化、绿化与美化,但缺少特点,张贴名人像、警句格言等企图一劳永逸,学生对其熟视无睹,教室布置虽整齐划一,但却成了一种摆设,感觉不到生命的流动,丧失了开展实践活动的多样舞台。SDP项目关注教育公平,注重师生关爱,主张"学校是师生朝夕相处的地方,学校环境直接影响师生工作和学习的效率,具有导向、约束、凝聚、同化等方面的功能"。实现"学校管理以人为本、校园环境赏心悦目、人际关系和谐融洽、时空安排科学合理、教师乐教学生乐学"的目标,创造美好的爱生快乐校园。

3.1 建设文明、整洁、优美、有序的校园环境

加强校园文化建设,发挥环境育人功能,必须建设文明、整洁、优美、有序的校园环境,营造浓郁的校园文化氛围,实现人文环境和自然环境的有机统一、协调发展,使师生员工沉浸在文化的氛围之中,呼吸高雅的文化气息,达到陶冶情操之目的。规划校园必须考虑到整体化、生活化、人性化、开放化、多样化和现代化,人文景点的建设要别具匠心,提高文化品味,充分开发校本资源,为开展校史、爱国主义、集体主义教育提供理想场所。让环境成为一部立体的、多彩的、富有吸引力的教科书,一部流光溢彩的流动的电影。

3.2 重视校园人文景观的建设

充分利用精美的雕塑、醒目的标语、优美的画廊以及草坪和花木等,营造良好的文化氛围,起到怡情励志的作用。对校内道路、活动场所以及绿化区要进行统一规划,力求做到"春有花、夏有荫、秋有果、冬有绿",努力创造优美的校园环境。学校要尽量扩充绿地,制造优美的自然景观,利用一切可以利用的空间进行绿化、美化,让学校的一草一木、一水一石都能育人,让学校环境既是景点又是育人的场所。

3.3 努力营造团结向上、温馨和谐的校园精神

通过校歌、校报、校刊、校训、橱窗、展板、校园温馨提示等形式体现出来,让师生耳濡目染,受到校园精神的熏陶和激励。如:在学校建筑物上悬挂、刷写校训的具体内容以及体现严谨治学、勇攀高峰的主题话语;在教学楼道和教室悬挂著名科学家和学者画像,书写治学的名言警语、催人奋进的标语;在体育活动场所要塑造以体育运动为主题的雕像、标语;在楼道、校墙刷写温馨提示语等,有条件的学校要建立校史陈列室、荣誉室,增强师生对校园精神的认同感和自豪感,增强师生的凝聚力和向心力。总之,利用一切可用空间,大力营造健康向上、积极愉悦的育人氛围,让每面墙都说话,使每一棵花草树木都动情,把每个角落都变成温馨的育人阵地。

3.4 彰显儿童个性,处处体现人文关怀

在校园内开辟一面墙壁成为儿童的涂鸦墙,让孩子凭借想象,自主挥洒画出自己心中多彩的世界;在教室内提供供孩子摆放书法手工等作品的天地;在教室或者楼道内安放衣冠镜,提醒孩子衣冠端正;为孩子提供饮用水,安装体育锻炼器材,在体育场地摆放休息小凳,绘制孩子游戏图等,总之,时时从儿童身心健康出发,于细微处见真情,使校园真正成为孩子的家园、学园、乐园!

走进SDP项目学校,花团锦簇让你满目生香,洁净校园令你神清气爽,文化品位让你肃然起敬。每个角落里,都透射着一种灿烂阳光,散发着一种温馨气息。你看那一墙一室、一花一草,无论是高大的建筑物,还是不起眼的小角落,都绽放着最动人的笑颜,预设着学校发展的强劲后力,驻足而望,总有一缕芳香沁人心脾。

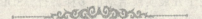

实施 SDP 和 PTT 项目促进教育发展

宁夏平罗崇岗九年制学校　王桂红　陈万荣

崇岗九年制学校作为宁夏回族自治区平罗县首批世界银行贷款/英国政府赠款"西部地区基础教育发展项目"(简称"西发项目")学校发展计划(SDP)和参与式教师培训(PTT)子项目试点学校之一,在项目各级专家组和各级政府的直接指导下,经过近一年的试点取得了较为明显的成效,其工作得到县政府领导和上级教育主管部门一致肯定。为充分体现项目成果共享的理念,切实并卓有成效地推动我校 SDP/PTT 的各项工作的开展,我们围绕我校一年来"学校发展计划和参与式教师培训"的实施推进情况,作如下梳理和归纳,以供各校借鉴。

1. 项目实施前崇岗镇教育发展的基本情况

崇岗镇位于平罗县西部的贺兰山脚下。外来务工人员占人口总数的1/3,由于学校

布局不合理,校园面积太小,校舍陈旧老化,打工子弟的就学问题突出,因为打工子弟上学困难,造成打工人员流动性较大,在一定程度上制约了当地经济的发展。境内下辖9个行政村,1个办事处,4个居委会,各地区之间的经济发展很不平衡。原来有一个初级中学,一个九年制学校,有7个小学,经过"普九"攻坚,基本普及了九年义务教育。由于我县是一个农业大县,近年来政府集中财力进行经济开发区和基础设施的建设,对学校教育的投入乏力,造成了崇岗地区基础薄弱的局面,与该地区经济建设快速发展的局面很不协调,突出的问题表现如下:

1.1 学校布局分散

项目实施以前,崇岗地区共有中小学9个,学校规模普遍较小。学生人数达到400人的学校有2个,还有6个学校的学生平均人数不足150人。原镇朔小学、暖泉小学有的年级总人数仅20人左右。这样造成了政府投入的资金分散,不能集中财力干大事。学校分散,管理困难,教育资源的浪费较大,各校的教学质量差距较大。

1.2 办学条件简陋

与全县平均水平相比,项目学校地区经济、社会发展水平很不平衡,学校布局不合理,县乡财政对教育的投入被分散,造成校舍紧缺破旧,教学设备严重不足,校舍中危房小学高达27.7%,初中16.5%。课桌椅普遍破旧,达不到国家新定教学仪器、图书配备标准。多媒体计算机教室和语音室等现代信息技术教育设备在各中小学几乎没有。教育投入不足与资源配置不佳,使教育事业发展投入需求与供给之间的矛盾突出,教育资源的公平配置和效益提高问题亟待解决。

1.3 学生流失较多,完成率低

由于学校办学条件简陋,满足不了本地区和外来打工子弟上学的需要,造成大量学生选择到县城各学校或附近的周城中学、贺兰三中和大武口等地去就学,加重当地群众的经济负担。学生到外校上学,家长管理困难,学生贪玩荒废了学业,很多学生读不完初中就回家了,流失率较大,给当地政府巩固"普九"成果造成了很大的困难。

1.4 教师素质偏低,难以满足教育事业发展需求

崇岗地区离县城路程远,附近的煤炭市场严重污染了当地的环境,教师业余生活单调乏味,教师调动频繁,留不住人才。环境封闭,信息来源少,教师接受培训的机会少,专业结构不合理。

1.5 小学和初中学生学业成绩不高

多数小学不能按照国家的要求开设英语、音乐、美术、体育等科目的课程,造成了学生上初中以后英语学习跟不上,严重影响了素质教育的实施。

1.6 素质教育还没有根本的突破

课程结构、教学内容、教学手段、评价方式落后,不利于创造性人才的培养。

1.7 学校与社区关系松散

没有真正形成学校为社区经济、社会发展服务,社区支持学校建设,参与学校管理的局面。

1.8 社会环境存在负面影响

项目学校境内打工人员、贫困人口众多,农户居住分散,生活贫困,部分家长难以维持

子女上学,信息和交通闭塞,狭隘的读书无用思想漫延,对现代教育发展和学校发展很不利。

上述突出问题,使基础发展的关键指标(入学率、辍学率、完成率等)上下波动,进一步普及和巩固九年义务教育任务艰巨,教育的落后也反过来制约着经济、社会的发展。儿童时期所受教育的程度高低与质量优劣,将直接影响人的一生,并且是今后的继续教育难以完全补救的。基础教育发展落后的状况,会造成新一代难以接受当今日新月异的科技与信息,跟不上时代的发展,直接影响当地经济发展和脱贫致富的步伐。

2. 项目实施对崇岗地区基础教育发展带来的变化

"西发项目"子项目学校发展计划和参与式教师培训项目给崇岗地区教育事业的发展带来了机遇,项目的实施极大地改变了当地的教育现状。

2.1 调整了学校布局,优化了教育资源的配置

2004年,平罗县委、县政府抓住学校布局调整的机遇,及时引进"西部地区'两基'攻坚既农村寄宿制学校建设工程"、"农村中小学/现代远程教育工程、二期义务教育工程"、"全国中小学危房改造工程"和"西发项目"工程资金,在原崇岗小学旧址,对原崇岗中学、下庙中学、崇岗小学三校资源进行了整合,新建了崇岗九年制学校并于2006年9月交付使用。

经过整合后的崇岗九年制学校的校园面貌发生了根本变化,崭新的教学、办公大楼、学生住宿楼代替了原来破旧不堪的平房,优化了教育资源的配置,使学校的服务半径达到25平方千米,对当地的教育发展和经济建设起了极大的推进作用。

2.2 提高了教学质量

项目的实施,使当地的教育资源得到了优化配置。原来当地共有9个中小学,整合后只建成一个九年制寄宿学校,集中了人力、财力、物力资源。原来各学校共同存在的问题是教师短缺,雇佣了大量的代课教师,严重影响了教育质量的提高。整合后教师紧缺的局面得到了改善,学校能够按照国家规定开足开齐课程,对教师进行了统一的管理,执行《平罗县教学常规管理制度》,学校狠抓教学常规管理,使教学质量得到了较大的提高。学校于2006年8月和2007年2月分别获得平罗县教学常规管理三等奖,得到了上级主管部门和当地社区群众的好评。

2.3 改变了教师的教育教学观念,促进了教师的专业发展

项目实施以来,我校先后派领导和大量的教师参加了国家级、自治区、市县项目专家组组织的SDP/PTT培训活动,培训人次达到60人次,这些教师回校后又在学校组织校本培训,使我校教师的参学参培率达到100%。经过培训学习,广大教师的教学、管理理念有了较大的转变。广大教师普遍认识到教学的目的不只是为了提高学生的考试成绩,教育的真正目的是为了促进学生的发展,为当地培养合格的劳动者。同时经过参加"参与式教师培训"活动,教师的教学方式也有了很大的变化,多数教师在教学中注重师生互动、生生互动,使课堂变得活跃起来,课堂上充满了笑声。学生的学习行为也有了根本性的变化,在课堂上多数学生都能够认真思考问题,积极参与讨论,且有不同程度的提高。教师摒弃了"以教师的教为中心"的传统教育模式,使学生的学习方式由被动变为主动,让学生真正参与到课堂中来,成为课堂的主人。

2.4 学校领导管理理念有了根本性的转变

项目实施以来,学校领导的责任意识和管理方法发生了很大的变化,更加注重对学生和教师的人文关怀。2006年9月我校学生餐厅建成投入使用,当时采用学校集体管理模式,通过一学期的运行,发现其中存在着很多问题和漏洞,餐厅工作人员责任心差、服务意识不强,饭菜质量很差,学生及社区家长意见很大,就餐的几百人有时只剩下30多人吃饭,造成的浪费很大。基于这种情况,我校领导做了大量的调查研究,又组织教师及后勤管理人员去兄弟学校取经学习,经过反复论证,本学期果断对学生餐厅管理进行了公开招标,对餐厅进行社会化管理。经过近两个月的运行,证明改革是成功的。现在师生吃住得安心,每顿饭就餐人数都能达到近400人,餐厅的管理已经形成了一大特色,有好几个兄弟学校前来参观学习,受到了他们的好评。

2.5 教师的育人、教学理念发生了变化

经过培训学习,广大教师都能注重对学生的细节关怀。牢固树立了"为了一切学生,为了学生一切"的教育理念,批评、训斥、讽刺、挖苦的声音少了,鼓励、赞赏的语言多了。师生关系变得融洽了。低年级的小同学甚至在过生日的时候也邀请老师参加,这在以前是从没有过的事。开展了让"墙壁动起来"的活动,教室内外的墙壁上张贴了名人画像、名人名言、规章制度、校训、师风,使墙壁也变成了教育资源。组织学生进行自主管理,在学生宿舍楼组织学生通过竞聘的方式成立了"学生自主管理委员会",楼长在管委会成员中产生。管委会协助宿舍管理员维持秩序、督察卫生、调解住宿生的矛盾纠纷,帮助餐厅维持就餐秩序,帮助炊事员打饭等,每月组织一次优秀管理员评选活动。学生参与学校管理,本身就是对学生自主管理、自主教育的一种有效形式,取得了较好的管理效果。

2.6 制订"学校发展计划文本"

根据"西发项目"的规定,要求学校在广泛征求学校成员和社区成员意见的基础上,通过自下而上的方式,要特别注重教师群体(教代会、职代会)、学生群体(学生会、学生代表)、社区代表(村民、居民委员会)等的广泛参与,由学校和社区共同制订的关于学校未来发展的规划。我校于2006年12月召集参加培训的骨干教师、学校领导、社区代表,在广泛征求广大师生和社区群众意见的基础上,采用自下而上的方式制订崇岗九年制学校"学校发展计划文本",该文本包括前言、学校发展计划活动流程、社区概况、学校概况、学校发展展望、优先解决的问题、年度目标与活动、学期目标与活动共8个部分,该规划文本的最大特点是采用自下而上的方式制订的,是学校自主发展的规划,和以往任何时候制订的规划都不同。规划上报教体局主管部门后被作为范本上报自治区项目主管部门。本学期我们已经开始实施学校发展计划,促进了学校管理的制度化、规范化、科学化。

2.7 改善了学校与社区的关系,拉近了学校与社区成员的距离

为了制订"学校发展计划文本",我校于2006年9月召开了"学校发展计划社区动员大会",在这次大会上,由SDP专家组的成员对社区群众进行了培训,使广大社区成员明白了实施SDP的目的意义及工作流程,同时发放了有关的宣传资料和征求意见表,广泛征求了群众的意见,为制订"学校发展计划文本"提供了第一手的资料。在这次大会上,学校领导给当地社区群众介绍了学校发展的现状,虽然新建了教学楼,但政府财力有限,后续资金投入不足,教学设备短缺,急需进一步改善办学条件。经过动员,社区群众捐资助学的积极性空前高涨。当时就有很多社区成员表态,以前把钱捐给了寺庙,是因为和学校

联系得太少,现在知道学校的情况了,更应该关注本地的教育事业的发展,应该尽自己的能力支持学校的发展。在随后 10 月 29 日举行的"崇岗九年制学校竣工揭牌暨崇岗中学建校 37 周年"的庆祝活动中,社区群众及校友共为学校捐款 20 余万元,极大地缓解了学校发展资金不足的现状,取得了较好的社会效益。

2.8 提高了学生的入学率,控制了辍学率

项目实施所带来的一系列变化,最终体现在学生上学的积极性空前高涨,原来转到外地上学的学生纷纷又转回来了。2007 年开学之初,各个教学班报名学生的人数激增,社区内学生入学率、巩固率有史以来第一次达到了 100%。目前在我校上学的学生总人数达到了 1 500 人。

3. 实施项目工作措施

3.1 加强领导,组织保障

根据平教体通字(2006)105 号和 111 号文件的精神,为了认真做好"西发项目""学校发展计划"的有关工作,专门成立了崇岗九年制学校的 SDP/PTT 项目领导小组、专家组和学校发展计划委员会,其中我校 SDP/PTT 项目领导小组由校长及市、县级骨干教师组成,成员全部参加过国家级、自治区和市县级的培训,对 SDP/PTT 的有关知识比较熟悉,能够担当起领导 SDP/PTT 工作顺利开展的任务;"学校发展计划委员会"的人员组成包括学校领导、骨干教师、本地政府领导、社区村民代表、本地企业家代表和学生代表,人员组成符合 SDP 项目的要求。

3.2 进行校本培训,学习 SDP

按照县教体局的要求,以学校为单位,举办"学校发展计划"校本培训,为文本制订创造条件。校本培训的事宜由学校 SDP 专家组具体负责。专家组组成人员由校长、副校长、教导主任、市级骨干教师、县级骨干教师组成。负责校本培训的专家都已经参加过自治区组织的"西发项目"SDP/PTT 项目办和平罗县教育体育局"西发项目"办组织的培训,学校要求他们上网搜集有关 SDP 的资料,切实做好校本培训工作。要求学校全体教师参加,积极发言讨论,认真做好学习笔记,专家组作好教师培训资料的收集整理存档工作。SDP 和 PTT 的培训活动形式多样灵活,普遍推行并采用小组交流、成果分享、大会发言、专家点评等方式进行参与式互动交流;有专人负责对参加 SDP 和 PTT 的培训人员予以考勤、考核并督查受培人员纪律情况,参加培训的教师均无违纪现象。

3.3 做好 SDP 的宣传动员工作,调动广大教师和群众参与的积极性

根据 SDP 项目自下而上、群众参与的特点,学校采取多种多样的方法宣传 SDP 的有关知识,增强群众参与的积极性。如,召开教师大会,广泛征求教师对"学校发展计划"制订的意见和建议;利用集会、国旗下讲话、班团会活动进行 SDP/PTT 制订的意见和建议;利用广播、标语、黑板、橱窗、展板、宣传栏、问卷、知识竞赛、发放宣传材料等形式在校园内外进行宣传,使 SDP/PTT 家喻户晓,深入人心;成立家长委员会,充分发挥家长委员会在 SDP/PTT 中的作用。同时,通过开展与社区结对子的活动,广泛征求广大人民群众的意见和建议;召开社区动员大会,给社区群众介绍 SDP,使社区群众了解 SDP,支持 SDP 工作的开展;做好"学校发展计划"文本的制订工作。

在完成"学校发展计划"的文本制订的前期准备工作的基础上,对搜集的广大教师和

社区群众的意见和建议进行整理,根据上级的要求,结合我校的实际情况,对学校未来三年的发展前景进行规划和展望,以人为本,在县级有关专家的指导下,制订学校发展计划,并由专人完成文本的写作,报县级专家组审批。

校长领导是学校发展计划的核心元素

宁夏教育科学研究所　卢光辉

伟大的教育家陶行知先生很早就说过,校长是学校的灵魂。"一名好校长就是一所好学校,一名好校长能够成就一所好学校"的观点已为大众所接受。尽管我们无意夸大校长在一所好学校发展进程中的作用,但是无数学校的办学实践充分证明了这一命题所存在的合理性。大众通常认为,校长对学校的"灵魂"作用,取决于他的领导。校长领导,直接关系到学校的生存与发展、成功与失败。

1. 校长领导

领导,自从有了人类社会活动的那天起,就有了这种行为。人类活动的过去、现在和未来,领导是须臾不可离开的。领导对于组织如此重要,那么,究竟什么是领导?问题似乎不言自明,众所周知,领导,作为一般概念,在我们日常生活中有两种用法:一是社会组织中的主持人,常以某种职务称谓;二是指社会组织主持人对群众的引领和指导。总之,"领导是以创造性的思想、理论、政策,调动和团结广大群众,从而统率社会组织赢得优势,不断创新,实现卓越的行为"。从我们所熟知的这些一般概念来看,领导不仅只是一个一般职务上的称谓,还是对群众的引领和指导,至关重要的一点是,更是领导者所具有的与时俱进的先进性和被领导者所不及的优势性。

当将校长领导的概念放到校长的学校管理实践之中时,校长领导不能只被看做是一种职务称谓,也同样不只是对学校事务的简单管理,相对于学校普通教师群体而言,校长领导是基于自身校长专业发展而所具备的一种与时俱进、他人所不具备的先进性和优势性。

校长领导,首先是一种决策、策划、设计学校发展的能力。高明的校长领导能以战略的眼光进行学校发展的决策和策划,善于对学校发展作前瞻性、长远性、全局性的思考和设计。其次,校长领导表现为一种沟通、协调、凝聚的能力,能充分尊重、信任、关爱学校组织成员,在关注学校发展的同时,也关注师生员工的发展,充分调动教职工的工作积极性、主动性和创造性;能够善于倾听,主动沟通,与人合作,求同存异;能够善于分权,大权独揽,小权分散,学会弹钢琴,有所为有所不为;能够扬长避短,用人所长,充分发挥每个人的优势专长,使他们有种归属感,把个人融入团队之中,心情舒畅地学习、工作与生活。再次,校长领导又表现为敏锐地发现问题、诊断问题并及时解决问题的能力,能正视问题,不回避问题,而且善于发现问题、诊断问题并及时解决,把一些不利因素和苗头消灭在萌芽状态之中。

2. 学校发展计划

学校发展计划(School Development Planning,简称 SDP)于 20 世纪 80 年代兴起于英国,近年来成为国内外学校教育改革的一个新热点。它主要强调通过制订和实施发展规划以实现学校教育的发展与提高,是一种政府间接管理学校的较好方式。学校发展计划强调在学校层面通过自下而上的方式去制订规划,是由学校和社区自主进行的关于学校未来发展方向的规划,而不是由别人替他制订的规划。从本质上讲,学校发展计划是采取一些优化的方案来调试组织与环境之间的关系,进而达到学校效能不断提升的目的。它通过认真设计和全面实施学校发展计划的过程,强化校本管理机制、提高社区参与的程度,并通过充分调动各方面的资源和能动性,最终达到提高教育质量,以此来更好地满足社会发展等各方面的需求。通过制订学校发展计划,可以使社区和学校更好地合作,共同发现学校面临的问题、原因和需求,共同承担起改善教育的责任,促使社区群众和干部认识到各自所应该担负的教育责任。同时,还可以加强学校和教育行政部门之间的联系和沟通,尽可能多地得到上级部门和社会各界人士的支持,真正形成人民教育人民办的良好格局。

3. 领导与学校发展计划

毋庸置疑,对于宁夏这样一个经济、社会、文化等较为落后的省份而言,学校发展计划既是一个新颖的概念,又是一种崭新的学校管理模式。学校发展计划的实施无论在理念层面,抑或是行动层面,都会给我们长期以来惯性所持的办学理念和管理行为带来强力的冲击。对于 SDP 这样一个新生事物,有人赞同,有人抵触,有人观望。学校发展计划会给学校效能的提升带来什么,学校发展计划和传统意义上教育主管部门所下达的指令性规划是否有冲突,学校发展计划如何走可持续发展的道路,如此等等的问题恐怕是潜伏在人们心中的疑团。尤其在现今"校长负责制"的行政管理模式下,一所学校管理的好坏与否,直接体现了一名校长的能力与业绩,也成为大多数校长接受上级教育主管部门对其评价的重要,乃至唯一的依据。那么,学校发展计划究竟能否被接受并实施呢?其实,这个问题不需要回答,来自甘肃、广西、四川、北京等省地的 SDP 规划的实践充分说明了这些问题。实施学校发展计划符合当今时代学校发展的需要,尤其是学校发展计划和当前新课程改革所强调的某些理念不谋而合,学校发展计划中所涉及有关学校的教育目标和目的也并不和教育主管部门所下达的指令性规划矛盾,相反二者相得益彰,相互促进,互为补充。其他兄弟省区的经验告诉我们,科学、合理地实施学校发展计划有利于提升学校效能,明显提高学校的教学质量和办学效益。当然,最不容怀疑的一点即学校发展计划更能提升和体现校长的能力与业绩。

对于学校发展计划,既然在甘肃等兄弟省区已经有了"第一个敢于吃螃蟹的人",那么,在当前"西发项目"之子项目"学校发展计划"落户西部宁夏地区时,作为西部地区普通中小学的校长,应该怎么办,是行动、观望、抑或抵制呢?

"以铜为镜,可以整衣冠;以人为镜,可以知过失;以史为鉴,可以知兴衰",纵观甘肃、广西等省区所实施的学校发展计划,经验表明:校长领导是学校发展计划的核心元素。

校长领导对于学校发展计划在学校能否生根、发芽、成长有着至关重要的作用。校长对学校发展计划的理念、行动支持、领导艺术所构建的校长领导，是学校发展计划的核心元素。

3.1 学校发展计划需要校长更新理念

对于新生并且移植于国外的学校发展计划，在落户西部宁夏地区的过程之中，人们对其接受和认同有一个过渡阶段，万事开头难，这是很正常的。新理念对传统理念的"入侵"并不可怕，可怕之处在于当校长在面临新理念时所表现出来的态度与立场：接受、抵触、还是观望。对于学校发展计划而言，校长的理念是否与时俱进，是否对新理念的内涵有着深刻而又明晰的把握是校长领导的关键所在，也是校长先进性和优势性的重要表现。倘若校长对学校发展计划抵触，或持观望态度，学校发展计划有能在西部学校扎根、成长、开花、结果的可能性吗？因此，在当前实行校长负责制的大环境之下，校长理念的更新与否直接关系到学校发展计划能否在学校拥有自身成长的"土壤"。在此，校长领导所具有的与时俱进的先进性更要体现出来。为此，作为校长，要不断加强自身的学习，不断获取相关领域的最新信息，充实自己，武装自己，以此来加强自身的校长专业发展。校长要有"国际视野，本土行动"的理念与意识，倘若故步自封，那么，领导二字何以能够体现，一味盲目排斥外来新理念，领导所具备的先进性和优势性如何保持呢？相反，如果一概接受，崇拜新理念，跟着新理念跑，而不考虑到学校的实际发展需要，实属不明之举。学校发展计划需要校长更新理念，需要校长从传统的教育管理体制所形成的惯性工作思路之中跳出来。校长也只有更新理念，学校管理体制才能够从传统走向现代，从变革走向适应，最终达到超越。实质而言，这也是校长适应现代教育理念而"蜕变"的必由之路，从而最终使得学校走向跨越式发展。

3.2 学校发展计划需要校长强而有力的行动支持

学校发展计划提倡一种"自下而上、民主参与"的参与式工作方式，但是任何工作方式都会不可避免地受所在环境氛围的影响，尤其是周边环境文化的影响。在当前的学校管理体制文化环境之下，实施"自下而上、民主参与"的参与式工作方式的环境并不十分成熟。例如，下级等候上级领导的安排或指令似乎成为大众常见的一种心态。我们的工作不仅需要国际视野，而且更加需要本土行动，不能单纯地只是执行源自西方的"自下而上、民主参与"的参与式工作方式，考虑到源自西方文化环境之下的某些方法在进入国内时所遇到的文化适应性问题，我们还需要对这种工作方式进行本土化的改造。就当前学校管理体制的文化环境而言，学校发展计划的实施不但需要广大一线教师的大力参与，更加重要的是，还需要校长强而有力的行动支持。这就要求校长对教师赋权。换而言之，学校发展计划的实施需要校长给予教师适当的权利的同时加强校长领导。在学校发展计划的实施之中，校长领导是必须的，尽管校长的赋权同样也是必须的。校长领导需要赋权，也只有赋权才能够进行更好的校长领导，领导与赋权并非是相互冲突的两个对立面，而是相辅相成，互为补充。若非这样，即使再有能力的校长，没有基层一线教师的着力配合，也无法发挥自己的领导，校长领导不免势单力薄，力不从心，校长领导也就成为无源之水，纸上谈兵。而基层一线教师如果没有校长领导的行动支持，不免会在一定程度上会踌躇不前，茫然而不知所措。所以，实施旨在"自下而上、民主参与"的学校发展计划，还需要校长强而有力的行动支持，以校长领导来引领一线教师的发展。来自甘肃等省地的学校发展计划的实践经验表明，学校工作如果能够将学校发展计划纳入学校教师的业绩评价之中，并在教师业绩评价之中给予一定的权重,不仅能够在一定程度上激发教师参与学校发展计划的积极性,在另一个侧面也能表明学校对SDP的重视程度,充分体现出了学校对SDP实施的强力支持。就实质而言,只有这种校长领导对教师的支持,以及教师对校长领导的反馈所形成的良性循环体制,才能够真正实现"自下而上,民主参与"的参与式工作方式的展开。

及时反馈交流

3.3 学校发展计划需要校长的领导艺术

学校,作为一个微型社会,事务繁多,但并不要求校长事无巨细,身身处理。作为一名现代校长,要清楚地懂得抓大放小的道理,校长没有必要在每件事上都要面面俱到,相反,关系学校发展的重大事件,必须处理。这样,学校才能充分地体现出一种民主的气氛。而这种民主、宽松的工作、学习气氛,不也是新课程所要求的吗?试想,如果连学校的层面都不能反映出这种民主参与的气氛,民主参与的精神尚不能成为学校文化的主流价值观时,我们还能奢侈地希望新课改所要求教师的民主课堂能够体现出来吗?无论如何,在学校的事务管理之中,校长应该将主要精力放在解决学校发展过程中所面临的主要矛盾上,有所为有所不为,不能只是履行简单而又粗放式的行政管理职能而已。来自甘肃等省地的学校发展计划实施的实践经验表明,在学校发展计划实施的好的学校里,离不开校长高超的领导艺术。正是因为校长注重调动各方面不同利益人的积极性,所以学校发展计划文本中一些看似不可能完成的任务都能得到较为满意的解决,一个个的"拦路虎"在不同利益人的齐心协力之下被消灭了。所以,校长要具有统领全局的领导观,充分发挥自己工作中的领导艺术,善于积极调动不同利益人的积极性,为学校的发展创建和谐的工作环境,为学校的发展争取更多的资源。因此,在SDP的实施过程中,校长如何为学校的发展创建和谐的工作与学习环境,如何为学校的发展争取到更多的资源,为学校的发展和建设进行创造性的工作,这并没有一定的规章可循,需要校长在长期的学校事务管理实践之中不断积累经验,探索出路,在运筹帷幄、游刃有余的基础上发挥自己的领导艺术。

创新,是一个民族的灵魂,是一个国家兴旺发达的不竭动力。在当前国家大力推进新一轮基础教育课程改革的大好契机下,在现今宁夏教育处于历史发展的最好时期里,作为校长,务必要与时俱进、勇于创新,开拓进取,抢抓机遇,充分利用世行双边贷款落户宁夏的机会,践行自身价值,开创学校工作的新局面,为宁夏教育更快、更好的发展贡献自己应有的力量。

实施 SDP 项目促进学校发展

宁夏灵武市教研室　杨少春

灵武市自 2006 年加入世界银行贷款/英国政府赠款"西部地区基础教育发展"学校发展计划(SDP)和参与式教师培训(PTT)的课题研究,在课题研究中我们边实践、边研究、边反思,随着项目的推进,我们对 SDP 所倡导的"自下而上,民主参与,轻重缓急,实事求是"的基本理念及其内涵在认识、体验的基础上,结合灵武作为国家级课程改革实验区和当地经济、文化等特点,积极、有序、稳妥地推动项目的实施,逐步探索适合灵武教育的学校发展之路。现就项目实施一年多以来的工作进行回顾。

1. 实施学校发展计划,构建和谐校园

1.1 优化校园环境,提升学生的活动品味

在实施学校发展计划的过程中,我们认识到校园环境建设在学生人文精神培育中的作用,一种整体和谐、有序,满足学生各种需要的环境设施;一种充满了学习氛围,洋溢着青春的朝气,具有深厚文化底蕴的校园环境,是陶冶学生积极、健康向上情操的重要外在条件。项目学校致力于快乐校园的构建,在班级墙面上为学生设计出张贴、悬挂剪纸、绘画、优秀习作、手工制作、科学小论文、观察日记、实践作业、学生照片的空间;楼道上悬挂经过装帧的学生绘画作品,历史人物、中外科学家的肖像;楼梯上贴着学生上、下楼注意安全的温馨提示;在篮球场边置放供学生活动后休息的长凳,厕所旁边的洗手桶、室外乒乓球台,室外墙壁上教育学生的宣传画、交通安全三字歌,橱窗里学生各种主题作品,这些无不蕴含着教育的真谛,透露着学校的教育理念。其次,师生互动的休闲活动,也是项目学校一道亮丽的风景,项目学校开展了教师、学生、家长共同参与的"趣味体育竞赛"、"师生才艺大赛"、"爸爸、妈妈我想对你说……"亲情诉说会,书画、写字、棋艺赛等。在活动中内化了师生的情感,增强了师生的荣誉感和责任感,同时加深了家长和孩子之间的相互了解,也使孩子获得了自我成长的内驱力。在活动中,学生的兴趣得到了激发,知识得到了拓展,技能得到了提高,创新意识得到了培养,师生保持了持续发展的活力,无形中已经构成一种和谐美的氛围,是一种特殊的"文化磁场",吸引着非项目学校的师生、社区人士、学生家长。这种教育魅力无形中影响着师生的思想,感染着师生的行动。

1.2 营造人文环境,塑造教师人格

随着项目的实施,项目学校的校长逐步树立了"以教师为本"的管理理念,在教育教学中,尊重教师的人格,满足教师的需求,张扬教师的个性,关注教师的专业成长,为教师提供了多渠道、全方位的发展空间,为教师的发展搭建平台。一是学校设立意见箱,征求教

师、学生对学校发展的合理建议,激发师生管理学校的主人翁意识,学校定期召开教师座谈会,倾听教师的心声,鼓励教师为学校发展进言献策;二是要求教师确立"尊重别人就是尊重自己"的意识,给自己准确定位,与人为善,同事间和睦相处,相互帮助、相互学习,共同发展,共同提高,诚实守信,团结友爱,遇事换位思考,宽以待人。为自己赢得良好的人际关系、构建和谐的交际氛围,师生共同努力促进学校的健康、和谐、有序发展。

2. 充分利用社区资源,实施学校发展计划

学校文化是社会文化系统的一部分,学校的发展需要家长及社会各界的配合、支持与帮助。因此,在学校发展中,学校要确立一种开放的文化,让个体—学校—社会三维互动协作构建。

2.1 整合外界资源,争取多方支持

社会资源是丰富的、多元的,项目学校根据发展需要,有目的地引入各类社会资源。如邀请社会人士、社区代表、家长代表评价学校,拓宽学校发展的决策视野;吸引社会在物质和精神等层面支持学校,提高学校的发展能力;吸纳各领域的专业人士、有技能的学生家长、社会志愿者充实教育教学力量等。运用各类社会教学资源,使学校文化向社会生活延伸。

2.2 与社区进行文化互动

学校发展与社区的发展融合在一起进行互动。进行双向建设,在不断地磨合、生成中,促进学校发展,使学校发展与周边社区文化有机结合起来。学校通过"亲子家长会"、"家校联系卡"、"学生成长记录"等各种方式,与家长保持良好的沟通与合作。提高家长配合学校教育教学工作的主动性。同时学校也服务社区,用农村现代远程教育设备开展农业种植和养殖技术的培训、农村党员冬季轮训,帮助社区开展文化知识的讲座培训,拉近与社区的关系,逐步建立"学校为社区,社区为学校"协作的关系。

3. 实施参与式教学,营造良好的教学科研氛围

3.1 将参与式教学理念渗透在课堂教学中

在课堂上,教师通过组织活动,让学生积极主动参与学习,在教与学的活动中,教师创设宽松、民主、和谐的氛围,培养学生的自信心和学习兴趣。开展各种教研活动,如课例研讨、教研沙龙、网络教研、专题讲座培训、送教下乡、优质课评比等活动,促使教师将参与式教学的理念融入课堂教学。教师在参与式教学中通过多种途径、手段和方法调动所有参与者能够平等地、积极地投入到学习的全过程中,在参与中学习和构建新知识,形成新能力,在参与的过程中掌握方法,在获得知识和能力的过程中,体验各种丰富的情感,形成新的价值观。教师在参与式教学中反省、思考自己的教学行为,在教学中不断发现问题,提出改进的措施,并总结好的经验和做法。学校关注教师的专业成长,注重利用现代教育技术诊断教师教学中存在的问题,组织教师集体备课,协同攻关,对不能解决的问题上报市项目专家组寻求专业引领。

3.2 开展参与式教学优质课评选

为了使参与式教学理念成为教师课堂教学的行为,通过参与式教学提高课堂教学质

量,教研室与市工会将联合举办"参与式教学优质课评选",将送教下乡、问题征询、优质课评选三合为一。学校先在校内通过评比,推荐语文、数学、英语、科学、化学、物理、生物各1~2名教师,上报教研室,参加全市评比,教研室根据各学校上报的参与式教学中存在的问题,采取定单式服务,选送教师服务于项目学校。这样既可解决参与式教学中的问题,也能提高参与式教学的课堂实效性。

3.3 开展互学、互访活动,加强项目学校间的沟通交流

组织项目学校间定期相互学习观摩,采取课堂观摩、专题研讨、成果展示、结对帮扶等形式,活动的负责人由项目学校校长轮流承担。每次互学、互访活动有计划、定时间、定内容、定场地、定人员,真正使学校间形成互帮、互比、互学的交流研讨氛围。市项目专家组以"旁观者"的身份参与活动,在活动中及时协调、引导、帮助使活动顺利开展,并在活动后及时总结、提炼典型经验,利用《灵武教育研究》、"灵武教育信息网"广泛宣传,不断将活动引向深入。

3.4 运用网络,拓宽参与式教学的空间

我们充分利用网络这一优势,借助博客、论坛这一平台,为教师研究、交流教学实践中的问题、经验提供了良好的交流研讨条件。对参加论坛的教师来讲,这是一个梳理、总结、升华自己教学反思的过程,是一个接受新思想、收集新信息、学习新知识,思考新问题的过程。教研室以"灵武教育信息网"为平台,开展多学科的网络教研。中小学语文、数学、科学、英语学科率先在灵武教育信息网上举办视频课例展评,各实验学校老师积极研讨交流。学校充分发挥骨干教师的专业引领作用,组织教师积极参加网络教研,指导、激励教师运用网络技术开展参与式教学研究,使常规教研和网络教研有机结合,提高了教研活动的实效性。每次活动前,教研室首先召开中小学主管教学校长、教务主任、信息技术教师参加的网络教研预备会议,就活动的目的、时间、网络技术支持、教师上网注册、跟帖研讨等做了统一安排。在活动前一周,学科教研员到项目学校与校长、学科组及执教教师交换意见,共同就参与式教学的研究专题、内容、形式进行协商,确保活动的质量。

3.5 针对参与式教学中存在的问题,送教下乡,上门服务

为了方便学校、方便教学,我们针对各学校梳理出参与式教学中的有待解决的个性问题,直接安排教研员和部分应邀骨干教师到学校和教师们一块备课、上研究课、专题讲座,共同探讨问题的起因和解决方案。对于参与式共性问题,我们则分片区集中,进行专题研究和探讨,既方便了教师,也方便了学校。由于解决的是大家共同的问题,师生的情况又很相似,增强了活动的针对性,提高了实效性。

通过实施学校发展计划,良好的教科研氛围已经在项目学校生根、开花、结果。学校发展计划促进了学校教研文化的形成,在学校发展中显示出勃勃生机,自身所蕴涵的生命力和实践价值得到凸现,同时也为学生的发展和教师的专业化发展提供了新的途径和方法。

借项目实施之东风　实现社区学校双赢
——我校实施 SDP/PTT 项目小结

宁夏平罗县灵沙九年制学校　张成云　金忠红

我校自2006年11月启动实施"世界银行贷款/英国政府赠款'西部地区基础教育发展'项目(简称"西发项目")学校发展计划(SDP)、参与式教学(PTT)"以来,严格按照自治区项目办的要求,一方面多方奔走,争取政府、社区的支持,加强学校基础设施及硬件建设,另一方面通过走访社区群众,召开社区群众大会以及对师生的培训,制订学校发展计划,创新管理和办学模式,转变教育教学观念,竭力营造宽松、愉快、和谐的教学氛围,提高课堂教学实效性,提高教育教学质量,提升办学效益。

1. 社区及学校的基本情况

我校原名灵沙中学,始建于1970年,于2006年5月将原灵沙小学并入我校,成立了灵沙九年制学校。学校位于距平罗县城东25千米的黄河岸边的偏僻乡镇——灵沙乡,所在社区占地8平方千米,社区总户数6000多户,总人口20000余人,其中回族人口占97%以上。社区经济发展相对缓慢,不平衡。社区居民文化偏低,青壮年人口中,受过初中教育的占85%,受过高中教育的占27%,受高中以上教育的不足5%。由于科学文化的落后,长期制约着地方经济的发展。

学校现有教职工84人,学生1530人,其中回族学生占95%以上,初中入学率为98%,小学入学率100%。学校总占地面积46642 m^2,总建筑面积为7121.75 m^2,生均占有建筑面积4.65 m^2。共有29个教学班(初中部16个,小学部11个,两个学前班)。

近年来我校先后被授予"全国助残先进单位"、"全区中小学教师校本培训先进集体"、"全区20佳绿色学校"、"市级文明单位"、"市级花园式学校"、"市级教书育人先进单位"、"市级标准化学校"、"市级师德建设先进单位"、"国防教育先进单位"等荣誉称号。

2. SDP/PTT 的实施过程

2.1 积极组织人员参加各级培训,为项目的顺利实施开好头、起好步

2006年11月校长参加了自治区SDP与PTT项目培训,对项目的意义及操作方法有了全新的认识,并积极构思本校的SDP与PTT项目的实施方案。副校长和骨干教师参加了县级SDP与PTT项目培训,对全县的实施情况有了全面的了解,通过领导和专家精辟的讲述,为我们指明了前进的方向,并为项目由点向面的开展奠定了基础。

2.2 加大宣传工作力度,大力营造实施SDP与PTT的声势

在参加上级部门的培训之后,我们主要采用以下形式对SDP与PTT进行了宣传:① 召开师生大会宣传SDP与PTT项目及其意义,并对教师进行校本培训;② 在社区张

贴标语、横幅，由师生下队进行家访和相关知识的宣传；③ 请清真寺的阿訇在群众集中礼拜时进行宣传；④ 发放致社区家长的一封信；⑤ 在校园醒目处书写宣传标语口号；⑥ 利用本乡集市日散发宣传材料；⑦ 召开社区群众大会集中进行宣传。

2.3 发动社区群众积极为学校发展献计献策

在社区进行宣传、对社区群众进行问卷调查、访谈和师生问卷调查的基础上，召开社区群众代表大会，广泛征求社会各界为促进学校发展的意见和建议，内容涉及学校管理、校园环境建设、教师素质、教育教学活动、学生个性发展和人文关怀等多个方面，整理、归纳出主要问题，采用自下而上的方式，形成学校发展的问题树，为制订规划文本提供了先决条件，同时选举成立了学校发展委员会。

2.4 建立健全组织机构，确保项目的顺利实施

根据县项目办的要求，结合本校实际，在广泛征求意见和建议的基础上成立了由校长任组长，副乡长任副组长、县政协委员——本乡宗教界人士、县人大代表——乡镇企业家、村党支部书记、妇女代表、残疾人代表、教师代表、学生代表为成员的学校项目领导小组，领导和负责SDP/PTT的全面工作；同时，成立了以党支部、校委会、教务处和骨干教师为主体的学校SDP/PTT专家组，负责并指导项目的具体实施工作。学校明确职责，分工协作，构建了"领导——组织——指导——落实——督查——考评"相结合的保障体系，确保项目的有序进行。

2.5 制订SDP/PTT实施方案

2.5.1 先后多次召开学校发展计划委员会议、家长座谈会、校委会议和师生代表会议

根据群众意见和问题树，结合学校现实状况，确定工作目标和实施步骤，起草了SDP/PTT实施方案。

2.5.2 请专家论证和修改文本

曾多次请区、县专家组成员和部分社区代表到学校实地考察，结合社区和学校基本情况，对文本和方案的可行性进行论证，并提出宝贵意见。在此基础上，规划委员会对文本又进行反复修改，最后形成灵沙九年制学校SDP文本和PTT方案，并及时上报县、区项目领导小组审核、备案。

2.6 进行SDP和PTT项目的校本培训

学校制订了详细的培训计划，请县级学校项目专家组成员和骨干教师对全体教师分别进行学校发展计划和参与式教学模式的培训，使教师充分认识和理解了SDP与PTT项目，让教师从理论上明白什么是学校发展计划、为什么要制订学校发展计划、如何制订、怎样落实以及什么是"参与式"教学、怎样进行"参与式"教学等一系列问题，并写出学习心得体会，要求在教学实践中逐步掌握具体实施步骤和操作规程并大胆创新实践。

2.7 营造校园文化氛围，构建平安、和谐、快乐校园

项目实施以来，我们结合学校实际，大力营造校园文化氛围，加强人文关怀，为孩子们快乐学习、健康成长创造优美的环境。按照2007年的工作目标，多方奔走，争取乡村个体老板资金援助新建了校门、球场和操场；争取乡镇府无偿援助，增加了健身器械和休息椅，方便师生体育锻炼；争取对口支援企业——平罗天源焦化厂和平罗水务局的资金支持，购运彩砖，校园内8000多 m² 128000多块彩砖全部由教师利用课余时间和周末休息时间进

行铺设;全乡八个村队的群众义务为学校拉运 2 万多方土铺垫校园;围墙的抹灰、彩绘、教室后墙黑板的制作、教室和办公室墙壁的重新粉刷、门窗护栏的油漆全部由教师完成,同时拆除旧教室 2058 m²,师生们从瓦砾堆中捡出旧砖,再铺设到指定位置。

在校园内、教室内都张贴了对学生的温馨提示语,提醒学生要注意安全,珍爱生命,提醒他们讲文明、守信用,形成良好的行为习惯,培养高尚的道德情操;设置了清洁水箱,方便师生上厕所前后及时洗手,培养良好的卫生习惯;设置了垃圾桶,回收垃圾,树立环保意识;设置了橱窗、黑板、才艺专栏,让学生充分展示自己的才华;在校园空地绘制了攻城图、跑圈图、立定跳远标尺,便于学生课间活动;设立了风向标、身高测量标尺,关注学生成长。

2.8 扎扎实实进行"参与式"教学,不断改革教学方法,努力提高教育教学质量

在项目领导小组的指导下,由学校 PTT 专家组制订学校实施 PTT 的具体培训计划、实施方案和工作制度,确保项目有计划、有步骤、分阶段地有序进行。先后有重点地针对什么是参与式教学、如何进行参与式教学活动、如何体现学生的主人和主体地位等内容进行了培训。

实施"参与式"教学的步骤和措施:校本培训之后,先由骨干教师进行公开课、观摩课的示范教学,组织全体教师进行观摩、学习、交流,再由各任课教师上汇报课,专家组成员组织听评课活动,使其熟练"参与式"教学的组织形式和操作方法。在教研组内,建立教师集体备课制,使教案更贴近学生实际,更具操作性,建立了听评课制度,在各组内实行优质课评比活动,坚持"说课——做课——评课——整改提高"的原则,切实开展教学研讨活动。在教育教学研究活动中,重点围绕课堂活动设计的热点、难点问题展开讨论、设计,有针对性地解决教育教学中出现的问题。

2.9 以世界银行及教育部中期评估为动力,促进学校可持续发展

2007 年 6 月 1 日,我校接受了世界银行、教育部"西发项目"学校发展计划、参与式教学的中期评估,评估组就我校档案建设、校园文化氛围、人文关怀、参与式教学、社区参与管理、教师队伍建设、师生的行为习惯及精神面貌等方面给予了高度评价,并明确表示"将密切关注灵沙九年制学校的发展"。中期评估进一步激发了我校师生及社区群众参与学校管理,促进学校社区和谐发展的积极性、创造性,我们以此为契机和动力,进一步探索学校发展模式,努力提高办学效益。新学期开学以来,邻近的黄渠桥镇、宝丰镇、头闸镇、礼和乡先后有很多学生选择到我校就读,这充分说明我校目前的发展得到了广大人民群众的认可,这将大大促进我校的可持续发展。

3. SDP 与 PTT 实施以来的变化

3.1 学校管理理念发生了变化

通过项目的实施,全体师生尤其是校委会成员充分领悟到学校发展计划的潜力和魅力,认识到规划学校蓝图对学校发展的重要意义,学校的发展力量不再势单力薄、孤立无援了,学校的有效管理也使得大家有了很强的自豪感和荣誉感,自己的劳动价值也得到了充分体现,主动进取的积极性和自信心也更强了,也使得学校的管理朝着更加民主、科学、规范的方向发展。

3.2 办学条件的改变,营造了积极、健康、文明、向上的育人环境

项目的实施,改变了学校原来环境差的状况。过去我校的教室全部是平房,由于地势

低洼,室内潮湿、阴暗,窗户不严,管不住风沙。特别是冬季,孩子上学路途遥远,到了学校又没有好的取暖条件,室内气温较低,每年冬季学生辍学现象较为严重。该项目实施以来,现已建成了18个教学班的中学部教学楼,室内光线好,通风好,又全部装了暖气,给孩子们提供了很好的学习环境。

项目的实施,改变了课桌凳老化残损的现象。"西发项目"给我校配送了400套崭新的课桌凳,从根本上改变了学生过去上课坐着三条腿的凳子和没有抽屉的桌子的状况,学生再也不用为上课因地面不平摔跤和无处放书包而犯难了。

项目的实施,推动了远程教育和信息技术教育的发展。"西发项目"和明德项目在我校建成了一座综合电教楼,含 $400 m^2$ 的多功能厅、$54 m^2$ 的多媒体教室两个、$54 m^2$ 信息技术教室两个、$36 m^2$ 的电子备课室和资源接受与管理室、图书阅览室等,学校现有计算机124台,从根本上推动了我校信息技术和现代远程教育的发展。

3.3 促使学校管理迈向民主化、科学化的轨道

学校发展计划的制订,首先使全体师生的思想认识更为清晰,办学不再单单是校长的事,通过自己的积极参与,献计献策,最终的受益者是自己,使广大师生成为学校发展过程中的参与者、支持者、拥护者,形成人人支持学校、人人关心学校的良好局面。自实施项目以来,学校多次召开学校规划委员会和家长师生代表大会,商讨学校的各项管理工作。学校废除了十二项不合理的管理制度,新制定了十三项管理制度,修改完善了教师岗位责任制考核细则,定期召开家长座谈会和教职工民主生活会,实行民主管理、民主监督,重大问题民主决策,实行校务、政务公开,增强透明度,使学校管理工作向民主化、科学化方面迈进了一大步。

3.4 教育教学理念发生了变化

教师在参与项目实施的过程中,主人翁意识被唤醒,主体角色意识增强,不仅精神面貌、教学理念发生变化,而且教学行为、教学方式也发生了变化。他们主动参与文本撰写与制订,与学校领导共谋学校发展和创设校园文化氛围,使用参与式教学,与学生共同分享SDP与PTT带来的喜悦。"西发项目"多次举办了各级教师的培训活动,为项目学校的课题研究培养了大批骨干教师,自项目实施以来,我校有一名教师参与一项国家级课题的子课题研究,有两项区级课题、一项市级课题、四项县级课题和若干校级课题,现在学校的课题研究按步骤开展得有声有色。

3.5 学生学习方式发生了变化

传统的教学方式,约束着学生的个性发展,束缚着学生自由思维的空间。教师通过实施参与式教学,树立了以学生为中心的理念,积极为学生提供参与的活动,把课堂还给了学生。通过主动参与,最大限度地发挥学生的智慧和创造力,发挥群体互动学习的优势,课堂教学氛围较过去有了很大的改进,师生、生生互动的场景层出不穷,学生敢于提问、质疑的意识有很大增强,教师也更加关注学生学习过程中的情感,更多地表现出对学困生的宽容和帮助,使他们能留得住、想学好、学得好。学生通过参与式教学,获得了与同伴、老师互动、交流的权利和机会,通过浓厚的校园文化氛围与活动,他们体会到了展示自我、获得成功的喜悦和平等参与、自由发展的乐趣,一股积极参与、快乐学习的风气已在校园悄然兴起。

3.6 学校与社区和群众关系更加密切

学校发展计划是一座桥梁,把政府、学校、社区以及校长、师生及社区成员紧密地联系

在一起,促使政府和主管部门在策划上更加合理,使有限的资源能充分、高效地发挥作用,也使得社区成员更加清晰地认识到办好学校不再单单是政府、学校的事,也是他们自己的事,帮学校就是帮自己,学校是社区的学校,通过自己的参与,最终还是自己受益,唤醒了每个人关心教育、支持教育的责任心。过去学校的事社区很少过问,社区的活动学校也很少参与,而现如今,社区群众积极参与学校管理和校园建设,为学校发展献计献策,为贫困学生捐资捐物,许多感人肺腑的场景令人难以忘怀。社区村队的多种活动中出现了师生的身影:主动为乡敬老院服务、义务打扫市场环境卫生、参与乡村植树造林、清淤挖沟……家校联系更加紧密,社区学校相互支持、相互融合、和谐共存,社区学校已成为一家,齐心协力共同发展,构建了和谐的社会氛围。

4. 项目实施中所面临的一些困惑

——学校地处偏远乡镇,信息闭塞、交通条件差、社区经济欠发达,师资力量薄弱,严重影响和制约了学校的发展与办学条件的改善。

——教师老龄化问题严重,结构不合理,影响学校发展目标的实现,影响着教育教学质量和办学效益。

——农村留守儿童数量逐年增加,学生食宿不便,缺乏家庭温暖和家长的监护,给学校的教育和管理带来了巨大的压力。

5. 实施 SDP 和 PTT 的几点体会

5.1 一定要明确学校发展计划的意义

通过社区群众和学校全体师生的共同努力,系统地分析学校原有基础及学校所处的环境,确定学校的优先发展项目以及发展方向和教育目标,促使学校挖掘自身的资源,提高管理效能,最终提高教育质量。

5.2 学校发展计划的制订要立足过去,指向未来

制订学校发展计划,既有对过去的诊断和分析,又有对未来的预测和展望。它非常强调把握现在,任何一种规划都不是"为规划而规划",它强调的不仅仅是静态的规划结果,更关注动态的规划及其实施过程。从本质上讲它是一种过程,而不是一种结果。

5.3 学校发展计划的重点在于促进所有学生的学习,并提高他们的学业成就

通过学校发展计划的设计,最终促进学生全面发展和提高。

6. 今后需要研究的问题和工作思路

SDP 与 PTT 项目的实施给我校带来了巨大的变化,我们确实得到了实惠,学校得到了长足的发展,对今后的发展更有信心。今后我们将不断完善,不断创新,不断丰富其内涵,使学校在规划中按既定的方向发展。

6.1 进一步解放思想,探索社区、学校共赢的新思路

充分利用学校现有电教设备和农村远程教育资源,结合政府开展的"无冬闲"活动,以点带面,对社区群众进行相关种植业、养殖业和农副产品的收购、加工等方面的培训讲座,拓宽社区群众致富奔小康的渠道,为建设社会主义新农村服务。同时加大拉项目、引资金力度,取得政府相关部门和社区的大力支持,争取尽快落实筹建师生住宿楼和餐厅建设项

目,将学校建成平罗县最大的农村寄宿制学校。

6.2 进一步加强教师队伍建设,努力提高教师素质

建立师德高尚、结构合理、充满活力、专业水平扎实的师资队伍,加强师德建设。注重学用结合,大力提倡教育教学的思想观念的创新、教学科研的创新、教学管理的创新、教学方法的创新。加强骨干教师学科带头人的培养,加强班主任队伍建设和青年教师队伍建设,大兴学习之风。建立竞争激励机制,更加有效地调动师生参与学校管理的积极性和主动性,促进师生的成长和发展。

6.3 强化德育工作,坚持德育为首,以德治校

课堂为主阵地,各学科有机渗透德育,班会课、团队课采取多种形式,开展主题系列教育,利用电教设备、板报、广播、橱窗对学生进行思想教育,充实内容,注重实效,以活动为载体,捕捉有力时机,加强校园文化建设,努力使校园成为会说话的校园。

6.4 积极开展第二课堂活动

从细节处关爱学生,使学校处处有教育,处处有关爱,促进学生全面发展,学有所长。学校将组建音乐、美术、舞蹈兴趣小组、鼓号队、秧歌队、腰鼓队、钱鞭队、高跷队等课外活动组织,常年坚持活动,努力提高学生的综合素质。利用校园文化节,开展丰富多彩的文化体育活动,展示师生才艺,利用团队活动组织师生篮球、乒乓球、足球比赛及各科知识竞赛,每年春季召开田径运动会等等,通过这些活动进一步发现学生的特长并着力培养,不断丰富校园文化生活,为师生搭建起展示自己的平台,使师生在自我展示、平等参与、各显其能中快乐学习、健康成长、全面发展。

6.5 师生佩带标识牌,实行人文管理

只有自我意识得到提高,才有自我素质的提高,标识牌可以时刻提醒师生注意自己的身份,并用上面的提示语严格约束自己的言行,自我监督,自我管理。

6.6 加强学校、社会、家庭间的联系

及时发现学校思想教育中存在的问题和学校当前亟需解决的问题,使学校、社区、家长形成"心往一处想、劲往一处使"的良好局面,建立"三位一体"的教育网络,形成教育合力,真正实现办人民满意的学校的良好愿望和构建和谐校园的宏伟目标。

6.7 设置展厅,展示师生的才艺

将师生的才艺成果和师生的荣誉成果设置专门的展厅进行展示,定期组织全体师生进行观看,以此激发全体师生的热情,营造美丽和谐的校园文化氛围,把我校变成一所窗口式的农村学校。

6.8 采取走出去请进来的办法,办优质教育

通过组织教师走出去参观学习,达到开阔视野,扬长避短,探索创新,逐步提高。通过请进来的办法,请有经验的专家、学者、教师到我校现身说法,给我们提意见和建议,以此提高我们的管理水平,改变我们的办学理念。与此同时,学校要在不断的总结中改进、提高、创新,通过将我校的做法与成果发布在网上,与各位同仁探讨交流,并接受各界的批评指正与监督,及时调整我们的工作思路,加快加大发展步伐。

现如今走进校园就有个好心情:环境更幽静,师生是朋友,同学亲又亲;教师的热情高、理念新、有话说,学生的兴趣浓、好参与、勇发言;民主、平等、和谐的师生关系,积极、活泼、向上的学习氛围推动了学校各项工作的和谐发展,学校的教育教学质量也稳步提高。

我们坚信：民族教育事业的明天更加辉煌、灿烂！

学校发展计划的认识及实践诉求

宁夏教育科学研究所　支爱玲

学校发展计划（School Development Planning，简称 SDP），20 世纪 80 年代初在英国最早提出，随后，爱尔兰、澳大利亚、新西兰、丹麦、美国等一些国家也开始推介这一项目，现已成为国际教育界的研究热点，成为中小学学校管理领域中普遍采用的一种管理手段，它对我国的上海、北京、甘肃、云南、宁夏、广西等地的中小学学校管理也产生了积极的影响。宁夏学校发展计划项目的实施，改变了校长的管理理念和管理行为，加快了学校管理的民主化进程，密切了社区与学校的关系，凸显了校园文化和班级文化的特色，但在实施中也存在一些问题，为了使学校发展计划可持续发展，笔者认为，应深刻理解和认识学校发展计划的特质及实践诉求，解决实施中存在的问题。

1. 对学校发展计划的理解和认识

学校发展计划是推动学校发展的实践过程，发展性和过程性是学校发展计划的内在品质和要求。发展性是学校发展计划的出发点和归宿，是教育的终极追求。过程性是实现发展的关键和保证。发展是过程的目标、旗帜和方向，过程是发展的保障。没有过程性，发展性的目标的实现只能成为纸上谈兵，没有发展性的过程是没有方向、盲目的过程，发展性和过程性二者紧密相连，相互依存。

1.1 发展性是学校发展计划的终极追求

1.1.1 发展性是学校发展计划的出发点和归宿

发展是指"事物由小到大，由简到繁，由低级到高级，由旧物质到新物质的运动变化过程"。发展是完善，发展是成长，发展是超越，"发展才是硬道理"。发展是主线，是学校的追求，发展性是学校一切工作的出发点和归宿。学校发展计划是为学校发展服务的，是学校有效实现发展的"抓手"。规划是为了在系统分析学校发展基础及学校所有潜在资源的基础上，发现学校的优势、特点和不足，确定学校的发展方向和教育目标，制订出切实可行的措施和手段，通过改善管理方式，提升学校的管理效能，提高学校的教育质量，促进学校可持续的发展。学校发展计划是实现学校发展的手段、措施和方法，发展是学校发展计划的目的、归宿和追求。

1.1.2 人的发展是发展性的立足点

党的十七大报告中指出，科学发展观的"第一要义是发展，核心是以人为本，基本要求是全面协调可持续，根本方法是统筹兼顾"。"以人为本"是发展性的立足点，人的发展，尤其是学生的发展是发展的核心内容。

教育是培养人的实践活动,教育的对象是正在成长的、活生生的年轻一代,是具有独特个性特征的人;学校发展计划的实施者是校长、教师,是有着一定的专业知识、教育管理能力和职业道德的人。因此坚持以人为本,关心人的发展和成长,尊重多方人士的不同观点和意见,理解教师和学生的态度和想法,真正实现民主管理,促进校长、教师和学生等主体的全面发展。促进人的成长和发展是科学教育发展观的本质和核心。学校发展计划项目的实施应把满足人的发展需要、促进人的全面协调、可持续发展,作为项目实施和学校发展的根本出发点和落脚点。

1.1.3 可持续发展是发展性的关键

学校的发展是一个连续的过程,每所学校都有自己的历史,在自己以往发展的过程中,会形成自己独特的传统、优势、缺陷和劣势。学校发展不是从零开始的,学校发展计划有自己的基点,学校发展计划的制订能否在前瞻思想的引领下,着眼未来,立足当下,基于学校的实际情况,明确学校现状,了解社区、教师、学生的需求,分析学校的各种资源,形成学校相关利益者认同的共同愿景,从而促进学校可持续发展是体现发展性的关键。学校发展的现状和需求是学校持续发展的基础,前瞻的办学理念是引领学校可持续发展的明灯,各种要素的协调、平衡和整合是学校可持续发展的前提,切实可行的措施和活动是可持续发展的保障。那种脱离学校实际、缺乏发展起点、试图建立全新的学校发展计划的做法,违背了科学发展观,无法提升学校可持续发展的能力。

1.2 过程性:实现学校发展目标的必由之路

1.2.1 过程性是学校发展计划的基本属性

人的任何活动都是一个过程,都是以过程的形式发展,"过程是事物的存在方式,世界的本质就是过程的存在,离开了过程,事物不可能存在,也无法变化和发展,事物存在的过程就是变化和发展过程"。过程是教育活动的存在方式和展开形式,教育是"一种影响,一种传递人类文化财富的过程,一种引导的经过或过程,一种形成的过程"。学校发展计划项目是一项教育改革项目,是教育活动的重要组成部分,是教育管理理念革新的过程,是改变教育管理方式的过程,在实施过程中更是对各种教育因素的地位、作用重新认识的过程,是一种在实施中不断动态生成的过程,是各方参与者在活动、交往、情感交融中学习、成长的过程,是校长、家长、教师、学生等主体协作的过程。

1.2.2 动态创生性是学校发展计划过程性的本体意义

杜威说:"教育的过程是一个不断改组、不断改造和不断转化的过程。"他认为:"教育即生长",强调过程中动态创生的价值。学校发展计划也是在实施中不断超越预设、动态生成的过程。学校发展计划是对未来的预测和构想,是为了实现理想愿景而进行的努力,它强调民主的、多方参与的对学校的发展进行规划、设想和预设,关注"规划"实施的达成度,但"学校发展计划"项目的实施绝不仅仅是形成一个静态的规划结果或文本,更重要的是规划的动态生成及其实施过程。在真实的实施活动和情境中,"规划"充满着变数和拓展,充满着无法预知的"附加值"和有意义的"衍生物";同时,参与者也伴随着无数的体验、顿悟、灵感。正是实施过程中的这种不确定性和不可预知性使SDP项目充满魅力,在不同地区、不同的项目学校生发出多姿多彩的花朵。也正是这种非预设性、丰富性、动态性,使学校发展计划项目充满魅力、意义,不断增值。

1.2.3 扎实的活动是实现过程性价值的关键

"教育目的和教育结果之间真实的教育活动就是教育过程","教育活动具有区别于其他事物和人类活动的特定的过程特性","过程就是教育活动的存在方式和展开形式,教育的过程就是转化和生成的活动过程"。学校发展计划的实施是在学校特定的情境中,通过互动、交往进行的建构性的实践活动。它包含校长、教师、学生、居民等多主体之间的交互作用活动、每人的内隐的思维活动以及外显的操作活动。外显活动既围绕一定的活动主题,预设活动进程、活动阶段、活动环节、活动程序,同时,又充满着生动性、具体性、丰富性和开放性的活动方式和活动事件,在活动的过程中体验、感悟、生成、建构,彰显过程中的创生性价值。

2. 学校发展计划实施中存在的问题

目前,学校发展计划在我区项目县已成为改进学校管理、提高学校教育教学质量的重要途径与手段,在项目学校已发生了显性的变化,在管理中体现了人文性和民主性,学校与社区的关系越来越紧密,但仍然存在很多不尽如人意的地方和表现。

2.1 对学校的发展现状分析不足,缺乏优先发展的主题和对人的关注

学校的发展是在学校现有基础上的发展。发展规划是通过对学校的优势、劣势、机遇和挑战等进行科学客观的分析后,制订的学校发展的蓝图,但在项目的制订和实施中,存在对自身实际分析欠缺的现象。很多学校的发展规划都是从学校的管理、教师的专业发展、学生的成长等方面进行设计,而学校在哪些方面需要优先发展没有重点分析和具体的设计,对本学校教师、学生的共性、差异、需求等分析和关注有些欠缺。

2.2 活动、措施缺乏针对性和操作性,对实施过程缺乏监控和评价

在实施 SDP 项目的初期,由于有些学校校长、教师对项目内涵、性质、意义、要求等方面的了解和理解存在模糊、不透彻的现象,在制订文本的过程中,规划没有针对制约本校发展的问题和症结,制订出切合学校自身实际和发展状况、具体、操作性强的活动措施,如,促进教师发展的措施是"以人为本加强团队凝聚力建设""加强学习培训""加强师德师风建设,引导教师献身教育",提高学校管理水平的措施是"完善校长负责制,建立校长办公会议""学习引进外地先进经验""尝试建立竞争机制"等等,这些活动措施空泛、不具体,无法成为促进学校发展的凭借。

不论是研制规划,还是实施规划,存在重点关注规划的"结果"的现象,对实施过程的环节、程序、监控、评价方式、持续改进机制等方面的关注欠缺。大多数学校的发展规划有对解决问题的措施、活动、负责人的设计和要求,但缺乏对实施过程的监控和实施效果的评价,而对实施过程的监控和评价是体现"过程性"的重要保障。

2.3 实施中重静态"预设",忽视动态的"创生"

发展规划是学校发展的蓝图,是促进学校发展的实施方案,在个别学校存在"规划规划,纸上画画,墙上挂挂"的现象。在项目实施的过程中,将发展规划的文本完全搁置在一边,挂在墙上或放在抽屉中。实施的活动和措施与发展规划文本中的预设完全脱离,没有用发展的视角对发展规划进行修正和完善,发展规划没有发挥其指南、引领的作用。重视规划的计划、预设环节,但在实施中,有些学校没有及时总结、反思动态生成的、具有个性

和创新意义的内容。

3. 学校发展计划的实践诉求

3.1 基于学校发展计划"发展性"视域的实践诉求

3.1.1 清晰认识发展的现状,明确发展的方向,确定优先解决的问题

规划本身应是对社会和社区发展需求、教育改革需求、教师学生成长需求及学校自身发展需求的积极应答,是在现有基础上的前行。研制学校发展计划时应注意以下方面:第一,明晰发展现状,制订合理的发展目标。在制订发展规划前,通过资料整理、讨论、召开社区大会、访谈等调查研究方式进行广泛的调查研究,明确学校的发展现状,面对独特的发展问题,分析其背后的影响因素,确定符合学校实际的发展方向、目标和需要优先解决的问题。第二,确定优先发展项目。对于学校需优先解决的问题,要利用学校已经形成的一些发展条件,重点关注,预设策略,谋求发展。如我区灵武的白土岗小学以班级文化建设为切入点,平罗二闸九年制学校以校本培训促教师发展为优先发展项目,中宁大战场小学以校园文化建设入口……项目学校应对问题进行排序,以学校优先发展项目作为突破口,形成自己的办学个性和发展特色。

3.1.2 在可行性和操作性的活动措施中,促使人的发展

真正促进学校的发展,需要挖掘和分析自身潜在的资源,听取教师、社区民众及多方利益相关者的意见,制订出的规划应符合学校状况,注重社区、教师、学生各个主体作用的发挥。发展规划的目标要既有挑战性,又有实现的可能性,活动和措施要注意激发教师积极性,符合教师的能力和水平,设计应具体、翔实,切入点小,人员分工明确,完成时间清晰,这样,活动和措施才具有可操作性和可行性。在具体的活动中,促进教育要素之间交互作用的变化和发展,达成学生知识与技能、情感态度与价值观由量变到质变的飞跃。

3.1.3 在项目实施过程中不断反思、修正和完善规划

随着项目实施的推进,学校内外环境、条件不断在变化,社区民众、校长、教师对发展规划的认识在逐步深入,学校发展计划在实践中应不断地被调整、修正和重构,以发展的眼光、规划的思路、踏实的实践,在实践中反思,在反思中修正,在修正中改进,在改进中完善,实现学校发展计划的变革、完善和超越,不断将学校推向新的发展高度。

3.2 基于学校发展计划"过程性"视域的实践诉求

3.2.1 实施学校发展计划,需充分认识"过程"的重要性

过程比结果更重要,过程不是可有可无的形式。学校发展计划不是一个静态的"文本",更是一种实践活动,是动态的过程。如果仅仅关注学校发展计划"文本"性的"结果",不关注规划"实施"的"过程",必然导致学校发展计划项目的丰富性和价值性的缺失。需充分认识学校发展计划"过程"的重要性:第一,注重过程,可实现人的发展。主体的发展是 SDP 的出发点和归宿,校长、教师、学生等主体只有真正置身于学校不同的情境,在深度参与丰富多彩的活动的过程之中,才能获得真实的体验、理解、感悟、反省和成长,才可能真正实现人的发展。第二,在实施过程中能进一步了解学校的现状,分析资源,凝聚人心,形成合力,改进学校的问题,实现学校的发展。第三,在过程中能够丰富学校发展计划的内容,延伸和拓展学校发展计划的形式和活动,生发出无法预料的、具有创生性价值的产品,为学校的个性发展提供新的思路。"去过程"本质上就是"去发展"、"去生成"。

3.2.2 注重计划运行的"过程"

学校发展计划的实施过程是一持续的、循环的过程,每一个循环周期都是对上一个循环的否定和超越。在实施中关注规划运行的程序、环节、沟通等,是实现过程性价值的关键。注重规划的运行过程要注意以下两点:第一,要有严格的运行程序。学校发展计划项目主要的研究方法是行动研究,在实施的过程中应体现以下程序:多方参与和调研中发现问题、预设愿景——选择解决问题的活动和措施、研制规划的文本——实施预设的措施和活动——反思、监控实施的过程——自我评价发展规划实施的效果——发现问题、修正规划——实施修正后的规划——反思、监控——评价……循环往复,在实践中改进,在改进中逐步提高,在循环中螺旋提升。第二,建立项目校本评价制度,建构多向的、网络化的校本评价运作的方式,在校本监控和评价中,着眼于预设落实、活动扎实、人员明确等过程性的问题。在项目运行的过程中对规划文本再修正,注重反思和对研究过程的监控和评价,使评价活动成为诊断和激励学校发展计划项目健康发展的有效指针。

3.2.3 关注学校发展计划实施中的动态生成

学校发展计划是一种对"动态过程的规划",学校发展计划实施的过程是学校自我变革、自我完善、自我实现和自我超越的动态过程。规划是动态生成的基础,生成是规划的延展。"规划"具有预设性、确定性、规范性,但生成活动则体现出强烈的不确定性、动态性和发展性,这种创生性价值是教育过程的核心价值。促进学校发展计划能够动态生成应注意以下三点:第一,创设民主的氛围。在行动中践行民主参与的理念,尊重差异和个性,能够接纳不同的意见,聆听社区、教师、家长、学生等主体的不同的声音。第二,拓宽视野。在规划预设的基础上,学校要补充、拓展和延伸规划中的内容,并对结果进行分析、筛选,对发展规划的预设方案进行调整,并在以后的行动中付诸实施。第三,要善于反思和总结,及时发现有价值的现象和生成的内容。在项目实施中,定期进行总结、交流,反思存在的问题,挖掘"闪光"的、具有潜在价值和意义的、生发出的新内容,并对新内容、新现象进行研究和运用,使其发挥作用。

学校发展计划的实施是一个过程,是理想与现实、预期与结果、预设与生成连接的过程,是稳定中动态发展,发展中凸显特色的过程。注重基于学校现状基础上的发展和人的发展是实现学校可持续发展的保证;关注学校发展计划实施活动的可操作性和程序化,注重实施过程中的监控和评价,是实现"发展性"和防止"去过程"的重要举措。当前,认识学校发展计划的发展性和过程性,进一步客观分析学校发展计划实施中存在的问题和不足,落实基于"发展性"和"过程性"视域的实践诉求,是使学校发展计划项目研究健康持续发展的前提和保证。

参 考 文 献

[1] 郭元祥.论教育的过程属性和过程价值[J].教育研究,2005(3).

[2] 沃尔夫冈·布列钦卡.教育科学的基本概念——分析、批判和建议[M].上海:华东师范大学出版社,2001:40.

[3] 杜威.民主主义与教育[M].北京:人民教育出版社,1990:54.

实施 SDP 使学校管理更有凝聚力

宁夏平罗二闸九年制学校　曹琼仪

学校的发展,教育质量的高低,直接牵动着家长和学生的利益。政府、社区、家长、学生都是学校的利益关系人。他们对学校办学究竟有哪些想法,有什么要求和愿望呢?怎样才能办好让人民满意的教育?从而也让学校的利益关系人都感到成功和满意呢?校长只是政府聘任的法人代表。办好一所学校政府有责任,社区也有责任。而 SDP 的实施则打破了传统的管理模式,广泛发动学校利益关系人积极参与学校发展计划的制订与实施,多渠道开发教育资源,促进学校基础教育的快速健康发展。

1. 实施 SDP,使学校与社区的联系更加紧密

通过制订学校发展计划,可以加强学校与教育行政部门之间的联系与沟通,为教育行政部门在分配教育资源上做出科学合理的决策提供可靠的依据,使有限的教育资源能够得到充分而又有效的利用。同时,还可以发现学校现阶段最突出的问题、急迫的问题,及时得到主管部门和社会各界的重视和支持,使有限的投入发挥最大的作用,克服盲目性。通过制订学校发展计划,鼓励学校和社区共同承担起改进学校办学质量的责任,发现当地可以挖掘(除了需要由上级提供的资源之外)的资源,不再消极的"等、靠、要",把积极争取外部支持和自力更生有机地结合起来,从而实现改善办学条件、提高办学水平的目的。如果每一所学校都实施 SDP,每一所学校都争取得到社区的帮助,那么离办好让人民满意的教育,实现"和谐校园"、"平安校园"的目标也就为期不远了。

2. 实施 SDP,增强了社区群众的学校主人翁意识

目前我国基础教育管理体制和办学模式,基本上还是沿用计划经济时代制订的政府教育行政管理职能,其主要表现为"统得过多,管得过死"。学校普遍存在缺乏活力,办学效益低下,也不适应社会发展,不适应家长和学生个体需求的状况。学校管理实际上是政府、教育部门领导的事,学校教师、学生是被管理的对象,没有管理的权力,社区群众对学校教育管理没有发言权,所以也就形成"事不关己,高高挂起"的意识状态。过去,大部分的社区群众都认为:学校的事就是教育局的事,是老师的事,我们出钱送孩子上学,你们就得教好!你们又没有发工资给我们,凭什么要我们帮你们管事,尤其是目前没有子女就读的群众对学校表现冷淡,甚至有的群众产生敌对情绪。经过项目学校的教师耐心地反复做思想工作,在征求意见时态度诚恳,广泛宣传项目的内容及宗旨,用执著的敬业精神打动群众,终于改变了他们的思想认识,懂得了教师是在为他们的孩子学习着想,是在为他们办好事。一旦认识提高了,社区群众的学校主人翁精神在社区大会上和问题的排序等工作中就能充分表现出来。2006 年 9 月 18 日,我校的一次社区大会上,群众表现出的

极大热情大大出乎学校领导和教师们的意料。原来预计参加会议有40多人就不错了,结果当时一下子来了126人,而且有许多群众对学校发展都提出了许多忠恳的看法和建议。

3. 实施SDP,促进了新课程改革的进程

通过制订学校发展计划,实现学校内部的民主管理;推动教师个人发展规划,将教师个人的专业发展与学校发展结合起来,通过教师专业发展提高教学效能,促进不利群体状况的改善。在教学中推进参与式教学,制订学生个人发展规划,改进师生关系,改善弱势学生和问题生的感受,提高学校对学生的吸引力,从而降低学龄儿童的辍学率。而我国新课程改革即:教师发展的总方向是在教育教学中把握三个维度(即:知识与技能、过程与方法、情感态度与价值观)、掌握三种技能(自主学习、合作学习、探究学习)、具备一个精神(创新精神)和一个能力(实践能力)。这与SDP的理念:民主参与、师生平等、促进全体学生主动发展、全面发展,是基本吻合的。

4. 实施SDP,使弱势群体及问题生成更受关注

SDP的理念是自下而上、民主参与、师生平等、关注弱势群体、社区沟通、促进全体学生主动发展、全面发展。SDP将学生分为四类:常态学生(指非贫困家庭学生以及身体或心智正常学生);弱势学生(指贫困家庭学生、身体或心智有残疾的学生);学困生(指不能适应学校学习、学业成绩严重不良的学生);问题生(指行为规范不合格学生,表现为严重违纪或违法等)。虽然这样的分类不一定合理,但能在平时的教育教学中区别而公平地对待,其本身就给学生很大的自主权、民主权,是对学生的尊重;另一方面,SDP的教学管理要求教学民主化(或参与式教学),使学生更加乐于上学、乐于学习,学生学习行为是自主、探究、合作、参与的,学生成为教育教学的主体。推进SDP的最终目标是推动学校发展,提高教育质量,改善学校中不利群体处境的状况,提高学校的吸引力。就当前我国贫困地区基础教育发展而言,面临办学资源严重短缺的情况,贫困影响了基础教育的普及范围与质量提高。但也不能否认,弱势生在学校的不愉快体验造成孩子不喜欢上学,而社区的农村家长难以体会到读书对家庭和孩子的积极作用,造成了家长对学校的支持程度不高,这也是影响教育普及的一个重要原因之一。所谓"学校远离了家长的认识和需要,家长远离了我们的学校"都会使办让人民满意的教育这一目标的实现大打折扣。所以通过与家长沟通,在学校开辟心理咨询室,走访社区家长并与家长沟通,争取不让一个学生掉队,不让一个学生辍学,通过关注弱视学生和问题生来大面积提高教学质量,共同创建为弱势生和学困生服务的育人氛围,自然会形成所有学生共同进步的坚实基础,从而使办好让人民满意的教育这一目标落到实处。

总之,通过制订与实施SDP,学校内外各个利益主体有了一定决策权与管理权,他们就会产生一种强烈的社会责任感、使命感。在学校管理层面上就自然产生一种向心力、凝聚力。我想,这种凝聚力正是我们办好让人民满意的教育所需要的一种精神和动力,也正是构建社会主义和谐社会的不可或缺的民族精神。

SDP项目学校校园文化建设的几点思考

宁夏吴忠市教研室　胡　明

所谓文化,就一般意义而言,它是人特殊的社会活动形式,是人的一切创造性特征的总和,也是人类区别于其他一切生命的根本标志。文化作为人类所特有的财富,归根到底,反映着人们的生活方式、行为方式、思维方式。所谓校园文化,是以青少年为主体,以校园为主要活动空间,能够对学生起到显性和隐性教育作用的多方面、多元素、多类型的文化意识形态。校园文化是社会文化现象的重要组成部分。从其自身构成上看,校园文化大体可以划分为物质文化和精神文化。

从物质文化层面看,校园文化包括校园建筑、文化设施、校园绿化和美化等,它是校园文化的物质形态,是校园文化直观外在的表现形式。从另一个层面看,精神文化是深层次的校园文化,是学校的本质、学校的个性和学校精神风貌的集中反映。完整的校园文化,应当包含校园中的人、物质环境、文化活动和体现学校个性的校风等基本要素。其中,"人"是校园文化的主体,校园物质环境是校园文化的静态表现,校园文化活动是校园文化的动态表现,而校风则是校园文化的核心内容。这些基本要素共同构成了特定的育人环境,对人才培养起着十分重要的作用。

文化是一所学校的灵魂,是一所学校凝聚力和活力的源泉。学校文化主导着学校每个成员的言行,在潜移默化中影响着每一个成员的思维与行动。在SDP项目学校中,我们积极倡导一个班级应当有一个班级的文化,一个教研组应当有一个教研组的文化,一个科室应当有一个科室的文化,而各组成单位的文化又从属于学校整体的文化。如果一所学校不能形成属于自己的积极向上的学校文化,这所学校就很难有长久的生命力和核心竞争力。

1. 校园文化的理念

理念是学校的灵魂,是一种学校整体价值观,它的形成往往来自学校师生员工对学校存在意义、使命、办学方向和发展目标的认定。不同的学校理念决定了学校不同的形象定位。一般说来,一所学校的理念系统应当包括这样几点:学校的办学宗旨、校风、校训、教风、学风,还可以包括学校的教师形象标准和学生形象标准等。这正如笔者在我市一所SDP项目学校所看到的校园文化理念:

- 办学宗旨:以人为本,注重特色。
- 办学特色:高质量,轻负担。
- 办学理念:发展为本,创新为魂。
- 校训:以富强祖国为己任,为中华崛起而读书。
- 教风:踏踏实实办学,勤勤恳恳育人。
- 学风:勤学好问,博览多思。

- 教师形象标准：师德高、师志坚、师业精、师纪严、师心慈、师仪端。
- 学生形象标准：会求知、会健体、会律己、会合作、会审美、会创新。

2. 校园文化的功能

人的任何活动都是在一定的文化框架内进行的。学校教育既受社会文化的影响，同时又主要以校园文化背景为依托而展开，校园文化在推进学校教育的过程中扮演着不可替代的角色。而校园文化的功能是多方面的。

2.1 校园文化的目标导向功能

校园文化作为社会文化的重要部分，体现出 SDP 学校的培养目标和发展方向。健康发展的校园文化能把教职员工和学生引导到学校的既定发展目标上来，"使得个体的目标与整体目标相一致。这既是成员个体目标趋向组织目标的内在动因，又是个体目标发展的导向。"有目的地加强校园文化建设，使学生的思想品德、文化价值观念、生活观念以及行为方式等，在渗透着社会文化和民族传统文化精华的校园文化氛围里受到潜移默化的熏陶，逐步形成正确的世界观、人生观、价值观和相对稳定的、健康的心理素质。

2.2 校园文化的凝聚与激励功能

校园文化强调 SDP 学校发展目标与学校成员工作目标的一致性，强调群体成员的信念和价值观念的共同性。校园文化活动的内容丰富多彩，形式灵活多样，给学校成员，尤其是学生提供了一个自我表现、自我认识、自我评价和自我教育的广阔空间，具有强大的吸引力和凝聚力。从一定意义上说，校园文化是自我意识的王国。在这个王国中，学生通过自愿参加各种活动进行自我观察、自我评价、自我监督、自我体验和自我控制，从而使学生的自我认识能力得到不断提高。在校园中，只有树立起正确的自我意识，才能主动地调节自身的各种活动，使之趋向于既定的校园文化目标。

2.3 校园文化的规范与约束功能

校园文化是借助于丰富多彩的文化形式来影响人们的思想和情感的。文化可以通过"文化优势"创建出一些非正式的、约定俗成的群体规范或共同的价值准则。校园文化便具有这样的规范与约束功能。当一个人置身于舒适、恬静、优美的学习和生活环境里，就会受到环境的无形约束，调整自己与环境的不和谐行为，从而使学生的心灵得到净化，情趣得到陶冶，志趣得到升华。

2.4 校园文化的育才与创新功能

校园文化的育才与创新功能是显而易见的。一方面，校园文化比较注重开拓适当的文化环境和提供大量的创造性机会，激发师生强烈的表现欲望和创新动机，引导创新行为；另一方面，校园文化的丰富内涵能有效地补充课堂教学的不足，既能为教师提供全方位、立体、开放的教书育人的场所，也为学生提供了施展才华、接受教育的领地。这十分有利于学生扩大知识面，巩固和加深所学的课堂专业知识，锻炼运用知识的能力，开发潜在的智能，有利于培养全面发展的"四有"新人。

2.5 校园文化建设能充分弥补课堂教育的不足

传统的教育观念认为，学校教育的基本任务就是传授知识。因而过分强调知识的传授，强调知识的全面性、系统性，其结果是教材越编越厚，学时越来越多，所学知识老化。这在一定程度上妨碍了学生的全面发展。校园文化建设的加强，给学校教育带来了生机，有效地弥补了课堂教学的不足。如我市的八所 SDP 学校广泛开展的各种兴趣小组,可以促进学生个性的主动发展,有组织进行的社区服务、社会调查以及勤工助学等实践活动,可以增强学生的动手能力和社会活动能力。

3. SDP 实施中努力构建让学生心动的校园文化

校园文化作为一所学校发展方向的引领者,更大的价值应该在于深入学生的内心,成为每个学生追求的目标,并愿意不断用自己的智慧、行为为其创新、拓展。如何借校园文化建设为师生的发展提供较大的空间,让学校文化成为构建和谐校园的核心,是每个 SDP 学校管理者都应该思考的重要课题。

在 SDP 项目实施之初,很多项目学校的校园文化之所以不能发挥出它的引领作用,学生对它无动于衷,关键在于其多数都是学校领导单方面的构思,存在着"假大空"的现象,很少能够从学生的角度去建构校园文化的内涵,没有让学生成为校园文化体现、传承和发扬的主角,让校园文化成了空中楼阁,成了一种装饰,一种文字材料。在其后的项目推进过程中,通过多方面的学习与吸纳,我们认识到:要想让校园文化真正深入到学生的内心,就需要充分依托学校现有的物质资源,不仅要让学校的硬环境变"软"——充满人文气息的校园文化,更要让学校的软环境感动学生的心灵,渗透到学生的一言一行中。

基于上述思考,我市八所 SDP 学校在项目实施的过程中充分开发利用学校原有文化资源,不断进行创新、拓展,让全体师生和社区人员积极参与到学校文化建设的过程中,让学校的每一件物品、每一个角落都能够走进学生内心和学习生活中,展现学生的风采,留下学生的足迹,促进学生的成长,从而对学生产生强大的吸引力,让"校园是我家,创新靠大家"成为每个师生和相关社区人员坚定不移的信念和行动,让"我为学校而骄傲,学校为我而自豪"成为每个人不懈的追求目标,从而构建出让学生处处心动、时时心动的校园文化。

3.1 "软化"硬环境,让校园文化深入人心

学校里可利用打造校园文化的硬环境有很多,从外部建筑的构造,到校园环境的绿化美化装饰,从各种硬件设施的价值体现,到可供学生玩乐的器材,等等,都可以充分借助师生的智慧"软化"它们,让它们最大限度地发挥出校园文化的育人作用,成为学生关注的焦点、喜爱的对象,并潜移默化地受其影响、熏陶。

只有学生参与的校园文化才是学生们最喜爱的,所以在项目学校校园文化的建设中,我们认识到要充分发挥学生的主人翁作用,让每个学生都能把建设校园文化看做是自己的事情,如扁担沟项目学校让师生给教学楼、水池、墙壁、艺术角等起名字,让冰冷的建筑物充满生机和活力,带有人文气息。马莲渠乡、金银滩镇等项目学校原有黑板、墙壁和橱窗只是每个班级中优秀学生作品展示的平台,对于多数学生来说发挥不出更大的锻炼作用,因此也就无法产生更大的吸引力,所以我们要求 SDP 学校重新把墙壁和橱窗进行改装,在墙壁上划出了一系列活动板块,并安装了大理石板块或贴上白色瓷砖做成的水写书案,让每个学生随时可以在墙壁上进行书写和绘画,展现自己的才艺,在展现中相互学习、相互竞争。

为了让学生养成爱护花草树木、爱护校园的习惯,我们八所 SDP 学校把原来花园中设置的提示标语牌重新进行了改装,上面不但有植物的名称、图片,同时配上了对植物特点的文字说明,更吸引学生的是在说明的旁边还配上了描写这种植物的古诗,最下面是提

醒学生养成好习惯的警示语,这么一修改,学生们不但对植物有了更多地了解,而且增加了古诗积累,让学校文化的传承在润物无声的境地中收到了效果,同时也对学生加强了爱护环境的教育;为了丰富学生的业余文化生活,把学生引向更深厚的文化底蕴境界,有的项目学校在绿化带旁边添置了"围棋桌"、"象棋桌"等,营造了"棋"、"书"、"画"连成一体的丰富的艺术文化氛围。一些项目学校统一给每个教师的办公桌上配备了鲜花、桌布、台板、文件夹等,让每个教师对自己的办公桌进行装饰,在装饰的过程中注重艺术文化的品位,并配上自己独特的个性风格,有的办公室还在墙壁上进行了装饰,让办公室更像一个充满了艺术气息的场所。

3.2 丰富"软环境",让校园文化感动学生心灵

学校文化建设不仅体现在学校外观上,更重要的是要渗透到学校的每个角落、每个方面,渗透到日常行为中,所以更要注重对学校"软环境"的不断创新,让一句句名言、一句句温馨的提示语成为学生成长的航标,让身边一个个活生生的榜样成为学生进步的"偶像",让一条条贴心的建议、一句句真诚的劝慰成为学生健康成长的"奠基石"。如黄沙窝项目学校经常随节日更换对学生的祝福语;如园艺场项目学校把原来合唱队用的道具改装成"心愿树",在开学的第一天让师生自由写出自己的心愿,粘贴在上面,而且这棵"心愿树"一直就摆放在校园中,学生可以根据不同节日、不同心情写出不同的心愿,便于教师和学校领导更多地了解学生的心声,拉近学生同教师、学校的距离;有的SDP学校教学楼的墙壁上悬挂了一个个由学生设计制作装饰图片的班级意见箱,这里不仅是学生投递意见、反映心声的场所,更是教师、学校投放表扬信、生日祝福、激励语的地方,是拉近师生距离、融洽师生关系、凝聚学校力量的爱的"小屋";各SDP学校利用每周一早晨升国旗的时间,对本周将要过生日的同学进行祝福,并同时在校园的一块特制展示牌上绘出了鲜花、生日蛋糕,张贴出过生日学生的名单,同时还给这些学生每人送去了一张生日贺卡,上面写上学校、老师、同学祝福的话,让学生在倍感温馨的同时尽情享受学校大家庭的温暖。

宣传栏是各个项目学校展示特色、荣誉的场所,更应该是表现学生面貌、张扬学生个性的地方,在这里不仅有对学校的宣传介绍、每个教师的个性宣言——"教师风采",还专门设置了"阳光少年"板块,一方面是张贴各个班师生开心一刻的集体照,另一方面是学生个性自由展现的"展示台"(学生随时可以把自己最拿手的技艺如绘画、书法、手工、作文等展示出来,也可以把自己得到的表扬如小红花、五角星、感谢信、奖状等配上照片贴出来,还可以是学生的成长宣言、心情寄语等等),同时让得到表扬的学生写下自己的内心感言,或者由学校小记者进行采访,在学校"红领巾"广播台及时播出,以发挥其更大的榜样示范作用,为学校文化的发扬"添砖加瓦"。

3.3 让教室成为学生展现校园文化的竞技场

学生是校园文化的体现者、传承者和发扬者,一个学校的校园文化如何,不仅表现在外部环境上,更多的是体现在学生的日常生活中,所以教室应该成为项目学校文化展现的一个小窗口,也是宣扬班级文化、学生展示自我的最好平台。因此,我们要求八所SDP学校每个班级都应该充分利用好这个平台,把校园文化融入班级的每个活动中,融进教室的每个角落。如扁担沟项目学校围绕着校园文化开展"我的地盘我做主"活动,让学生自己制订班规、班徽、班风、学风等,所制订的这些内容都要能够充分展现学校文化;放手让学生自己布置教室,让教室的每一面墙壁都会"说话";借助"展板"表现每个学生的才能特长,通过学生自己制作班级"成长树"(每片树叶上同时贴上每个学生的照片)并举行"我要

做一片美的叶子"等一系列班队会活动,加强学生爱班级、爱学校的集体主义教育;借助黑板报、光荣榜等为学生提供自我展现的平台,激发学生"校荣我荣,校耻我耻"的主人翁意识,使校园文化融入班级,融入每个同学的"血液"中。

3.4 让行为细节凸显校园文化,让学生行为过"硬"

校园文化作为一种特殊的文化,它的最高境界莫过于从师生的一举手、一投足、一言、一行、一笑中表露出来,莫过于时时、处处皆文化,莫过于成为一种行为、一种习惯。所以在SDP学校校园文化建设中,我们更加注重学生的行为细节教育,让学生通过自己的行为细节凸显学校文化,让每个学生都能有"过硬"的文化行为,都能养成"我就是文化,文化就是我"的良好习惯。而要达到这样的校园文化传承效果,就需要学校对学生加强精细化管理,关注细节教育,注重养成教育,注重发挥教师学生的榜样示范作用、监督管理作用、竞争激励作用,如我市SDP学校成立的"红领巾监督岗"、"雏鹰行动小分队"、"家校联谊队"、"小主人建议队"等等,让每个师生都自觉主动地维护校园文化,传承校园文化,创新校园文化,让校园文化演绎成一种行为、一种习惯。

3.5 让精彩课堂彰显校园文化,让学生快乐学习

现代教育理论认为:快乐教育活动强调的是学生的主体实践和亲身体验,要让学生主动参与、自主活动,注重的是课堂气氛充满活力,让学生在快乐中学会学习,学会生活。

长期的教育教学实践告诉我们:课堂教学有生气,环环都要施兴奋剂,乐中有收获才是精彩戏。因此,我们要求八所SDP学校各学科教师充分利用自身现有的条件,因陋就简,开发一切有利于调动学生活动积极性和探索欲望的形式,开展观察、记录、操作、欣赏、游戏、讨论、角色扮演、办报办刊等活动,调动学生积极投入,使班级活动、小组活动和个人活动三者互相渗透,力求灵活多样,使课堂气氛始终保持活跃。课堂教学就像一道精美菜肴,能干的教师做得色、香、味俱佳,让孩子精心品尝回味无穷。只有这样,才能调动学生学习的内在动力,激起学生学习的积极性和主动性,激活自身的注意力,有效分配自己学习活动的时间,孜孜不倦地主动去观察、去实验、去调查、去探究、去发现,并且始终如一地在快乐中学习、在快乐中研究、在快乐中进步。如扁担沟项目学校开展的以骨干教师为龙头,以青年教师为主力军的德育教学,像一块巨大的磁铁,聚焦着学生学习活动的目光,老师们通过"表演导入"、"故事导入"、"图展导入"、"乐曲导入"、"游戏导入"等多种形式,抓住儿童好奇、求知、喜闻趣事的童心特点,扣其心弦,让他们自然步入情趣横溢、色彩斑驳的学习殿堂后,再让同学们走出教室小天地,走进社会大课堂,到敬老院送温暖,到烈士陵园祭奠先烈,到操场上参加升旗仪式,积极参与形式多样的主题班会等等系列活动,如春风化雨,点点滴滴滋润着满园春蕾,陶冶每一个孩子的心灵。

3.6 让课间活动成为一股欢乐的校园文化之风,愉悦学生的身心

现代教育理论认为:课间快乐活动的具体内容是让学生学会休息、学会娱乐,把天真活泼还给孩子,培养健康向上的校园风气,让孩子在活动中既锻炼身体,又益智增才,真正变校园为乐园。

无数的研究结果表明,课间十分钟的时间虽然是短暂的,但却潜伏着发展学生素质的无限生机。实践告诉我们:课间要成欢乐风,八仙过海显神通,创新尽在玩乐中。我们要求SDP学校一方面要积极鼓励学生因地制宜动手、动脑,学会创造,自己设计课间活动项目,自己制作活动器材。在丰富多彩的课间活动中,同学们用鸡毛、包装袋、铜钱制作毽子,舞得开心,踢得精彩。另一方面要利用有限的校园空间和地理环境设计和制作一批能

激发学生活动兴趣与热情,对学生具有较强的吸引力,可供学生跑、跳、踏、爬、跨、荡、攀、投等功能的"土"器材和"土"设施,建设一个具有乡土气息的课间活动"快乐园"。让学生在玩中乐,在乐中玩,欢乐无比。在快乐课间活动中,有的 SDP 学校利用学校空闲地带和有利地势,修起了"溜溜板"、"跳方阵",利用废旧钢管焊起了"高低杠"、"爬高架"、"秋千"、"篮球架",在操场开挖了沙坑,修建了直线跑道,环形跑道,乒乓球台等一系列既经济又实惠的"土"设施、"土"器材,构成了学生课间活动的伊甸园,学生们在老师的指导和合作下,玩得开心,玩得实在,欢乐的叫喊声不断在快乐园中响起。

校园文化一旦形成,踏进校园,就会给人以积极向上、生机勃勃、奋发有为的气息,这种氛围是项目学校整体精神面貌和教育水平的综合反映,也是一所 SDP 学校综合办学水平的综合反映。必须指出的是,校园文化建设是一项复杂而系统的工程,绝非朝夕之功,需要 SDP 学校办学者在校园文化建设中不断地积累经验,并逐步加以完善,最终形成具有本校特色并可持续发展的学校文化。

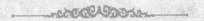

实施 SDP 是校长专业化发展的有效途径

宁夏教育科学研究所　王　萍

在现代教育中,校长作为学校的领导者、管理者和决策者,对学校发展具有决定性的作用。所以,著名教育家陶行知先生就曾说:"校长是一个学校的灵魂","要评论一所学校,首先要评论他的校长"。可见,校长在学校发展中有着举足轻重的作用。所以,建设一支高素质、高质量的校长队伍是全面实施素质教育的保障,也是促进教育可持续发展的基础。在现代教育中,校长为适应日新月异的教育发展形势,也必须走一条专业化发展的道路。但由于多种因素的影响,从我国校长的职业现状看,校长还没有达到专业化职业的水准,尚处于准专业阶段。这一情况,对教育和学校发展都不利,因为只有提高校长的专业化水平,才能推进学校教育的健康发展。此外,推进校长专业化发展,是我国新形势下学校教育发展的需要,如何以有效的途径、积极的方法、切实的措施来提高校长专业化发展水平,应成为当前教育发展中的一个重要问题来予以理论上的深度探讨和实践中的积极解决。

近年来,宁夏在执行"西发项目"'SDP/PTT'子项目中,坚持理论创新与实践探求相结合,以点带面与典型引路相配合,使 SDP 这一种管理理念与实践行为在宁夏 22 个县(区、市)、121 个乡(镇)、532 所项目学校中逐步得以实施、推广,有力地促进了这些学校校长的专业化发展水平并辐射其他学校,为宁夏基础教育造就了众多的优秀校长。因此,在实践反思基础上认真总结、科学提炼宁夏"SDP"项目中成功经验与做法并从中提取一些规律性认识,对改进当前校长专业化培训形式、加快校长队伍建设具有重要而积极的借鉴价值。

1. 提高校长规划学校未来发展的战略能力

　　——SDP 理论与实践的核心要求

　　在我国，长期以来学校校长的基本来源是教师队伍中的优秀分子，"好教师"成为校长是一种基本现象。但众多事实证明：一个好教师未必就是一名好校长，从好教师转变成为一名好校长是一个需要长期不断实践、学习、磨炼的过程。在普通中小学中，校长应既是学校的领导者、组织者、管理者，更应是学校发展方向、办学前景的规划者、引导者、实施者。但由于校长多从教师中来，他们常常较多关注教学管理、教师与学生管理，却时时忽略影响学校"愿景"——前进方向、奋斗目标，致使学校发展缺乏明确而科学的目标并进而导致学校发展目标不明、速度不快。

　　SDP 着力提倡并努力践行旨在提高校长规划学校发展未来的"战略家"的预见、预言和实施能力。在 SDP 项目中，要以极为精炼、高度概括的语言来展现学校在未来数年内的发展目标并调动广大师生员工、社区群众及相关部门中所有其他人员一致赞同、一同奋斗来实现的目标，这是项目实施的重点。而在提出、制订、修订并最终确定学校发展未来"愿景"时，就需要校长具备多方面知识：区域、国家教育发展的趋势，教育核心价值观与变革、创新，规划的基本要求和呈现形式，等等；就需要校长具备多方面的能力：进行战略性思考、分析问题，运用多种令人信服的方式制订并传达一种连贯的远景规划，激发并授权于他人以实施这一愿景规划，使所有人都能建言献策并乐于接受学校发展目标等等。就是说要制订出合乎教育发展规律、本校实际的发展规划，既需要校长的激情和远见也需要校长的理性和责任。同时，要判断在"愿景"、"远景"上架构学校美好发展理想在教育实践中能否有效、能否成功，与校长的认识水平、领导决断能力也有很密切的关系。为实施、实现学校的发展愿景，更需要校长付之于实践。显然，在这一过程中，校长当然地成为学校发展计划制订、实施、实现的第一责任人。作为第一责任人的校长，自然会在推动实现全体人员共同美好构想的过程中，也同步提高了自己驾驭学校发展全局、谋划未来目标的能力与水平。正因如此，SDP 的实施，才使宁夏众多校长站在教育改革的前沿承担的不仅是当前的，而且是国家、民族和每个家庭未来的使命的高度去发展学校，同时也发展了自己。

2. 提高校长组织协调多方力量发展学校的能力

　　——SDP 理论与实践的基本内涵

　　SDP 的理念与实践，不仅可以提高普通中小学校长谋划未来、勾勒愿景、向往美好明天并为之奋斗的能力，而且还可有效提高校长的管理绩效、改善管理作风、加强沟通协调等多方面的能力。因为在 SDP 的理念与实施、实践中，不仅要求校长是一个管理者、领导者，而且还要求校长是一个经营者、服务者和研究者。

　　SDP 立足于现代先进的教育理念与实践，视教育改革、学校发展是复杂的系统工程，要求校长必须调动全校教职工、学生、家长、社区成员及上级部门、教育行政领导的积极性。校长要有作为社会"调查者"、"活动家"、"演讲家"等角色意识及良好的团队组织能力，才能全面实施 SDP。一般来看，在 SDP 的理念与实践中，校长要具有如下三个角色意识：第一，要具有建立伙伴关系的意识。为了更好地实现 SDP 中所提出的学校发展愿景，校长必须具有建立伙伴关系意识。这一意识包括学校内部伙伴关系和学校外部伙伴关系。学校内部伙伴关系包括促进教师和员工团体之间的合作,学校外部伙伴关系包括与其他社区、学校、企业及社会服务组织建立起伙伴关系。这些伙伴关系应建立在寻求持续发展的长期目标并互为支持,以调动一切力量来推动学校发展愿景的顺利实现。第二,要具有促进学校发展的全局意识。在 SDP 的实施中,校长必须综合考虑、统筹解决教育目标、学校社会功能、教师专业发展、学生健康成长以及理想的师生关系和同事关系等各个方面,要从学校办学宗旨、学校管理目标到教师专业素养培养、学生个性张扬、校园文化建设等来"全局性"地提高学校发展水平。第三,要具有成为多方行家里手的意识。SDP 对校长的管理理念与行为有很大的挑战:它要求校长不仅是一个管理者,同时还是一个领导者;它要求校长不仅是一个领导者,同时还应是学校教育的服务者;它要求校长不仅仅是校长,还是教育家;它要求校长不仅仅要教书育人,言传身教,还要注重科研兴校,成为一名研究者;它要求校长不仅仅是一个教育家和研究者,在新时代还要成为一个决策者、经营者;它要求校长不仅仅是一个控制者和决策者,他还需要不断反思和超越;它要求校长不仅要加强自身的专业发展,还要为教师的专业发展搭建平台;它要求校长不仅要管理好校内事务,还要努力改善学校外部环境,实施开放的学校管理;它要求校长不仅要关注学校的生存与发展,更要着眼于学生的全面发展,努力激发学生的生命潜能,促进学生持续健康地发展……正是在这些多方面、多层次的要求下,校长才能多领域地提高自己的认识水平和发展自己的多方面能力,使自己成为通晓学校管理的"教育家"。

宁夏实施 SDP 的成果也证明,这一项目的探索实践、推广实行,可多方面提高校长组织协调能力。例如灵武市东塔镇回民小学,虽然是一所城郊学校,但在实施 SDP 的过程中,校长能够注意学校教育同社会实践、科技活动、艺术教育、课堂教学、探究性学习、教育科研的有机整合,并注意调动全体教师、社区成员的积极参与,与学生家长的大力支持以及社会各界特别是宗教界人士的鼎力相助相配合,形成了一股合力,使学校发展方向非常明确,取得了良好的教育成效与社会效应,校长也同步成为管理者、领导者和经营者、服务者与研究者。自然,这种现象并不是一所学校所独有的,灵武市白土岗子回民小学、灵武市三小、狼皮子梁小学、灵武二中、灵武回中等众多学校和西吉县、中宁县、中卫市城区等学校的校长都在项目实施中与学校获得了同步的发展,也有力地证明了 SDP 理论与实践在推动学校与校长发展中具有独特而明显的成效。

3. 促进校长树立以人为本的教育理念与行为的意识
——SDP 理论与实践的价值指向

在学校各项工作中,由于一切活动及其活动的目标都是集中指向于人的,因此校长树立以人为本的发展观具有特殊的意义与价值。SDP 的理论与实践,有利于推动校长树立以人为本的学校发展观。

这主要是由于 SDP 的理论与实践有利于凸显教师、学生的主体地位与目的地位。我们知道,以人为本"既强调人在社会发展中的主体地位和目的地位,又强调人在社会发展中的主体作用"。在"西发项目"的实施中,SDP 强调无论是校本研究与校本培训、课堂教学改革与课外活动开展、教师专业发展与学生成长,都必须"以人为本",即突出教师和学生在学校发展中的主体地位与主体作用。在宁夏推行 SDP 的学校中,我们可以时时、处处看到：全体教师既是学校教育改革与发展所实施管理的对象，同时又是推动学校发展改革的管理者；学生既是教育教学的对象，同时也是教育教学改革提高实施的主体。在SDP中，学校的所有决策、措施、策略正确与否，教育教学改革实施效果如何，都由学生的发展和教师的发展以及学校的发展作为评判，而校长的团队组织能力只有建立在以人为本的管理基础上才得以充分显现。相反，如果没有教师和学生及其社区群众的全面参与，学校发展与改革的实施将是一纸空文。

灵武市白土岗子回民小学近年来的发展实践也证明了SDP理念的实行与推广有利于凸显教师、学生的主体地位与目的地位，促进学校快速发展。这所学校处于灵武市山区，原属于一所薄弱的少数民族学校：生源少，质量低，教师不稳定，社区支持力度弱。2007年陈旭东在担任校长后，适逢灵武市全市推行SDP的理念与实践。在机遇面前，校长和学校领导班子决心一定要以项目为契机，改变学校的落后面貌，创办特色学校、优质学校。在陈校长的领导下，经过学校领导和教工代表、社区群众的共同商议，确定要以"教师发展为本"、"学生成长为本"来作为改变学校落后面貌、促进学校快速发展的突破口。在这一发展思想的指导下，白土岗子回民小学迅速行动起来。为突出学生的主体地位与作用，学校时时、处处都以学生为中心：为方便学生饮水，学校给每个教室都配备了暖壶；为在冬天保暖，学校在每间教室门上挂起了厚厚的棉门帘子；为调动学生自我教育的积极性，各个班级都由学生在教师指导下制定出了"班名"、"班训"、"班歌"；为彰显学生个性，学校利用校园围墙为学生设立了"涂鸦墙"。为凸显教师的主体地位与作用，学校在制订学校发展计划时积极发动全校教师出谋献策、集思广益，在实现学校发展目标时充分尊重全体教师的智慧创新。由于学校发展的内容贴近了师生的生活实际，全校上下人人热情参与、个个主动投入，白土岗子回民小学迅速发展起来，成为灵武、宁夏的"知名学校"，每学期都有多批区内、区外的校长、教师前去参观、学习。中宁县大战场中心小学也是一所农村学校，但这所学校以创建特色学校、突出校园文化建设为抓手，使学校特色鲜明、提高迅速，也吸引了包括银川二十一小在内的知名学校前去参观、学习。白土岗子回民小学、大战场中心小学的发展事实都给了我们这样一个信息：凸显学生在学校教育教学中的主体地位，充分调动教师的支持与配合，学校发展才能顺利推进。今天，SDP在宁夏教育领域已经名气不小了，只要说起SDP，许多教育者就会想起白土岗子回民小学、大战场中心小学等众多学校。而在白土岗子回民小学、大战场中心小学等众多学校中，众多教育者也看到了SDP在学校发展、校长提高、教师成长和学生成长中的积极而重要的作用。

此外，SDP的理念与实践也重视学校与社区群众的联系与沟通，这有助于提高校长拥有历经自身体验的"教育实践智慧"；SDP的理念与实践也强调要以教育科学来指导学校发展提高，这有助于校长管理水平的不断发展和与实践直接相联系的管理实践认识的研究能力、自我完善能力和专业态度与动机的发展。总之，校长的发展只有通过学校教育实践才能体现，SDP的理论与实践就为校长提供了这样一次机遇；而SDP的理念与实践也只有在教育实践中才能产生其效力，校长管理能力与水平的提高也为SDP作出了有力的说明。宁夏"西发项目"SDP子项目的实践有力地证明了中小学校校长的发展与学校发展有着密不可分的关系：校长的发展带动学校发展，而学校发展同时也促进了校长的发展。

参 考 文 献

[1] 褚宏启,杨海燕.校长专业化及其制度保障[J].教育理论与实践,2002(11):20—26.
[2] 方世南.坚持以人为本的科学政治观[J].武汉大学学报.2004(4).

实施 SDP 项目的几点思考

宁夏中宁县教育体育局教研室 王 琴

"西发项目"在中宁县的实施,由最初的移植克隆,到本土化、发展壮大的过程,可以说是"风雨之后见彩虹"。项目的相关理念,犹如打开了一扇窗,为学校发展带来无穷的活力与生机!

1. 社区参与学校发展

过去,学校是学校,社区是社区,充其量到教师节时,校长和村里、乡里联系,开个座谈会或一起聚聚餐之类。项目实施后,学校管理人员、教师走访社区群众,召开社区大会。最初,由于学校方面缺乏经验,定位不准,再加上人们认识不到位,认为学校要向自己"化缘",态度不很积极。经过学校、师生深入宣传,人们明白学校也是社区的学校,是在为社区发展提供更有力的保障,学校的发展离不开社区的关心与支持。学校发展管理委员会成员也充分发挥各自的优势,深入社区各层面,了解社区成员的思想、认识、想法,广泛宣传、动员、走访。学校多次召开社区成员大会,与社区坦诚相见,开诚布公地表明学校愿与社区共发展,为了共同的发展,大家群策群力制订学校三年发展规划,为学校发展献言献策,集资、捐物,出力……学校面貌有了极大改观。

2. 学校管理者参与学校发展

在项目正式实施之前,包括校长在内的许多教学管理人员感觉"世界银行贷款\英国政府赠款"的说法很拗口,而且总觉得说不准确,至于 SDP、PTT 这简简单单的六个英文字母确切的含意是什么,也不是很明晰。在参加了区、市培训,经历了国家级、省级专家的"头脑风暴"洗礼之后,校长们一提起"学校发展计划"、"参与式教学"还是有些晕,怎么办?教育行政管理部门、学校管理人员、教师群体多次碰头,理头绪、找症结,建言献策,拓展学习、培训的渠道,向网络、报纸、杂志要信息,向先行者、有成者观摩、取经。先囫囵吞枣地移植克隆下来,然后,再条分缕析地去粗取精,结合学校实际、教与学的实际,使其融入本土,生根、发芽……

2.1 制订学校发展计划

学校发展计划文本的制订,一改以往自上而下的被动执行计划的局面,基于学校特点、发展的需要，主动建构，自下而上制订。通过多次召开全校师生大会和社区大会，有的项目学校处于移民吊庄地区，社区成员对学校工作不甚了解，许多社区成员感觉学校做的工作比他们想象得还好，没有意见，更没有建议。学校管理人员、教学人员深入社区宣传、动员，通过印发宣传材料、办黑板报、发动学生动员家长等策略，使社区居民了解学校方方面面的工作，广泛征求学校成员（教职员工、学生等）和社区成员（家长、各行各业各个阶层人士等）对学校办学的建议，画出社区图，明确服务范围；绘制问题树，确定存在的问题和不足；梳理待解决问题的主次缓急……经过认真分析、审视、整理、拟订、公布规划草案，进一步征求修改意见，逐步完善，直到基本满意。

2.2 寻求多方支持办学

过去，学校基本都是"关门办学"，与外界的沟通和交流很少，很少想到积极主动寻求外部帮助。经过 SDP 培训后，校长们明白，要办学，办好学，除了依靠政府力量之外，还应积极主动争取各个方面的支持，多听取师生员工、家长和社区的意见和建议。"为了学校的发展寻求帮助和支持，不是丢人的事。"如今，项目学校校园的硬化、绿化、美化，围墙的修建与大量学校配套设施、设备的建设和购置，很多都是学校通过种种努力、多渠道筹措完成的。

有一个案例很有意思，和大家一起分享。石空镇某校接受了社区一位煤矿老板捐助的煤，解决了冬季取暖问题。冬天的一个清早，校长接到了煤矿老板的电话，请他"过来一趟"，当时心下暗忧："大概是催要煤款呢！"，校长心情沉重地去了，结果，是老板和他商量如何给学校拉运剩余的煤炭，校长如释重负，心生感激！

项目的实施使校长们积极寻找制约学校发展存在的问题，学会调动学校、社会各方面的有利因素解决这些问题，求真务实，多方探索，充分挖掘学校自身的优势，以寻求发展。增强了校长们改变学校薄弱面貌的信心，学校教育教学管理水平明显提高。

3. 师生参与学校发展

项目实施以来，学校的整体面貌变了，校长的管理理念和管理模式变了，师生的精神风貌和行为也变了。过去，学校怎样办、办成什么样儿等问题，教师们没想过，也不愿想、不必想，"那是校长的事儿"；教师怎样教、教什么，学生们没想过，也不敢想、不必想，"那是老师的事儿"；学生们学什么、如何学，老师们不用问，也不必问，"教什么就学什么，学会就行了呗！"如今，大家觉得自己是学校、班级的主人，主人翁意识与日俱增，校长信箱、悄悄话信箱等给师生温馨的关爱和尊重，"我给校长提建议"、"我为学校发展献一策"、"老师，我想对您说"活动的开展，彰显学校成员的权利与责任。"校园处处能育人。"学校注重创设育人氛围，墙壁、黑板、花花草草、提示语……"叫花草含情"、"让墙壁说话"的校园文化和班级文化的建设，在耳濡目染中浸润学生的思想，丰盈学生的心灵。师生参与学校事务，参与教学改革，参与教学活动，成为内需，在参与中体验快乐的滋味儿，在参与中品味成长的愉悦，在参与中追寻成功的欣喜！

在项目实施的过程中，从学校到教育行政管理部门一班人，和过去相比，的确吃了很多苦，受了很多累，遭罪也不轻，到现在，一提起项目"当初"、"开始"实施情形，大家深感个中滋味，"一言难尽"！

在项目实施过程中，我们先确立试点学校来牵头领航，摸索探究，及时查找问题与不足,总结、交流经验,进而以点带面,分层稳步推进。力争一步一个脚印走得稳健踏实,而不好大喜功,贪多求快。在项目学校良好运行的基础上,明确了今后要将这种理念和模式逐步推广到全县的工作思路。在"参与式"教学理念渗透在课堂教学过程中,我们仍然审时度势,集体研讨,使之与新课程理念交融,以能调动学生积极性和参与热情的学科或教师为领头雁,以小班额为基点先行,然后逐步渗透到其他学科、教师中,并积极探索大班额参与式教学的特点与规律。并在大面积调动学生参与度方面下工夫,避免走入"赶了趟儿、学了样儿、丢了本儿"的误区。

总之,SDP理念可以使学校与社区走得更近,鼓励社区和学校共同承担办学的责任,开发利用潜在的教育资源。通过大量的学习和培训,将新理念、新技能、新的教学模式引入校长的思维体系之中,产生"头脑风暴",使他们原有的办学理念、管理理念、思维方式有较大的突破,进而提高他们的管理能力,再通过他们去推动中小学校管理的改革和教育教学质量的提高,最终促进项目试点学校办学理念的转变、教育教学质量的提高,促进学校全面发展。

随着项目学校工作的深入,必将形成以项目学校带动全县发展的强劲势头,既可以充分发挥项目的效益,也可以对我县降低中小学校辍学率,落实弱势儿童受教育权,实现教育公平和均衡发展以及普及九年义务教育起到积极的推动作用,为中宁县"两基"迎"国检"和创建"教育强乡镇"、"教育强县"奠定坚实的基础。

SDP实施中教师民主参与学校管理的思考

宁夏银川市西夏区教育局　　杨馨凤

宁夏回族自治区"西发项目"学校发展计划(School Development Planning,简称SDP)子项目在宁夏部分中小学实施两年多来,转变了校长的管理理念,转变了学校的办学理念,形成了以学校发展计划为核心的新型管理模式,使学校朝着民主、科学、规范的方向发展。反思SDP的核心理念,主要是在管理上体现广泛的民主性和参与性,特别是广大教师积极参与学校的管理,充分发挥广大教师的创造智慧,体现在学校管理中的主体作用,本文就学校在实施SDP过程中,如何充分调动教师的积极性参与学校的管理谈谈自己的一些思考。

1. 建立教师参与管理的有效机制,促进教师积极参与学校管理

SDP强调的是在学校层次,通过自下而上的方式广泛征求学校所在社区、学校人员的意见,广泛收集教师的建议;通过分析学校的现状、存在的问题,明确优先解决的问题,使社区和教师共同参与发现学校面临的问题和需求,找出解决问题的办法,明确学校今后的发展方向和目标;促使学校管理朝着民主、科学、规范的方向发展。这一策略明确了教

师参与学校的管理、在学校发展中的重要作用。在制订、实施和评价学校发展计划的每一个细节时，教师是学校管理委员会的重要成员，并参与学校的各项管理，要高度重视每一位成员自身所具有的实践知识、个人知识，要广泛倾听他们的声音，采取有效手段，确立全体教师能够达到的共同愿景，建立一套教师参与管理的规章制度，调动教职工广泛参与学校发展计划，形成学校的组织凝聚力。

1.1 在参与中体现"生成性"，使教职工共同参与，达到目标

SDP是需要教师和各方面的人士共同落实的，如果没有他们的参与，就很难得到广泛的社会支持。全员全程参与，是制订学校发展计划的关键。在制订学校发展计划中，教职工要全员参与，通过不同层次的分组讨论，逐步归纳意见和建议，由此形成规划的具体内容。在技术措施上，包括思想发动与准备、召开教职工大会、分组讨论、意见归纳等。还可以在一个学期结束的时候，从总结自己的工作、分析状况入手，以办学思想讨论为铺垫，总结一个学期的工作，在总结的基础上组织讨论，每个人对学校发展进行展望，对自己的工作进行分析，提出学校发展面临的形势，主要的机遇与挑战，对学校未来的期望，分析自己的工作与学校发展的关系等，将这些讨论归纳并形成意见和建议，形成共同的目标。

这种方式，一方面增强了学校管理决策的民主性和科学性，另一方面，也增强了教师的责任感，激发他们的主动性和创造性，使他们充分意识到自己就是办学的主体，树立"校兴我荣，校衰我耻"的意识，从而为学校的发展积极建言献策。

1.2 建立教学督导团，参与学校重大决策

学校通过制订SDP有助于教师思想观念的转变和能力的提高，使学校管理朝着民主、科学、规范的方向发展。为此，学校建立老中青教师组成的教学督导团，参与学校的重大决策和管理，反映广大教师的心声。如：定期召开年级组会议，对学校各方面的管理提出意见和建议；设立中层干部助理和校长助理等职务，使更多的教师参与到学校管理中来；定期民主测评，了解领导在教师心中的地位，以便更好地改进工作。围绕教师关注的热点问题，如评价、职称晋升、财务收支等，建立公正、公开、透明的管理制度，健全和落实教代会、教务公开制度，给予教师知情权、参与权和监督权。教代会代表要民主选拔那些业务能力强，有创新精神的人才参与，而不是领导指定，在评优选先以及职称评定等一系列工作中，要组织全体教师参与，进行民意测评并当场宣布，以显示其公平性。全力营造融洽、和谐的人际关系和民主平等、团结尊重的校园环境。

1.3 建立校务公开制度，增加透明度

如"校务公开重大问题建议书"、"校务公开重大问题报告书"、"校务公开重大问题整改通知书"、"校务公开重大问题责任追究建议书"，如"真正发挥工会相对独立的作用，使其成为教师的娘家"，"加强监督机制，建立由教师成立的学校工作监督小组"、"定期开展活动，开展民主管理宣传"、"校务会让教师代表参加"，成立工会组织、召开教代会，这是学校民主管理的积极做法，把这些制度真正落到实处，这种参与式管理能够给教师更多的参与学校决策的机会，因而能够做出比较民主、质量较高的决策，使学校管理更加民主化。

2. 唤醒教师参与管理的内在动力，激发教师的智慧和激情

SDP强调教师积极参与学校的管理，增强教师参与学校管理的意识，提高参与管理的能力。在宁夏全面实施SDP的今天，要想提高学校的办学水平，鼓励教师承担起改善学校的责任，就要激励教师参与学校管理的积极性，保证SDP得到科学有效的实施。

2.1 在教师参与学校管理中引入公平机制

建立一套人才培养的体系,确立教师专业化发展的现实氛围,尽可能为教师发展搭建专业化发展的活动和实践,营造有利于教师参与管理的舆论氛围。学校领导在学校发展过程中,向教师明确重点工程,如队伍素质提高、学校文化建设、课程教学创新、学校品牌建设,确立推进策略,如目标管理、外部支持、校本开发、科研引领、抓住机遇、超越发展等学校应努力营造有利于教师、特别是优秀教师发展的环境,满足教师发展的需要。

体现在学校对教师的管理上,主张通过制订和实施"教师个人发展计划",将个人的职业发展目标与学校发展目标结合,形成结合学校发展需要的教师发展目标及其行动方案,要求教师按照个人发展计划不断实现专业能力、专业精神、职业道德的提升,而学校则要尊重教师个人发展的自主权,从而实现教师的自主发展;激励教师思考学校的使命、教育价值观、学校的定位、发展的目标,抓住甚至创造一切有利于学校发展的机遇,就是要确立教师的主人意识,学校的管理者要和教师建立一种和谐的关系。

2.2 坚持刚性制度约束与人文管理和谐统一的管理原则

学校改变单靠"硬性"的行政指令要求教师完成教育教学任务的做法,在依法依规、坚持原则的基础上,把各项任务、要求和教师的态度、情感、利益、发展的需要结合起来,以公平的信念创造各尽所能、各得其所的激励和分配机制,建立教师业务档案、教育教学效果评价方案、课改方案等。支持教师学历进修,选送教师参加业务培训,给教师乐业的空间、发展的空间、创新的空间。鼓励和支持教师规划学校未来,教师主人翁意识增强,自觉地把自己和学校的发展紧密地结合在一起。自然会自觉自愿地参与学校的管理。

2.3 在教师参与学校管理中引入激励机制

SDP倡导教师参与学校管理决策,教师不仅是被管理的对象,更应该是管理的主体,使他们由被动接受管理转为主动参与管理。所以调动教师参与管理的积极性、主动性是学校人力资源管理和开发的永恒主题。这有赖于对教师进行有效的激励,激励作为一项管理职能,是管理者遵循人的行为规律,通过设计和运用多种有效的方法和手段来激发、引导、保持和规划组织成员的行为,最大限度地激发成员的积极性、主动性,以有效地实现组织及其成员个人目标的系统活动。美国哈佛大学教授威廉·詹姆士通过研究发现,在缺乏激励的环境中,人的潜力只发挥出一小部分,即20%~30%,但在良好的激励环境中,同样的人却可发挥出潜力的80%~90%。因此,使教师始终处于良好的激励环境中是人力资源管理与开发追求的理想状态。激励的核心就是竞争和回报。在同学科教师之间进行教学竞赛、教学质量的竞争;班主任之间进行班风、班级管理效果的竞争,这种竞争不能流于形式,要对教学质量高、教学效果好的教师给予精神鼓励和物质奖励。有效调动教职工教学和工作的积极性和创造性。

2.4 在教师参与学校管理中要做到知人善任

美国通用电气总裁杰克·韦尔奇就提出这样的口号:"人,是我们最重要的资源!"知识经济时代是人本管理,追求的是人力资源的开发和利用,把人的潜能发挥到最大。学校管理的核心是"人",而管理的重要任务就是用人,学校要形成良好的用人机制,充分发挥每个人的聪明才智,对人才合理组合,使其各尽其能,各尽其用,让合适的人在合适的岗位上工作。一方面,学校必须特别重视骨干教师的进一步成长,重视他们对其他教师的影响力,采取有效措施激发骨干教师的士气,激励他们保持最佳的业绩,为其展示创造平台,让他们的个性得到充分的表现和发挥,一个教师只有得到领导公正的评价,才能保持良好的心态,积极主动参与管理工作。另一方面,就是要充分发挥这些骨干教师的带头作用,带动其他教职工的积极性、主动性和创造性,以期提升整体队伍的素质水平。因此,作为校领导,要深入了解每个教职工的能力、才干、个性等方面的特点,充分发挥每个教职工的专长,从根本上调动他们参与制订学校发展计划的意识和能力。

3. 为教师提供参与管理的实践机会,发挥教师的主动性和创造性

教师参与学校管理的形式和途径应该是多元的,学校应该为教师参与管理搭建各种舞台,提供各种机会,并在不同的层面、以不同的方式为教师参与管理营造一个广阔的空间。开展"学校未来发展规划设计比赛"、"学校创名牌办特色方案征集"等,另外,还要充分运用网络,开展一系列的教师参与管理的活动。如进行学校管理网上民主评议;开辟为学校发展出谋划策的绿色通道。建立校长信箱,校长信箱对收到的信息要立即处理,不能立即处理的要及时向教师说明情况,使教师参与管理的权利落到实处。

教师还要提高参与管理的能力。事实上,教师参与学校管理的实效很大程度上取决于教师参与的主动性和积极性。因此,要培养教师的责任感和主人翁意识,提高教师的参与意识。使他们真正参与到学校管理中去。作为教师,必须培养自己的责任感,提高自己的主动参与意识,还要勇于实践,敢于创新,敢于为学校的发展建言献策,提出合理化的建议,为学校发展设计规划未来,为学校的发展和学生的成长贡献自己的聪明才智,同时也为教师自己的成长和发展寻找机会,使教师在学校大环境中与学校同步发展。

4. 实行民主化管理,营造教师参与管理的良好氛围

SDP 的核心理念是民主化管理,所以在学校管理中,要体现广泛的民主性,学会共同决策。民主管理是民主建设的一个目标,但也是管理的手段。共同决策是民主的体现,也是管理效率的要求。学校的许多重大问题,需要团队力量进行决策才会有效。制订和实施学校发展计划,要求在学校内部坚持自下而上,要求民主参与,通过群众的广泛参与和讨论在学校内部形成学校发展的目标,有利于凝聚人心、达成共识,这样的目标和措施可以最大限度得到教职工的支持,能够增强凝聚力、调动教职工落实学校规划的积极性。国际教育研究的一条重要结论就是,任何教育改革如果没有教师的理解和积极参与都是难以达成预期目的的。校长是一个学校的灵魂所在,校长与教师的关系直接关系到教师参与管理的程度。现代学校管理必须以人为中心,学校管理者要了解教师的需要,理解和尊重教师的劳动,尊重他们在学校各项工作中的主体地位,充分认识、正确估计他们的作用。从内心上去激励教师参与的主动性和积极性,而不是用过程和形式去限制他们主动性和创造性的发挥。在一次校长论坛上,一位国内的校长曾经问哈佛大学的校长:"请问你是如何管住教师的?"哈佛校长听了很吃惊:"你为什么要管住教师呢?"这个例子充分说明了国内外学校管理理念的差异。有学校在学校管理中,加强管理和控制,建立各种规章制度和流程,管理规范了,但学校没有了活力,教师工作没有了动力。学校建章立制的目的不是为了约束人、管制人,而是要通过制度来解放师生的思想,引导全体教师的行为,并开发教师的潜能。只有这样,制度才能显示出应有的作用,才能真正尊重教师的发言权,最终激发他们参与的欲望和建言献策的动力。管理者还要全面、发展、辨证地看待教师,承认教师的客观差异,公平调控差异。以尊重人、激励人、关爱人、发展人为前提,为每个教师的智慧和才能的发挥创造机会和条件,营造平等、友爱、融洽和谐的人际环境,创立民

主、积极向上的学习气氛。

因此,要真正实行民主管理,作为领导,还要尊重教师,把教师放在与自己平等的地位,还要凸现人性管理,增强对教师的情感关注。把"管理教师"变成"教师管理",教师一旦有了当家做主的意识,就会全身心地投入到学校管理中,为学校的改革发展出谋划策,明智的学校管理者在制订学校发展计划时,应与教师一起确立一个共同愿景,并努力培植一种文化,增强学习力和竞争力,让这种积极向上的力量去调适和凝聚学校的文化,促进学校管理体制的有机形成和有序发展,实现学校的健康、和谐、可持续发展,这才是 SDP 的思想内涵。

学校发展计划的关键是促进学校内涵发展

宁夏教科所　禹晓成

学校发展计划通过世界银行贷款、英国政府赠款项目引入宁夏以来取得了可喜的成果,推动了一大批农村学校的发展。在取得成绩的同时,有一些问题也值得我们思考。

1. 问题的提出

学校发展计划是引进的关于学校管理的理念、方法,实施过程必然要经历从摸索到逐渐成熟的阶段。一些学校在借鉴、模仿中出现"形似"而"神离"的现象,一些学校为保持学校发展计划的"原味",囿于书本或文字材料介绍的理论、概念,忽略了学校实际情况;也有一些学校急于求成,使工作表面化、肤浅化。因此,学校发展计划如何使学校得到实质性可持续发展成为大家普遍关注的问题。

怎样才能实现学校从根本上发生可持续的变化呢?选择内涵式发展无疑是当前中小学发展必然的选择,因此学校发展计划应当围绕学校内涵发展展开。所谓内涵发展,基本可以这样理解:内涵就是内容、实质,与形式、外在、表象相对,学校内涵发展就是指学校发生的实质性、根本性的正向变化,例如,硬件条件、外部环境变化相对于学校"软实力"建设,注重学校物化形态的成果及"升学率"等的教育外在目标相对于追求学校文化、精神文明建设,模仿式的雷同发展相对于创造性的特色发展,都可看做内涵发展相对于外延发展。只有本质的变化才能对学校的发展产生深远的影响,才能实现持久的发展,从这个意义上讲,内涵发展与可持续发展具有同样的含义。

2. 学校发展计划以内涵发展为核心的必要性

2.1 学校发展形势与趋势的要求

从当前中小学校发展的状况来看,追求内涵发展成为学校发展的趋势,主要体现在以下几个方面:

一是农村中小学校的校舍、校园环境、教学仪器设备、图书资料等硬件条件与过去相比有了较大的改善,随着教育投入的增加,学校公用经费的紧张局面得到了缓解,教育发展的政策保障日益健全,学校发展从关注教育外部条件转向教育教学自身。

二是随着义务教育普及工作的扎实推进,义务教育普及程度显著提高,义务教育数量发展已接近或达到临界点,广大教师和教育工作者花在"两基"工作上的时间和精力发生转移,更加专注于教育教学,学校工作重点从追求数量发展向全面提高教育质量转变。教育在个人成长、社会发展中的作用越来越重要,家长、社会对教育教学质量十分重视,提高教育质量成为当前最紧迫的任务。

三是随着素质教育的深入实施、新课程改革的不断推进,教育管理者和教育教学实践第一线教师的管理与教育理念得到了提升,如何将这些先进的理念付诸教育实践,把理论真正与学校日常工作相结合,把新的教育思想转变为教师的课堂教学实际行为,成为目前学校面临的任务。

四是通过学校布局调整、优化教育资源等一系列举措与政策的实施,一批规模较大的农村学校逐渐形成,学校事务由简单变得复杂,要求学校管理需要从粗放的管理向精致化管理转变,经验性管理向系统科学的管理转变。从单一的制度管理向"文化"管理与制度管理等相结合多元化管理的方向发展。

以上学校的发展形势与趋势都体现了内涵发展的要求,因此实现内涵发展成为学校发展的必然趋势。

2.2 学校发展计划自身的要求

学校发展中遇到的矛盾和问题很多,学校发展计划不能解决学校所有的问题,因此,有效的学校发展计划应当指向学校发展的主要矛盾。制订学校发展计划常用的问题树法、排序法、SWOT(态势分析)法都要求抓住学校发展的主要矛盾。学校之所以有别于其他社会组织,就在于其构成要素有着显著的不同。正是由于课堂这样一个学校最基本、最普遍的细胞的存在,由于课程这样一个独特形态的载体存在,由于教师与学生这样的人物角色和特定行为的存在,才使得学校成为一个特别的组织。学校发展就是要抓住四个方面课堂、课程、教师与学生。

综上所述,学校发展的趋势和学校发展计划实施的内在要求决定学校发展计划要指向学校内涵发展。

3. 学校发展计划促进学校内涵发展的策略

3.1 学校发展计划要以课堂、课程、教师及学生为主要内容

课堂教学是学校的主阵地,不涉及课堂教学的发展计划是不完整的计划,没有引发课堂教学行为变化的学校发展是肤浅的。学校需要把焦点对准课堂,借助于课堂教学改革,把教学理念转化为具体的课堂教学行为,不断更新课堂教学的方法与形式,提高课堂教学的有效性和质量,真正实现"内涵"发展。课程是学校施教的载体,是师生相互作用的中介,在学校改革与发展中占据着举足轻重的地位。学校发展离不开对课程的深入探究和具体实施。从素质教育的实施和新课程的推进来看,关注学校层面的课程十分重要,学校课程如何落实新课程的理念和素质教育的要求都是当前学校面临的任务。

教师是影响学校发展最关键的因素。教师队伍的管理与教师专业成长都与学校发展紧密相连。学校发展计划对教师专业发展给予较高的关注。学校要创设种种条件,为教

师的专业发展提供保障,学校要有意识地对教师参与课堂教学改革的方式进行设计。例如,教研活动如何展开,教师教学反思通过哪些方式进行,教师经验交流如何落实。在考虑每个教师发展的同时,还要考虑如何在学校中建立起一支素质优良、结构合理的教师团队,通过团队合作,建立一支胜任学校改革与发展任务要求的教师队伍。管理好教师队伍同样重要,通过科学有效的管理为教师创造良好的工作环境,充分调动广大教师的积极性。

学生发展是学校发展的落脚点与归宿,如何实现学生的全面、主动发展,怎样走进学生心理世界,理解学生的文化特征,体验学生生存状态,把握学生的生活方式,使课堂更能激发学生的创造热情和主观能动性,使课程更能贴近学生的实际需求,使德育更有针对性和实效性,这些都是学校面临的问题。

3.2 学校发展计划要把管理创新放在首位

高效、良性的运行机制是学校发展的必要基础与前提。学校发展计划是一种学校管理理念与方法,因此,转变传统管理理念,实现管理创新是学校发展计划的核心任务。学校管理要秉承学校发展计划民主的、开放的、全员参与的管理理念。科学、民主及认同度高的制度是学校管理的基础。学校需要从自身实际出发,建立健全一系列科学、民主及认同度高的规章制度。在践行学校发展计划理念的同时,要不断创新学校管理方式、方法,提高学校管理水平,实现管理上的内涵发展。

3.3 学校发展计划要实现学校文化重建

学校文化是影响发展的重要因素,同时也是学校内涵发展的重要标志。重建学校文化是学校建设的主要任务,学校发展计划的实施最终要带给学校一种新的文化,通过学校文化的重建实现学校各方面的变革与创新。学校文化的核心是全校师生共同认可的价值观和信念。学校文化主要表现在物质、制度、精神等几个层面。具体可分为班级文化、教师文化和学生文化等,主要指的是学校师生在长期工作、学习中形成的思想观念、行为方式和习惯。例如,学校同事之间的关系、教师之间的交流、学校的研究气氛、学校与社区关系、学校的管理规范、学校活动、学校改革、学术的气氛等。

学校发展计划的实施本身渗透着民主、参与、关注弱势群体等思想与理念,这些观念的引入对故有的学校文化就是一种冲击,本身就在构建一个新的价值体系。在制订和实施学校发展计划的过程中还要有意识地吸纳先进文化的因素,在学校物质、制度、精神等层面建构师生共同认可的符合现代教育理念的价值体系,从而使学校更加具备凝聚力。例如,使学校同事之间的关系更加和谐,教师之间形成良好的合作交流氛围、学校与社区关系更密切、学校的管理更人本化、学术的气氛更浓等。

3.4 学校发展计划要把教科研放在突出的位置

学校"软实力"建设是学校发展的动力,教育科研是提升学校"软实力"的重要途径。学校要获得发展就需要高度关注学校教育科研,通过科研为发展定位,明确发展的路径,理顺发展的关系,探索发展的举措。

在学校发展计划制订和实施过程中,不能轻视学校教科研,要形成"科研兴校"的局面,以校本教研为主要方式,以问题研究为导向,解决学校自身发展问题,关注当今教育实践中的重大问题和热点问题,通过教科研推动学校发展。

3.5 学校发展计划的评估要把是否推动学校内涵发展作为一项指标

评估对学校发展计划的实施具有十分重要的推动作用,评估的标准是项目实施的直接目标,具有很强的导向功能,把是否推动学校内涵发展作为一项指标,可以有力地促使学校发展计划指向学校内涵发展。

总之,内涵发展是学校发展的趋势和内在要求,学校发展计划要从复制、模仿、继承逐渐转向创造性发展,以解决制约学校发展的关键问题为导向,抓住学校教育工作的主要矛盾,注重管理创新和学校文化建设,以是否实现学校内涵发展为主要评价标准,紧扣学校内涵发展,从根本上促进学校持续发展。

让文化的"和"风吹拂校园
——对 SDP 管理理念的践行

宁夏中宁县大战场中心小学　刘明星

学校通过什么来培养人?教师、课程、教学资源,似乎都有关系,而归根结底是靠文化来育人。一所学校对学生影响最深最大的,不是某一学科的教学,某种知识的传授,而是学校文化。学校文化的培育和创新,应该成为校长治校的重要使命。

1. 在水一方——让学校精神文化的旗帜在校园里猎猎飘扬

学校的精神文化是指学校的文化性格和精神理念。其内容构成大致有:学校的核心价值观、学校战略定位、学校精神、学校使命、校训、教育理念、管理哲学、发展愿景等。今年我们根据学校发展计划(SDP)的理念,结合我校的实际,通过反复讨论和酝酿,明确了学校的办学思想和追求,提出了一系列的办学理念,为学校的发展绘就了蓝图。学校以"地瘦多栽树,家贫勤读书"为校训,倡导"同心、同行、同乐"的校风,践行"朴实教学、精敬业业、乐融于群"的教风,树立"勤奋、善学、多思"的学风,坚持"校风育人、精致管理、追求卓越"的管理理念,坚持"心心相印、以诚相待、用心做事"的工作作风,打造"团结奋进、自强不息、永不言败"的大战场中心小学精神,致力于把学校建设成为"充满关爱的和谐校园,文化浓郁的书香校园,关注生命的人文校园"。在描述所追求的理想校园和学校发展愿景时我们这样写道:"在我们的校园里,书声琅琅、笑声盈盈、歌声阵阵。在我们的校园里,人人都能感受到一份爱,人人都得到尊重,人人都享有机会,人人都获得成功。在我们的校园里,师生一起追求真知,奉献爱心,实现自我。一起感受欢乐和成功,充满着感激,滋长着眷恋,涌动着激情。让孩子们在大战场中心小学的学习生活成为他们童年最好的回忆。让学校成为我们师生共享的精神家园,努力向'管理有特色,教师有特点,学生有特长'的方向迈进,争取在三至五年内把学校建设成为全县乃至全区一流的农村小学。"

2. 奠基人生——构建富有草根气息的养成教育文化

1978 年 1 月,年度诺贝尔奖获得者在巴黎聚会,有人问一位获奖者:"你在哪所大学、哪个实验室里学到了你认为最重要的东西?"出乎意料,这位白发苍苍的学者回答说:"是在幼儿园。"又问:"在幼儿园您学到了什么?"这位老人平静地回答道:"在幼儿园我们学到了自己的东西分一半给小伙伴,不是自己的东西不要拿。东西要放整齐,吃饭前要洗手,做错事要向别人表示歉意。"这个故事告诉我们,从德育的底线抓起,从最常规的习惯抓起,这是提高德育实效的一个极好支点。

2.1 大行践始——养成教育从最平凡、最普通、也是最容易被人忽略的地方抓起

把每一件简单的事情做好就是不简单,把每一件平凡的事情做好就是不平凡。我们从学生的早操、早餐、午休、放学路队抓起。有时候不起眼的小事,却往往决定着我们事业的成败,就拿早餐来说吧,在农忙的季节,大多数孩子都是空着肚子来到学校,上完两节课后,已是饥肠辘辘,试问我们的第三、四节课还有质量和效益吗?针对这种状况,夏季把检查学生带馍馍和水作为学校常规工作,班主任早操后,首先检查的不是家庭作业,而是检查带馍馍和水了没有,并和孩子一起吃早餐。通过一个学期的坚持,孩子们的面色红润起来,课堂上精神也专注了许多。在炎热的夏季,孩子们吃完午饭很早就来到了学校,考虑到午休期间安全问题,以及老师和学生中午得不到很好的休息影响下午两节课的质量和效益问题。我提出加强午休管理,让学生养成午休的习惯,有一部分老师认为农村家庭很少有午休的习惯,让从来没有午休习惯的1000多名孩子都在家午休,是很难做到的,我说只要认准了是值得做的事情,并下决心用心去做,一定会有成效的。我们通过和家长签订午休期间的安全协议等一系列措施后,往日中午闹哄哄的校园终于安静了下来,仿佛也和孩子们一道进入了梦乡……由此带来的变化是,下午的课堂教学效益明显提高。另外早操后进教室时,要求学生养成跺跺脚习惯,以免把操场上的尘土带进教室,下课走出教室时让学生养成把凳子放在课桌下面的习惯,方便同学出入,也避免桌凳损坏。见到老师和来访的客人要养成主动问好的习惯,有一次,教育厅的领导到学校检查工作,干净整洁的校园和孩子们一声声稚气悦耳问好,他们赞叹不已,感慨地说没想到腼腆的山区孩子竟如此彬彬有礼,落落大方。

2.2 持之以恒——养成教育因持守而美丽

养成教育贵在持之以恒,长期坚守下去就成了一种功夫,一种文化。有一次,放学时正好下着大雨,所有的班主任都无一例外冒着大雨把学生送过马路,看到这个情景使我很感动。在一次教师会议上我这样讲到:"把学生路队送过马路一次,很容易做到,难能可贵的是,每天两次,风雨无阻,天天把学生送过马路。我用感激而敬仰的目光注视着您在雨雾中的高大背影……"无论有多忙,我也一直坚持和班主任老师一起,在放学时送学生过马路,当孩子们转身感激地挥手说再见时,当看到他们已经养成习惯,路队整齐,歌声嘹亮,走在街道的两旁,群众交口称赞时,心头由衷地涌动着一些感动和自豪,养成教育因持守而美丽动人。如今当每一个清晨,看到孩子们口令响亮精神振奋地上早操的时候;当放学时看到孩子们排着队、唱着歌整齐地走在街道两旁,家长啧啧赞叹的时候;当看到孩子们能自觉弯下腰捡起校园里的废纸的时候;当看到他们神情庄重地排成一条长龙,为无钱治病的伙伴捐款的时候;当走在干净整洁的校园里听到一声声稚气的问候,看到一张张灿烂的笑脸的时候,尽管工作很苦很累,但也感到一丝安慰。

3. 春风化雨——让德育文化浸润孩子的心灵

德国有一位诗人曾说:"人是要诗意地栖息在大地上。"我想我们的德育,我们的儿童教育,就是要求真、求善、求诗意。德育教育要营造一种氛围,也就是我们所要强调的德育文化。德育,究竟拿什么才能占据了孩子的心灵,如何才能把德育做到孩子的心里呢?

3.1 润物细无声——让文化上墙,更要让文化下墙

要让墙上各种标语牌上的深刻思想渗入学生的精神生活,引起相应的感受,那么标语牌上语录的思想必须与学校一个阶段德育教育的主题相联系,更要联系学生所面临的生活实际,只有这样这些言论才会进入学生的心灵。如在"做一个让人尊重的人"的主题教育活动中,在墙上的标语牌上写上这样的语录:"即使你穷得只剩一件衣服,你也应该把它洗得干干净净,让自己穿起来有一种尊严。——印度佛教复兴之父安贝卡。""我怕穷,也怕展示穷,同情不是最重要的,苦难并不是博得别人同情的资本。最重要的还是奋斗,改变才是最重要的。你穷,人家同情你,但是倘若你一直穷下去,别人是不会同情下去的。""不管我们生活得多么粗糙,我们也要活得骄傲。我们生活不必取决于别人的眼光,但至少必须活得别人眼中有我。"对于生活在贫困吊庄地区的农村孩子来说,这些话也许会影响他们的一生。

3.2 "锄草和种庄稼"——德育重在建设、引导、激励和唤醒

要除掉学生心田中的杂草,用铲子铲、用火烧、斩草除根都不行,只有在学生的心田里种上"庄稼",让美德占据孩子的心灵。同样我们认为,德育要抓出实效,重在建设、引导、激励和唤醒。

3.2.1 "表扬与批评"栏

为了培养孩子们的良好习惯,让孩子们摒弃不良的行为习惯,我们设置了"表扬与批评"栏。并写上这样的前言:亲爱的同学们,我们每个人都有一颗向善的心,从心底里都想做一个好人,做一个有良好修养的人,做一个受人尊敬的人,做一个气质高雅的人。现在把那些受人尊重的名字和没有养成的好习惯违反了校风校纪的人的名字连同他们所做的事一同写在这儿,希望经过这里的同学都能驻足在这儿看一看,从而受到启示。下面是2007年11月15日的一份表扬稿上这样写道:"本周一(3)班的苏强、马兴强中午放学时,弯腰捡起校园里的纸片,他们蹲下来身影是那么的可爱、动人。他们用实际行动教育着那些向校园乱扔废纸、果核的人。让我们向他们学习!要以乱扔垃圾为耻。"

3.2.2 感动人心的话语——潜移默化尽在其中

为让孩子们受到人类高尚精神的感染,让他们的心灵受到震撼,做一个高尚的人。我们设置了"感动人心的话语"栏,坚持每周换一期,并写上这样的前言:亲爱的同学们,请驻足读下面这段话吧,如果你能读懂这段话,并从心里面感觉到这段话说得好,让你受到了启发和教育,那就请把这段话摘录到你的笔记本上,铭记于心,并去努力践行。如在开展"我爱妈妈"的主题教育活动中,在"感动人心的话语"栏写上:"母亲给了你生命,向你揭示了世界,让你的口舌会说祖国的语言,她关心你的健康,她希望你成为幸福、诚实、勇敢的人,你要爱护你的母亲,照顾她的身体,不要辜负她的期望,不要给她的生活增添任何的烦恼,要做一个能使母亲为你骄傲的人。"

3.2.3 童谣文化——踏歌而知,踏歌而行

寓行为习惯教育于童谣中。童谣是飘着乳香的文化,寓行为习惯教育于童谣中,让孩子唱着童谣长大,这是智慧而诗意的选择。在对刚入学的学前班小朋友进行入学教育时编歌传唱,"小纸片,地上躺,小朋友,弯下腰,纸片纸片快快起,我送你去垃圾箱"。在国旗下宣誓,对学生进行爱国主义教育时诵读童谣:"我问老师——爱祖国从哪里做起?老师告诉我——从上课认真听讲,从操场上游戏,从爱护一桌一椅,处处都要为集体增添荣誉。因为只有这样的人,长大了才能为祖国效力。"在开展向不文明行为宣战主题教育活动中编歌传唱:"说脏话,不文明,破坏友谊和亲情。脏话使人不团结,我们坚决杜绝它。"同时我们开展了童谣征集大赛,鼓励学生、教师、家长一起参与,我们精选了100多首童谣,编辑成册,作为学校行为习惯养成教育的校本教材。

3.2.4 早操文化——一道亮丽的风景

在此节录一段我在会操比赛中的一段讲话,也许能对我们的早操文化做一诠释:"晨风拂面,宽阔的大操场上,师生一千余人,和着音乐的节拍,用心地,整齐划一地做好每一个动作。这种场面将是何等的壮观和感人。要让看到我们早操的人,都精神为之一振,要让我们的早操有一种撼人心魄的精神力量。人活着就是要把自己的精神力量奉献给别人,怎样把自己的精神力量奉献给别人呢?比如在跑步的时候,你和大家的步伐是一致的,你的双臂的摆动是富有节奏和力量的;而不是松松垮垮的。你昂首挺胸,目光炯炯。在喊口令时,你的声音洪亮而富有气势。做操时,你是那样的投入,你的一招一式都是那样认真,规范。让每一个看到你的人,即使萎靡不振的人,也被你所振奋和感召。"

4. 书,美丽的种子——营造书香文化

学校是一个读书的地方,是一个圣洁、神圣、高雅的地方,正如宁夏大学教授郎伟所说:"在这物欲横流的世界上,学校是一座永不漂移的精神岛屿,它生长智慧、张扬理想,负载人类关怀,培养人格。"有品味的学校,应该是有书香味道的。著名教育家苏霍姆林斯基曾说过:"要无限地相信书籍的力量。如果一个孩子热爱读书,那么他会从书本中得到心灵的慰藉,寻找到生活的榜样,净化自己的心灵。"为了让每一个孩子特别是中高年级学生养成良好的阅读习惯。我们充分发挥学校阅览室的功能,把阅读课作为学校的校本课程。三年级以上班级每周安排一节阅读课,上阅读课时要求学生必须带读书笔记。学校图书可以由班主任组织集体借阅外(由班主任按照班级人数,一次借几十种不同的书。以一个班70人为例,借70种不同的书,在班里互相传阅。一个月换一次),还给每个孩子办了借阅证,可以自由借阅。让孩子在阅读中接受教育、明白事理、学会做人。

5. 倾情孩子——构建和谐共生的家校共建文化

初到大战场中心小学,我发现这里的社区与学校关系紧张,家长骂老师,老师怨家长,大有剑拔弩张之势。为了改变这种现状,让乡亲们都来关心教育,我们在六一儿童节暨SDP社区家长大会上,邀请家长来参观学校,诚心诚意向他们介绍学校的发展现状,了解他们的要求和愿望。对家长的通知书、邀请信……充满人情味和人文关怀。如在今年六一儿童节前夕,我们给家长们发出的邀请信上这样写道:亲爱的家长朋友们,六一在即,当您放下田间的活给孩子试穿置办好的新衣的时候;当您给孩子穿上千针万线精心赶制

的新鞋的时候；当您亲手给孩子系上鲜艳的红领巾的时候……望着英姿勃勃，亭亭玉立的孩子们，尽管生活得那么艰辛，但您肯定还是欣慰地笑了，因为孩子永远是父母的希望，而咱们的学校正是您寄托希望的地方。在今年SDP社区大会上我这样讲到："今天来了很多家长，借此机会，我多么想和亲爱的家长朋友说说心里话。我们生活在农村，许多家庭并不富裕，要改变我们的生存质量，必须从孩子抓起。'家有万担粮，不如一个读书郎。'孩子的大部分时间在家庭中度过，家长的一言一行对孩子性格的形成，品德的优劣都起着潜移默化的作用，我们真诚希望您在关心孩子身体健康成长的同时，也要多看看孩子的作业，多和老师商量教育孩子的办法，学校的大门永远向您敞开着，您永远是我们最尊贵的客人。亲爱的家长朋友们，我们一定要转变观念，不要只盯着眼前的生意和那几亩庄稼，我们要投入更多的精力来关注孩子的学习。孩子才是家庭的希望。有人说：'我们给子孙留下什么样的世界，取决于我们世界留下怎样的子孙。'今天我要说：'我们给子孙留下一个什么样的家庭，很大程度上取决于我们给这个家庭留下一个什么样子孙。'孩子没有教育好，不争气，就是你给他留下一座金山，他也会给你败光。儿女如果教育得好，有出息，即使这个家庭一穷二白，他也会给你挣回一座金山来。会给你光宗耀祖的，我认为，看一个家庭有没有希望，不要只看他家里有多少田，有多大的产业，有多少头牛，有多少间大瓦房，这些都是表面的。而是要看他们把孩子教育得怎么样，有出息还是没出息，争气还是不争气，有学识还是没学识，品格开明不开明，德行好不好。这才是利害攸关的事情。我们要多关心孩子的学习，多关心学校的发展。一个地方学校办得好不好，决定着这个地方的发展和命运。正如有人这样形容学校，远远的学校是一个希望，远远的学校是一个美丽的风景。正是唯恐辜负了您的希望，唯恐看到您失望的眼神，我们更能感受到肩上这副担子的分量，一切为了孩子，更是为了您的希望，我们全体教师发扬艰苦创业，争创一流的精神，不计条件艰苦，悉心教书育人。取得了有目共睹的成绩。近年来，学校教育教学质量稳步上升，教学成绩名列全乡前矛。2006年7月在全乡教学质量测查中，1—6年级语文、数学12个单科第一名中，我校教师就获得了其中的七个，几乎占到2/3。34名科任教师中，有22名教师的教学成绩在质量测查中被中心学校考评为优秀。1—6年级综合成绩首次名列全乡第一。在2007年全县小学毕业质量测查中毕业班成绩名列全县前茅，教学质量翻开了大战场中心小学自建校以来最辉煌的一页。由于成绩突出，2006年10月学校被推荐为'自治区德育示范学校'，2006年11月在教育局评估检查中被评为'一类学校'。2006年教师节中宁电视台以'民族教育的奇葩'为题报道了学校的先进事迹。最近中卫市许多学校的校长来我校参观学习，我们可以自豪地说：大战场中心小学是中宁县最好的农村小学，亲爱的家长朋友们，我本人是一个农民的儿子，至今也是一名农村小学的管理者，我能真切地体会到农村生活的艰辛和农民对优质教育的期待和渴盼，我真心实意地愿为农村教育事业出一把力，让更多的农村孩子通过知识来改变自己的命运，我会和我亲爱的老师一道把大战场中心小学建成全县乃至全区的一流的农村小学而努力奋斗。以不辜负家长朋友们的厚望。"我们正是这样捧出一颗心来，和家长群众真诚地交流，饱含着浓浓的情义及对家长的理解和同情。现在让人欣慰的是学校和社区、家长与老师的关系逐步在改善，他们越来越关注学校的发展，关心孩子的学习。尊师重教的良好风尚在社区内蔚然形成。学校大门口的一副对联表达了家庭和学校的共同心声："德育示范，爱满校园，师生手牵手。和谐文明，倾情学生，家校心连心。"

在计划中完善计划 在发展中谋划发展
在反思中学会反思
——区域性推进"学校发展计划"项目工作的探索与实践

宁夏吴忠市教研室 卫方挺

随着现代教育的不断发展和基础教育课程改革的全面推进,教育中许多具体而现实的问题正日益凸显,困扰着学校的领导和广大的教师:怎样实现学校管理方式的根本转变?中小学各校的发展计划谁来制订、怎样制订?作为教育教学改革的实践主体,学校的领导、教师究竟应该在其中承担怎样的责任,该向哪个方向发展?先进的教育理念如何转变为教学的现实?校园文化建设怎样更好地焕发出勃勃生机?这些问题,如果仅仅依靠传统的自上而下的教育管理机制是根本不可能得到真正的解决的,作为教育行政管理和教学研究部门,我们也一直在思考、研究、实践和探索。

2006年,是一个值得纪念的时段,"西发项目"子项目学校发展计划(SDP)项目在我市属八所农村学校正式启动,这给我们的基础教育带来了新的发展机遇,也让我们找到了试图解决上述问题的契机。

学校发展计划(School Development Planning),是一个在学校层面上、通过自下而上的方式、由学校和社区自主、民主制订的关于学校未来发展的规划。

作为项目工作的参与者、研究者、实践者,我们的认识是:

——从心理学的角度考证,人最大的需求是实现自我,中小学的领导教师也是如此。时代的发展已经赋予了人更高的生命价值,学校的领导、教师生命的意义理应在自主办学的工作过程中得到体现与升华;作为学校,任何一个个体,都是具体的、独特的、不可替代的,学校的发展理应由学校自主决定、实施。"SDP",恰恰从精神上满足了人的高层次需求。

——从教育的社会效益印证,SDP项目工作是一项推进素质教育、实施课程改革的奠基工程。扎实、有效地做好此项工作,将会推动学校沿袭多年的管理模式的重建,提高学校对自主办学的应变能力、研究能力和革新能力,为学生、社区提供优质服务,办人民满意的教育。

——从促进教育可持续发展的角度思考,SDP项目是一项与时俱进的校本化工程。它将通过人本、校本理念的确立,把自主实践、探索、管理的先进教育理念引进学校、课堂,并转化为日常实践行为,从而促进学校的可持续发展、学生的全面成长和教师的专业化水平的整体提高。

——把SDP项目置身于教育的整体来考虑,此项工作是一项带动教育管理模式、教学研究机制以及师资培训方式改革的系统化工程。扎实有效地实施工程,需要教育、教研部门和学校加强协作,建立和完善"上下互动"的工作机制,力戒急功近利、一蹴而就,因而它具有综合性、长期性和艰巨性。

——从创新教育和教育创新的要求来看,SDP项目工作还是一个在学习实践中不断完善和创新的生成性工程。它既需要学校和相关部门在计划中完善计划,在发展中谋划发展,更需要基层学校在工作中充分发挥主动性和创造性,在实践中反思、在反思中提高实践的质量,不断赋予项目工作以新的内容和形式,使之常抓常新,始终显现出勃勃的生命活力。

鉴于以上认识,要想真正做好项目工作,在实践操作这个层面上,须有两个必要的条件做支撑和保障:

一是要有一套科学的、规范的、有利于促进学校自主发展的、符合现代教育理念的理论作专业引领,使其发挥正确的导向作用。

二是要有一个切实可行的、以校为本的管理机制作保障,使其能够激励、促使所有项目学校、全体教师能够积极有效地投入到这一项目工作之中。

这是因为,只有理论的引领而没有管理机制做保障,理想的理念可能只会引发部分具有创新精神和教改意识的学校、教师的实践行为,而部分学校和教师可能会置身于事外而漠不关心,因为它缺少政策的约束和必要的规定性;只有管理机制的约束而没有理论的引领,项目工作则可能会限于同一水平、同一层次的低水平重复,因为它没有明确的要求和发展的方向。只有实现了上述两个支撑保障条件的有机结合,才能够扎扎实实地实施项目工作,也可以及时解决教育中发生的许多具体而现实的问题。

两年多来,我们实践着、探索着:通过强化学校、社区的有效合作,共同发现了学校面临的问题和需求,共同制订了学校发展计划,共同承担起了改善教育的责任;通过制订学校发展计划,进一步加强了学校和上级教育行政部门之间的联系和沟通,使学校尽可能多的得到了上级部门和社会各界人士的有针对性的支持,进一步改善了学校的办学条件与育人环境。SDP项目的实施,已初步改变了市区教育城乡发展不均衡、教育教学质量参差不齐的现状,逐步形成了人民教育人民办、办好教育为人民的良好格局。

1. 在计划中完善计划

两年多来,我们从未把项目工作仅仅当做一项工作任务来完成,而是作为一个实践的主体谋求促进自身发展的契机来牢牢把握,学会在制订、实施计划中不断完善计划。

学校是教育教学各项工作的汇集之地,无论是国家的教育方针还是各级课程,无论是学校的工作计划还是社区的需求,都要通过学校这一层面才能真正得到实施和落实,学校是真正的主体。只有所有项目学校工作的能力、水平提高了,我们整个地区的工作质量才有可能有一个新的跨跃。我们在工作中摸索着,逐渐形成了"工作到位但不越位,研究形散而神不散"的工作策略。

"到位"是指作为教育局一级的行政管理部门和教学研究部门,要最大限度地为基层学校提供服务和支持。这种服务和支持,包括对区域性推进项目工作的决策、各项政策的保障以及人、财、物及技术上的扶持和指导,使之能够开发学校的工作潜能,激励开拓创新,促进整体发展。

"不越位"是指我们对于基层学校的工作,重在工作目标的确定、教育理念的引领、教育信息的传递和教育案例的分析反馈,是因地制宜、实事求是的规划、指导,而不是各种工作行为的具体规定和自上而下整齐划一的"统治"。

"形散"是指鼓励学校围绕教育教学工作,结合本校实际创造性地开展多主题、多形式的实践研究,力求做到人无我有、人有我优、人优我新、百花齐放,并形成自己的特色。

"神不散"是指教育局、教研部门要在不同的阶段、每个学年确定一个时期工作的总体目标、任务、中心和重点,并制订出有利于促进学校发展的相关管理、评价制度,保证整个地区教育工作能够统筹优化、有机整合,能够有序、健康、高效地发展。

作为学校层面,强调学校要严格按照要求开展工作,把做好 SDP 项目当做民主办学、自能办学、锻炼、培养和造就一批具有先进的现代教育理念,具有良好的教育管理能力、具有一定的教育理论水平的管理人员队伍的极好契机。我们在学校成立发展规划委员会、进行社区采访、征询多方意见的基础上,组织各校认真规范地制订了学校发展计划。为使各校计划更具科学性、规范性,曾先后两次对学校的发展计划进行论证:一是学校层面的论证,由学校出面组织服务半径内社区政府官员、社区群众代表、宗教人士代表、弱势群体代表、教师代表、学生代表等对学校的计划进行论证;二是由市教育局组织局机关各职能部门的负责人对各校的方案进行咨询论证,使各学校的发展规划进一步科学化,并渐趋完善。

对于教育局来说,除了指导管理项目学校的 SDP 工作以外,我们还在考虑的是,SDP 项目开展的另一意义是能为教育部门提供一个自下而上、民主管理、群体参与、自主发展的范例,为今后教育主管部门制订整个系统学校发展计划提供由点及面的科学推进依据,促进我们今后管理工作的科学化、民主化、规范化。为此,我们曾多次在项目学校召开工作交流、观摩研讨会,组织市区非项目学校的全体领导参与此项活动,以达到扩大工作成果的目的。

2. 在发展中谋求发展

我市所确定的八所项目学校,基本都分布在自然条件较差的边远少数民族地区,虽然在"西发项目"的支持和帮助下,学校办学条件有了很大的改善,但与市区其他学校相比,教育资金仍然极度匮乏,学校想进一步发展仍然步履维艰。因此,我们在发展中谋划发展,认识到要办好每所学校,就一定要充分利用社区资源,和社区互动互助,互惠互利,促进基础教育快速发展。

SDP 项目工作的全面实施,使我们学校领导的办学理念发生了很大的变化,学校是政府的学校,同时也是社区的、老百姓自己的学校,我们学校教育质量的优劣高低,会直接涉及每个家庭的根本利益和社区今后的可持续发展,主动地关心学校的工作,为办好自己的学校出谋划策、添砖加瓦是社区政府、每个老百姓的分内之事。有了这样的意识,怎样利用社区资源,互动互助互惠互利地办好学校,促进基础教育快速发展的办法及举措也随之而来。

我们首先从学校自身做起:一是关爱自己的教育对象——学生,从教室、走廊、操场、图书室、厕所到学生的饮水,从学生的量身高、称体重到上下楼等,为他们的学校生活创造一切便利,赢得了社区老百姓的信任和赞赏;二是关注学校、社区弱势群体的学习、生活,各校都对社区内的弱智儿童、学习困难的学生进行登记造册,定时定人进行重点帮扶;三是主动关心、参与社区的各项工作、活动,从出场地、出人力、出设备、出技术协助乡、村政府举办各类农民学习班、运动会、文艺会演,到帮助乡、村政府走村串户宣传党的相关政策,赢得了党政领导对教育的支持与帮助;四是定期举办家长学校,向家长宣传党的教育方针政策,指导其教育子女的正确方法、步骤,提高了农民教育子女的能力和水平。

学校的努力,改变了自身形象,提高了学校在社区的地位,使学校真正融入了社区,于是,社区、家长成了学校重要的办学资源,只要学校发出号召,提出要求,操场就有老百姓主动拉土来垫,教学楼就有乡政府主动来刷,教师节就有村领导主动慰问,学生的教育问题也有家长主动关心,学校的办学困难有所缓解。

3. 在反思中学会反思

反思,是一种理论指导下的实践行为。现代教育需要学习型、研究型的领导和教师。一个成熟的教育工作者,一定会在职业生涯中集工作、学习、研究于一体,并转化为一种生活的习惯,成为一种自发的、内在的需求。我们说,只有校长、老师自己才能真正地改变自己,只有当参与教育教学的研究转化为领导、教师个人的自我意识、自我需要和自觉自愿的行为时,中小学领导、教师的教育教学研究能力才能得到真正的提高。

两年的实践,让我们在反思中不断地学习反思,反思使我们体会到,要想做好 SDP 项目工作,应该处理好以下几个关系:

3.1 普及与提高的关系

SDP 项目的开展,是对所有项目学校全体领导、教师提出的最基本的共同要求,因而,它具有基础性、普遍性。但是,如果一开始就要求所有的基层学校(包括村小)像进行正规教育科研一样填写一大堆表格,写出一堆书面材料,对于担负着繁重教育教学任务的领导、教师来说,自然会望而生畏,敬而远之。所以,项目工作起始一定要抓培训,抓学习,起点开始可以低一些,许多子课题可以小一些,学校中参与的人员尽可能多一些,涉及的范围广一些,然后在后续工作中不断健全完善。但是,作为学校、教师个体差异是客观存在的,我们同时也应该鼓励具有一定基础的学校和较强教改意识的中青年教师向更高的方向努力,以更好地促进学校发展,促进教师成长。

3.2 理论与实践的关系

SDP 项目工作首先是一项教育实践活动,但实践者并不意味着可以不学理论,不懂科学,实践者同时也应是研究者。学校领导、教师应该用研究者的目光看待自己的每一天、每一项工作,SDP 项目应该成为理论与实践对话、交流、结合的载体。工作的过程中学校、教师的实践应更具理性的思考,而理论的学习,则更要体现对实践的指导意义,理论与实践,应在项目实施中合二而一。

3.3 主体与客体的关系

就项目管理而言,SDP 可自外而内,自上而下实施行政上的干预举措。但就 SDP 项目工作本身,则更需要的是体现学校、教师自觉、自愿的主体行为;就业务研究而言,各级教研部门、师资培训部门可以发挥其指导和引领作用,但具体的操作过程则更需要的是学校、教师自身内部持续不断的创新和改进。

3.4 过程与结果的关系

在学校实施 SDP 项目的目的不仅仅是为了完成"西发项目"研究任务,更是为了提高所有学校的办学效益,提高学校、教师的专业水平和工作能力,满足人民群众对接受高质量教育的需求。SDP 项目应重点关注学校、教师在实施过程中的自主学习、自主研究、自主评价、自我管理、自我调控、主动谋求发展的意识、能力、水平的提高。教育质量的全面提高和校园文化的形成是项目所追求的理想境界。

4. 成果和效益

"西发项目"在吴忠市区的实施,已初步显露其良好的投资效益和社会效益,受到了当地群众和广大师生的广泛欢迎,办学条件的改善,快乐校园的创建,教学方法的改革,使当地群众享受了优质教育资源,使学校真正成为学生生活的花园、成长的乐园、学习的学园,这对于促进当地经济建设和社会发展都起到了积极的推动作用。

一是消除了项目学校的危房,解决了校舍紧缺的问题,办学条件得到了改善,学校校舍基本实现了砖瓦化和楼房化。校容校貌发生的巨大变化,缩小了城乡学校的办学差距,大大增强了学校的吸引力。学校的办学条件好了,教学质量高了,使广大家长和学生看到了学校的希望,转出去的学生又转了回来,学校的办学规模进一步扩大。可以说是"西发项目"的实施,给我们的学校带来了发展的契机和巨大的变化。

二是加强了快乐校园建设,提高了学校管理水平。项目的实施对学校的管理工作起到了很好的指导作用,尤其是快乐校园的建设,促使学校办学理念发生了根本性的改变。项目学校开展的校长 SDP 的培训,使学校的管理更具人性化。由于学校在制定规划时能广泛征询社区成员、教师、学生、家长对学校发展、学校管理的意见和建议,使得学校的管理更符合广大群众的意愿,更加体现了人文关怀和民主管理的理念。通过学校校长、教师、社区群众、家长、宗教人士共同参与、制订的学校"三年发展规划",使学校的发展目标更接近实际、更具体、更能体现学校、社区的愿望与要求,也使学校和社区群众的联系更为紧密,学校与上级部门的沟通更为畅通,为学校的可持续发展开辟了一条全新的道路。

三是广大教师的教育教学观念发生了很大的变化,教师以主人的身份参与到学校的管理之中,为学校的发展献计献策,增强了教师的主人翁意识和工作责任心。经过区、市、校三级培训进一步增强了教师对新课程及参与式教学的认识和理解,提高了教师驾驭教材,运用新教法的能力,同时也大大改善了师生关系,学生乐学,教师乐教,为构建平安、和谐校园创造了条件,学生的学习成绩得到稳步提高。

四是项目的实施在社区广大干部群众中产生了强大的感召力,使他们增强了教育优先发展的责任感和紧迫感,关心教育、支持教育,尊师重教,成为大家的自觉行动。

国际视野下的学校管理与创新

——爱尔兰学校发展计划(SDP)的理论与实践

宁夏教育科学研究所 徐 进

爱尔兰位于欧洲大陆的西北海岸,西临大西洋,东靠爱尔兰海,与英国隔海相望。爱尔兰国土面积 70280 平方千米,人口 415 万多人,具有五千多年的悠久历史,文化底蕴深厚。近十年来,爱尔兰的经济发展十分迅速。它的电子通信,计算机软硬件产业位居世界各国的前列,经济增长在欧盟国家中处于第一位,其中知识经济含量很高。爱尔兰经济成功的原因最重要的有三个:加入欧盟、发展教育和吸引外资。也就是说,爱尔兰的经济发展得益于政府长期以来对教育的重视和投入。

学校发展计划(School Development Planning,简称 SDP)就是近十年来爱尔兰教育上的一项重大举措。

爱尔兰教育科学部部长称学校发展计划是国际上"保证教育质量的一个主要因素"。爱尔兰《教育法案1998》第 21 部分明确规定,每所学校都要制订发展规划并经常自检修订和更新。1999 年 5 月,政府启动 SDP 项目,投资两百万英镑,帮助薄弱学校开展学校发展计划,并建立从国家到地方的技术保障系统支持学校发展计划逐步在全国全面展开。

1. 爱尔兰学校发展计划的内涵

1.1 爱尔兰学校发展计划的定义

关于什么是"学校发展计划",学术界并没有形成统一的认识。英国的哈格里夫和霍普金认为,学校发展计划是为了学校的发展、管理变化而采取的必要行动,是对学校发展过程进行描述且更为规范化的一种解释,是施加给学校的一种具有创造性的革新方式。我国学者把学校发展计划定义为:通过学校共同体成员的共同努力,系统地分析学校的原有基础及学校所处的环境,发现学校的优先发展项目,确定学校的发展方向和教育目标,促使学校挖掘自身的潜在资源,按照自己的价值观,提高学校的管理效能,最终提高学校的教育质量。在爱尔兰,学校发展计划被看成是对学校发展中存在问题的研究,认为学校发展计划是指每所学校通过对自身的现状分析,采取优先排序的方法,确定一定数量的小型发展项目,并对其进行研究。学校发展计划就是学校弄清现状和愿景之间的差距,形成以弥补差距,促进学生学习为中心的长期和短期的计划。

1.2 爱尔兰学校发展计划的本质

在爱尔兰,学校发展计划的核心是学生的需要和发展,教学是围绕学生的学习成绩的提高和学生的全面发展来展开的。为了保证有效的高质量的教学,学校必须提供全面的、有计划的、强有力的支持系统。这个系统包括学校的政策、决策,学校的工作团队,学习的环境,学校的资源,教师的专业发展,全校的课程计划,学校的工作安排,和社区的合作,质量监测等。但由于每所学校的师资不同,学生不同,资源不同,所以决定了每所学校具有各自的特质,因而制订发展规划的策略就不同。无论学校之间的差异有多大,学校计划的核心却都是一致的,那就是为了学生的发展。从这个意义来讲,学校发展计划的本质就是学校根据学生和学校共同体(校长、教师、投资方、后勤工作人员、学生家长、学校管理委员会和地方教育官员)的需要,通过和学校共同体各方的共同努力,制订规划,协调优化学校教学支持系统,促进学生全面发展,提高学校的教育质量和办学效益。

1.3 爱尔兰学校发展计划的内容

学校发展计划是学校工作文件,是对学校办学思想的陈述说明,包括办学的理念,任务、目标以及达到目标所要采取的具体措施。它涉及学校的全部课程和学校所有资源,包括师资、校园、设施、设备、时间和财务。它还包括学校在管理组织等诸多问题上的政策。

学校发展计划是学校全面工作的蓝图,它有明确的工作目标,成就目标,质量目标,因而通过评估可以看出学校的进步和发展。

制订学校发展计划时,一定要记住学校发展计划的目的是为全体学生提供最佳的最有利的学习机会,计划的中心点是学生的学习需要。把学生的学习需要作为中心,学校就能自信地分析现状,有效决定最有可能影响教学的,关系学生发展的优先问题。围绕学生的发展需要,学校发展计划的内容应包括学校的环境,学校的资源,学校的工作团队,学校的决策过程,教师的专业发展,全校的课程计划,学校的工作计划,成绩纪录与评价和社区的合作等。

2. 爱尔兰学校发展计划的特点

学校发展计划是提高学校办学质量,促进学校发展的有效途径,受到了很多国家教育界的广泛认可。在爱尔兰,越来越多的学校积极参与学校发展计划,一是由于学校发展计划蕴含了先进的现代学校管理思想,二是由于学校发展计划自身特点所决定的优越性。

2.1 学校发展计划保证教育的正确方向

学校发展计划的根本目的是通过学校的管理创新和变革,提高学校的管理效能,最终提高学校的教育质量。学校的教育质量表现在学生的学业成绩和健康成长上。学校发展计划在制订过程中,始终围绕学生的需要,关注所有学生的学习、生活和成绩的提高,每个环节都有清楚的标尺。就是说,学校发展计划始终关注教育的目的,使学校办学的方向不能偏离"为了学生的发展"这一正确的方向。

2.2 学校发展计划促使学校反思

学校发展计划给学校提供了认识并思考学校发展目标、学校的价值取向、现有成绩和发展需要的机会。通过反思寻找突破口,调整发展策略,增强学校办学的效率意识、特色意识和策略意识,进而加强学校的组织管理和课程建设。

2.3 学校发展计划增强学校自主意识

学校发展计划强调主体意识。其最大特点就是改变了"要我发展"的"自上而下"发展模式,形成了"我要发展"的"自下而上"的自主发展模式,成功地解决好了学校发展的"内"和"外"的问题,变干预为支持,变干扰为合作,变被动为主动。

2.4 学校发展计划凸显参与合作

有效的学校发展计划离不开积极的合作和对话。学校发展计划要召开社区大会,要通过问卷征求学校组织内部和学校共同体各方的意见,这样的对话沟通,会使大家都把学校看成自己的学校,都感到自己参与了规划的制订,参与了学校的管理,因而愿意为学校的发展贡献力量。

2.5 学校发展计划建立和谐的团队关系

学校发展计划的合作机制,使教师有了主人翁意识,觉得学校发展不光是领导的事情,他们对学校的发展也负有责任,大家是一个团队的成员,大家所做的事情都是为了一个共同的目标。这不仅改善了教师和领导间的交流,融洽了同事关系,形成民主公开的气氛,而且能够增强团队的凝聚力,形成鲜明的团队精神。

2.6 学校发展计划促进教师专业发展

学校发展计划为教师发展提供了机遇。教师创新变革的成就,会给他们带来更大的认可,从而增强自信心。教师获得了新的知识和技能,师资水平得以提高。学校发展计划既是关于对事情的规划,也是关于对人的规划。当老师面对繁杂的工作时,可以通过规划来管理控制事情,从而帮助教师减轻应付各种变化所带来的压力,提高工作效率。教师还可以对自身进行职业生涯规划,加快专业发展的步伐。

3. 爱尔兰学校发展计划制订的方法步骤

爱尔兰的学校发展计划是由校长、学校管理委员会、教师、家长、学生和社区共同参与制订的。学校发展计划的制订需要一定的技术手段,具体的方法步骤是:

3.1 自我诊断

学校在开始制订学校发展计划时,首先要对学校的现状做一个全面的分析和诊断。分析要聚焦学生的学习需要。

现状分析可以通过"SCOT"分析法来进行。这个方法的最大好处就是直接、实用、省时。它是评价校内外影响因素的方法,目的就是给学校提供一个概观。如果做得彻底,能为学校未来的很多工作形成清单,帮助学校形成长远规划。"SCOT"分析法可用来分析学校生活的某个特定方面,也可以用来诊断学校的全面工作。S(Strengths)指的是分析学校的优势或长处。比如,学校的教职工有什么优势?学校的管理团队有什么优势?学校有哪些资源?与学校教学有关的哪些优势明显(如课程上,满足学生需求上,教学方法上,出勤率上,评价过程上等)?与学校管理有关的哪些优势明显?学校与学校管理委员会、家长协会、学生、社区、教育行政等关系有哪些明显的优势?学校有什么特别的优势?C(Challenges)指的是学校有哪些挑战。O(Opportunities)指学校有什么机会或机遇。T(Threats)指的是学校有哪些危机。危机,挑战和机遇并存。可以从以下方面考虑:教职工的才能和专长能更有效地利用吗?管理才能和专长能更有效地利用吗?资源能更有效地利用吗?与学校教学有关的哪些方面是值得担忧的(如课程上,满足学生需求上,教学方法上,出勤率上,评价过程上等)?与学校管理有关的哪些方面是值得担忧的?在学校共同体的合作上有什么挑战吗?学校发展有什么新机遇吗?

3.2 确定优先发展问题

通过现状分析,学校就会发现有很多需要解决的问题。不是所有问题一下子都能得到解决,这就要决定众多需要解决的问题中孰轻孰重。有些问题可能会优先考虑是因为他们是亟待解决的或是不可避免的。考虑到工作量、资源、人手和时间,如果不进行问题优先排序的话,会让人感到问题头绪太多,工作负担过重,难以应对。学校要把关注的问题列成清单,在广泛讨论的基础上,对问题进行归纳、整理、分类,通过一定方式来决定优先顺序,达成共识。裁决优先问题的方法有多种。有一种方法叫做"涂点法(dotmocracy)"。每个参与者有六次涂圆点的机会。这六个圆点可以涂在一个问题上,也可以分散在其他问题上。涂了最多圆点的问题就是最优先考虑解决的问题。还有一个方法是每个参与者选三个他们觉得最重要的问题,然后依据重要性标上数字123。经过简单的统计计算就能得出全组的优先问题排序。有时还可以采用无记名投票的方法来决定。

3.3 制订规划

3.3.1 长期愿景规划

长期愿景规划确定学校的 Mission、Vision 以及 Aim,这是学校发展计划的战略目标。Mission 指学校的使命,讨论学校存在的价值;Vision 指学校发展的愿景,讨论学校今后的奋斗方向。也就是学校的办学指导思想和办学方向,它与国家教育方针和教育政策有关。Mission 和 Vision 要与国家教育政策保持一致。学校的 Mission 要考虑四个基本问题:学校为谁服务?学校将提供什么样的服务?学校将如何提供这种服务?学校有什么样的理想、信念和价值观?Vision 是学校通过对自身过去成绩的盘点,现在已取得的成功,和对未来的憧憬,描绘学校发展的理想状态。主要是要说明学生在离开学校时,他们在学业上、身体上、道德上、情感上、精神上、美育上、文化上、个性上能达到什么样子。至于 Aim,则是学校根据学校的愿景起草的育人目标,这些目标能使学校共同体通过共同努力实现描绘的愿景。长期规划还应对问题清单上学校目前无法解决的问题在时间上按其重要性统筹安排。

3.3.2 短期行动计划

行动计划就是要说明需要做什么来解决已确定的优先问题。它的作用就是为实施、监控和评价起向导的作用。根据学校的工作特点,行动计划应考虑一学年内需解决的问题。行动计划要体现全员参与的原则,把所涉及的问题分解到不同的工作团队,使每位参与者都有责任感。这样,工作负担分解,没人觉得自己是局外人,也没人觉得负担过重。凡是与问题有关的人,如家长、学生、学校管理委员会成员,都应当尽可能地参与进来。还有一点很重要,就是每年解决的问题不能贪多。

要把每个问题细分成一系列的目标。每个目标都要具体。目标既是行动的指南也是以后评价的焦点。目标必须明确成功的标准。成功标准是评价计划实施效果的手段。在行动计划中必须把目标分解为具体的任务,明确做哪些事情,采取什么措施来实现目标。还要明确在给定的时间内由谁来负责完成这些任务,也就是谁到什么时候为止要做什么事情。简而言之,制订行动计划可按照以下步骤:目标→任务→谁负责→什么时候完成→需要什么资源→评价。

在制订行动计划时,要把握五个尺度(SMART):Specific(具体);Measurable(量化);Attainable(可实现);Realistic(真实、联系学校实际);Timed(确定时限)。

3.4 实　施

制订学校发展计划,其重要性并不在于拿出一个学校的"文本",关键在于实施。根据规划文本的要求,实实在在地进行各项工作,重在操作。学校发展计划更强调规划的执行"过程",通过这一过程提高学生的学习质量和教师的专业化水平,提升学校的教育质量。

3.5 监　控

在规划执行过程中,监控非常重要。学校规划从本质上讲是一种过程。在规划实施过程中,进行日常检查以促进规划准时实施和完成,促进学校实现自己所定的目标,这是必须做的事情。监控和评价有助于学校在实施过程中进一步完善和修订规划。在学校发展计划执行过程中,学校应当安排时间,让那些参与制订规划及执行规划的学校共同体有关人士监控和评价规划实施的效果。

3.6 评　价

建立评价机制的重要性是显而易见的。实施和评价必须紧密配合才能确保规划的有效性。评价这一环节主要对规划实施效果进行评价,重点在学校自评。因为教育形势变化很快,学校发展计划在实施和评价过程中都存在重新修改的可能。完成每项计划活动之后,全面的评价工作必须进行,要使有关人士参与到评价过程中来。评价针对下列事项:目标在多大程度上达到?为什么说目标已经达到?超过了还是没有达到?行动在规定日子内实施吗?时限真实吗?规划对教学有什么影响?规划对学习、学习成果有什么影响?影响的证据是什么?量的还是质的?什么方面尤其成功,为什么?我们在这一过程中学到了什么?对将来规划有何启示?起初的工作有价值吗?起初的投入有效吗?

学校发展计划是一种循环的过程。学校发展计划是自我诊断、确定优先发展问题、制订计划、实施、监控和评价六个过程的循环统一。它产生累加和进步的结果。完成了一个循环,然后产生下一个循环。每一个循环都在上一个循环基础上产生,每一个循环都是对上一个循环的否定和超越,都意味着一种进步和发展。

4. 爱尔兰学校发展计划对我们的启示

SDP 项目在我区开展已两年多了。目前已取得了很多阶段性成果。许多项目学校通过项目促进学校发展,在诸多方面产生了可喜的变化。在学校管理上采取了 SDP 倡导的自下而上、多方参与的行为模式,避免了管理的盲目性,顺应了科学发展观的时代潮流。学校和社区的关系得到了极大改善,学校为社区,社区为学校的感人案例举不胜举。校园里的温馨提示、人文关怀随处可见。快乐校园为学生的健康成长提供了环境保障。一些项目学校的教育质量和学生的学业成绩有了显著提高。

在取得成绩的同时,我们在调研中也发现了一些存在的问题。结合西方教育发达国家的 SDP 理论与实践,我们认为在今后的 SDP 项目工作中应注意:

4.1 端正认识,加强主体意识和自主意识

一些学校对 SDP 项目缺乏正确的认识,错误地认为做 SDP 项目能给学校带来美元或英镑,一旦得不到资金,就敷衍了事,这种急功近利的想法与学校发展计划所倡导的理念相去甚远。学校发展计划的目的是通过校本管理、社区参与以及提高学校的自治能力,来提高学校的综合办学水平和教育质量。学校做 SDP 项目,就是要通过做项目,学习先进的现代学校管理思想和方法,转变单一的管理模式,提高管理的效能,促进学校自主发展。对学校来讲,项目本身是一次良好的机遇,能给学校带来诸多非物质好处。技术的支持,观念的更新,组织的重构,效能的提高,都会给学校带来积极的变化。然而,这一切都要建立在自发主动的基础之上。学校发展是一种自主的过程,自主是学校持续发展的不竭动力。

4.2 不断评估更新计划,重在行动

纳尔逊·曼德拉说过:"没有行动的愿景是空想;没有愿景的行动是浪费时光;愿景加行动可以改变世界!"许多学校花了大气力制订了学校发展计划,也确实召开了村民大会,对家长、老师进行了宣传培训,并运用问题树的方法找出了学校发展需要解决的问题,形成了厚厚的文本。但通过对文本资料的检查,发现一些学校的 SDP 项目的开展几乎停留在最初阶段。现在看到的规划还是前一两年的规划。第一年的问题解决了没有,有没有评价报告?第二年的优先问题是什么,谁来解决,如何解决,有没有计划?有的学校用学期工作计划代替 SDP 行动计划,这是不妥的。SDP 行动计划是用来解决学校共同体所认同的,根据优先发展排序所选出的问题的方案。它关注的是数量不多的急迫问题和重要问题。学校每学年要解决的问题是不同的。因此,每学年学校都应该有一个愿景框架

下的不同的行动计划。爱尔兰学校发展计划强调对计划的升级更新(update),只有将适切的计划付诸行动,才能实现预定的目标,到达理想的彼岸。

4.3 外部需借力,内部更用力

SDP重视利用一切可以利用的资源,调动一切积极因素,促进学校的发展。很多学校已经放远了目光,开拓了思想,寻求各方的支持,为学校解决了很多实际问题。但这些多表现为显性的财力物力的支持。当目光瞄准外部资源时,一些学校忽视了内部的更具潜力的资源。学校的发展是以学生的需求为中心,以学生的学业成绩的提高为目标的。因此,学校发展计划中要对课程教学给予高度重视。在爱尔兰,学校发展计划中有教师的课程行动计划。教师根据学生在校学习的年限或学习某一学科的年限制订出长远计划和短期行动计划,解决教学中的实际问题,满足学生的学习需要。如为什么班里有五个孩子在阅读上不能达标? 教师针对这个问题就要制订行动方案,寻根探源,找到解决的办法。教师的参与度也直接影响学校发展计划的成效。只有当学校的行动计划根据不同类别分解到学校组织系统的各个团队和个人,共同行动,学校发展计划才能体现出效益的最大化。

参 考 文 献

[1] 陈建华.如何制订学校的发展规划——西方教育发达国家的SDP项目及启示[J].全球教育展望,2004(4).

[2] 陈建华.西方教育发达国家的SDP项目及其启示[J].中小学学校管理,2004(7).

[3] 楚江亭.学校发展计划:内涵、特征及模式转变[J].教育研究,2008(2).

[4] 施晓慧.爱尔兰经济起飞奥秘——爱尔兰纪行[N].人民日报,2004-07-19(7).

学校文化应成为学校生存与发展的灵魂

宁夏平罗县师资培训中心 杨少祥

学校文化作为社会文化的一个组成部分,体现在学校管理和教育教学活动中。任何一名学校管理者,有谁不希望自己所管理的学校是一所社区群众满意、上级部门推崇、家长放心、教师乐教、学生乐学的快乐园地呢? 要使美好的愿望变为现实,必须将学校文化置于学校生存与发展的灵魂地位。下面结合自己经历,就学校文化的灵魂地位,从文化理念、文化设施、文化氛围、家访文化等方面谈谈自己的认识。

与时俱进的文化理念是学校发展的根基,理念是行动的先导和指南。教育改革和发展以及人民群众对优质教育的渴望与期盼,对学校管理、教育教学、学校发展提出了新的更高的要求。要办一所社区满意、群众信赖的学校,必须得有一个与时俱进的文化理念。

纵观当今国内外一些办学效益好、群众口碑好、公信力强的大学、中学、小学、幼儿园,先进的、与时俱进的文化理念始终是学校生存与发展的支撑。一所好学校首先得有一个与时俱进的文化理念。平罗县东风小学虽距离县城很近,但办学条件较差。面对学生随时转入城里上学的境况,校委一班人带领教师从社区实际及学校现状出发,从学校文化入手,潜心研究学校文化与学校生存、发展的关系,并将学校文化渗透到学校管理、教育教学及各项活动之中。

在"西发项目"的影响和推动下,与时俱进的学校文化不仅遍及校园每个角落,而且已生根、开花、结果。从5月31日世界银行项目中期评估到9月28日全区六市(县)实地观摩,与会的官员、专家、来宾赞不绝口,有人形象地将该校文化称之为"东风文化"。目前,东风小学管理上乘、教师敬业、学生快乐、家长放心、社区支持,学校已日渐成为教师乐教、学生乐学、家长乐意、社会乐助、领导乐注的快乐园地。去年以来,一些家长陆续将孩子从拥堵、生活不便、难于管理的城里转回该校就读。事实告诉我们:与时俱进的文化理念是学校发展的根基,是立校之本、治校之策、理校之魂、兴校之源、强校之基。

1. 因地制宜的文化设施是学校发展的支撑

文化设施是学校文化理念得以贯彻、渗透的物质标志,是学校文化活动得以实施的物质支撑。素质教育、优质教育、快乐校园等对学校文化设施提出了挑战性要求。一些基础条件好特别是城里学校、新建学校,其文化设施相对齐全、先进,但绝大部分乡村学校由于种种原因,其设施单一、简陋,有的甚至没有像样的设施与场地。面对学校尤其是乡村学校文化设施落后、奇缺,难以适应教育教学需求,不利于学生身心发展的现状,校长们应该怎么办呢?也许可以等上级"救济",可以"靠山吃山",可以索取"外援"……然而,等、靠、要不是长久之计,不能从根本上解决问题。一位好校长,应立足社区,紧紧依靠并带领广大师生,在与时俱进文化理念引领下,通过促进学校发展,夯实和提高教育教学质量,内强素质、外树形象等措施,才能赢得社会各界特别是社区群众对学校的广泛关注,确保学校文化设施建设。

在SDP项目理念的号召下,平罗县灵沙乡群众义务出工、出车并同教师一道填铺灵沙九年制学校操场、硬化校园;东风村村委会率领群众为东风小学翻建围墙,个体老板用捐赠的水泥杆、预制板等为学校制作休息凳;吴家湾小学与村委会签定"手拉手"共建协议书,在社区及社会各界的呵护下,学校有了新的大门,2万多元的水冲式厕所成为一大特色,社会捐赠的电脑、VCD等弥补了远程教育生机比例的不足,社区群众捐送的椅、凳方便了学生的课间休息,2006年以来,吴家湾小学用于学校文化建设的社会支持资金达6万元之多。近年来,一些学校不等不靠,坚持从学校、社区实际出发,因地制宜,通过开发、废旧利用、勤工俭学、学校与社区共建等途径,改善了学校的文化设施,收到了事半功倍的效果。

2. 和谐快乐的文化氛围是学校发展的动力

和谐已成为当今社会的主旋律,快乐已成为学校发展的最强音。一个学校的校风、教风、学风在很大程度上取决于学校文化氛围的营造。

2.1 和谐快乐的学校人际关系

创设以人为本、和悦宽松、心情舒畅的学校人际关系的关键是校长,重点是教师,主体是学生,三者是维系和谐快乐校园人际关系的有机统一体。作为校长,若"把教师当人,他甘愿做牛;视教师为牛,他便要做人";作为教师,若"把学生当人,他甘愿服从;视学生为奴,他便要翻身"。众所周知,校长是学校的领头雁,教师是学生的"影子",彼此相处是今世的缘分。校长在思想上帮助、工作上关心、生活上体贴教师;教师教育学生、关心学生、热爱学生是神圣的职责、义务,是创设人际关系和谐快乐的"基因"。校长不是以权势号令教师,而要以宽厚的仁德、豁达的胸襟、渊博的学识、诙谐的技艺、高超的才艺去影响教师、感染教师;教师不是以"唯我"教育学生,而要以慈母的仁义、宽阔的胸怀、超人的才学、幽默的技法、高尚的人格去教育学生、塑造学生。每位校长、教师要时刻告诫警示自己:"少一点指责,多一分关心;少一点埋怨,多一分理解;少一点呵斥,多一份体贴;少一点强制,多一份尊重;少一点限制,多一份人性。"只有这样,校长才能理直气壮,一身正气,日久天长;只有这样,教师才能扬眉吐气,一身轻松,师魂永驻;也只有这样,师生间才能耳濡目染,才能产生潜移默化的效果,校园内也才能充满和谐快乐、以人为本的气氛。

吴家湾小学校长与教师情同手足,心往一处想,劲往一处使;教师与学生朝夕相处,相互尊重,师生情谊地久天长;学校与社区和睦融洽,相互帮助,关系犹如一家。今日的吴家湾校园处处洋溢着和谐快乐的风气。

2.2 和谐快乐的特色文化

学校是育人的场所,是造就接班人和建设者的阵地,是人类文明的窗口。学校规模无论大小、基础条件无论好坏,其环境应具有和谐快乐的人文个性,彰显育人特色。今日学校之环境:让墙壁育人,使花木说话已成为竞相追求之时尚。一所学校是否典雅、舒适、安静,既体现了当地经济发达与否,也体现了当地政府、社区对学校的关注程度,更凸显着校长的管理水平和师生文明程度的高低。当然,理想校园环境的"植物化"、"园林化"、"生态化",不是一味地追求建筑风格豪华气派、基础设施时尚现代,而是要根据本校实际,多方分析论证,精心策划,科学合理地布局,创设竞显个性的校园文化。

若从这样几个方面考虑,或许会达到理想的效果:第一,保持适度的植被覆盖率,把学校建成社区群众心目中的植物王国,学生可读的绿色辞典。第二,保持幽静、淳朴的高雅格调。在治理校园环境脏乱差基础上,突出宿舍文化、食堂文化、厕所文化、教室文化、墙壁文化、办公室文化、橱窗文化、走廊文化、生态文化、礼仪文化建设,处处给师生美的享受、美的熏陶、美的启迪、美的感动。每当进入马家桥小学校门,矗立在眼前"我骄傲,我是马家桥人;我自豪,我是学校的主人"、"我光荣,我是辛勤的园丁;我快乐,我是被呵护的小草"的两块牌子,不仅具有和谐快乐校园文化内涵,而且具有浓郁的地方文化特色。在校墙与角落间,从室外到室内,从墙壁到树池都烙上了和谐快乐的特色文化的印记。第三,保持校园建筑物的错落有致、安全宽敞。概括地讲,不管哪类学校,只要校长能从育人角度去装点、修饰、美化、净化校园,达到张扬学校及师生个性,彰显特色人文环境,校园就具有"活力",成为人们向往的"圣地"。

2.3 和谐快乐的激励机制

一所学校的规章制度对师生具有约束功能,但最主要的是要在制度的基础上,鼓励师生踊跃争先,着力构建和谐的激励机制。校长要根据短期目标和长期目标,引导师生知难而进,为目标的实现努力奋斗;校长要提倡互帮互学,鼓励先进、鞭策后进,让"传、帮、带"的风气循序渐进;校长要为师生培训、读书穿针引线,构筑学习、提高的平台,通过丰富多彩的校本培训、竞赛、活动,让师生在培训、学习中获得知识和营养,在活动中拓宽思路,开阔眼界。

2.4 和谐快乐的教育风格

素质教育及现代教育理念反对"读死书、死读书、读书死"的教条主义学习方法,它不仅要求学生学会,更重要的是能让学生会学。要使学生由"要我学,变为我要学",使学生学得轻松、学得愉快、学得扎实、学得活泼、学得高兴,每位教师都要研究和创新自己的教育风格,竭力营造"百花齐放、百家争鸣"的氛围。在课内,教师要把"合作学习、民主学习、自主学习、探究学习、体会学习、反思学习"的理念渗透到教育教学的每个环节,课堂上要留给学生足够展示自我的时空,尽量让学生"动"起来,让课堂"活"起来,真正成为学习的主体、学习的主人。课外,要围绕教育活动的主题和新传授的科学知识,鼓励学生去观察与捕捉、分析与思考,在此基础上完成有关教育、学习、活动任务。

总之,将课内与课外、校内与校外有机结合起来,是进行学科教学和活动教学的必要方法。只有这样,学生的学习能力、实践能力、思维能力、创新精神、主观能动性才能得以培养。

3. 持之以恒的家访文化是学校发展的资源

家访有校长家访与教师家访之分。其中,校长家访教师是家访文化中的重要组成部分。校长家访教师,喝一杯热茶,吃一顿便饭,下一盘象棋,倾听教师的心声、了解教师的需求、把握教师的困惑、听取教师对学校发展的建议,这样的"听"不仅来得近,而且真切、自然。校长的到来,使双方距离缩短,彼此间感情增进;校长的到来,使双方能够以坦荡的心态互换意见,从而获得最大限度的理解、沟通。

校长家访教师,谈谈话、说说事,不仅体现了校长对教师的尊重,而且教师往往会认同这份心意。这样的"说",使教师觉得校长平易近人、和蔼可亲。在领悟校长的坦诚相待、感受校长嘘寒问暖的过程中,教师便不知不觉地化解和消除心中的积怨、矛盾,从而认同或更加认同校长的教育决策和学校管理,主动地为学校发展建言献策,以更加热情、积极的态度为学校发展贡献自己的智慧。

校长家访教师,通过教师家人为获殊荣的教师报喜、祝贺,"广而告之"教师的成果、荣誉及突出表现,这样的"赞",不仅产生共鸣和激励作用,而且能深入、细致、全面了解教师的家庭情况,以便更好地为教师排忧解难或解除后顾之忧,从而激励教师家属关心、支持教育,激发教师锐意进取、奋发向上。

校长家访教师是学校文化的一个重要组成部分。一个好校长,不仅要坚持家访教师,而且要善于总结家访经验,传承家访,使之代代相传。事实上,校长家访教师,使校长和教师的关系更加和谐、亲近,相互理解、相互信任、相互包容、相互支持度更加增强。从某种意义上讲,校长走访教师的同时,也走进了教师的心里。

综上所述,学校文化是学校的缩影、学校的形象,是学校管理的积淀,是学校赖以生存和发展的基础、灵魂,它在很大程度上支撑着学校的管理和效益,影响着学校的生存和可持续发展。

实施 SDP 给学校带来的可喜变化

宁夏中卫市郭滩学校 张学海 王亚迪

学校发展计划(School Development Planning,以下简称 SDP)是"西发项目"的子项目,SDP 是指一所学校根据国家或地区教育发展战略规划的要求,结合自身条件,对学校未来三至五年内要达到的主要目标和发展途径,如学校发展目标、发展规模与速度、组织结构、人力资源、办学条件、实施策略等方面所作的安排,是通过自下而上的方式,广泛征求社区群众和学校师生的意见,由学校和社区自主制订的关于学校未来发展的计划,是学校未来一定时期内的成长蓝图,是学校办学理念的具体化或物化。它是学校自己的计划,它与过去学校每学年度根据上级部门的安排,学校依样画葫芦地复制一份千校一面的计划不同,它需要学校依据自己的办学理念,在充分分析校内外具体情况的基础上,看到自身发展面临的挑战与机遇,确立自己的办学目标,明确对学生的培养目标,优化配置各种资源,合理安排各项措施与途径。

SDP 于 20 世纪 70 年代在英国兴起,近年成为国内外教育发展的新热点。20 世纪 80 年代,我国首次引进"学校发展计划"的概念。1999 年,上海市教育委员会与英国文化委员会合作,引进"学校改进规划"项目,在一些中小学开展实验研究;此后,上海的学校发展计划研究与实验性示范性高中建设结合起来,使许多学校的面貌发生了重大变化。世纪之交,我国教育部与联合国儿童基金会的合作项目——西部校长 SDP 培训项目在我国西部许多地区展开。项目通过对校长实施学校发展计划能力的培训,推动学校管理改进,促进学校发展和项目地区入学率、教学质量的不断提高。

中卫市郭滩学校始建于 1989 年,地处城区东园镇北端腾格里沙漠边缘地带。这里自然条件艰苦,办学条件尤其落后。但是,在近二十年的办学历程中,历届校长及广大教师始终坚持认真贯彻党的教育方针,以教育改革为先导,不断深化教育改革,全面构建现代教育体系,同时想方设法大力改善办学条件,完善各种教学设施,教学规模逐步扩大的同时,教育质量逐年攀升,多次得到上级部门的表彰奖励和社区群众的广泛赞扬。因此,2005 年 12 月,被确定为宁夏首批"西发项目"学校。笔者作为该校 SDP 管委会的一员,多次参加了 SDP/PTT 项目的培训学习活动,既参与了该校 SDP 文本的制订工作,又亲自在所任教的历史学科中大胆应用了 PTT(参与式教学),耳闻目睹,亲身体会了该校引入 SDP 以来,如沐春风的巨大变化。遂撰写此文,欲与同行共同讨论。

1. SDP 的实施彰显学校个性,"千校一面"的局面有所改变

事实上,每一所学校都有规划或计划,但其形成过程几乎都是校长根据上级要求,或多或少结合学校实际撰写而成。尔后,在教职工会议上念念,算是通过了,没有任何人去过问它是否科学,为什么会如此呢?这是因为长期以来政府对学校办学行政干预和大包大揽的结果。许多中小学校长实际沦为政策法规以及行政意志的贯彻执行者,少有自己

独到的办学理念,在该背景下生存的学校往往是千篇一律,没有特色。其实,我们在办学过程中忽略了一些极其重要的环节:学校是政府的学校,也是社区的学校。学校的发展,教育质量的高低,直接牵动着家长和学生的利益。校长只是政府聘任的法人代表,办好一所学校不但政府有责任,社区也有责任。因此,制订学校发展计划,理所当然要严格执行政府的规定,但是也要广泛征求社区群众的意见。办好一所学校,不仅仅是学校的事,也不仅仅是政府的事,应该是由学校牵头,在政府的帮助下,广泛动员社区参与,共同来办好学校。成功的学校,不仅关注学校、而且关注社会,不仅关注当前,而且关注未来,不仅关注特色,而且要关注教育质量。SDP倡导在学校层面通过自下而上的方式制定自己的发展规划,正好给学校一个发现自我、塑造自我的平台。

SDP一旦制订,学校领导可变,但方案实施不变,要坚持不懈向前发展。2005年12月,中卫市郭滩学校被确定为宁夏首批"西发项目"学校以后,12月底,校长参加了自治区教科所组织的为期一周的SDP/PTT校长培训,返校后,积极对全校教师进行培训,及时成立了学校发展计划管理委员会和参与式教学专家组,并召开了社区群众大会,发放有关SDP/PTT宣传资料两千余份,对广大社区群众和学生进行广泛宣传,同时,发放征求意见表,广泛征求广大教师和社区各界人士对学校发展计划的意见和建议。通过绘制社区图,梳理问题树,运用优先排序等方法筛选出制约学校发展的突出问题,自下而上产生制订了切实、科学的学校发展计划,绘制了学校成长的蓝图,为学校有特色、有个性的发展奠定了基础。

2. SDP的实施密切社区与学校的联系,取得了良好的社会效益

制订SDP的目的是使社区和学校共同参与去发现学校面临的问题,原因和需求,全面而系统地了解学校的现状和需要优先解决的问题,并找出解决问题的办法,明确学校今后的发展方向和目标。制订和实施SDP强调通过自下而上的广泛参与,使学校、社区和教育行政部门之间通过沟通、交流与合作,就当地学校的发展达成共识,从而建立起密切的联系,解决学校发展中存在的主要问题,使学校未来的发展更具有前瞻性和可持续性。SDP的实施使学校成员与社区成员懂得自己在谋求学校发展所处的地位、权力、义务,使社区成员认识到学校是属于社区的,帮助学校就是帮助自己的,同时也使社区成员和学校自己自觉地承担起改善教育的责任,自动挖掘资源,有钱出钱、有力出力,不再消极的"等、靠、要",使积极争取外部支持和自力更生能有机地结合起来,最终实现改善学校办学条件和水平的目的。

中卫市郭滩学校在与社区共建方面取得了可喜的成果。实施SDP之后,学校的硬件建设有了较大的改善。如:学校服务半径之内的郭滩村向学校捐赠课桌凳20套,新星村向学校捐赠课桌凳15套;房地产公司向学校捐赠席梦思床70张,高级办公桌椅40套;社区群众和其他团体捐资维修危房11间,修建阶梯式花坛2个,校园绿化面积达到1 025平方米;在学校管委会的倡导下,社区村委会带领群众铺垫校园及操场,用水泥砖硬化校园12 060平方米。与此同时,学校也为社区做了大量的服务工作。如:充分利用远程教育资源,为社区党员举办培训班18期,培训党员干部600多人次,为社区农民开办实用技术培训班18期,培训近千人次。社区群众积极支持学校发展,解决了学校的实际困难,学校也积极为社区服务,密切了学校与社区的关系,使学校真正成了社区群众自己的学校,取得了良好的社会效益。

3. SDP 的实施有效推动了校园文化建设

良好的校园文化氛围是创建和谐校园、平安校园的重要组成部分。为了使学校成为教师乐教,学生乐学的乐园和孩子健康成长的花园,体现人文精神,学校建设了新景点一处,安装体育健身器材 16 套,在校园内安装供学生测量身高的标尺 3 处,在院落内画了供学生随时可以练习立定跳远的标尺 16 处,供学生课间休息、学习的石桌凳 8 套,每个教室装配了仪表镜、引水壶、洗手盆、钟表、作品展示台和室外绘画园地十多块,学校呈现出环境育人的良好氛围。广大学生快乐、好学,积极地参加学校的各种活动,更加热爱学校,违纪现象日趋减少,学业成绩逐步提高。

4. SDP 的实施使教师树立了以"学习者为中心"的理念

广大教师树立了以"学习者为中心"的理念,他们通过改进教育教学方法,把参与式教学(以下简称 PTT)引入课堂教学之中,改善师生关系,努力构建平安校园、和谐校园。中卫市郭滩学校尤其注重对教师队伍的培训和提高,积极组织 PTT 培训。在项目实施的一年多的时间里,先后选派教师到区、市参加 SDP/PTT 培训,返校后积极组织本校教师参加 SDP/PTT 培训。学校校长、教导主任、骨干教师成为学习推广 PTT 的先行者。学校层面的培训通过创设情景,使教师在活动中亲身体验、主动合作、反思自己的经验与观念,在交流和分享中学习他人的长处,产生新的思想,以达到自身观念、态度和行为上的改变,并能设法改进自己的教育教学工作,使教师明白参与式教学是在民主、平等的课堂教学氛围中,要教师和学生充分发挥主观能动性,通过积极的交往互动,通过有效的教学活动,达到认识同步,思维同步,情感共鸣,创造性地完成教学任务。在培训过程中,教师积极参与,亲身体验参与的乐趣,培训收效明显,并在课堂教学中尝试应用,加以推广。

在推广实施的过程中,引导教师树立以"学习者为中心"的理念。通过主动参与,还学生学习的主动权,通过主动参与最大限度地发挥每个人的智慧和创造才能;通过主动参与,发挥群体互动优势。教师不断总结经验,互相学习,不断完善自我;教师的备课水平、掌控课堂的能力提高较快,课堂教学结构得到了改进,使学生在参与中体会到了学习的快乐。

为了鼓励教师积极运用参与式教学法,学校举办参与式教学评优活动三次,先后有 24 人次荣获优秀奖,并进行了表彰奖励,鼓励教师积极参与到 PTT 教育教学之中。通过参与式教学的开展,全校师生的参与意识得到了提升,综合素质得到了提高,学校教育教学成果喜人。2007 年,学校乐队在中卫市乐队比赛中获优秀组织奖。在中卫市"移动杯"征文比赛中有 10 人分获一、二、三等奖;在全国中学生数理化竞赛中有 1 人获全国数学竞赛三等奖,1 人获物理竞赛区级二等奖,化学竞赛中区一等奖 2 人,区二等奖 4 人,区三等奖 4 人。2006 年,学校被东园镇党委评为"优秀党支部"、"综合治理先进集体"和"中考先进集体";被市教育局评为"学校安全先进集体"和"安全文明校园",中考成绩进入城区前列。

回顾过去,成绩斐然,展望未来,前途光明。成绩只能说明过去,教育必须面向未来。积极创建安全、文明、快乐的校园,努力创办人民满意的教育,争取把中卫市郭滩学校办成一所人无我有、人有我优、人优我精的示范学校,牢固树立以人为本的理念,进一步加强与社区的共建活动,加快学校发展的步伐,争取办一所学习型的学校,带一支学习型的教师队伍,育一批学习型的人才,这是今后的要务,也是 SDP 的目标。

实施SDP项目 协调好教育行政部门与学校的关系

云南省宁洱县教育局 竺荣安

学校发展计划是一所学校在行政管理、教师管理、教学管理、学生管理、后勤服务管理以及学校与社区关系等方面的考虑和总的安排。管理,作为一种社会职能,是存在于各个社会形态的。不论是奴隶制社会、封建社会或是资本主义、社会主义社会,较大规模的社会劳动或共同劳动,都需要某种形式的管理。

"十一五"开始,我县启动了世界银行贷款/英国政府赠款"西部地区基础教育发展"项目学校发展计划(以下简称"西发项目"SDP)。本文将回顾我县"西发项目"SDP工作的发展过程,分析我县在宣传、制订、实施SDP工作中的特点,就学校发展计划下教育行政部门与学校关系的调节阐述我的看法。

广泛宣传SDP,加强学校社区关系

1. SDP的宣传

2004年11月15—18日,我县的督导员参与了省教育厅"西发项目"第一期学校发展计划培训班回来后,召开各中小学校长和党支部书记会议,宣传"西发项目"SDP的意义,宣传怎样实施SDP,让全县教育系统各级干部和管理者认识了解SDP在基础教育中的作用。为了实施好SDP,报经省教育厅外资办同意,我县选择了宁洱镇第二小学(原凤阳中心小学)和同心乡勐海田小学作为SDP试点,县"西发项目"办派SDP督导员分别到两校协助宣传SDP工作,宣传到户;协助两校成立了SDP委员会(委员会主任由该校校长兼任;该校区村委会书记和主任为委员会副主任;成员分别由村组长代表、教师代表、学生家长代表、妇女代表、少数民族代表、学生代表组成)。2005年1月18—21日,宁洱县"西发项目"第一期学校发展计划县级培训班在普洱宾馆举行。培训班的专题有6个：

——让学校及所辖社区成员代表一起探讨什么是学校发展计划；

——明确学校发展所需要的各种层次和类型的支持；

——推动各方面社区成员代表和学生家长、广泛参与学校发展计划；

——介绍拟订学校发展所需要征询社区意见的几种技巧和工具；

——探讨学校发展计划和儿童友好学校之间的联系；

——明确制订学校发展计划的各个步骤。

参加此次培训的30位两校委员会成员，在培训班期间学到了学校发展计划的相关知识和基本技能，并带着一种渴望返乡。

2. SDP 文本的形成

我县两个 SDP 试点学校，在 SDP 主任（校长）的带领下，召开该校所辖社区大会，每户至少一名家长甚至全家参加了社区大会。当校长介绍"学校概况及变化"和村主任介绍"社区概况及变化"时，几百人都在倾听。而在若干组征求学校发展的意见和建议时，大家争着发言，提出学校与家长、学校与社区、学校与学生等促进学校发展的意见和要求。社区大会后，SDP 委员会采用社区地图、问题树、排序、头脑风暴法等工具技巧把各组收集起来的问题进行优先排序，通过一个多月的反复整理，制订出该校学校发展计划文本交县教育局"西发项目"办审批。县教育局"西发项目"办召集学校校长、SDP 委员及县级 SDP 督导员对学校发展计划文本进行答辩后，批复学校实施。该校校长在春季学期开学时，向全体教师和家长宣布执行文本的行动计划。

3. SDP 的特色

传统的学校发展计划。如县教育局—中心校—完小，都是自上而下的，上级怎样发号施令，下级无条件执行，若完不成任务，视为工作不到位。"西发项目"学校发展计划，首先来自不同层面，不同群体，均是社区和学校共同参与发现学校面临的问题、原因和需求，全面而具体地了解学校的现状和需要优先解决的困难和问题，找出解决问题的办法，明确学校今后发展的方向和目标，因此说这是自下而上的做法，实事求是，符合学校发展的规律。

传统的管理模式，上级要求下级做什么，怎样去做，总是等。如需要教师，等秋季学期开学，上级分配给教师，不管分配给什么学科的教师都要接收，因此造成学科教师不合理，需要的不给，不需要的分来了。上级要求学校建教室，要等到上级资金到位后，才开始动工建教室。而有的学校亟需建教室，但上级不安排，你寸步难行。这是因为学校是上级政府的学校，学校的发展就是"等、靠、要"。

"西发项目"学校发展计划，鼓励学校和社区成员承担起改善教育的责任，共同寻找和发现当地可以挖掘的资源（除需要上级提供的资源之外），不再是消极的"等、靠、要"。如同心勐海田小学的饮水问题，多年以来向上级反映拨款给学校解决饮水问题，但得不到解决，师生喝不上干净的水甚至无水喝。在学校发展计划文本中，家长和师生强烈要求解决饮水问题，通过该校 SDP 委员会研究，郭灿章校长、社区领导和委员们分头想办法，向有关部门讨要水管、水泥等，广大家长出工出力，从1 000米外的地方把水引进校园，解决了多年师生到春夏之交找水吃的困难。再如，宁洱二小一部分学生上学难（路程太远），生活难(学校不办伙食),在制订学校发展计划中,大家一致提出要解决学生的住宿和吃饭问题。陈德明校长通过社区和委员的力量,到处筹措资金,解决了上学难和生活难的问题。

传统的管理模式,学校是教育部门的,说明白一点是政府的,学校的事全由教育部门说了算。"西发项目"学校发展计划,使学校和社区之间的联系更为紧密,可以使社区群众、干部认识到学校是属于社区,帮助学校就是帮助自己,是为自己办学而不是为别人办学,学校把孩子教好了,家长望子成龙的愿望得以实现。所以,社区和村民们更加主动地关心支持学校,他们认识到办学是为了自己。SDP 有助于校长、教师思想观念的转变和能力的提高,促使学校朝着民主、科学、规范的方向发展。因为在制订 SDP 中,教师给自己定计划,要怎样做才会把学生教好,如:不歧视差生,不体罚学生,要对全体学生负责,小到批改作业都要接受学校和家长的监督,为此,教师的责任心得到提高。SDP 可以发现学校现阶段最突出的问题,紧迫的问题,更加强了学校和教育行政部门之间的联系和沟通,帮助教育行政部门在分配教育资源上做出更为科学合理的决策,使有限的教育资源得到充分而有效的利用。如:宁洱二小的教学楼、厕所,同心锅底塘小学的学生宿舍、教学楼、厕所,同心那柯里小学的球场,磨黑中学的学生食堂等是学校亟需解决的问题。县教育局对这些学校提出的亟需解决的问题进行排序,优先使突出问题得到解决。相关的学校发展计划校点提出相关教师十分紧缺,有的科目没有教师上课的问题。县教育局通过调配,及时补充了专业教师到该校任教。这样的事在以往的管理中是办不到的,为了实施好"西发项目",县教育局在一些人事和校舍改善问题上给了项目学校开绿灯,是难能可贵的。可以说,现任的教育行政部门领导思想观念有了大的改变,急事急办,特事特办,全力支持"西发项目"工作。

4. 实践是检验 SDP 的唯一标准

实践是检验真理的唯一标准,同时也是检验 SDP 的唯一标准。我县把宁洱二小和同心勐海田小学作为 SDP 试点,两校通过一年的实践,在该校 SDP 委员会的共同努力下,在县教育局的协调支持下,在省教育厅外资办的指导下,学校近期的 SDP 工作顺利推进。同以往相比,学校的管理、教师的观念不断改变,教育教学质量稳步上升,与校舍相关的问题得以解决,促进了学校全方位发展。

我县两个试点学校的 SDP 工作取得基本经验后。2007 年又启动了 11 个校点,其中有初级中学,有中心校,还有村完小。县教育局"西发项目"办以试点学校为契机,召开 SDP 项目学校主任会议,由两个试点学校主任(校长)交流经验,让新启动的校点少走弯路,吸取教训,更有效地开展工作。目前,我县 13 所学校的 SDP 工作全面开展,各校根据自己的特点,作出近期学校发展计划和 3 年工作展望,对学校的发展作出较详细的规划。2007 年 10 月,我县举办 13 所学校发展计划文本答辩,75 个主任和委员参加答辩,局领导到答辩现场进行倾听。通过文本答辩,进一步明确学校急需解决的困难和问题,解决困难问题所需的资源,采取的措施,牵涉到需要县教育局提供的资源,局领导十分支持。有的学校缺相应的专业教师,影响了学校正常教学,局领导帮助调配;有的学校教室和学生宿舍出现险情,局领导协调相关部门帮助排险;有的学校教师整体素质较低,局领导安排项目办举办相应培训班,请专家进行培训;有的学校存在些小困难,社区领导组织家长帮助解决;有的学校开展了一帮一活动,优秀学生帮助差生,成立了各类兴趣小组,护校队,一所所儿童友好学校正在形成。

我县 SDP 工作仅开展两年,但收效不小。我认为,这些 SDP 项目学校的校长思想更解放,改革更大胆,对整个学校的管理加强了,特别是校长的民主决策能力、指挥能力、协调能力得到提高;这些 SDP 项目学校的教师通过培训学习,观念改变了,能适应新教材、新课改的挑战,备课更认真,上课方法更灵活,辅导学生更耐心,批改作业更全面,特别参与了"以学习者为中心"的培训,坚持以人为本,以学生为本,一切为了学生的成长,学生们享受平等、公平的教育,学生个性得以多样的发展。这些学校的管理、教师素质、办学条件、学习环境等得到提高改善后,促进了教育教学质量的提高。我县连续三年高考上线率居全市第一,中考成绩居全市前茅,小学测试一年比一年好,受到各级党委政府和家长的好评。

5. SDP 有利于社会主义新农村建设

我是一个 SDP 工作的组织者、协调者、参与者,从宣传学习 SDP 到组建 SDP 委员会,组织培训 SDP 委员,制订 SDP,实施 SDP,总结 SDP 无不有我的足迹和身影。我是一个活生生的见证者和实践者。我认为 SDP 工作是一条提高校长自我素质和管理能力的渠道,他能使一个个校长更加成熟起来,更有能力管理好一所学校,更会驾驭好学校的全盘工作,促进学校的整体发展;实施 SDP 学校的教师更有学习培训的机会,从这些学习培训中得到更多的教书育人知识;SDP 使学校的各个教师更加协调,更具有生机和活力。由于这些教师在"以学习者为中心"的参与式培训中,获得新的教育理念,获得新教材的相关信息,他们在教育教学中坚持以学生为本,发挥自己的潜能,更好地服务于学生,使自己的学生德智体全方面得到发展。

我认为实施 SDP 不仅局限于校内,还涉及社区。在实施 SDP 整个过程中,社区领导和广大群众自觉参与到这个活动中。他们为学校出谋划策,帮助支持学校解决困难和问题。社区群众还主动参与到学校教育教学过程中,参加学校的校会,毕业班会,参与六一儿童节活动。有些家长还走进课堂听老师讲课,与教师讨论自己孩子在学校及家里的方方面面,在学校组织的 SDP 家庭教育活动中,广大学生家长积极参与,倾听受过省、县培训的家庭教育培训者的讲座,让他们更加懂得如何做一个家长,怎样当好家长,定位好父母的角色,从而更好地配合学校,教育好自己的孩子。我在不同的场合看到,这些学校的师生精神面貌比以往更加振奋。SDP 学校还组织相关的学校与社区的联谊活动,进一步沟通学校与社区群众的联系,广大群众已经觉得学校离他们越来越近,支持帮助学校的发展是应尽的义务,学校办好了是为了我们自己。因此,我认为实施 SDP,加深了学校与社区的联系,活跃了学校与社区的往来,学校办好了、社区进步文明了,凝聚力就加强了。这与国家实施新农村建设的方向是一致的,SDP 不仅会促进学校的发展,同样还促进社区的发展,是文明社区、文明村组、文明学校,社会主义大家庭的温暖工程。

实施 SDP 项目 走集中办学之路

云南省禄丰县黑井镇小学 杨保华

随着教育改革的进一步深入,如何加快学校的发展,提高学校的教育教学质量,已成为每个教育工作者关心的问题。特别是在贫困山区,由于学校的发展受当地经济和环境条件的制约,如何提高贫困山区学校的教育教学质量,改善办学条件,这些问题一直困扰着山区教育工作者。

近年来,禄丰县启动了"西发项目"。2004年9月,将"参与式课堂教学改革"和"参与式学校发展计划"实验推广到全县所有乡(镇)的项目学校。2005年9月,把"参与式课堂教学改革"和"参与式学校发展计划"实验推广到全县大多数小学。

学校发展计划是在学校层次上、通过上下结合的方式,广泛征求社区群众的意见,由学校和社区自主制订的关于社区教育未来发展的计划。学校发展计划的目标是鼓励学校与社区建立紧密的联系,以解决学校的问题并促进学校的发展。学校发展计划注重学校就发展问题提出自身的解决办法,而不是外部强加给学校。这一领域的创新主要包括:注重学校与社区的联系,并通过参与式方法促进加强这种联系,使以往很少有机会发表意见的成员在决策过程中获得了说话的机会;鼓励学校自己制订计划,并将其作为在当地解决问题的一个办法;关注创造更好的教学和学习条件,而不仅是土建和添置设备。学校发展计划,它关注弱势群体的教育需求,它的制订利用了上下结合的参与方式,与传统的学校各种"计划"的制订过程最大的区别在于:(1)学校发展计划的形成是上下结合的;(2)是参与式的民主决策,而不是由校长和少数社区精英决定。参与的主体有教师、村干部、校长、村民、妇女、学生;(3)制订的学校发展计划不是应付检查的文本或寻求项目资金的"采购清单",而是切实可行的行动方案,其目标是现实而具体的,行动措施有明确的量化指标、时间要求、责任人和相应的投入安排;(4)在组织机制上,成立"学校发展计划管理委员会",其成员包括社区干部、教师代表、村民代表等,使社会各方面的力量都能参与学校管理;(5)贫困地区的乡村学校所需要解决的问题太多,而学校发展计划就是遵循轻重缓急的原则,对学校发展中各种问题进行排序,决定出优先解决的问题,而整个征求意见和优先排序的过程,就在社区的广泛参与中完成。

在制订学校发展计划的过程中,校长和教师要在村社通过进行家访、召开村民大会、画社区地图、问题树、进行对比排序和优先排序等方法,和社区群众一起确定学校发展计划的目标、内容、具体措施等。学校发展计划包括三年发展目标和每学年的行动计划。制订学校发展计划的目的是:(1)通过制定学校发展计划,使社区和学校共同参与发现学校面临的问题、找出产生问题的原因和学校有什么需求,全面而具体地了解学校的现状和需要优先解决的问题,并找出解决问题的办法,明确学校今后的发展方向和目标。(2)通过制订学校发展计划,鼓励学校和社区成员承担起改善教育条件的责任。(3)通过制订学校发展计划,使学校和社区之间的关系更为紧密,增强社区参与管理学校的意识。

（4）通过制订学校发展计划，加强学校和教育行政部门的沟通，使有限的教育资源得到充分而有效的利用。（5）通过制订学校发展计划，有助于教师思想观念的转变和能力的提高，使学校管理朝着民主、科学、规范的方向发展。（6）制订学校发展计划还可以发现目前学校最突出最紧迫的问题，及时得到上级主管部门的重视和支持。总之，制订学校发展计划将有助于学校更快、更好地发展，最终实现社区进步。

在制订学校发展计划的过程中，怎样才能加快贫困山区学校的发展，这是一个大家都普遍关注的问题。我认为，集中办学，改善学校的办学条件，这是贫困山区学校发展的必经之路。因为目前贫困山区学校的主要特点是：（1）自然环境差，学校布点分散；（2）学校设施简陋，办学条件差；（3）师资力量薄弱，教师素质有待提高。就拿我们工作的黑井镇来说，全镇有九个村委会，自然条件好一点的只有黑井村委会，其他八个村委会自然条件都比较差。首先由于山高坡陡箐深，村落分散，为了方便学生就读，提高学生的入学率和普及九年义务教育，学校布点分散，给学校管理带来诸多不便；其次，学校教学设施简陋，有一部分教学点就设在原生产队划给的仓房里，有的甚至在小庙里，连大门、围墙都没有，学生坐的桌凳有的是用木板搭起来，更不用说有教学仪器设备；第三，村小学、教学点的师资力量薄弱，原因是有的村小学或教学点在一般情况下都是进行复式教学，有的二级复式，有的三级复式，一个老师要教两三个年级的所有科目，教学任务繁重，生活环境艰苦，这对提高教学质量肯定会造成极大的不良影响。另外，骨干教师、年轻教师一般情况下都调配到中心小学，村委会完小，这也是部分村小学历年教学质量不高的原因之一。再加上少数村小学教师对自己要求不严，放松了自身的业务学习，导致自己的综合素质下降，适应不了时代发展的要求，这也影响了学校教育教学质量的提高。还有一种情况，有的教学点离完小较远，虽然生源少但还必须设置教学点，导致一个公办教师才教七八个学生的班级，造成师资的浪费。但目前总的情况是：村委会完小的硬件建设还有待于进一步加强和完善，才能容纳整个村委会的所有学生，适应集中办学的要求，因此有的村小学学生少也无法撤并。近年来，黑井镇小学下辖的几所完全小学已先后进行了撤校并点的实践，证明了集中办学对山区教育的发展是有着极大的促进作用的。在开始制订学校发展计划的时候，我们的工作得到了上级主管部门及社会各界的重视和支持。在召开社区大会，进行社区访谈时，有一部分村社干部主动为学校建设出谋献策。有的建议新校舍应该建在哪个地方才方便学生上学，同时便于安全管理；有的主动为学校提供水源，提供菜地；有的提出学校的厕所旁可修一个沼气池，利用粪便产生沼气，既能处理粪便，又能利用新能源；有的则提出，哪条小路太危险，应该组织学生家长修一修。哪条箐里应该修一座小桥，方便学生雨季过桥……总而言之，我们从社区的干部群众中了解到了许多关于学校发展的建议和意见，有的是我们想都没有想到的，我们体会到发动群众，进行调查研究的重要性。

目前，采取集中办学措施的学校都不同程度地体现出集中办学的优越性。由于集中办学，学校开办了寄宿制食堂，学生吃住都在学校，学生家长每周来接一次学生，方便了家长，做到学生安心，家长放心。由于集中办学，师资力量集中，开齐了各种课程，开展了各种兴趣小组活动，学生得到全面发展，再加上"普及远程教育"和"普及实验教学"工作的开展，学生的视野开阔了。由于集中办学，学校开展了养猪、养鸡、种菜等勤工俭学活动，既锻炼了学生的劳动能力，又在一定程度上改善了师生的生活。同时，由于校舍等硬件设施的改善，师生的生活环境条件得到了提高。由于集中办学，便于学校管理工作的实施，也便于教研工作的开展，提高教师素质，共享教育资源。

根据上述情况,我们认为贫困山区的教育事业要得到发展,就必须集中办学,依靠各方面的力量。首先,集中办学可以更好地对教师进行教育教学管理。校点集中后,上级对学校的教育教学、安全工作、后勤财务管理工作、教研教改工作的指导监控变得方便快捷,易于操作;其次,集中办学还可以更合理地配置教师资源,充分发挥每一位教师的长处,开齐上好每一门课程,让学生真正得到全面发展;再次,集中办学有利于今后发挥远程信息教育的重大作用,实现教育资源的共享。随着科学的发展,社会的进步,今后远程信息教育的实施,将对学校教育教学提供很大的便利,只有集中办学,才能更好地利用先进的科学技术;最后,集中办学便于学生在校食宿,对搞好学校安全工作,提高学校的教学质量,完成"普九"任务,改善师生的生活环境,都有着不可低估的作用。

总之,在贫困山区,学校的发展必须走集中办学之路,这样才能既方便社区群众,又能适应新形势下教育发展的要求。

实施学校发展计划应体现人性化

云南禄丰县妥安乡小学　马建文

学校发展计划,是指在学校层面上,通过自下而上的方式,通过社区的广泛参与制订出来的关于学校未来发展的计划。从学校发展计划的内涵可以看出,"学校发展"是核心是目标,制订和实施学校发展计划是实现学校发展的途径和方式,学校发展计划的形成需要不同人群的参与,既有学校层面师生的参与,还有社区层面不同人群的参与。

制订学校发展计划,目的在于使学校的发展更加具有预见性,学校的工作更加具有目标性,学校的管理更加规范化。而在学校的整个发展过程中,人是最核心的推动因素,也可以说,人的主动性是学校发展的关键。那么,在学校发展计划的制订和实施的各个环节体现人的需求显得举足轻重,只有人的发展需求得到较大程度的满足,才能促进学校的可持续发展。所以,制订人性化的学校发展计划显得非常重要。要实现学校发展计划的人性化,应该从学校发展计划的制订、实施和评价三个环节加以落实。

1. 制订学校发展计划,尊重人的意见

在制订学校发展计划的时候,一般都要经历收集学校发展信息(包括宣传动员、成立学校发展计划委员会、社区访谈、座谈、召开社区大会等活动收集不同人群对学校发展的意见和建议)阶段;整理、评价信息阶段,这个阶段主要是把收集来的信息进行分类制作问题树、对问题进行优先排序等;撰写学校发展计划文本阶段,对收集、整理的信息进一步梳理,按一定的结构呈现学校的发展轨迹。

1.1　收集学校发展信息,要关注不同人群的意见和建议

收集信息是科学决策的依据,学校发展计划实际上就是对学校未来发展的决策,发展

计划的是否科学决定着学校发展的方向,所以必须依赖于丰富的信息。所谓"兼听则明",学校办学是为社区服务的,为社区所有的人群服务,所以,社区的妇女、宗教人士、社区领导等都有对学校发展提出意见和建议的权利。

首先,要对信息收集人员进行思想动员和技能培训。收集信息的多少与价值的高低完全取决于信息收集人员,信息收集人员必须掌握一定的提问技能和沟通技巧,才能收集到更多更好的信息,特别是针对不同的人群,采取不同的提问方式和交流方式显得非常重要。收集信息之前,我们可以通过一些模拟活动,让信息收集人员担任不同的角色进行活动,从活动中培训收集信息的技能。例如:我们要向一名社区妇女征求学校发展意见,我们可以考虑由女教师参与信息收集,由信息收集人员进行角色扮演,进行沟通交流训练,让信息收集人员充分感受如何拉近可能存在的心理、文化距离,提什么样的问题才能收集到有用的信息。也可以模拟一些座谈会,让信息收集人员掌握组织座谈会的一些技巧。

其次,收集信息时注意倾听,尽量不要对征询对象的意见进行评价。在收集信息的过程中,我们常常会遇到一些家长和社区代表对学校抱有偏见,或者是提出的意见具有片面性,不符合学校的发展实际,这种情况本来是无可厚非的,毕竟"当局者迷,旁观者清"。这时,信息收集者要怀抱宽容之心,耐心倾听,不要当面提出反对意见,而是等待时机通过宣传、家长会等形式进行沟通与交流,因为当面的评价会让被反问者产生戒备心理,特别是当面提出反对意见,会让刚打开的话匣子关闭。

还有,要树立"信息中心"意识。开展信息收集工作时,要注意尽可能地收集不同人群的不同看法,无论得到的信息是有深度的还是表层化的,不能对有知识的人士提出的意见和建议欣然接受,而对文化知识少甚至不识字的人提出的意见和建议置之不理,实际上,正是因为知识、经济背景的差异,因为对学校情况了解多少的差异,才能从不同的视角看学校的发展,给学校的发展出谋划策。

1.2 整理提炼信息,融合提升信息,尊重信息的价值

在收集学校发展信息的过程中,我们会听到如教师、学生、学生家长、社区妇女代表、社区宗教人士、社区领导、社区个体商户等不同人群的心声,有的确实能够站在学校的立场提出建设性的意见,有的仅仅站在个人(特别是子女)利益的角度提出意见,这些意见本来都是无可非议的,但站在我们的终极目标——学校发展的角度看,这些信息确实存在价值多少与高低的问题,如有的人提出"希望学校能够让我的孩子住校",有的人提出"我的女儿成绩不好,希望老师能够多关心学生",类似的问题实际是很多的。对于这样的信息,我们该如何处理呢?就是融合与提升。融合,就是把表面看似不同而问题反映的内容相同的信息由多变少的方法,这是十分重要的工作,在制订学校发展计划的过程中,我们常常在制作问题树以及对问题进行排序的时候完成。提升,就是把融合后的问题进行内容、语言表述方面的加工,学校发展内容包括方方面面,学校的发展要求学校整体工作的向前推进,但是所谓"牵一发而动全身",学校工作又有轻重缓急、中心与非中心的区别,"抓住核心,解决急重"就能够带动其他方面的工作。在学校发展计划文本中,"优先解决的问题"和"学校发展目标"实际上就是对学校发展信息的提升,从零散的问题中分析提炼出优先解决的问题,从零散的目标中提炼出学校发展的目标,特别是那些收集不到而对学校的自主发展具有重要意义的问题,学校还必须根据自主办学思想、学校特色创建目标等等进行提炼,并有相应的活动加以落实。

整理社区大会结果

1.3 撰写发展计划文本,要体现人的发展需求

学校发展计划,注重自主发展,也注重"实在"发展,所谓自主,强调立足学校实际,立足学校层面决策,立足学校自主规划,而不是别人给学校规划,学校照章行事。所谓"实在",指要在现有条件下谋发展,创造条件谋更大的发展。都说教学质量是学校的生命线,而教学质量的高低关键取决于教师的素质,所以更应该说教师是学校发展的生命线,学校发展的速度,取决于包括校长在内的教师队伍的素质,所以,在撰写学校发展计划文本的时候,要关注人的发展需要,关注了人的发展,做到了以人为本,才能保证学校的持续发展。

首先,文本中要有关注师生发展需要的目标和活动。经过两年多的学校发展计划实施,我们发现很多学校过分关注办学条件的改善,而很少关注师生发展的需求,学生活动在文本中还有不少的体现,但仅仅是一些活动与措施的呈现,而很少关注学生发展目标的确立。对于教师的发展更是关注甚少,文本中更多的是教师完成哪些活动、做哪些事,指向的是为学生服务,为学校日常工作服务,那么,谁来为教师服务呢?一是校长,二是教师自己。校长是否关注教师的发展需要,把教师的发展作为学校发展的一个中心点看待。教师间的服务。孔子说"教学相长",体现了教和学的共存,在教中学,在教中发展,在学中教,在学中发展,向自己学,通过反思发展,向别人学,通过借鉴发展。在文本中,我们要制订教师发展的目标和活动,把这些目标和活动渗透在教学研究中,渗透在学生的发展中。

其次,文本的内容要进行公开。这里说的文本公开,主要指文本的内容应该让师生、让发展计划委员会成员、甚至让社区人员了解,让大家明白自己的职责,负责活动完成的时间,从而达到互相监督和自我调控的目的,一旦向社区公开,学校自然有全力以赴的动力,自己心知肚明,为了完成自己负责的任务,个人自然会调整自己的行为,做出积极的反应。例如学校发展计划制订了学生的一些主题活动,活动主要由少先队辅导员负责,通过文本内容的公开,少先队辅导员自然会提前准备活动的相关工作。

2. 在学校发展计划的实施中帮助师生实现价值

学校发展计划的价值,体现在学校发展计划的实施过程中。学校发展计划的实施不仅仅是活动的开展和事务的完成,也是人的价值实现的过程,在每一件工作的完成,每一个问题的解决中,都是师生价值体现的契机。因此,在学校发展计划的实施过程中,要关注入在活动中的价值。

2.1 引入过程评价机制,发挥人的能动性

责任意识是完成所有工作的保障,在学校发展计划的实施过程中,要注重对活动负责人进行过程评价,对每一项解决问题或达到目标而制订的活动,都有主要的负责人,负责人是否按照活动预订的时间按时开展活动,并努力保证活动的质量,学校层面应及时进行监督和评价,促进活动的开展,提高活动的效益。

2.2 发挥人的创新潜能,体现个性价值

学校发展计划的预见性成功与否,与人的能动性发挥有密切关系,当活动的负责人很主动地工作,进行创新性工作的时候,能够积极调动各种因素,提高活动的效益,促进学校的发展。那么,在制订文本的时候,每一项活动的负责人已经确定,学校就要充分信任他,尊重他的意见,鼓励他创新性地组织活动。

首先,活动的计划到实施的各环节,由负责人设计把握,校长一般只给予建议和支持,应尽量避免干预,校长的干预会使教师丧失主动性和创新性。校长和活动的负责人最好做到事前沟通,对活动的设想进行意见交换,最好达成共识,也可以是校长把自己的想法告知负责人,再由负责人设计组织活动。

其次,制订激励制度,把个性评价与终结性评价结合起来。激励可以产生效益,学校发展计划的实施也是如此。学校发展计划的实施,必须做到事事有人干,人人有事干,教师在参与活动的策划、组织实施的过程中,必然会获得成就感,教师在实施学校发展计划过程中,组织实施的活动的效益应该作为年末综合评价的依据,通过学年末的综合表彰,能够提高教师参与实施学校发展计划的积极性。

2.3 实施个人发展计划,体现教师的实际需求

教师的专业化是教师走向行家里手的必经途径,假如说在学校发展计划文本中很难过多地关注教师发展需求的话,那么通过实施教师发展计划就是提高教师专业化素质一个较好的途径。

教师个人发展计划,指教师针对自己的兴趣爱好和个人素质基础,确定一项或几项自身素质提高的内容,制订相应的发展目标和活动内容、活动措施,通过长期持之以恒的训练,使自身的素质得到提高。

在制订教师个人发展计划的时候,学校重点放在教师个人的自我分析,并对教师主动发展行为进行评价和监测。例如有的教师在学校中学习的是美术专业,毕业之后尽管受到时间、条件的限制,但是他们能够在教学之余坚持写生、创作作品,这部分教师就可以把美术作为个人发展计划的主要内容,通过确立目标,确立每学期美术知识的学习内容、作品的创作多少等等,然后在工作中坚持不懈,一年、两年,甚至更长的时间,这部分教师不仅创作的美术作品常常登上全校的作品展台,而且真正形成了一技之长,促进了自己的专业化发展,也为学校美术工作的开展积蓄了教师资源。

3. 抓好学校发展计划评估工作,促进教师在反思性中发展

每一个人的进步,除了有明确的目标和持之以恒的努力,还需要积极反思的精神。反思,就是对自己所做的工作进行评价,从中分析工作的得与失,成功经验与存在的问题,思考改进工作的办法和措施的过程。在学校发展计划工作中,评估是一个必不可少的环节,只有通过评估,学校反思实施学校发展计划工作的情况,才能总结出学校发展思路是否清晰,学校发展目标是否切合实际,学校日常工作是否扎实到位,学校发展计划实施中存在

哪些问题？哪些问题是客观条件限制未能落实？哪些是主观因素导致工作没有开展好？……一方面，内部的自我分析评估，可以促进学校内部的自省，包括教师对自己日常工作的自省。另一方面，来自外界（主要是评估机构）的评估指导，可以获取更好的专业性支持，为下一步更好地改进和开展工作奠定基础。

3.1 以学校发展计划的自我监测为契机，为教师搭建反思的平台

学校发展计划的自我检测，要求学校站在学校发展的角度，没有功利性地看待学校发展计划实施一段时期后取得的成效，学校发展的实际和预期存在多大的差距。而文本中写入的许多目标和活动都是有教师组织实施的，分析学校层面工作实效的同时，教师必然对自己的工作进行衡量，在对工作的回顾与实效的评价中，教师一方面会得到更深的价值体验，同时也能够在自省中找到自己工作能力、工作方式、工作态度等方面存在的差距。教师在参与学校发展计划的自我检测中，应该回答好以下几个问题：

我负责的是哪几项工作？这几项工作要达到的目标和解决的问题是什么？我组织了哪些活动取得了哪些成效？我在组织的活动中，哪些做得好，哪些做得不好，还需要做什么样的改进？等等。

3.2 以学校发展计划的自我检测为平台，促进教师专业化发展

师资队伍的建设，始终是学校发展的永恒主题，打造名师是学校可持续发展的动力。

首先，在自我检测中准确定位学校特色。学校办学的特色决定着教师的结构和教师专业素质的强化方向，一所以艺术教育为办学特色的学校，艺术类教师自然占有较大的比重，学校必须倾力打造专业化水平较高的艺术教师队伍。所以，学校制订了学校发展特色之后，必须从师资条件、学校环境等多方面进行权衡，学校可以利用学校发展计划自我检测的机会，讨论修正学校的办学特色，使每个教师能在这样的特色创建下发挥所长，人尽其才，英雄能有用武之地。

其次，利用学校特色创建打造名师。特色的创建一方面依赖于学校条件（师资素质状况、民族风俗、学校办学环境等），另一方面特色的形成更需要教师素质的提升。当学校特色确定之后，师资队伍的培养方向自然确立。学校在开展学校发展计划自我检测的时候，要注意检测学校特色的创建是否有成效，学校特色创建的机制是否完善，通过分析，进一步明确教师专业素养提升的途径，思考通过哪些途径打造可以为学校特色代言的名师。

3.3 在学校发展计划的评估中，指导学校建立"人性化"的发展制度

现在，很多学校每天都在为教学质量、学校安全、学校建设等等而忙忙碌碌，许多校长很少花时间去思考我要办什么样的学校？我需要什么样的教师队伍？我要培养什么样的学生？天天忙于常规事务。作为学校发展计划的评估，一般由学校发展计划评估、督导机构执行，在乡镇一校多点的办学条件下，也可以由具有学校发展计划督导知识、经过学校发展计划督导评估培训的人员组成评估小组进行。督导评估的目的主要在于对过去的学校发展计划进行全面的分析、评价，更重要的是对学校发展提出建设性的意见和建议。评估机构或评估小组要对学校的工作进行分析，提出指导性的意见，特别要对如何建立"以人为本"的人性化发展制度进行指导，指导学校围绕发挥人的潜能、调动人的能动性、促进人的自主发展来建立学校规章制度，在促进人的良好发展的前提下促进学校的可持续发展。

实施学校发展计划，要从尊重人的意见开始，在发挥人的能动性中展开，以人的发展为途径，最终实现学校可持续发展的目的。通过围绕"学校发展"的中心，通过活动解决问题，在解决问题中促进学校的自主发展。

鼓励自省 淡化评价
——浅谈如何开展学校发展计划自我监测与评估

云南禄丰县妥安乡小学 马建文

学校发展计划,作为现代学校管理的有效工具之一,最大的特色是能够使学校的发展具有预见性。为了使学校发展计划能够真正提高学校的管理效益,促进学校健康发展,我们需要从制订学校发展计划、实施学校发展计划和学校发展计划评估三个环节的每个步骤进行有效监控。其中,学校发展计划评估作为实施学校发展计划的收尾工作,同时又成为下一学年实施学校发展计划的起点,具有重要的意义。怎样开展学校发展计划的自我监测与评估呢?我们应该"鼓励自省,淡化评价"。

1. 开展学校发展计划自我监测评估工作的程序

开展学校发展计划自我监测与评估,是为了反思学校发展计划实施过程中存在的问题,总结实施学校发展计划取得的成功经验。一般需要按以下步骤进行:

成立学校发展计划自我监测评估小组。学校发展计划自我监测评估小组,一般可以由学校发展计划委员会成员、学校教师和学生代表参与组成。这些人员是学校发展计划实施的主要负责人,他们的参与能够对发展计划的实施情况做更深刻的总结和反思。

制订学校发展计划自我监测与评估的方案。哪些人参与评估学校发展计划?从哪些方面来评估学校发展计划?以什么指标来评价学校发展计划?以什么方式呈现评估的结果……这些都是要在学校发展计划自我监测与评估的方案中明确的。

学校发展计划自我监测与评估技能的培训。学校发展计划的自我监测评估工作,不能仅仅通过看一看做了哪些事,更需要一些技术支持,"自我监测评估"小组成员需要了解学校发展计划自我监测的相关知识和技能。比如,有些已经开展的工作,需要对师生、甚至社区群众进行问卷,从问卷中得出所开展工作的效益和影响力、满意度等等。

学校发展计划自我监测评估活动的展开。进行学校发展计划的自我监测评估,是一个动态收集学校发展实际效益信息的过程,活动的展开,需要参与者从文本的科学性、计划的实施痕迹、计划的实施效果等方面进行信息收集,最后再从收集的信息中分析出存在的问题和成功的经验。

学校发展计划自我监测评估结果的呈现。在开展了实际的自我监测评估工作之后,我们需要对评估的结果进行呈现,一方面是评估的结果可以作为下一学年制订学校发展计划的重要依据,另一方面评估的结果又是实施学校发展计划重要的痕迹。评估结果通常以自我监测评估报告的形式呈现。

学校发展计划自我监测评估结果的公示。公示的主要目的是接受监督和展示实绩,在制订学校发展计划的时候,学校向社区、向师生征求了学校发展的意见和建议,我们采纳了好的建议,综合了各种见解,最后形成了学校发展的目标,形成了学校发展中优先解决的问题,形成了学校发展的各种活动内容和措施,学校有责任让这些人知道学校实施学校发展计划的情况。学校发展计划自我监测评估结果的公示,可以以文档的形式公示,也可以通过家长会、校会等活动进行介绍和交流,也可以通过办报以图文并茂的形式展示。

2. 开展自我监测评估应发现问题与解决问题并重

前面提到,开展学校发展计划自我监测评估的主要目的是反思存在的问题,通过发现问题来推动学校发展计划的实施,对学校发展计划进行反思时,我们可以抓住以下几点进行。

2.1 学校发展计划文本结构是否完整、是否围绕中心组织撰写

学校发展计划文本,对学校的发展具有决定性的作用。首先,学校发展计划应该囊括学校的日常工作和发展性工作,日常工作是学校的常规性工作,比如安全、卫生、教学等等,这些工作不会因为管理方式的改变而失去存在的价值,而发展性工作则是一些具有创新性和独特性的工作,需要集中人力、物力、财力加以突破、改变和发展,比如特色学校的创建,就需要学校把工作的重心放在特色的创建上,学校的日常活动围绕特色创建来开展。

每一所学校的发展计划都应该有一个中心,这个中心就是学校的办学目标。学校要发展,需要有明确的办学目标,学校要得到持续的发展,必须有科学的办学目标,比如我们学校以"三园学校"(校园环境像花园,教育教学像乐园,师生爱校像家园)为办学目标,这个办学目标里包含着丰富的内涵,有校容校貌改善的目标,有教师专业发展的目标,也有师生思想素质、校园人文环境的目标。这些目标就是一所学校文本的中心,文本的内容、优先解决的问题、活动的内容等等都应该围绕这个中心展开,如果把这个中心微观化,就是要把学校特色的创建作为文本的中心。

2.2 学校发展计划文本是否具有严密性和操作性

文本的严密性,主要指文本内容前后具有呼应性,即在文本中制订出的目标和优先解决的问题,在文本中是否能够找到与之相应的活动内容、解决措施等等。有了目标和问题,没有相应的活动作为支持,我们的目标就会落在空处。同时,还要看文本的操作性强不强,一方面,针对目标和优先解决的问题制订的活动在时限、负责人、组织实施途径等是否明确、是否清晰。另一方面,看这些活动措施能否有效地解决问题和达到目标,如果活动很好地解决了问题,促成了目标的实现,这样的文本就具有很强的操作性。

2.3 学校发展计划具有监测措施和评价制度

文本的实施,需要监测和评价作保证,为了保证每一项活动按时、按质按量完成,制订学校发展计划文本的时候,要考虑到实施过程中如何进行监测,对开展的活动怎样进行评价。这样做可以及时进行总结反思,还能够通过激励性的评价提高师生的积极性。

在开展学校发展计划自我监测评估的过程中,我们可以通过以上三个方面进行分析,找到学校在实施发展计划的过程中还存在哪些问题,作为下一步工作改进的目标。在发现问题的时候,我们更要注重对存在问题提出解决的途径和措施,文本结构不完善表现在

哪些方面,下一步该如何改善？文本的操作性不强表现在哪个问题、哪个活动,解决的办法是什么？这些问题,在进行检测评价的过程中应该同步完成,也是监测评估报告里应该呈现的重要内容。

3. 开展自我监测评估应体现两个原则

3.1 鼓励自省,保证自评的客观性

进行学校发展计划的自我监测评估,最大的要点就在于真实,如果自评的结果不客观,评价的结果哗众取宠,这样的自评不仅违背了初衷,而且也使自我监测和评估的价值大大缩水。

首先,鼓励校长树立客观的评价观。要让校长明确,学校发展计划的自我监测评估,是学校站在自我剖析的角度来认识自己的工作,通过自省的方式查找存在的问题加以解决,以提高学校发展计划制订的质量和实施的效益。自我监测评估是通过自下而上的方式,收集学校发展计划实施的信息和学校发展的成绩,通过反思总结,改进工作方式,更好地促进学校的发展。对存在的问题,特别是因为主观原因导致的问题,我们不隐瞒,对于取得的成绩,我们不浮夸、不缩小,如实地进行记录,进行分析总结。

其次,建立纵向的比较制度。校长要有纵向比较的意识,认识到通过自我监测评估,要学会与本学校的过去相比较,看看我们取得了哪些成绩,要学会和学校的未来发展目标比较,看看我们还存在哪些差距。做纵向的比较,有利于学校准确定位现在的发展状况,未来需要达到的发展状况,思考存在的差距要通过哪些活动来推进学校的发展。

3.2 淡化外部评价,保证学校发展自我监测评估工作的健康运行

外部的评价往往对一所学校的运行具有导向作用,正如老师们常说的"上级考什么,我就教什么"。开展学校发展计划的评价也是这样,来自外部的评价会对学校实施学校发展计划产生导向作用,作为一所乡镇学校,我们在全乡 15 所完小共同开展学校发展计划,每一个学期都要对各完小的学校发展计划工作进行评估,在评估的时候,我们就需要把握好评估的原则。

以完小的自评为基础进行评估,把评估的重心放在"实"字上。开始评估之前,我们需要对完小的自我监测评估报告进行阅读,再和实际工作进行对照,看完小的自评是否符合实际,对于做得实在的完小,评估人员要肯定完小务实的态度,可以对学校发展计划自我监测评估设立单项奖励。

站在全乡横向层面上,突出实效,树立学校发展计划实施典型学校。在对完小进行评估时,评估组主要在完小的纵向层面上给予评价和指导,鼓励完小通过自省,通过内部的分析逐年完善学校发展计划的实施工作,帮助他们树立信心,寻找发展的新思路。最后,我们对全乡所有完小的情况进行汇总,对于其中实施学校发展计划效益明显的学校,可以给予全乡性的表彰,把他们树立为学校发展计划的榜样,通过激励促使他们持之以恒,取得更大的效益。

在开展学校发展计划自我监测评估时,我们要从点和面进行切入,认真分析学校发展计划实施的成功经验和存在的问题,认真分析存在问题形成的主要原因,积极寻找解决问题的办法,促进学校发展计划工作的有效开展。

实施 SDP 项目推动学校健康有序发展

云南禄丰县黑井镇小学　马绍贤

制订和实施学校发展计划是实现学校发展的重要途径和手段,也是当代教育快速发展时期学校管理工作当中不能缺少的一项重要工作。作为一个学校的领导者和组织者,我们应该如何制订和实施学校发展计划,去推动学校健康有序发展呢?

1. 对学校发展计划的理解

1.1　了解学校发展计划的背景和含义

学校发展计划(SDP)是近年来在国际上兴起的一种改进学校管理、提高学校教育教学质量的技术方法,这种方法自 20 世纪 70 年代中后期从英国兴起,其后在世界范围内得到广泛推广,20 世纪 90 年代后期随着国际教育合作项目进入我国,最近五六年在我国西部地区改进学校管理中取得显著成效,引起国内广泛关注。

随着我国基础教育改革的不断推进,越来越多的教育行政部门和学校认识到,制订和实施学校发展计划是实现学校发展的重要途径和手段,学校发展计划为转变管理思想、凝聚各方共识、分析诊断学校存在问题、帮助学校持续发展提供了一个有效的平台。

学校发展计划具有独特的内涵,体现的是科学发展观。我国理论界对学校发展计划的定义概括是:学校发展计划是指学校根据国家或地区教育发展战略计划的要求,结合自身条件,对学校未来三至五年内要达到的主要目标和发展途径,如学校发展目标、发展规模与速度、组织结构、人力资源、办学条件和实施策略等方面所做的安排。学校发展计划包括确定社区未来三至五年对学校的需求,寻找学校发展中存在的主要问题,展望学校发展的前景和目标,提出实现这些目标优先需要解决的问题、办法、行动计划和措施。

由此可见,学校发展计划是一种教育规划;学校发展计划体现了学校管理的一种思想,即要从被动管理转向主动发展;学校发展计划是实现学校发展的途径和手段。

1.2　体现学校发展计划制订的主张和效果

学校发展计划主张学校管理者要"放弃抱怨、立刻行动",立足现实,不要好高骛远,能做多少算多少。优先解决那些自己能够解决的问题,对自己不能控制、无力解决的问题,无论多么有道理,抱怨也是没有实践意义的。"坐着谈不如起来行",能进步多少就进步多少,在自己力所能及的范围内最大限度解决学校存在的问题。

学校发展计划要靠教职工去实现,所以必须站在教职工的立场上思考实际问题,进行有效计划,学校发展计划的目标,或者说学校发展计划要达到的效果是让处在不同发展阶段的教职工看到三样东西:看到任务;看到发展;看到曙光。否则计划是不成功的。

1.3 实施学校发展计划的工作成效

我在1999年秋季学期担任三合小学完小校长,当时学校相当陈旧,除了仅有的两幢土木结构七个教室的教学房外,还有一间15平方米的办公室和一间教师宿舍外,其他再也没有房子,教师大多是本地的,外地教师根本没有条件住宿,真是令人不堪入目。可以想象在那样的环境下,学校的教学质量会是什么样?当时实在是看在心上苦在心里。也许是初生牛犊不怕苦吧,我一上任就暗下决心,一定要改变学校的现状,让孩子们有一个舒适的学习环境,一定要改变学校办学水平和教学质量低的局面。从上任的那天起,我就不停地努力,又是向上级汇报,又是打申请;又是跑村镇,又是跑县教育局,目标只有一个,就是要争取学校危房能早日立项建设。

功夫不负有心人,在上级各级领导的重视下,于2004年3月,我校就启动了"西发项目"工程,新建学校在2005年4月就投入使用,这标志着我校将是本镇办学条件较好的学校之一。为此我们意识到,学校必须要在三年内树立争先创优的意识,群策群力,脚踏实地的开展好学校的各项工作,以学习为动力、以变化为起点、以发展为主题、以创新为灵魂、以进步为标志,把我校办成让学生成材、让家长放心、让社会满意的学校。

在我校新的领导班子共同研究下,于2004年就起草制订了我校的发展计划,确定了学校三年发展的总体目标:以"人文校园、和谐校园、平安校园"为导向;以"尚德立校、规范治校、质量强校、科研兴校、特色亮校"为策略;以"学会生活、学会求知、学会创新、学会劳动、学会审美、学会健体"为学风;以"团结、守纪、求实、创新"为校风;以"爱生、严谨、勤奋、进取"为教风。提升学校教育内涵,塑造高素质学生群体,打造研究型教师团队,构建现代化管理模式。同时确定了学校以抓"德育工作",创"文明校园";以抓"教学工作",创"人文校园";以抓"学校管理",创"和谐校园";以抓"安全教育",创"平安校园"。我校要在科学发展观统领下,以"办人民满意的教育"为出发点,坚持以人为本、以校为本,办优质规范又特色鲜明的现代化学校。

2. 提高学校管理效能,促进教育优质发展

2.1 改革教学管理方式,全面提高教学质量

逐步建立完善学校的各项规章制度,科学系统管理各种档案资料。逐步建全领导、教师责任落实制度,争取做到学校管理、责任分工明确到位,达到无缝覆盖,不留死角。加强学校教学业务的管理,大力推进素质教育和新的课程改革。制订学校章程,使学校各项工作的开展有法可依。加强信息技术建设,认真开展和使用"远程教育",各教师积极购买电脑,使学生有机会接触现代信息技术,学习到新的知识。努力更新、添置图书;尽力添置教学器材。逐步改善教师的办公和学生的学习条件,更新办公桌椅和添置课桌。

合理调整布局,长远规划校园:① 新的学校建成,布局日趋合理(教学楼、师生宿舍楼、运动场、围墙、大门、厕所、学生厨房);② 修建学校文化长廊;③ 美化、文化校园;④ 想方设法争取资金建盖学校综合办公楼。争取到2010年使我校整体布局趋于合理,各功能区域更加突现,一所现代化、花园式学校将初具规模,基础设施建设和综合办学水平达到全县先进水平。

2.2 大力推进素质教育和课程改革,全面提高教育质量

全面贯彻党的教育方针,大力推进素质教育和课程改革,面向全体学生,促进学生德、

智、体、美、劳诸方面得到和谐发展。从2004年至今,学校开展参与式课堂教学研究,课题为"学习资源的运用与研究"和"学困生学习兴趣的研究",教师的论文、案例、设计合计120多篇,部分作品在县级刊物上发表。

2.2.1 探索德育工作途径,形成德育管理的网络化系统

加强德育工作队伍的建设。德育教育注重实效——坚持以人为本,构建和谐校园,健全校内德育工作系统(分管领导、大中队辅导员、班主任组成的德育工作系统),落实德育工作责任制,实行层级管理,形成德育管理的网络化系统,学校德育各方面工作上新台阶,班集体建设特色鲜明,德育教育成为学校的特色。

2.2.2 重视情感的作用,营造人文教育环境,培养学生人文精神

德育的任务是要影响人格,形成美德,而美德的培养不能靠说教,必须靠感染,靠"动情"。学校领导和老师要以"礼仪教育"为抓手,设计能触动学生心灵的人文教育环境,让学生耳濡目染,潜移默化,在动情中养成德性。健全工作例会制,组织开展理论学习、经验交流、班队活动和主题班队会的观摩和评比等,提高班主任的工作能力。加强学生的礼仪教育。从细微处抓好,重点抓好卫生习惯、走路习惯、写字习惯等。争做好人好事成为多数学生的自觉行为,80%以上的学生有明确、正确的人生目标。加强学生心理健康教育,重视学生心理素质的培养,学校要把心理健康教育纳入教学计划,在学校整个教育教学活动中,要有机结合心理健康教育,对心理有障碍的学生,要及时实施心理疏导。校园硬件建设中设计德育环境。开展"好书天天读"活动。可以写心得,记笔记。学校开办学生作文月刊。采取制度管理、文明班评比等多种形式让学生养成习惯。引导学生参与校园文化建设,参加主题班队会、办墙报、自动广播站;参加社区服务与社会实践活动,培养学生责任心、爱心、自主能力、创新精神。全面实施《小学生体质健康标准》,加强体育教育,认真开展好早操、课间操和眼保健操以及体育健康课,积极开展体育活动,切实增强学生体质,使全体学生各项身体素质指标基本符合要求。加强体质和技能训练。积极开展兴趣小组活动,重视培养学生的实践能力和创新精神。学校要有计划地建立好电脑、棋牌、球类、艺术等兴趣小组,发动学生踊跃参加。让学生的兴趣爱好和个性特长得到充分展示。

2.2.3 加强学科教学,发展智力,增强能力,切实提高学科教学质量

认真实施新课程标准,确立以人为本的新理念,不断推进课程改革,培养学生合作、探究、自立学习的精神。教学质量是学校的生命线,抓教学,必须要高质量。通过规划目标的提出,通过师生的努力,要面对全体学生,重视对后进学生的辅导,我校现已基本达到了规划的要求,成绩稳步提高,近三年来我校毕业检测质量进入了全镇前三名,可谓是芝麻开花,节节高。

2.3 加强师资队伍建设,努力实施名师工程

全力造就一支思想领先、作风过硬、富于开拓精神的干部队伍和一支观念超前、师德高尚、有强烈责任感和较高学术修养、富有创造力的和谐团结的教师群体。加强领导干部队伍建设,做到:思想上要有活力,工作上要有创新力,管理上要有凝聚力。成为"团结、廉洁、高效、开拓"的好班子。强化师德师能建设,促进教师专业发展,加大骨干教师的培养力度,形成竞争、合作、进取的良好氛围和激励机制,形成乐于奉献、富有特色、积极反思、合作研究的教师群体。

2.3.1 抓好师德工程建设

以"正行风、修师德、树师表"为宗旨,以"敬业、爱生、奉献"为主体,以"一切为了学生

的发展"为核心,以学习、教研等活动为载体,以考核、评比为驱动机制,大力推动我校师德建设,提高我校教师道德素质,树立为学生、为家长服务思想和敬业、勤业、精业、创业以及献身教育的精神。充分发挥党团员教师的先锋模范作用,率先垂范,以身作则,加强自身职业道德修养。建立定期表彰制度。创立学校的师德标兵,对职业道德高尚的教师进行表彰奖励,大力宣传他们的先进事迹,并依法管理教师队伍。

2.3.2 开展师能工程建设

青年教师拜师学艺,骨干教师帮带徒弟。组织青年教师与骨干教师结成师徒对子,互相听课,互相学习,互相帮助,共同研讨,以老带新,以新促老,促进新、老教师素质的共同提高。强化基本功练习,深入开展基本功训练。通过校本培训,提高广大教师的计算机操作技能,提高教师将信息技术熟练应用于课堂教学中的整合能力。加快各级学科带头人和中青年骨干教师的培养,鼓励优秀青年教师脱颖而出,为青年教师引路子、搭台子、压担子,提供机遇。学校要营造教育科研的氛围,使教师积极投身教育科研,努力做专家型的教师。学校将创造条件让教师参加课题实验,促使教师在研究状态下工作,通过写论文、总结和教案等活动促使教师不断反思,由"经验型"向"科研型"转变。

2.3.3 教师学历全部达标

鼓励和督促教师积极参加函授、自学考试、电大等各种形式的文化进修,努力为教师创造条件和提供方便,促使全校教师学历提高。通过规划,三年来我校全部教师均参加了新课改培训及考试,学科带头人和中青年骨干教师共有40多人次参加过专门培训,学校领导有1人次参加了岗位培训;三年来有10人取得了大专文凭,2人取得了中专学历;三年来有10多人次获得"优秀教师"、"优秀教育工作者"、"优秀少先队辅导员"、"优秀班主任"等光荣称号;三年来共有10多篇教学论文在县级获奖,在2008年度我校还获得了"楚雄州州级文明学校"称号。

2.4 加强学校管理,创建和谐校园

以人为本,加强团队凝聚力建设。大力倡导和培育"尊重、赏识、期待"的校园人文精神和"爱生、奉献、探索、创新"的教师工作作风,使学校形成团结合作、积极向上的浓厚氛围。和谐管理,加强办学资源的整合与优化。开明办学、开门办学,充分挖掘校内资源,大力开发校外资源。初步形成制度与人文、继承与创新、共性与特色、民主与集中、稳定与发展相匹配的和谐管理思想,以促进学校全面、可持续发展。全面实行校长负责制,通过强化常规管理,提升各项工作的规范化程度,建立健全学校各种规章制度,制订学校章程,使学校各项管理工作做到有章可循,有法可依,真正实现依法治校,依法治教。

要加强学校日常教育教学工作,提高管理的针对性、实效性,增强教职工的积极性、凝聚力,营造奋发向上,层级服务的氛围,为学校发展提供动力支持。进一步优化资源配置,组合优势力量,提高管理效益,进一步发挥人员的积极性和创造性,真正树立起求实、务实、抓落实的良好工作作风,进而形成促进人与事业共同发展的新机制。

建设学习型、科研型的组织。要致力于学习型、科研型学校的建设,促使教师养成读书的习惯,做学习型、科研型的教师。要建立教师学习制度,努力形成一种弥漫于群体中的学习气氛。学校将定期组织教师就某个问题交流讨论,使学习成为一种环境,一种对话,一种问题意识,一种反思意识。

加强安全管理,确保稳定发展。全体教职工要牢固树立安全重于泰山、稳定压倒一切

的思想,从讲政治的高度,把维护学校安全和稳定放到重要位置。建立和健全学校安全工作责任制和责任追究制。制订好学校各项安全工作的应急预案,切实抓好校舍、消防、设施设备、环境卫生、周边环境整治等各项工作的管理,认真排查、消除隐患,促进学校教育事业的稳定发展。

近年来,"追求优质教育,创造质量品牌"是我校的发展目标。面对新形势、新要求,我们将继续从科学发展观的战略高度,来认识当前的形势和机遇,学习科学发展观,运用科学发展观,落实科学发展观。按照"巩固成果、深化改革、提高质量、持续发展"的十六字方针,营造发展优势、竞争优势、品牌优势,促进学校健康、协调、快速发展,努力办好让人民满意的教育。

实施 SDP 项目走特色化的学校发展之路

云南禄丰县黑井镇小学　李相贤

学校发展计划是国际上一套全新的教育理念和方法,旨在让贫困地区的学校形成自我发展的良好机制,形成有利于改善基础教育的社区环境,使更多儿童尤其是女童和少数民族儿童入学并完成学业,减少教育体制中的不公平现象。长期以来,我省农村的学校和社区之间几乎处于一种相互隔绝的状态。社区群众往往认为办学是政府的事情,是教育部门的责任,学校除了找群众集资之外,几乎从来不与社区打交道。因此,社区的发展与学校的发展之间似乎是两条平行的轨道,毫不相干。实际上,学校与社区的发展是可以相互协调的。通过改善学校和社区之间的关系并进一步改变学校和教育行政部门的关系,学校可以从社区获得更多的支持和帮助,使学校真正变成社区的有机组成部分,学校的发展将对社区的转型和发展产生广泛而深远的影响。

禄丰县黑井镇小学自 2003 年在黑井小学、三合小学、复井小学、七局小学开展"西发项目"以来,取得了一些成绩,形成了各学校自己的特色。现通过用"数据对比、资料分析、访谈社区群众、问卷调查、培训研讨"等方法对这四所学校进行调查分析,总结方法、经验,以便今后在全镇更好地开展此项工作。

1. 实施学校发展计划的过程

1.1 开展学校发展计划具有深远的意义

学校发展计划(SDP)在我国是一个新的概念,但在世界许多地区已有多年的实践历史。2005 年 9 月 20 日对黑井小学、三合小学、复井小学及七局小学学校发展计划管委会副主任作访谈:什么是学校发展计划?他们的理解是:"学校发展计划是在学校层次、通过上下结合的方式,广泛征求社区群众的意见,由学校和社区自主制订的关于社区教育未来发展的计划。"开展学校发展计划以后,社区群众对学校教育的认识态度怎样?他们谈到:"通过实施学校发展计划,社区群众充分认识到学校是社区的学校,是他们自己的学校、是社区的科技培训基地、文化服务中心、是社区的有机部分。"四位管委会副主任还谈到:

1.1.1 实施学校发展计划是社区与学校共同绘制的蓝图

实施学校发展计划是"西发项目"的灵魂。通过实施,使社区和学校共同发现学校所面临的问题、原因和需求;鼓励社区与学校一起承担学校改进和发展的责任,形成社会活力,挖掘一切可以转化为教育资源的力量,把积极争取外部资源和力量有机地结合起来;使社区群众、干部认识到学校是社区的学校,帮助学校就是帮助社区,满足社区的教育需要是学校的"天职",从而提高社区所有成员参与学校教育、学校活动的意识;加强学校与教育行政部门之间的联系和沟通,促使教育主管部门在教育资源的分配上更多地从学校实际需要出发,满足不同学校的发展需要;最重要的是养成学校自主发展的意识和能力,提高学校的管理水平和可持续发展的能力。

1.1.2 实施学校发展计划是关注弱势群体的教育需求

学校发展计划是由社区和学校共同完成的,在制订和实施学校发展计划的过程中,引入了社会发展的理念以及社会分析工具。当社区群众谈论"社区参与"的时候,容易把"社区"看成是一个没有差异的整体,他们很难想象:即使都是生活在同一个村民委员会或同一村庄,甚至同一家庭里的人们在感觉、观念和需要上都是不一样的。社区群众在经济、社会地位、性别、宗教信仰、民族和教育等方面的素质差异决定了他们对学校教育的参与程度不同。不同的需要层次,也决定了他们在社区参与中的主次和积极性。现存的一些社会关系,即人们在经济、性别、社会和文化方面的差异所形成的关系,存在于社区中、存在于家庭中、存在于村民与校长和教师的关系中;也存在于社区与政府领导之间。这些现存社会关系常常会影响学校的发展和创新。

实施学校发展计划是艰苦地区发展教育的有效手段,最根本的目的是吸引更多的适龄儿童入学,并让他们接受有质量的教育,而在我镇开展此项目,可以照顾到没有机会接受教育或良好教育的贫困家庭的孩子,让他们能接受教育。因此我们觉得实施学校发展计划最能满足这些人群的需要,更能帮助艰苦地区发展教育。

1.2 制订学校发展计划

2005年9月20日,在黑井镇小学召开了由黑井小学、三合小学、复井小学、和七局小学学校发展计划管理委员会成员参加的座谈会,主要是探讨如何制订学校发展计划。座谈会上,管委会成员们进行了交流,认为:"学校发展计划是学校和社区自主制订的关于社区教育未来发展的计划、内部评估和外部监测相结合的过程,其主要目的是提高教与学的质量,丰富学生的实践经验,提高他们的学业水平;帮助学校确定清晰的目标,决定如何行动以便达到这些目标,检查目标的达成情况等。"最后,我请这四所学校的管委会主任和副主任以文字的形式把大家在座谈会上的发言整理成文字材料,得到以下意见:"学校发展计划应该包含一个可以确定学校的优势和有待提高之处的整体评价系统;对优势和不足之处的确定要立足于校内外实际情况(包括社区在内),要有最充分根据——包括评估报告的分析和学校成员(校长、教职工、学生)的观点;结合参与学校事务的其他人(包括行政管理者、家长和社区代表)的观点;明确拟订问题解决的优先顺序;长期以提高教育质量为中心;学校发展计划还包括如校舍的新建和扩建、购置教学仪器设备和图书、配备课桌椅等;也包括如教师素质的提高、教学方法的改进、学生学习成绩的提高以及学校管理水平的提高等,并进一步区分学校各项工作的轻重缓急。"

为了顺利开展 SDP 的实施和推行工作,我们广泛听取了多方面的意见和建议,确定了适合我镇的 SDP 文本(主要包括"学校发展计划管理委员会"、"社区概况"、"学校概况"、"学校基本情况统计表和其他相关信息表"、"学校发展展望"、"学年学校发展计划实施情况自我监测评估"、"学年需要优先解决的问题"、"学年目标与活动"、"学年学校行事历"、"工作计划表"),学校发展计划指南和培训教材。

会后,我们根据教材于 2005 年 12 月 10 日组织了四所学校的教师、管委会成员和社区代表参加的 80 人的学校发展计划培训研讨班。有力推动了我镇"SDP"的顺利运行。

1.3 制订学校发展计划应遵循的原则

2006 年 3 月 1 日至 7 日根据 2005 年 9 月 20 日和 12 月 10 日的座谈会和研讨班上部分人员提出的制订学校发展计划应该遵循些什么原则的问题,对四所学校的所有教师及部分社区代表进行了问卷调查,通过整理,在制订学校发展计划时应遵循以下几方面的原则:

1.3.1 上下结合的原则

制订学校发展计划一定要"从群众中来到群众中去",充分听取群众的意见,不是校长或村干部一个人或几个人说了算,必须充分体现社区群众的意见,结合上级教育主管部门的文件精神,制订出社区群众满意的学校发展计划,更好地服务于社区。

1.3.2 从学校实际出发的原则

制订学校发展计划,一定要客观面对现实问题,提供的相关数据资料必须准确而完整,既不要为遮"丑"而回避困难和问题,也不要夸大自己所面临的困难和问题。

1.3.3 切实可行的原则

制订学校发展计划,一定要有切实而具体的内容并且能操作实施,不能是没有操作性的大而无实的计划。目标要切实可行,相应的行动措施要具体,有明确的量化指标、时间要求以及相应的投入安排,并有具体的落实负责人。

1.3.4 轻重缓急的原则

制订学校发展计划,一定要分清主次,不要奢望在短时间内解决学校面临的所有问题。要围绕解决适龄儿童入学困难和提高教学质量这两个主题,分析学校的现状和存在的问题,把困难和问题排排队,看哪些问题是最关键的、必须优先解决的,然后提出相应的解决办法。

1.4 实施学校发展计划的监测评估

在学校发展计划的实施过程中,四所学校的校长都提出了类似的问题,"学校发展计划实施了,如何进行评价监测呢?" 2006 年 3 月 25 日,黑井镇小学召开了由四所学校管委会成员和镇小学班子成员及禄丰县教育局"西发项目"办有关人员参加的监测评估方案研讨会。研讨会上初步确定了监测评估的方案,即"学校发展计划在实施的过程中,要给予及时的监督;镇小学的工作人员要按照工作分工定期或不定期地进行监督检查。校长通过记录校务日志、会议记录和实施情况监测评估表进行日常监督,监测好每一项目的落实情况是否按学校发展计划的要求如期开展和取得效益。学校发展计划管理委员会要定期开展活动,让社区成员经常监督,了解学校发展计划的进程是否按当初拟订时的情况实施,监测评估结束后,各学校要写出评估报告报镇小学和县教育局项目办公室。当然,校长也完全可以创造自己独到的一套监测办法,并不断总结完善及时调整下一步工作,保证各项活动的落实和目标的实现,并为以后的工作提供帮助"。

2. 学校发展计划带来的效益

通过近五年的实施计划,采取调查、资料分析、数据对比等方法,我们取得了初步的成效。主要表现在以下几个方面:

2.1 观念发生了转变

学校和教育主管部门之间的关系发生了变化,校本管理、社区参与管理的格局和机制初步形成。过去校长们觉得是"为教育局办学",完全被动听命于上级教育主管部门,"推一推,动一动",往往是为了应付上级的检查、完成上级布置的各项任务而搞计划,教师不关心、学生不参与。现在,四所学校的校长、教师、学生、社区群众发生了根本性的转变。校长树立了为社区办学的理念,学校为社区办教育,社区为学校谋发展,根据社区群众的意见和建议来规划学校的发展。校长在学校管理上也具有更多的自主权,同时也表现出更大的主观能动性。校长们在学校管理的意识上有了明显的变化,本身的业务素质得到提高,管理能力也得到强化。教师成为学生学习的伙伴,走下了讲台,走到了学生中间,搭建了"参与式"教学平台。社区群众走进了学校,走进了课堂,学生和家长能并肩学习。学校融入了社区,社区参与了学校,构建了和谐的社区教育。

2.2 学校发展计划理念的渗透

学校发展计划实施五年以来,通过走访四所学校所覆盖的社区群众、干部和有关人士80多人次,调查发现:"学校发展计划、'参与式'教学的理念已渗透到各完小所属社区教育生活的方方面面,对学生友好的学校氛围已经形成。"在实施SDP的过程中,社区领导、校长、教育主管部门对学校的管理已是一种参与式的管理;教师对学生的管理也是参与式的、民主的,校长还配备了一名学生作为校长助理。整个社区教育形成了参与的、走上下结合的管理模式。学校不同层次的人群已改变了工作风格,更民主、更乐于听取不同的意见。可以毫不夸张地说,SDP的实施和推行,改变了所有参与其中的各方面人士的思想意识和行为。

2.3 学校、社区发生了质的飞跃

学校和社区之间建立了比较密切的联系,逐渐形成了社区积极关心、参与和支持学校发展的良好格局。如黑井小学,社区群众通过群众集资为其购买了价值3 600多元的舞台地毯,修建了学校的厕所、鱼池、走廊护廊等,共计投入资金15 674元;每年六一儿童节和教师节参与学校承办的活动;每学期还开展二至三次家长进课堂活动。密切了校群关系,加强了社区参与学校的管理。黑井小学在五年中先后为社区组织科技培训9期1 256人次。三合小学等三所"西发项目"学校也同黑井小学一样,受到了社区的帮助和支持,累计共投入资金35 600多元,社区和学校得到了互相渗透,过去学校与社区毫不相干、相互隔绝的状况得到根本改观。社区群众通过参与SDP的制订和实施,深刻地认识到受教育对自己子女的价值,父母送子女入学尤其是女童入学的积极性提高了,四所学校的入学率都

达到100%,学生巩固率达99.78%以上:

三年的学生入学、巩固情况数据表

学校	2005/2006 学年度		2006/2007 学年度		2007/2008 学年度	
	入学率	巩固率	入学率	巩固率	入学率	巩固率
黑井小学	100	99.1	100	99.34	100	99.96
三合小学	99.5	98.23	99.7	99.35	100	99.89
复井小学	99.4	98.12	99.45	99.4	100	99.78
七局小学	99.2	98.01	99.5	99.24	100	99.87

社区成员对学校的主人翁意识和责任感得到形成和强化。在这个过程中,学校和社区相互加深了理解,社区资源开始得到挖掘和利用,学校和社区间初步建立了参与互动、互助、互利的良好关系。

2.4 具有地方特色的"SDP"

学校发展计划在实施的过程中,考虑到各校的实际情况和需要,尤其是四所完小的校长,多年来已经习惯了简单地按上级指令行事的工作方法,加之他们对项目的认识程度的差异,要想让他们在项目实施之初就拟订出比较完善的学校发展计划是不太可能的。通过实施,我们不断地对学校发展计划文本进行了修改和完善,采取了一种由易到难的过程,具体形式多以表格的方式出现。随着校长们对SDP理解得不断深化和对参与式教育的进一步认识而不断完善SDP文本的设计。同时,在SDP文本的设计过程中,充分听取了校长和社区各种人群的意见,不断修改完善。真正做到符合各校实际情况,并能进行实施。在五年的实施中,我们先后在黑井小学、三合小学开展了三次学校发展计划交流研讨,每一次交流之后,及时总结经验,然后对文本、指南和培训教材等进行必要的修改,使之更为完善和适用;这样做对学校发展计划管理委员会和SDP的制订和实施有很大帮助。至2006年4月我们已经有了一套可以在黑井地区实施的学校发展计划文本,学校发展计划在制订和实施方面也比较顺利和有效。

2.5 消除了学校管理中存在的弊病

2006年4月9日我在黑井镇小学召开了由四所学校校长参加的"学校发展计划监测评估"会议。会后问校长们:学校发展计划实施前后学校管理中有什么优势和问题? 校长们谈到:"实施学校发展计划前,学校管理存在着诸多问题,如:(1)管理者对学校和服务的社区缺乏了解,学校和社区有限的教育资源不能被充分利用;(2)规章制度不完善,管理随意性大,正常的教学秩序没有保证;(3)社区成员、家长、教师和学生参与学校管理的渠道不畅,学校决策缺乏民主性;(4)学校的发展和各项工作的开展,都由上级说了算,学校管理缺乏前瞻性和自主性;(5)忽视对教和学的指导,不应用和推广新的教学方法,学生只是被动接受知识,对学困生关注不够等。实施学校发展计划后,使学校和社区明确学校的发展方向和目标,建立教育管理部门与学校的一种新型关系,采取上下结合确定学校的发展,促进教育资源分配的合理性和有效性。学校管理者和教师、学生能够充分发挥个人的聪明才智,转变观念,形成民主管理学校的氛围,培养学生个性的发展,学生能自主学习。学校发展计划的制订和实施促使学校和社区共同承担起管理学校的责任。通过制订学校发展计划,学校和社区之间建立了比较密切的联系,逐渐形成了社区积极关心、支持、参与学校发展和管理的良好局面。入学率提高,办学条件得到改善"。到目前为止,我镇为开展学校发展计划的三合小学投入150万元、复井小学投入76万元、七局小学投入74万元建盖好配套的新学校已投入使用。黑井小学投入550万元于2008年3月份正式启动新建。

学校发展了,社区群众有了信心,对学校的活动积极主动参与,都把学校看成是自己的学校。但我们仍然不会忘记,制订学校发展计划必须树立打"持久战"的思想,不能随意改变主意,不求立竿见影,必须遵循过程、重实践,从而达到认识——实践——再认识——再实践,由被动转为主动。一旦学校发展计划的执行者转变了观念,认识到学校发展计划的优越性,学校各项工作即由"口号型"、"陈述型"向"目标型"、"行动型"转变。因此实施学校发展计划工作的前景是光明的,只要每个社区成员用心血去浇灌,"参与式学校发展计划"之路会越走越宽阔,会变得更加枝繁叶茂。

参 考 文 献

[1] 乔治·雅各布斯著.马容,译.共同学习的原理与技巧[M].北京:中央民族大学出版社,1998:41.

[2] 云南省教育厅民教处,英国救助儿童会.参与式教学培训手册[M].成都:四川大学出版社,2005(3):256—281.

实施学校发展计划,加强校园文化建设

云南禄丰县黑井镇小学 毕继武

学校发展计划的制订,使社区和学校共同参与发现学校面临的问题和需求,全面而具体地了解学校的现状和需要优先解决的问题,并找出解决问题的办法,明确学校今后的发展方向和目标;把外部支持和学校内部力量有机地结合起来,从而实现改善学校的办学条件和水平的目的。

实施学校发展计划的目标是鼓励学校与社区建立紧密的联系,以解决学校的问题并促进学校的发展。学校发展计划注重学校就发展问题提出自身的解决办法,而不是外部强加给学校。

总的来说,制订学校发展计划有助于学校更快、更好地发展,最终实现学校和社区共同进步。

我校在实施学校发展计划的过程中,得到过各级领导和专家的赞誉,我们的成果也在县级、省级、国家级的培训会上得到展示。我们满足过、停滞过,但得到的是更多的彷徨,回过头去细想:我们满足的是表象,我们被表象掩盖了学校发展计划更深层面的发展。

曾听到有的校长说,学校发展计划的实施,提高了校长的管理水平,教师的教育理念也得到了更新。在学校发展计划的推行中,学校得到外部支持和上级教育主管部门的关心,硬件设施得到了极大改善。觉得学校发展计划用来制订和实施日常工作就行了。我也曾产生过这样的思想,但经历了几年学校发展计划的实施,我感到学校硬件设施完备了,师资强了,但我们却忽视了学校校园文化的育人功能。校园的文化氛围对学生良好的思想道德行为产生着潜移默化的作用。因此,校园文化建设日益彰显重要性。

学校的形象、个性、风貌是通过校园文化建设体现出来的。良好的校园文化氛围,丰富多彩的校园生活,将学校管理推向新高潮。

学校应定期或不定期开展丰富多彩的活动,开展活动的过程实际上也就是校园文化建设的行为过程,这个过程不仅仅是学习知识的过程,更是陶冶情操、培养学风、提高素质的过程。学校应该采取积极支持、主动组织、适当引导、逐步提高的方针,使校园文化活动健康顺利地发展。

校园文化是学校精神面貌的集中体现,它不仅是教育学生的重要资源,同时也是影响教师思想、态度和行为的重要力量。学校如何创建积极向上的校园文化,我们的体会是结合学校发展计划的实施,将校园文化建设与学校发展计划密切结合起来。

1. 制订学校发展计划,必须涵盖校园文化建设

1.1 校园文化的内涵

校园文化是学校特色的重要内涵,是学校的生命所在,是学校重要的教育资源,是催生教师专业成长和学生生命发展的深厚土壤,是学校人文传统和优良校风的根本之源。

校园文化包括校园物质文化、校园制度文化和校园精神文化。一所学校的文化特色最能反映学校的办学思想和校风,因为现代教育管理理论非常重视学校文化的管理和创建。如果一所学校能有自己独到的校园文化精神,那就会为学校产生强大的教育功能、凝聚功能和激励功能,从而提升学校的办学水平。我校近年来着力于校园文化的建设,在追求目标上突出和谐校园构建工程,努力营造自己校园的德育文化、教学文化、教师文化、学生文化、管理文化;以人文的情怀,努力构建校园之真、校园之美、校园之善、校园之乐、校园之健。学校一切工作都要着眼于每个学生的充分发展,积极寻求人文关怀,重建管理制度,创造有效教学,锻造教育品牌,提升办学品位,勾勒一幅未来学校的美好图景。

1.2 校园文化的作用

校园文化是学校的一种无声的教育,它不仅能陶冶师生的情操,规范师生的行为,而且能够激发全校师生对学校目标、准则的认同感和作为学校一员的使命感、归属感,形成强烈的向心力、凝聚力和群体意识,同时,还能对学生起到潜移默化的教育作用。

校园文化是一个学校的活力与灵魂,一个学校若缺乏校园文化,那么就如鲜花缺少水分的滋润一样,没有发展的潜力,缺乏生存的活力。

校园文化对校园中每一个人的影响和制约正好与管理的导向、凝聚、激励、约束等功能相吻合,因此,我们认为,校园文化建设是学校发展计划中不可缺少的一部分。

2. 学校发展计划的实施,推进了校园文化建设的进程

我校从2003年开始实施学校发展计划,开始是参照甘肃的格式制订的,对学校发

计划的内涵不了解,文本中一味追求硬件设施的配套,甚至于有投资60万元建盖一幢综合楼的措施,整个文本成了一份采购清单;2004年我参加学校发展计划培训后,对学校发展计划的制订方法、步骤有了一系列的了解,回校后立即着手进行文本的制订,由于宣传到位,社区成员的参与积极性较高,2004年的文本制订出来后和2003年的对比有了质的区别,并且社区成员还为学校解决了一些实际问题:义务修缮校园不安全的地方,为学校购买舞台所需地毯等。一直到2005年我们都是注重硬件的改善和教学质量的提高,对校园文化的关注很少,直到有一天,我们李校长一语惊醒梦中人:校园绿化已经上了一个台阶,就向公园一样,但是总感觉缺少什么,让人进来感觉是到了公园,而没有感到这是学校。通过反复认真的思考,我们制订学校发展计划时便把校园文化提上了议事日程,在校园的墙壁上、走廊上书写的一些永久性标语:学会做人、学会劳动、学会求知、学会健体;团结、守纪、求实、创新;学高为师、身正为范;一切为了学生,为了学生的一切……

2.1 环境文化是校园文化建设的基础

学校内古建筑很多,有400多年历史的石牌坊、文庙和泮池,为使校园整体绿化和古建筑格调相协调,我们精心设计,调整绿化布局。在文庙前栽了两棵蔷薇花,周围栽了洒金千头柏,文庙前院用迎春花围了两个方阵,使整个文庙既不失古朴又显生气;泮池后方一个花台种上棕树,一个花台种上金竹,泮池和牌坊之间种上柏树,树下摆上石桌、石凳;教师宿舍前铺上草坪,草坪中栽上香蕉树。目前,校内处处有草坪,时时有花开。在绿化基础上,我们还十分注意校园的美化,精心搞好品种的搭配和花草树木的修剪,使校园里绿叶红花相互映衬,创造出优美的自然景观,令学生置身其中,美不胜收。物质和自然环境之美是人创造的,它唤起了师生的爱美之情,激发师生创造美丽校园的欲望。因此,在营造优美校园环境时,我们创造机会让学生参与,把绿化区域、清洁区域分到班,落实责任制,由班主任组织学生拔除杂草,浇水施肥,修剪花木,每天打扫清洁区域,使校园里地面无纸屑,厕所洁净,花台无杂草。在劳动中培养学生的集体精神,使学生养成良好的劳动习惯。

2.2 渲染浓郁的文化氛围

校园物质文化环境能使学生自然地受到熏陶、暗示和感染。它对塑造学生美的心灵,陶冶学生高尚的情操,具有重要作用。为了赋予校园环境以当代社会文明色彩和教育意识,发挥环境育人作用,我们精心构思,努力创设浓郁的文化氛围。各班教室正面上方有醒目别致的班风条幅,室内墙上悬挂中外名人画像和箴言,教室后面墙上有板报宣传园地,上方悬挂《中小学生守则》《小学生日常行为规范》《小学生课堂常规》;学校主要干道设置了宣传栏,定期地搞好宣传报道。此外,我们还在醒目地方张贴各类有教育意义的标牌,渲染浓郁的育人氛围。

2.3 培育良好的校园精神

校园管理既是学校管理水平的直观反映,也是校园文化建设的重要方面。要把校园文化建设与依法执教、完善各项规章制度、严格校纪校规紧密结合起来。利用纪律、舆论等手段约束和制止一切不文明行为,不断提高依法办学、依法治教和依法管理的水平,形成良好的校园行为规范。

首先,完善各项规章制度和加强管理是校园管理的基本保证。进一步完善学校管理制度,包括《寄宿制食堂卫生制度》《学校教育教学管理制度》《寄宿制学生打饭制度》《寄宿制学生管理制度》《实验室管理制度》《阅览室管理制度》等。同时重视对校园文化阵地、绿化、卫生的建设,学校黑板报由高年级轮流出版,绿化、清洁区分班管理。寄宿制学生实行舍员自主管理的模式,利用评比"文明宿舍"的活动,充分发挥学生自我约束的积极作用。开展"红领巾执勤岗"监督学生文明礼貌的养成、学生着装整洁;清洁区实行一日两小扫,一周两大扫。这些工作已经形成了一日、一周、一月的工作惯例。

其次,加强校园文化阵地管理,坚持健康高雅的文化舆论导向。校内文化阵地,包括黑板报、宣传橱窗等,必须坚持全心全意为师生服务,为育人服务。黑板报的内容由学校少先队大队辅导员组织学生出版,班级板报由班主任把关;学校橱窗由校长负责公开学校的推优、账务公开等。严禁低格调、不健康的内容在校内宣传,发挥校园文化的积极、健康、育人的功能。

2.4 开展丰富多彩、健康向上的文化活动

学校阅览室虽然简陋,但我们在学校发展计划文本中每年都有一项措施就是增加多少册图书,虽然我们投入有限,但我们的藏书量逐年增加,学校阅览室为学生读好书、看好书创设了良好的条件。学校每学期举办书画展、学生体育运动会,让学生们展示各自的才能专长,体验成功的喜悦和乐趣。另外,结合形势,适时开展各种教育活动。如:延安精神进校园活动、环保宣传活动、爱我家乡活动、弘扬奥运精神活动,等等。

学校开设兴趣课,有书法、绘画、手工、棋类、球类、舞蹈、阅览、合唱等多种兴趣小组,学生以自主活动为主,根据自己的兴趣爱好自由选择、自由参加。形式灵活多样。学生们通过参与兴趣活动,发挥自己的特长,发展自己的个性,不断增强自信,勇于竞争,经受挫折磨炼,努力追求成功,从而认识自我,表现自我,弥补自己的不足,促使自己综合发展,全面提高。

每周一讲"革命传统小故事",使学生真正在思想上认识到今天的幸福生活是革命先烈用生命和鲜血换来的,是来之不易的,应该更加珍惜今天的幸福,同时做一个有理想、守纪律的文明小学生。

每年的六一儿童节、元旦文娱晚会,节目丰富多彩,有舞蹈、相声、小品,节目全都是学生自编自导,学生舞姿优美、规范。学校举办的"感恩父母"演讲比赛、"爱我家乡"作文竞赛,使学生的创作能力得到了进一步的提高。

健康向上的校园文化活动的开展,为学生们表现自己的聪明才智提供了广阔的舞台。

2.5 以活动为载体,丰富校园文化生活

学校注重全方位地挖掘校园文化活动的途径:(1)把升旗仪式、国旗下的讲话、校会、班会、队会、专题讲座作为校园文化生活的常规活动;(2)把各种活动作为校园文化生活的有效载体,如学雷锋活动、祭扫烈士墓、六一儿童节、社会实践活动、革命传统教育;(3)把家长会、家长学校、社区实践活动作为校园文化生活的延伸部分;(4)把书画展、学生运动会等作为校园文化活动的有机组成部分。

做到各类活动班班行动,人人参与。一系列校园文化活动的开展,丰富了学生的课余生活,陶冶了学生的情操,突现了学生的个性特长,增强了伙伴间的合作与团队精神,强化了实践体验,发展了学生的综合能力,体现了活动中锻炼人、活动中塑造人的活动目标。

校园文化建设是一项长期的、复杂的工程,不可能用某一种固定的手段来完成。查尔斯·里德说:"播种一种思想,收获一种行为;播种一种行为,收获一种习惯;播种一种习惯,收获一种品格;播种一种品格,收获一种命运。"校园文化具有强大的育人功能,让我们有效地利用各种载体,推进校园文化的建设,形成自己的办学特色。

参考文献

[1] 苏建忠.学校督导的实践与探索[A].兰州：甘肃民族出版社,2006：173—174.
[2] 王景英.教育评价[M].北京：中央广播电视大学出版社,2004.

实施学校发展计划 走特色发展之路

云南宁洱县宁洱镇第二小学 陈德明

随着学校教育的不断发展,封闭式的学校教育已不能适应时代发展的需要。在学校教育中,如何克服传统的、狭义的、单一的封闭式教育模式,形成开放的教育管理机制,促进学校发展、学生发展与教师专业发展的统一,是当前农村小学教育急需研究的一个课题。近两年,我校以学校发展计划课题项目为切入点致力于构建学校、教师、家长、学生参与的教育管理模式,有效地促进了学校发展、学生发展与教师专业发展的统一,推进学校教育改革和发展,形成了学校特色。

1. 通过学校发展计划的实施,形成了开放式的学校管理

学校发展计划管理委员会由校长、教师、村社干部、家长、学生不同人群组成,是经过民主选举产生的,委员会的主要工作是领导、协调、支持学校教育的发展。收集各方面的意见和建议,共同研究制订学校发展计划,组织落实学校发展计划的实施。为使学校管理工作更具有针对性、实效性,每学期开学初,委员会都要集体备课设计出"相关学校管理、教学质量、设备设施、学校环境"等方面的信息表格,召开教师、学生、家长座谈会,由教师、学生、家长提出存在的问题,并讨论出解决的办法。整个项目的实施始终体现了"参与"的指导思想,师生参与、社区参与,很多有效的管理办法及实施方案都是在这种广泛参与过程中发现的。诸如:"缺英语教师、图书数量不足、教师考核不够完善、教师教育教学方法不当、家庭教育重视不够、学生不认真完成作业"等,如何解决?什么时间解决?都有着不同的意见。委员会把收集到的这些信息整理排序,形成表格式工作计划文本,并组织实施,不同人群的参与给学校工作带来了多方支持,每一项计划都是师生、家长提出来的,自然形成每个个体的目标及努力的方向,充分调动了师生、社区干部、家长参与、学校管理的积极性、主动性。

在学校教育中,为使家长更好地了解学校教育和学生在校的学习情况,学校每学期邀请家长走进课堂听课一次,教师集体家访一次。每当这个时候,委员会都会收到一些来自教师、家长的建设性意见,如:有几位家长听完课后与教师交流时指出:"教师应该讲好普通话,学校应该尽快配备计算机,农村学校也应该开设英语课"等。通过教师集体到社

区、学生家中走访交流，使家长更深地了解教育的重要性以及教育的规律，也拉近了教师与家长的距离，有力地推进了家校的配合。

在家校协调教育中，学校与社区联合开办第二课堂，既丰富社区文生活，开发社区教育资源，又能增加家校相互了解，形成社区关心教育、尊师重教的良好风气。因此，每年的重大节日学校都与社区家长进行联欢。有家长、教师、学生、家长和学生、教师和学生的节目，形式多样的文体联欢活动，拉近了家长与学生、教师与学生、教师与家长的距离，融洽、和谐了教育环境，大家的心是齐的，是一致的，为学校发展，为学生健康成长，各自都在奉献着浓浓的爱。

2. 通过开展参与式教研活动，提高了教师的综合素质

在新课改理念下，如何将新的教学理念通过教研活动形式真正转化为教师日常的教学行为。近年来，我校在制订学校发展计划时，充分考虑了只有教师真正的参与、体验，才能快速提高教师的综合能力，也才会把这种有效的能力运用到工作中。

参与式教师培训，参与式教研活动都是根据教师需要，以教学中的某个小问题为主，如："如何设计提问，如何激励学生"等，让教师轮流主持，人人参与，不求统一的结论，旨在开阔思路，引领思想，加强教师对某一问题寻求更多的教学策略，彻底改变教师被动参与、缺乏针对性、实效性的局面。

在教学管理中，结合实际，以年级学科组活动为主。每学期开学初，各年级学科组根据本学科教学中、教师中、学生中存在的主要问题，由组长组织教师通过参与式的活动讨论、交流，围绕存在的问题，设定目标，达到目标的措施来展开。从制订计划到每一次教师培训，教研活动都采用参与式的方法。如：每学期开学之前都要进行学前培训，每位教师都是主持者，在人人都是主持者、参与者的过程中，自己的教学工作，自己与学生的关系，在参与活动的过程中，也就形成许多教学策略和方案。又如，在以"如何抓学习常规"为主题的参与式研讨中，组织者以一种明确的方式向所有参与者阐明中心问题后采用"头脑风暴"的策略，让每位参与者在一定的时间内自由提出各自的想法和方案，在此过程中，贯彻"无错原则"，不允许任何的批评和指责，倾听、记录好每个人的发言。教师培训、教研活动不分领导、教师，人人都是学习参与者，也只有真正参与了，才会学到东西，才会学好的方法，才会想到怎样做。

在实际工作中，学校尽可能创造条件，为教师的专业成长铺路搭台，每学期外出听课学习一次，每周晨会教师演讲，每周会议之前教师业务精讲交流，每周相互听课等，这些措施为教师的自主学习、参与提供了更多的时间和空间，促进了教师综合素质的不断提高。

由于受传统教育思想的影响，虽然我们在教育教学中一直倡导"以学生为主体，教师为主导"的教育思想，但在实际教学中又有多少教师能够真正体现这种思想呢？总认为教育就是教师教，学生学，在教与学之间存在着极深的鸿沟。长此以往，很大程度上制约了学生的全面发展。通过参与式的教师培训，参与式的自主教研活动，学校发展计划的实施，教师已认识到平等、和谐、自主、参与、探究对学生成长的重要，这种思想、这种认识也是在参与的过程中体验出来的。有了这种思想和体验，也才会快速地将这种方法迁移到教学工作中。近两年，我校在参与式课堂教学中作了一些探索实践——课前参与、课中研讨、课后延伸。

课前参与,就是让学生在课前提前认真自学即将要学习的内容,在预习的过程中要求学生通过自学、查阅资料、咨询等,把自己理解的部分用各种方式表达,准备第二天交流,在交流中,有的学生利用绘画展示,有的用语言表达等,学生的课前参与不仅培养学生自学的能力,同时也培养了学生运用知识、收集信息、解决实际问题、表达交流、动手操作等能力。

由于有了学生的课前参与,课堂变成了学生表现自我的"主阵地",教师不再是课堂教学的主讲者,而是教学的组织者和引导者,教师只要围绕教学"重难点"及学生存在的问题,根据学生的需求,调整教学,通过开展小组讨论、生生交流、师生交流、教师点拨,让学生有成功的体验,把学习的主动权交给学生,通过各种教学手段,激发每个学生积极动脑、动手、动口,使之人人有实践的机会。

课后拓展延伸主要体现在课末结尾及作业上,一个好的结尾,不仅有助于学生概括、理解、掌握当堂学的知识,而且能激起学生的学习兴趣。较好的课后延伸,常常可以很自然地成为下节课的课前参与,形成一种良性循环的大教育观,从而激发学生保护旺盛的求知欲和进一步主动探索新知识的学习动机。

以前的教师总以为只要班里学生听话,成绩好,教育就成功了。于是为了让学生听话,抓考分,教师在许多方面就替学生包办了,认为学生嘛,总该听教师的。这样一来,处理问题很不顾及学生的感受,不从学生的角度考虑问题。通过实施学校发展计划项目,教师们对教书育人有了进一步的认识,对学生的教育,除了让他们成绩好,遵规守纪外,还要注重培养他们的各种生活技能,生存技能,让他们主动参与,积极合作,真正学到生活本领。在以往的班级管理中,班里的事务都是班主任说了算。实施学校发展计划以来,在班级管理中,做到教师只确定活动目的,其他的大多让学生参与,自己设计,在学生的日常行为管理、班级管理中,教师们都把制定条约下放到学生中组织讨论,把监督、评比下放到学生,把学校的主题活动、升旗仪式、学生展示自我等活动让学生自己设计,自己主持。使学生的参与融入学校的各项教育中。因为,参与的过程本身就是一种很好的学习,课内外学生的质疑、困难、讨论、交流等都有了较大的变化。只要学校坚定不移地沿着师生参与、社区家长参与的这条路走下去,学校得到的支持会越来越多,学校的发展也会越来越快。

实施学校发展计划带来的转变

云南禄丰县妥安乡小学　高志佐　李云仙

学校发展计划(School Development Planning,简称 SDP)是近年在国际上兴起的一种改进学校管理、提高学校教育教学质量的技术方法。2003 年 5 月,乘着"西发项目"的东风,我校有幸成为实施学校发展计划的项目学校。至今,我校实施学校发展计划这套管理技术快五年了。五年来,我们在摸索中成长,在成长中完善。回首使用学校发展计划管理学校的五年,我们惊喜地发现,学校、社区、在悄然发生着转变。

1. 学校的转变

1.1 学校办学模式的转变——由封闭向开发转变

在实施学校发展计划之前,我们的学校除在上级教育主管部门的监督管理下,学校在社区可以算是独立的、封闭的,学校一般很少与社区发生联系,可谓是"关起门来搞教学"。社区也很少过问学校的事,他们认为办学是学校的事,是上级主管部门的事。于是,形成了学校很少关注社区,社区不关心学校的局面。我校学校发展计划的实施,架起了学校与社区沟通的桥梁。实施学校发展计划的几年来,学校与社区的联系日趋紧密。通过多次召开社区大会,成立了有社会各界参与的学校管理委员会,社区群众越来越认识到,学校是社区的学校,学校的发展离不开社区,学校的发展将会带动社区的发展。于是,学校与社区之间有效的积极互动增多了,学校为社区做了些有益的工作。例如,我校组织的"文艺进村"活动为社区提供了丰富多彩的文娱活动,我校开展的科普培训班以及科普宣传栏为社区提供了农业技术知识、农业技术信息,得到社区群众的好评。

1.2 学校管理模式的转变——由自上而下为主向上下结合转变

自下而上的管理原则是学校发展计划的基本原则。所谓自下而上,即在制订学校计划过程中,征求意见、查找问题、制订计划等一系列活动,按照从学生→家长→社区群众→学校教师→学校管理委员会→上级领导的线路,遵循从下级到上级的原则,确立学校发展方向,制订学校发展计划。显然,自上而下与自下而上的规划思路是背道而驰的。以往,采用自上而下的方式管理学校,总要在上级主管部门的指标要求、行动计划出台之后,才能在以上级指标为中心的前提下制订学校计划。这样制订的计划不够全面,实施起来困难,不够切合学校实际,完成效率不高。

自下而上的原则发挥了学校办学的自主性,体现了学校管理人本化的思想,充分照顾了社区、家长、学生、教师对教育的需要,以及他们对学校发展的愿望,而不是以往对上级方针、政策、措施的生搬硬套。但是,遵循自下而上的原则,不能丢开国家的大政方针,不能置教育主管部门的规划于不顾。于是,我们学校采用了自上而下与自下而上相结合的管理模式。我们具体是这样做的:先用自下而上的方式制订学校计划,先向学生家长、社区群众、学校师生征集意见,收集问题,制作问题树,再由学校管理委员会通过后制订成学校发展计划文本,当上级教育主管部门的政策出台之后,再把它融入我们的学校发展计划之中。这样制订的学校发展计划,使用起来操作性强,适用性强,目标的可实现度高,实实在在地解决了学校和社区的一些问题,同时又兼顾到上级的方针政策。

1.3 学校办学观念的转变——由以学校为中心向"三位一体"转变

何谓"三位一体",即学校、社区、家长相互之间的协商合作,达成共同的愿景,在促进学校发展的同时,带动社区的发展。在实施学校发展计划之前,社区很少过问学校的发展,学校在制订学校发展计划时,几乎忽略了社区的发展。自我校实施学校发展计划以来,才开始思考到通过学校的发展,带动社区的发展。我们在制订学校发展计划的过程中,在"问题排序"这一环节,就先得向社区走访调查,收集问题,倾听群众的意见,在制订学校发展计划文本时,要充分融入社区群众的意见。我校在制订今年的学校发展计划文本时,就结合当地社区群众的实际,制订了这么一条目标:"学校通过开设礼仪培训班,让部分社区群众参与培训,提升社区群众的礼仪素养。"

2. 社区的转变

2.1 群众参与的意识提高了

在实施学校发展计划以前,我们很少听到群众给学校提一些合理的意见或建议,在庆祝六一儿童节、元旦节时学校邀请部分社区群众,他们很不乐意参与,甚至召开学校家长会时,也总有一部分家长不到会。实施学校发展计划几年来,由于学校与社区开展了许多有效的互动,社区群众对学校的了解增加了,他们慢慢地关注起学校的发展来,学校组织一些开放性的活动,他们也能积极参与,部分群众还给学校提出了一些合理的建议。近两年来,学校召开家长会不再因为家长的不参与而犯愁了,学校举办的"教学开放日"也有家长乐意参与听课。在制订学校特色时,我们向部分群众征求意见,几位社区群众给学校提出"以音乐、美术、舞蹈为主的艺术特色",被我们学校采纳了。

2.2 社区群众更为关心学校发展

学校的发展离不开社区群众的支持。多少年来,在上级教育主管部门的垂直管理下,学校的建设要么上级资助,要么自力更生,很少得到社区群众的支持,群众的观念总是认为,学校的发展是学校自己的事。自我校实施学校发展计划以来,这样的局面慢慢地发生了转变,群众关心学校发展的意识提高了。2007年的六一儿童节,在一位来自社区代表的学校管理委员会成员的号召下,群众了解到我校缺乏儿童娱乐设施的情况,便纷纷向学校捐资近一万元,让学校配置了一部分娱乐设施。这近万元款项对于学校来说是一笔不小的数目,对于社区群众来说,他们已竭尽所能。

实施学校发展计划五年来,我们深刻地感受着学校与社区的转变:互动、互利、共同发展。结合我们学校的实际,我们认为学校发展计划是我校行之有效的一套管理技术。我们将不断摸索,不断完善,让学校发展计划这套管理技术更好、更快地促进学校与社区的发展。

浅谈学校发展计划的社区参与功能

云南禄丰县黑井镇小学 马志国

学校发展计划这一新的概念自2003年在黑井这个千年盐都实施以来,经过五年的探索与实践,使黑井地区群众对学校的管理、办学、发展有了较深的认识,从思想上、行动上有了较大的转变,学校办学质量稳步提升,极大地调动了社区群众广泛参与到学校的管理工作中,为学校的发展建言献策。虽然我们实施学校发展计划的过程中问题还很多,困难也很大,但通过几年来的实践,我们看到了它蕴藏的功能是巨大的。我认为社区参与制订学校发展计划有以下几个方面的促进作用:

1. 进一步改善社区与学校的关系

学校发展计划的目标之一是鼓动学校与社区建立紧密的联系,以解决学校的问题并促进学校的发展。学校发展计划能促进学校和社区关系的巨大改善,让学校真正感受到自己在学校发展中起到的主体作用。通过上下结合的方式制订学校发展计划,使社区群众真正感受到"学校是我们的学校","原来我也可以参与学校的管理,为学校发展出谋划策",从而促进贫困少数民族地区教育发展。改革传统的教育方式,结合参与式课堂教学的实施,提高了社区教育的规划水平和教学质量。使学校管理由过去学校"一厢情愿"的事,变成了学校、社区、政府多方面的共同参与管理,使社区群众、学生家长真正认识到学校是属于社区的,帮助学校就是帮助他们自己,是为他们自己办学而不是为别人办学,增强了社区参与学校管理的意识,提高了参与的能力。

黑井镇属高寒、贫困山区,山高坡陡,交通不便,村落较为分散,信息闭塞,经济落后。由于环境原因,部分群众对教育"漠不关心"的思想有了一定的蔓延,甚至有的群众认为只要把子女送入学校就学,其余的什么学校管理、教育质量、学校发展就是学校自身的事,好像与他们没有多大关系。我校在实施"学校发展计划"中,感到压力很大,以往制订学校工作计划都是学校单方面自己完成的,现在要让社区参与制订学校发展计划,社区与学校之间由于平时接触不多,相互了解不深,难以沟通。所以,我们首先通过村委会干部、村民小组长在群众当中广泛宣传学校发展计划的目的意义;然后成立了以学校领导、教师、社区领导、群众等组成的学校发展计划管理委员会;最后通过社区大会、社区代表会、座谈、访谈等方式,广泛征求社区群众,特别是弱势人群意见的基础上,由学校和社区自主制订关于学校未来发展的计划,包括学校未来三年要达到的主要目标和每一年的行动计划。如:学校硬件建设、教学仪器、图书、课桌椅等配套设备的购置;校长和教师素质的提高;学生入学率的再提高;教师教学方法的改进;学生学习成绩的提高;社区关注学校发展,参与学校管理方面的进步和发展等方面的三年奋斗目标和一年行动计划。一系列的工作开展使教师更加深入到群众中,使群众更多地了解到了学校情况,拉近了学校与社区的距离,减少了相互之间的隔阂与误解,从而改善了学校与社区的关系。

2. 学校和社区成员共同承担起改善教育环境的责任

通过学校发展计划的制订,使学校工作更细、更全、更具体,使学校的管理更实。学校发展计划注重学校优先发展问题并提出自身解决办法,而不是全部强加给学校。

在制订学校发展计划的过程中,我校学校发展计划管理委员会成员深入社区群众中,运用访谈,座谈,排序等方法,倾听了解不同人群特别是弱势人群对学校发展的需求和意见。通过各种社区大会宣传发动群众,用问题树对学校面临的困难和问题进行分析,找出解决困难和问题的方法,用优先排序法确定学校发展需要优先解决的问题。

学校是社区的学校,是全体师生的学校,在制订学校发展计划的过程中,我感到学校只有在社区的大力支持下,全体师生的共同参与中,学校才可能有长足的发展。俗话说:"三个臭皮匠,赛过一个诸葛亮",在众多群体,特别是弱势群体的参与下,以"头脑风暴"的方式收集多方信息制订出的学校发展计划是可行的、符合实际的。我校征集的许多意见和建议,对制订发展计划有比较具体的指导意义。大的方面如:多方集资投入改善办学条件;发展山区教育要加大撤校并点力度,集中办学,增办寄宿点等;小的方面如加大学校与家庭的联系,经常进行家访、校访、召开家长会;学校的围墙是否可以改善一下?学校厕所门再加高一点;开运动会时,是不是也请部分家长参与?……社区群众开始认识到学校是为社区服务的,帮助学校就是帮助自己,改善办学条件是政府、学校与社区的共同责任。大的方面由社区、群众积极向上反映,争取解决;小的方面社区出些义务工或以其他方式进行解决。为学校解决了一些实际的问题。比如我镇的三合小学、七局小学、复井小学三所项目学校,在建校过程中他们积极地宣传"项目"实施的意义,通过访谈、座谈,召开社区大会等形式,广泛征求社区成员意见,大家一致认为要想让学校发展,首先要解决的问题就是改善办学条件,新建或搬迁校舍。但新校址及建校期间的教学工作及师生生活住房是学校无法解决的问题,经县项目办、镇、村委会及学校多方协商,村民极为理解,三合村委会拿出了近4亩的土地为三合小学新校舍建设使用;复井、七局两村部分村民无偿地把自家的住房让出来,供学校师生教学、生活使用一年多。通过学校和社区的努力,改善了三所学校的围墙、大门和运动场地,解决了学校一百多套课桌椅。增办了寄宿制学校5所,撤并了25个校点。

3. 促进社区的文明

学校发展计划的制订,调动了学校和社区参与学校发展的积极性,在学校与社区之间建立互动、互助、互利的有效机制。社区群众在参与制订学校发展计划的同时,也注重了学校与社区的协调发展。希望学校结合社区的需要,制订出相关的计划。比如:学校师生参与社区开展的一些公益活动;为科学技术的普及提供师资力量和培训场地;加强对精神文明建设的宣传等工作。在几年的实施过程中,在节日期间组织开展了大型体育比赛、文艺汇演、知识竞赛、演讲比赛等庆祝活动,邀请社区群众参与活动,既吸引了社区群众,加强了联系,又展示宣传了学校的精神风貌。在社区新农村建设过程中师生参与宣传、开展各种联谊活动,把文明校园、文明社区的建设结合起来。

4. 进一步提高入学率、巩固率,提升了教育教学质量

通过制订学校发展计划活动,增强了学校与社区的联系,使学校与社区有机结合起来,转变了社区群众对学校教育的看法,调动了各方面参与办学的积极性。学校发展计划是一个以提高学龄儿童入学率、学校教学质量和学校管理水平为目的的综合性计划,它主要反映学校在一段时间内要达到的主要目标和发展途径,提出实现这些目标优先需解决的问题、办法、行动计划和措施。通过学校发展计划活动的过程,群众对学校教育和有关的教育法律法规有了深层次的认识和了解,对送子女入学成了群众自觉自愿的行为,对家庭贫困的学生,学校多方争取援助。入学率均达100%,巩固率都在99.7%以上。

社区参与办学,在一个层面上还表现在家长参与到子女的教学活动中。家长督促、参与子女解决学习中的有关困难和问题,对于边远地区的农村家庭来说还是有一定困难的。但通过学校发展计划的实施,多数家长对子女的学习不再是"漠不关心"了,因为他们对学校、教师及孩子的学习活动接触的时间多了,自然而然受到了潜移默化的影响,这样也就促进了家庭教育健康向上的发展。而且参与式教学方法也大受欢迎,学生的学习热情也有了提高,教学质量有了明显上升。

总之,通过学校发展计划的制订和实施,提高了社区群众对教育、对学校的认识,形成一个良好的教育文化氛围,方便学校管理,促进社区文明。社区领导、群众、学生家长经常与学校联系,了解学校情况,关心学校的发展,为学校解决困难办实事。同时还认识到了学校是社区的主要组成部分,是社区较好的资源,关心学校的发展就是关心社区的发展,就是关心自己的子孙后代。教师认识到学校的发展需要全体成员的参与,转变了只埋头教学而不关心学校发展的思想,积极参与学校管理,为学校发展出谋献策。

通过几年的实践,我们认识到学校发展计划的实施在办群众满意的教育,创建和谐校园、文明校园,推动农村小学教育的发展中起着积极的促进作用。同时也认识到促进社区参与是实施学校发展计划的核心,调动社区群众的积极性是制订发展计划的关键,我相信学校发展计划的社区参与功能在今后的努力实践中,通过群体成员的共同努力,将会得到淋漓尽致的显现,并会结出丰硕的果实。

实施 SDP 项目　建立良好的学校人际关系

云南宁洱县磨黑镇第二小学　徐　勍

古语云"天时不如地利,地利不如人和",学校现代人际关系的建设和管理正是学校管理中最重要的"人和"工程。面对教育质量、办学质量日益激烈的竞争,作为 SDP 项目学校,比以往任何时候都特别需要创造一种"团结完善、和谐发展"的校园人文环境,从而最大限度地调动教职员工的积极性和创造性,化一切不利因素为有利因素,保证 SDP 的制订和顺利实施,使学校未来的发展更具有前瞻性和可持续性。

1. 学校里人际关系的重要性

1.1 学校普遍存在着人际关系障碍

目前在农村学校里,校长同教师确实存在着一些人际障碍:校长与教师之间往往存在着较多的行政上的隶属关系,缺少教学业务上的平等关系;存在着较多的工作关系,而缺乏较少的私人关系,特别是情感关系。校长往往采用行政手段要求或命令教师干这干那,而很少平等地与教师坐在一起研究有关问题,交换个人意见,很少去研究教师的心理需要,对教师的合理要求、合理建议不问不理,漠不关心。该解决的问题不解决,该解释的不解释,这样造成教师对校长的不信任,不关心学校的发展。负责一点的老师还可以把本职工作搞好,不负责的老师就三天打鱼,两天晒网,久而久之,造成校长与教师互不理解,互不信任,工作极其被动。校长同中层以上领导之间的人际关系,直接影响着学校的其他关系。校长同其他学校领导之间相互理解、相互尊重、密切配合是学校搞好工作的前提。俗话说:"火车跑得快不快,全靠车头带。"好的领导集体可以带领全体师生为实现学校的各项目标而努力。作为行政班子的校长必须要多考虑民主,掌权不专权。

1.2 团结为本是校园人际关系管理的基本原则

仁爱、和谐、友好、合作、中庸、谦让等等是中华民族在长期发展过程中沉淀积累和创造形成的令人骄傲的传统人伦美德。她不仅是一种文化,也是一种力量;不仅是一种传统,也是一种精神。一代代中华儿女,在她的哺育下成长;而跨世纪教育现代化建设,更应该弘扬这种传统美德,更应该在学校人际关系管理和校风建设中,把人际团结、人心凝聚作为最核心最重要的内容。团结,是历史的召唤,事业的大旗,成功的源泉。

1.3 SDP 的制订和实施需要和谐的人际关系

学校发展计划是在学校层次、通过自下而上的方式,广泛征求社区群众的意见,由学校和社区自主制订的关于学校未来发展的计划。SDP 的制订和实施需要全体师生和社区不同层次的群体代表参与解决有效的问题,各类人群代表不同群体充分发表自己的意见,表达自己的真实愿望。使学校管理广泛征求教师、学生及社区群众意见,搜集、整理和筛选,确定合适的目标,合理安排各项活动,制订出切合学校实际的学校发展计划,在 SDP 管委会的监督下认真实施,及时监测评估和记录。因此,如果学校缺乏和谐的人际关系,SDP 的制订和实施将会寸步难行。

2. 实施 SDP 项目,促进良好校园人际关系的建立

2.1 参与式教学过程中的师生关系

2.1.1 亦师亦友的师生关系

传统的师生关系是教师高高在上,拥有不可动摇的绝对权威,学生对教师存在畏惧,心理上是排斥的。参与式教学教师要求平等地面对学生,关心他们在各方面的发展状况,了解并尊重他们的感受和体验、要求和愿望,只有这样,学生才可能向教师敞开心灵。感情的增进至关重要,否则学生对教师敬而远之,教师无法走进学生的心灵,师生间不能进行有效的沟通和理解,教学效果也会大打折扣。亦师亦友是参与式教学师生关系的佳境。

因不喜欢某教师,进而不喜欢这个老师所教学科的现象,比比皆是。作为朋友,学生肯定是喜欢你的,对于教学目标的达成是非常有意义的,成功的教师都能深刻地体会到,有效的教学是建立在教与学双方高度认同的基础之上的,通过所学能给学生带来乐趣和基础知识或能力的增长,有赖于良好的师生关系。

2.1.2 教与学的自由

在传统教学中,更多体现的是"教师牵着学生走,学生围着教师转",学生学习的主动权掌握在教师手里,这违背了新课程的理念。以往为了维持课堂纪律,常要求孩子们坐端正,不许讲话,其实,太多的限制会使学生学习失去兴趣。

在参与式教学的环境里,学生往往心情舒畅,思维活跃,容易突发异想,有利于个性的发挥,课堂形式是不固定的,灵活的课堂形式满足了学生的好奇心,新的东西总是能吸引学生的。在教学中要让学生畅所欲言,反对传统教学中的一言堂,师生对话要具有开放性和启发性,对话不是要确立一种观点的正确性,而是期望通过许多不同观点的碰撞,启发学生的想象,拓宽思维的广度和深度,通过积极参与别人的思想进而迸发新的思想的火花。

2.1.2 营造良好的师生关系

有这样一种现象,不论是什么内容,都要求学生合作或探究学习,都要分成小组进行学习,不论是多么简单的问题都要求学生讨论一番再回答,很少关注学生个体的学习状况,仿佛不是这样就不是新课程的改革了,就达不到新课标的要求。这就是把新课标表面化、形式化了。在实际教学中我们不能盲目地组织学生进行探究或合作,只有学生在学习过程中有需求的时候,才根据情况设计同桌交流,小组讨论,合作学习的学习环节。让学生取长补短,尊重学生个人的探究结果和创意,给学生提供表现个性的机会,培养他们团结合作、互相竞争的精神。教师既是学习活动的参与者,也是学习活动的组织者、促进者和指导者,适时适度地给学生提供指导和帮助,依据学生兴趣和特长、能力,合理划分课题小组,帮助学生作好活动安排。

教师在合作、探究学习过程中要营造身心自由的学习环境,创设引人入胜的教学环境为学生提供相关知识、背景材料和探索信息的途径,激发学生的探究兴趣,培养学生合作学习的能力,培养问题意识,这是探究学习的精髓,不单是教师要提出有价值的问题,更要善于鼓励学生提出有价值性的问题。

2.2 SDP制订与实施过程中的同事关系

对一所学校来说,同事交往的水准,直接决定学校的风气建设,决定学校办学现代化的进程和前景。影响同事关系的最大障碍也许就是工作关系带来的竞争及与此相关的功利冲突。而SDP的制订与实施,同事关系和谐与否可以说是直接关系着能否制订和实施计划。因此,在实施SDP管理中,要十分注意运用"共生效应"这一教育原理。一株植物单独生长时,显得单调而没有生机,时间一长就会枯萎乃至死亡。而当众多植物一起生长时,它不仅根深叶茂,而且生机盎然,竞相争荣。让老师们懂得,水大才能鱼肥,林深才能叶茂。同事间有竞争,更有合作。而且同事间的竞争也是一种于己有利促己奋进的外部条件,在这种竞争中都是胜利者而无失败者。从相互影响、相互促进这一意义上说,这是一种良好的群体规范作用,它和植物界的"共生效应"有异曲同工之妙。

搞好学校内部同事关系关键在"老有所养,壮有所用,幼有所长",如同家风门风、党风民风之可贵,一所学校如能真正做到尊敬老教师,爱护青年教师,就能建立良好的校园人际关系,就能形成良好的学校风尚。由于历史的原因,许多老教师历经坎坷。同时,由于年老体弱或退居二线,和生当逢时的中青年教师比,无论是工作事业上还是精神与物质生活上,都普遍不如青年人潇洒自如。因此,尊敬老教师,首先要关心他们的内心世界,调节好他们的精神生活,帮助他们实现心理平衡。其次,要充分发挥他们在参谋咨询、舆论导向、工作评估、指导督促等方面的管理作用,使他们生活充实,精神愉悦。当然,在经济待遇、物质生活方面给老教师以照顾、优惠、孝敬,也应充分重视。从教育经济学角度说,这种投资是"预付性"的,它能带来校风建设的良好回报。至于对青年教师的爱护,主要应体现在对他们工作上的关心、帮助上。要为他们创造条件,搭建舞台,促其早日成长成熟,让他们在事业的成功中获得满足,形成对学校的认同感、荣誉感。

2.3 SDP环境下的社会交往关系

学校与社会交往关系,主要有两个层面:一是指学校领导、学校行政与上级领导、主管部门及社会各界之间的人际关系;二是指与广大教师和社会人士特别是学生家长的交往管理。

首先,校长要协调好学校同政府及教育行政部门的关系。在我国,政府和教育行政部门是学校的上级领导者。校长要主动同上级沟通,主动接受上级职能部门的宏观调控,使学校及时得到政府和教育行政部门的监督、指导、帮助和评估。其次,校长要积极探索学校同社区的关系。因为学校所处的社区是学校赖以生存的直接环境,是学校的"根据地"。学校同社区良好的公共关系包括同社区其他组织、群众乃至个体之间的关系。学校同社区很好的公共关系表现为:学校依靠社区获得发展,社区的发展促进学校的发展,学校的发展又反过来促进社区的进步。

引导家长积极参与学校教育和管理。搞好教师与家长人际交往管理的组织和鼓励家长积极参与学校的教育教学工作和办学管理,让家长变旁观者为工作者,变客体为主体,从而全面沟通,缩短双方的心理距离,实现人际交往、家校交往的和谐自然。定期组织家长会、家长来校日、家长学校等活动,建立"学校家庭合作教育"承诺制度等。

3. 校长如何处理好学校人际关系

3.1 协调好与上级教育主管部门的关系

由于 SDP 是采用自下而上的广泛参与方式,校长必须学会与各方人士打交道,要通过多种协调,艺术地借助上级的长处和优势来帮助自己做好工作,使人与人之间和谐、人与事之间匹配,工作运转有序高效。

3.2 关注和保护弱势群体的建议与要求

校长和教师要到田间地头或走访农户家,了解村民的需求,既要组织召开社区大会,也要组织代表性的小组会,特别关注处境最不利人群的意见,收集弱势群体的建议和要求,在制订学校发展计划和实施过程中,让各个方面的村民都参与提出意见,并最大限度地满足弱势群体的意见和要求。

3.3 处理好校长同教师之间的关系

校长和教师在行政上有着领导与被领导的关系,但在教育业务上却是平等的。绝不能因为校长担任了行政职务,教育业务上就高于教师。作为校长必须与教师处于平等地位,同教师多研究、多商量,虚心听取教师的意见和建议,向教师学习。及时消除可能产生心理上的不平等关系。校长是人,教师也是人,是人就有感情。校长与教师之间的情感融洽,可以极大地推动各项工作的顺利开展。因此,校长必须与教师打成一片,认真了解教师的各种需求,时时关心他们的工作、学习和生活,让教师从内心体会到校长是爱护他们的,是信任他们的,在这种情况下,教师就会自觉地、努力地干好工作。

3.4 把握好同学生的关系

由于校长在学校的特殊地位,因此,校长与学生之间不仅是教育者与被教育者的角色关系,同时也是领导者与被领导者、成熟者与未成熟者、有知者与无知者、长辈与晚辈之间。作为校长不能只考虑校长与学生中的某一种关系,而应该全方位地加以考虑,并时时注意处理好这些关系,否则就会影响校长与学生关系的健康发展。校长要注意克服其权威心理与"校长中心"倾向,要从内心热爱学生,特别是所谓的差生,要循循善诱,慢慢打开学生的心扉,得到学生的尊敬,建立起真正民主平等、和谐的师生关系,从而对学生施加定向影响。校长要跟上时代,努力缩小与学生之间的思想差距;校长与学生之间要加深理解,校长要热爱学生,既要热情关心、正确指导、积极鼓励、严格要求,又要尊重学生的人格;校长与学生之间要承认差异,校长不能否定差异,强求一律,甚至硬性代替。要理解并宽容学生,对学生的失误要正确引导规劝,切忌简单压服,加深矛盾;校长要严于律己,要成为学生在事业、道德、生活等各个方面的表率,同学生经常性地保持良好的人际沟通。

总之,在实施学校发展计划的过程中,作为一名学校的管理者,重视人际交往的管理工作责无旁贷。我们也坚信:在"西发项目"工作中,"人和"过程会得到更好的诠释。

制订和实施学校发展计划应遵循的原则

云南禄丰县妥安乡小学　杨朝生

学校发展计划,指在学校发展层面上,通过自下而上的方式,通过学校教师、学生和社区的广泛参与而制订的关于学校未来发展的计划。学校发展计划具有预见性的特点,学校的发展能否按预期的目标发展,关键看学校发展计划的制订是否科学,实施是否及时、有效。为了制订和实施好学校发展计划,我们应该遵循以下几个原则:

1. 自下而上与自上而下相结合的原则

自下而上的原则是学校发展计划的基本原则。所谓自下而上,就是一改以往制订学校发展工作由上级到下级层层落实目标责任,以上级政策、决策指针为主的方法,采用社区、学生、家长、教师共同为学校发展出谋划策,确立学校发展方向及过程的学校发展计划制订过程。

自下而上的原则体现了学校管理人本化的思想,充分照顾了社区、家长、学生、教师对教育的需要,以及他们对学校发展的愿望,而不是以往对上级方针、政策、措施的生搬硬套。

自下而上的原则发挥了学校办学的自主性。学校与学校之间的情况是千差万别的,在国家教育方针、政策的指引之下,我们在这种共性之下彰显个性。学校办学自主性能否充分发挥,决定了学校个性特色能否创建。

自下而上的原则使学校发展目标更有实现的可能。因为学校办学方向、发展目标都是根据社区、家长、学生老师的愿望而制订的,是切合学校实际的方向目标,是可以实现的目标,这些目标的实现变成了可能。

遵循自下而上的原则,要求校长、教师、社区成员,关键是校长、教师要有较强的思辨能力。校长和教师要对学校的优势、劣势、机遇、威胁进行全面、科学、细致的分析,在制订学校发展计划时能扬长避短,变劣为优,抢抓机遇,消除威胁,让学校健康发展。要对社区、学生、家长提出的意见、建议、要求进行辩证的分析,对一些不合乎教育规律的、违背教育规律的、与国家教育方针相背离的、会损害学校、师生利益的意见、建议、要求进行摒弃。

遵循自下而上的原则,要求校长、教师做许多艰苦细致的工作。如社区经济、文化、教育卫生状况、学生入学情况、学生家庭情况、学校基础设施状况、教学设施状况、师资状况、教师教学水平状况、教学质量状况、学生学习水平状况、学校管理状况,等等第一手资料都需要详细了解。只有将这些资料详实地收集,才能对学校发展计划作出正确的判断,从而制订出切实可行的学校发展计划。

遵循自下而上的原则,不能丢开国家的大政方针。学校办学不能脱离国家的教育方针,必须与各级教育主管部门和各级党委政府的大政方针相结合。实施学校发展计划的最终目标是为了进一步提高学校办学效益、管理水平和教育质量,为国家培养合格社会主义建设的接班人。要求我们培养德、智、体、美、劳诸方面全面发展的人才,要求我们实施素质教育,要与生产劳动相结合、要让学生全面发展,培养他们终身学习、终身发展的能力,这些都需要在学校发展计划中一以贯之地落实。坚持自下而上与自上而下相结合的原则,可以使我们的教育不偏离党和国家的教育方向,使党和国家的阶段性目标和长远的人才培养目标在学校发展计划中得以贯彻和实施。

2. 学校发展为中心的原则

学校发展计划的实施,其目的就是要改变工作中盲目性、随意性和笼统性的现象,从而提高学校办学效益、提高教育质量。学校发展计划要突出学校发展这个中心,紧紧抓住学校发展来开展工作。

遵循学校发展为中心的原则,要科学确定学校的办学方向和办学目标。学校办学方向是学校办学行为的导向,是所有学校工作的方向。办学方向的确定,要明确指出要将学校办成一所什么样的学校。办学目标是所有办学行为的落脚点,是具体的学校办学中最终发展结果,是具体的、可测量的、有时间限制的(司马特原则)。

以学校发展为中心,就是要把学校发展计划的目标和内容紧紧围绕学校的内涵发展,立足现有条件,创造发展条件,提高教师队伍素质,提高办学质量,扩大社会影响,树立名校形象,促进学校的可持续发展。

3. 一切为了学生的原则

学校的发展,归根结底是学生的发展。学校发展计划的制订和实施要遵循一切为了学生的原则。

遵循一切为了学生的原则,要树立学生终身发展的教育理念,要在计划中处处体现培养学生优良的个性习惯、优良的行为习惯、优良的学习习惯和培养他们的学习能力,使他们具备终身学习所必须具备的学习能力和终身发展所必需的个性品质。

遵循一切为了学生的原则,要在校舍建设中处处体现为学生发展着想的思想。学校的体育设施、生活设施、学习设施的设计、制作、施工要从学生的年龄特点、心理特点来进行,使所有设备都能够为了学生发展所用。

遵循一切为了学生的原则,要在校园文化建设中处处为学生形成良好的学习习惯、良好思想品质和为提高他们的学习能力着想。学校黑板报、宣传栏、墙报、广播、电视等都应该是为孩子准备的,应该是学生在教师的指导下自主去做的,应该是学生展示自己、锻炼自己、陶冶自己的舞台,教师不应该包办,不能出现成人化的内容。教室布置更应体现儿童化,尽量发挥学生的聪明才智和想象的天才,使教室成为他们尽情展现自我的天空。校园所有文化建设都应体现以儿童为中心的原则。

遵循一切为了学生的原则,学校还应营造一种有助于学生自信心、自尊心、爱心、意志力健康发展的人文环境。教师的语言、态度、表情,教师间的和谐的人际关系,乃至教师的精神面貌等都应该让学生感到亲切、振奋,教师要用赞赏的、欣赏的、鼓励的语言和态度去树立学生的自信心,切忌用挖苦、讥讽、打击的言语和行为去伤害学生,更不允许歧视学生,揭示或当众暴露学生的短处。有条件时,学校应该成立学生心理咨询室,及时为学生解决成长过程中的心理困惑,主动使他们心理得到健康发展。

遵循一切为了学生的原则,关键在于教师的教学处处体现以学生为中心的思想。我们要充分贯彻落实乡小学"教育教学像乐园"的办学思想,在教学中创建"严谨、民主、科学、艺术"的教风,努力改变教学方法,转变教学思想,以严谨的治学态度,民主、平等参与的教学风格,科学的教学方法,艺术性地引导学生愉快学习、自主学习、快乐学习,使每一次学习活动都成为一次愉快的知识之旅。

遵循一切为了学生的原则,还要想方设法为学生开创一片自由,自主发展的天空。学校的文艺、体育活动、少先队主题活动、社会实践活动,都需要学校精心策划,使之成为学生展现自我的平台,要开展多种多样的展示活动,让学生的表现空间无限扩大。

4. 全员参与的原则

全员参与是学校发展计划的精髓,是自下而上形成学校发展计划的必由之路。遵循全员参与的原则是学校发展计划成功的源泉。

遵循全员参与的原则,要强调参与面的广度。参与面越广,学校发展计划就越实。参与面越广,学校发展计划就越全。要让全体教师和全体学生参与,最大限度地让社区群众参与。特别要注意教师群体、学生群体、社区群体(家长群体)中弱势人群的参与。

遵循全员参与的原则,要求我们要学会倾听,最大限度地倾听。倾听社区群众对学校的意见,倾听教师对学校管理的需要,倾听学生对教师的要求,倾听正反两方面的呼声。

遵循全员参与的原则,要解决好参与人员的积极性和充分性的问题。校长要主动与参与人员沟通,将学校现状、优势、劣势、机遇、威胁、学校的办学方向、办学思路、办学目标以及需要的支持等让他们了解,争取他们的理解和支持。要通过沟通,让他们知道,学校非常需要他们的帮助,哪怕是微小的帮助,都会使学校得到发展。要告知他们,他们每一个微小的支持行为都会在学校发展中起到很大作用。

5. 社区与学校协调发展的原则

学校是社区的学校,学校与社区要协调发展,是学校发展计划的核心理念。学校的发展,最终是要推动社区经济、社会、文化的发展。

遵循社区与学校协调发展的原则,不仅为社区发展提供了动力,也为学校发展创造了可持续的发展大环境。

遵循社区与学校协调发展的原则,要求我们要努力营造一种社会大教育氛围,让社区群众都来了解教育,形成全社会都来支持教育的氛围。

遵循社区与学校协调发展的原则,学校要尽力为改变社区文化做实事。要通过教育学生,让学生对家庭,对社会进行文明、文化、卫生、思想等方面进行影响,在社区形成说文明语,办文明事,做文明人的环境。形成爱护环境、讲究卫生的好习惯,树立破除迷信、相信科学的思想。学校活动向社区开放,让社区群众参与到学校的文体、教育活动中来,使他们受到潜移默化的影响。

6. 服务于社区的原则

学校是社区的学校,学校要得到社区的支持,就要求学校要发挥好为社区服务的功能。特别是地处贫困山区,服务于社区的原则就显得更为重要。

服务于社区的最大原则,就是要努力提高教学质量,努力提高办学效益,让社区群众的子女成为对社会有用的人才。

服务于社区,主要体现在文化和经济两方面。学校有农村社区无法比拟的文化资源,学校要最大限度地向社区开放文化资源,如学校图书室、互联网、文艺活动等,让他们能享受到最新文化、经济方面的服务,主要是科技培训。因小学教师专业的局限,无法给予农民农业科技方面的专业培训。但学校可利用学校广泛的信息来源渠道(如互联星空、互联网),定期或不定期地为社区群众播放一些科教片,或通过各种途径邀请农科人员进行社区培训,或为社区经济培训、研讨提供场地、设备等。总之要根据条件,力所能及地为社区提供一些服务。

服务于社区,学校要发挥好家长学校的作用。农村家长文化水平低,在家庭教育方面缺乏科学认识,常会出现一些简单、粗暴的、甚至对孩子一生具有毁灭性的教育行为。学校要定期或不定期地召开家长座谈会,开办家长培训班;对学生家长的家庭教育给予帮助和引导,可举办家长论坛,让家庭教育的成功经验得到推广,让错误的家庭教育得到改变,学校教学要定期或不定期向家长开放,让家长了解孩子在校的行为、表现,积极配合学校做好教育工作。

服务于社区,学校还可根据社区情况进行一些相关的培训,如举办美容美发、家政、手工制作、家庭美德等方面的培训,从点点滴滴对社区实施影响。

7. 从实际出发的原则

从实际出发是我们做任何事必须遵循的原则。在学校发展计划中,从实际出发更是重要。

从实际出发,学校发展的目标一定要实际。学校发展计划实施成员要能够看到、摸到而不能好高骛远,不着实际。

从实际出发,一定要针对学校实际来制订学校计划,切忌照搬照抄,高谈阔论,纸上谈兵。

从实际出发,学校发展计划实施的过程要实。学校发展计划成功的关键在于脚踏实地地去落实每一个既定目标,过程管理显得尤为重要。学校计划的时效性非常强,要求我们必须逐项按照既定措施加以落实,在实施学校发展计划的过程中,决不允许出现"事后"现象,本来没有做的工作,事后补一个记录,补一个总结敷衍了事,这样只会使学校发展计划成为一纸空文。

从实际出发,要求我们从学校设施、师资、教学水平、社区状况的实际来思考问题、制定目标、制定措施、开展工作。不能搞避短护缺的行为。

8. 统筹兼顾的原则

学校发展计划是一个系统而庞大的工程,工作之间不是孤立的、割裂的、分离的,所以,坚持统筹兼顾的原则非常重要。

首先,各种子目标要围绕总目标制订,所有工作都必须服务于总目标的实现。

其次,各部门、各科目的工作是分布于整个学校发展计划的各个环节中的,而不是独立存在的,更不是各自为政的。

第三,目标与行动计划是相对应的,每个目标都伴随着若干个行动计划,而每个行动都要有对应的目标。

第四,在实施学校发展计划中,阶段性工作和常规性工作都要进行统筹,本校工作和上级安排工作要统筹,短期工作和长期工作要统筹。

第五,过程和结果都要统筹,切忌虎头蛇尾。

9. 实事求是的原则

在学校发展计划中遵循实事求是的原则,是将学校发展计划落实到实处的关键所在。

首先,对学校现状、社区状况的分析要实事求是,只有实事求是地面对学校存在的问题,才可能找到解决问题的方法。

其次,对待学校发展计划工作要实事求是,哪些是做了的、哪些是没有做的、哪些是成功的、哪些是失败的,都要实事求是地对待,这样,才能做到及时查缺补漏,及时进行纠正。

第三,学校发展计划的目标、措施制定要实事求是。哪些是做得到的、哪些是做不到的、哪些是可以做的、哪些是不能做的,都要实事求是地进行分析,做不到和不能做的就不能写进学校发展计划。

10. 突出特色的原则

现代学校办学理念是要体现办学特色、张扬办学个性。只有办出了自己学校的特色,办学才是成功的。

突出特色,要注意整体特色和个性特色的关系,如:社区与学校协调发展,让学生得到全面发展,具备终身学习能力,为他们的终身发展奠定基础是我们的整体特色,在这样的整体特色的前提下,各学校可根据本校实际,根据师资情况确定自己的特色。特色可以是一个,也可以是多个,如艺术教师充足的,就发展艺术特色;英语教师优秀的,就发展英语特色;科学教师专业的,就发展科学特色;体育设备具备的,就发展体育特色;还有如武术、体操、舞蹈、美术、科技发明、制作、种植、养殖、文学、电脑等,都可以成为自己学校特色(人格、心理、个性、品德、整体素质、社交、礼仪等)。

突出特色要注意规模性。个别、少数学生有特色不能算是学校特色,只有在每一方面培养出大批人才,才能成其为学校特色。

突出特色要注意成果总结。突出的教育成果是学校特色的有力佐证,在实施特色学校创建中,要注意将特色成果进行收集、归纳。

突出特色要注意营造氛围。营造一定的氛围是让特色教育持之以恒的关键。如:艺术特色学校可定艺术节,科技、发明特色学校可定科技节,体育特色学校可定竞技节等。

突出特色要注意不能轻重不分,也不能因噎废食。提高教学质量、提高学生综合素质是我们的根本任务,不能丢了西瓜、捡了芝麻,也不能因为特色学校创建影响教学而弃而不做,要认真研究,力求平衡。

学校发展计划的实施,需要在实践中不断总结完善,我们在遵循好以上原则的基础上,更要注重学校发展计划实施过程的监控与评估,从文本的制订,实施过程的监测,实施效果的评价反思各环节做好工作,才能使学校发展计划在学校管理中产生良好的效益。

让学校与社区真正互动起来

云南禄丰县妥安小学　杨国翠

学校发展计划,已在我县部分地区得到推广。这项工作,让社会各方广泛参与,开发各种办学资源,增强了办学的实力。特别是在贫困落后地区,实施学校发展计划,不仅可以克服落后观念对办学的阻力和影响,提高教学质量,还可以促进社区文化和经济的发展。

1. 让学校为社区提供服务

1.1 开设内容丰富、主题明确的专题讲座

学校除定期开家长会以外,还应不定期开设内容丰富、主题明确的专题讲座,如《怎样培养孩子的创造力》《怎样提高孩子的学习兴趣》等。这些讲座可由教师主讲,也可请那些家庭教育做得好的家长主讲。另外,也可根据学生的年龄特点、性格特点或所处地区等采取集中、分班等多种方法,对家长进行家教培训,提高教学时效。

1.2 定期不定期组织家长参加学校各种活动

学校开展"教学活动开放日",在开放期间,安排家长到学校参观、听课,让家长深入了解学生在学校的各种表现、学习情况。学校组织的各种文体活动,也请家长参加,在参加过程中,家长既可以知道子女各种素质的发展情况,也可提高家长的文化水平,这样,家长对子女的教育能力也得到提高了,教师、学校、家长三者之间的了解、沟通、凝聚力都得到了进一步的增强。

1.3 学校与社区联合开展"争做社区好少年"活动

教师应经常带领学生参与社区文化、环境建设,为社区清理垃圾,打扫路面,帮助那些有老弱病残的家庭种菜、挖地等,这不仅服务了社区群众,同时也锻炼学生的实践能力,还可以让学生在参与社区的各种活动中得到思想品德教育,从而带动社区文明的发展。

1.4 开展评选"好家长"活动

每学期,每个教师应有目的、有计划地普遍家访或个别家访,深入了解学生的家庭状况、家教状况,对一些特殊的学生,应及时向家长提出可行性家教建议,以便让家长对学生的家庭教育进行及时的调整。对那些家庭和谐、教子有方的家长,教师、学校要及时给予

鼓励、宣传,树立家庭教育好榜样。甚至于学校可以请这样的家长到学校参加家庭教育交流活动,在社区中形成一种重视家庭教育的氛围。

1.5 设立社区群众信息站

有条件的学校,可将学校的部分书籍、报刊,提供给家长阅读。如《家庭教育》、《中华家教》和《少年报》等。这些书籍,将对家长如何教育孩子,提高教育教学质量起到重要作用。另外,学校还可以利用因特网帮助社区群众收集与农作物的栽培、动植物的养殖技术和经济林果栽培技术等相关信息,帮助社区群众走上致富道路。

2. 让社区为学校提供的服务

2.1 社区为学校捐资助学

家庭贫困是造成学生辍学的主要原因,为了减少贫困学生的流失,抓住实施学校发展的契机,学校应积极向社区争取资金——特别是社区个体老板的资助,为贫困学生解决学杂费问题,为贫困学生争取上学的机会。

2.2 利用当地人文资源对学生进行爱国主义教育和思想教育

每一个地区,都有其发展的独特的文化背景,学校应充分利用社区的人文资源,对学生进行爱国主义教育,如利用琅井"张经辰烈士"的先进事迹教育学生,培养学生的爱国思想和成才意识,利用开宁寺的古建筑、妥安的特产石榴、小枣来培养学生热爱家乡的思想感情。

2.3 教师向社区群众学习少数民族语言

社区往往由不同的民族杂居在一起,为了更好地促进学校和社区的沟通,为了更好地对民族学生实施教育,学校的教师向社区学习一些民族语言,有时也可以请社区的民族代表到学校做培训,让师生了解更多的民族知识。

总之,要真正使学校发展计划落到实处,必须关注学校和社区的互动,开拓更多让学校和社区互动的渠道,实现"学校发展为社区,社区学校社区办"的目标。

实施 SDP 项目 促进和谐校园建设

云南禄丰县黑井镇小学 张 银

学校发展计划是一种教育规划,它建立在对学校发展状况分析的基础上,明确了学校发展的目标、需要解决的问题,也有确定的措施和实施阶段,体现了学校管理的一种思想,即要从被动管理转向主动发展,是实现学校发展的途径和手段。目前,学校发展计划也逐渐成为我国教育改革的一个热点。我校经过五年多的参与式教学和学校发展计划实践,改变了教师、社区、学生之间存在一种微妙的"隔阂态",大大提高了学校教育教学质量,促进和谐校园的形成和发展。那么,学校发展计划下的人际关系又是怎样的呢?

1. 平等的师生关系给了学生一片晴空

平等是建立和谐、融洽的人际关系的基础和前提条件。己所不欲,勿施于人。如果交往双方不能平等相待,而是居高临下,动辄训人,不尊重他人人格,有谁愿意与你来往?交往必须平等,平等才能深交。为了建立民主平等的新型师生关系,在学校发展计划的指引下,我们在教学中是这样做的:第一,追求教学语言的激励性、启发性、人文性;第二,保持教学态度的和蔼可亲,对孩子充满美好的期待;第三,时刻关注孩子的发展过程,注重师生心灵的沟通;第四,与孩子同甘苦,共患难。正因为这样,在课堂上,学生敢想、敢说、敢做,课堂成了他们展示自我的舞台;在课堂外他们有心理话愿意跟老师谈,有意见敢于向老师提,有困难主动请老师帮忙,有委屈也能找老师倾诉。因为在他们眼里,老师不光是老师,更是他们的父母、兄弟姐妹、知心朋友。从孩子们的这些表现中,我真切地感受到他们的"自我意识"得到了唤醒。其实,在唤醒孩子、解放孩子的同时,老师也得到了解放,无须为学生口干舌燥地讲解例题,只需稍加点拨,学生就能茅塞顿开,也无须为整顿课堂秩序而扮演陶先生笔下的阎罗,课堂的效果就更好了,这是多美的境界!

2. 教师的宽容让课堂变得更加美丽

教育是对心灵的浇灌,而不是对人格的摧残。师道尊严,是饱受儒家"温柔敦厚"思想浸染,而不是受法家"严刑峻法"思想浸染的一个概念。当我们想用严厉的指责或斥骂去要求学生时,不妨多从学生的角度去想一想,用一分宽容之心厚爱他们。在实施参与式教学和学校发展计划中,我们树立了一种观念:只求人人参与,人人进步;不求人人成功,人人优秀。在课堂中,教师们都做到了三个容忍:容忍学生答非所问、容忍学生课中插嘴、容忍学生用自己喜欢的方式思考。在老师一句句富有激励性的表扬中,课堂形成了百家争鸣的景象,学生的空间更加开放,我相信,这份宽容,一定会让课堂变得更加美丽!

3. 互利促使社区与学校形成了合力

人际交往中应该互助互利,使双方都得到合理的、适度的利益或一定的精神满足。讲互利,要反对违法乱纪的互利,反对"人不为己天诛地灭"的极端个人主义。讲互利,不能仅仅局限于物质需求的满足,互利不是简单的物质交换。

和谐可以凝聚人心,和谐可以团结力量,和谐可以发展事业。学校本是一个大家庭,每位教师都是其中的成员,应该同呼吸,共命运。一荣俱荣,一耻俱耻。有乐同分享,有苦同分担。

学校发展计划坚持"教育以学生为中心,办学以教师为中心",主张建立教师、学生和学校发展利益的共同体,实现教师、学生和学校的共同发展。制订学校发展计划通常有两种考虑:一是通过制订和实施学校发展计划,可以使社区和学校更好合作,共同发现学校面临的问题、原因和需求,共同承担起改善教育的责任;二是通过制订和实施学校发展计划,可以加强学校和教育行政部门之间的联系和沟通,尽可能多的得到上级主管部门和社会各界人士的支持。制订和实施学校发展计划,要求在学校内部坚持自下而上与自上而下有机结合,要求民主参与,通过群众的广泛参与和讨论在学校内部形成学校发展的目标,有利于凝聚人心、达成共识,这样的目标和措施可以最大限度得到教职工的支持,能够增强凝聚力、调动教职工落实学校发展计划的积极性。同时,在学校外部,通过广泛的沟通交流,可以有效改进学校与社区的关系,增强学校与教育行政部门的相互理解与支持,为学校发展创造最好的外部条件。学校发展计划重点要分析学校发展中面临的问题与挑战,不断发动群众,群策群力地提出解决问题的措施与方法,其本质是建立一种学校自我分析诊断、自我寻找和克服不足的机制,努力做到"今天做得比昨天好,明天做得比今天好,一天比一天做得更好;缺点一天比一天少,优点一天比一天多,天天都有新面貌",由此使学校不断进步、不断提高。

家和万事兴,和谐、协调的学校人际关系,是实现教育目标的前提。如何处理学校人际关系,是一门艺术,需要全体教职员工共同探讨和实践。我们相信,只要大家本着平等、相容、互惠、互助的原则,就一定能够建立起和谐、协调的人际关系,营造充分尊重个性发展、团结向上的人文环境,就一定能够创造出学校新的辉煌。

实施SDP项目　正确处理学校与社区的关系

云南宁洱县同心乡小学　自德春

现代学校教育必须是开放的教育,学校教育的发展应立足于社区。由于社区的各种因素对学生产生着影响,如果我们被动地去接受其影响,听其自然,那么就很难有效地开展学校教育。只有主动地去适应和协调社区的各种因素,极大地增强学校与社区的影响和作用力的一致性,最大限度地减弱以至克服不一致性,才能保证学校教育的有效性。

社区的有利因素包括少年宫、少年之家、图书室、体育场、公园等。这些机构能对少年儿童德、智、体全面发展产生积极的影响。学校应与这些机构加强联系,协同工作,把学校教育与社区教育密切有效地配合起来,以补充学校发展教育的不足,同时克服和避免社区的不良因素对学生的影响。

1. 学校教育应服务于社区

1.1 学校主动服务社区,争取更多支持

学校通过宣传工作、服务工作,争取社区各个组织、团体、单位、村民小组的配合和协作,共同指导学生的各种课余活动和假期生活,适当开展为学生所喜爱的文体、科技等活动,并通过这些活动教育学生,提高他们的学习质量。

争取社会各个组织、团体、单位、村民小组的配合和协作,一般应以学校所在地区的各个组织、团体、单位、村民小组为主要对象。学校应向他们宣传教育工作的重要意义,宣传

教育方针、社会教育的功能与作用,宣传社会教育与学校教育协调配合的必要性,以促使各方面把开展社区教育与学校教育协调配合作为自己的社会义务。应向他们宣传校本的规划、工作计划,奋斗目标和工作现状,以取得各方面对学校办学工作的成绩与困难的理解。学校还应组织一些文艺、体育表演,优秀学生光荣榜、课外活动成果与得奖项目的展览等。为当地有关方面做些服务的宣传工作,以加深各方面对学校工作的信任感和自己的社会责任感,争取他们积极支持和配合学校教育,共同开展有益于青少年身心健康的社会教育活动。

1.2 做好学校教育与社会教育的协调统一与相互配合工作

学校与校外宣传部门联系,达成共同开展有益于学生身心健康的教育活动。在这方面,主要有三项内容:一是及时向宣传部门反映学校近期开展的活动。例如:学校的开学典礼、欢送毕业生,校庆,学校举办的校内文娱联欢、体育竞赛活动,科技展览等项活动,力求通过当地宣传渠道让更多的人了解和支持学校教育。二是向电台、电视台、出版部门反映学生对各种广播、电视节目或读物的要求情况,并提出哪些类型的读物或节目会给学生的健康成长带来有利或不利的影响。争取这些部门为学生出版和制作更多健康和有意义的、青少年喜闻乐见的节目或读物。三是与少先队组织共同举办青少年智力、美术、书法、作文、小发明、小创造等多种形式和内容的竞赛活动,接受教育和管理。

学校与社会公共文化机构建立和保持经常联系。这主要有两个方面的内容:一是安排学生到公共文化机构参加活动。例如:组织学生到附近的博物馆、展览馆进行参观,到影剧院去观看有教育意义的电影或文艺演出,帮助学生办理图书阅览室,美术作品展览室等。二是请这些部门的领导、家庭的主要监护人把关,执行国家有关规定,引导学生不去阅读他们不宜接触的读物,不去看不健康的录像、电影,不去参加他们不宜参加的舞会、竞技活动,不进他们不得进入的舞厅、酒吧等场所。同时,还要请他们把公共场所有不良表现的学生情况及时反映给学校,以加强对学生的教育。

学校与社会专门性的社会教育机构建立稳定的联系。学校和这些部门建立稳定的联系,一方面可以借助于这些部门专职教师的力量,推动学校群众性的学生课外活动的开展;另一方面,学校可以把课外活动中崭露头角,具有特殊才能的学生,推荐给这些机构,继续让学生在课余时间接受专门的培养和训练。

学校应该有选择地与附近有关工矿、企业、村镇等建立联系,组织引导学生去了解社会,走向社会,充分发挥社会功能,加强学生的社会化进程。社会主义社会的青少年,不仅要在学校进行系统地学习,还应在学校的引导与组织下,用一定的时间去认识社会,在社会中进行锻炼。例如:进行社会调查,到工厂、农村、企业参加一些力所能及的生产劳动和公益劳动。通过这些活动,使学生在接触社会实际和人民群众,使学生在接触社会实际中,辨别是非荣辱,培养自己的道德情操,学习如何正确处理个人和他人以及个人和社会、国家利益的关系,促进学生辩证唯物主义、历史唯物主义和革命人生观的形成。

2. 学校应依靠社区办学

事实上学校办学不能脱离社区。学校的建立和发展是社会的需要,学校办学的人力、物力、财力从一定意义上讲是由社会所提供的。学校的师生员工生活在社区之中,接受着社区的各种影响,学校最终培养的学生要回到社区,为社区服务。因此,学校与社区的联系是客观事实,学校办学要依靠社区,充分地利用好社区提供的各种有利条件,尽可能地避免社区不利因素的干扰和消极影响,使学校的育人水平不断提高。

2.1 社区的经济文化发展状况是学校办学的基础

社区的经济实力增强,能从经济上为提高教育经费奠定基础。学校办学必须要受到社区经济发展水平的制约,这是客观条件决定的。因而,依靠社区办学,就是要依靠社区的经济发展,并得到社区经济的支持。广泛地筹措办学经费就是依靠社区办学的重要方面。

社区的文化发展水平包括电影、艺术、图书室、少年宫、儿童乐园等。这些文化机构和文化产品包围着学生,使他们自觉或不自觉地受着影响。社区文化状况对学生成长的影响是客观存在的,不以我们的主观意志为转移。依靠和选择健康向上的社区文化因素来培养学生是我们教育工作的责任和义务。同时这些选择和依靠又是非常必要的。

2.2 依靠校外各种机构创设良好的办学环境

育人工作是学校的任务,也是社区的责任。社区各种因素,学校无法控制,但却是对育人工作有影响的。依靠社区办学,就是要依靠社区的各种机构来创设一种良好的办学环境。公安政法机构的工作加强了,就能保证学校有一个安定的、秩序井然的环境;文艺出版机构能为下一代健康成长着想,而不是单纯从经济利益考虑,就能为学生提供优秀的精神食粮,促进学生的健康成长。

总之,社区的各种机构的工作对学校办学是非常重要的。学校无法选择所在的社区,但是学校必须依靠社区才能把学校办好。

参 考 文 献

[1] 教师进修高等师范专科学历系列教材(文科方向)——小学教育改革和发展[M].四川:四川大学出版社,1998:235.

实施 SDP 项目促进农村学校发展

云南禄丰县黑井镇黑井小学　马永芹

在学校管理中系统引进学校发展计划的新理念,不断促使教师素质的提升,教学方法的改进,学生学习成绩以及学校管理水平的提高是学校发展计划的主要内容之一。各级领导组织的多层次、多形式的培训更新了教师观念,提高了教学水平,在每次镇小学组织的课赛中,教师都能以新颖的手段获得佳绩。在 2004 年 4 月 28 日—30 日,我校组织了"禄丰县第一届参与式课堂教学研讨会",这次活动受到省级专家、县教育局和友邻乡镇的一致好评。此次活动中我校教师共有 18 人次获论文、教学设计、案例评析奖;同时学生在

"平等参与、共同探究"的氛围中,有更多的交流、合作、探讨的机会,学会了自主学习,合作学习的能力。借助此次机会像我们一样处在农村的教师无论是教学观念还是教育教学水平都到了提高,更新。也给一部分教师提供了一个展示的机会。在实践中,教师们优化课堂的能力也得到了进一步的提高。

学校发展计划是学校组织师生、家长、社区群众广泛参与,由学校和社区群众共同制订的计划。学校发展计划是一种实现制订与实施过程创新的计划,它创造性地运用自下而上的方式,让受教育者、教育者、社会弱势群体成为计划资料依据的提供者和计划制订与实施监督的参与者,充分发动社会成员和学校师生,积极有效地参与计划制订过程,是传统制订学校计划的一大创新,也是能成功地制订出学校发展计划的关键,校园内利用板报、校会等途径在学生中广泛宣传,建立新的管理体系,让学生做校长助理、班主任助理,鼓励学生积极参与学校管理。在征求社区群众意见时,采用访谈和召开社区大会等形式,在访谈中对社区群众的谈话作详细记录、完整而准确地保存他们的意见和看法、把问题转化为目标,目标是具体的、量化的、可操作的,最终列出解决每一个问题的方法,在制订学校发展计划时作参考,还采用了多种程序和模式来召开社区大会,就学校发展计划进一步的集思广益。

制订和实施学校发展计划是黑井小学"西发项目"确定的一项核心内容。明确今后发展方向和目标、鼓励学校和社区成员承担改善教育、环境的责任。通过制订学校发展计划的过程,增强学校与社区联系,召开社区大会,调动了各方面参与学校发展的积极性。使各方面意识到学校是我们自己的资源,关心学校就是关心我们自己,关心自己的子孙后代,涌现了许多为学校创造有利条件的好人好事就证明了这一点。改善办学条件是政府、学校和社区的共同责任,出现了大批为学校办实事的感人场面,如政府出资在学校大门口安装路灯;石龙村民小组为黑井小学鱼池增添防护栏,对学校大门口的石阶进行修整;板桥村民小组为学校厕所门进行了加宽、加高处理,又帮助学校消除了学前班教室门口石台阶的安全隐患。

本学期运动会得到社区群众的大力支持,黑井村委会还为教师制定了一套激励机制,学校和社区群众凝成了一股绳。

学校发展计划的实施取得了一些成效,学校和社区之间建立了比较密切的联系,逐渐形成了社区积极关心、参与和支持学校发展计划的良好局面。社区的主人翁意识和责任感得到强化,学校和社区相互加深了理解。但学校发展计划的实施是一个艰难的变革过程,也是一个发展过程,由于地处农村,学校还存在一些不可调和的矛盾。

黑井小学学校发展计划的展望,充分发挥社区和学校联动作用,通过三年努力,学校各种教学设施齐备,校舍齐全;扩大办学规模,使学生人数达400人,教师具有全新的教育理念,培养全面发展,有特长的人才;校园绿化美化更加合理;使我校成为校园环境像花园,教育教学像乐园,师生友爱像家园。

学校发展计划是一种先进的管理手段,如能充分发挥学校、政府和社区的层层互动,实现全民参与,黑井的基础教育事业将会谱写新的篇章。

从 SDP 视角看校本管理的实施

广西教育学院教育管理系 陈向阳

所谓校本管理是指以学校为本位的管理,是学校组织有相当大的办学自主权,并根据学校本身的特性和需要,充分开发和利用教育资源,进行有效的教育教学活动的管理。它着重处理和解决三个关系,即政府和学校的关系、社会和学校的关系、学校内部自身的关系,体现政府宏观管理,社会广泛参与,学校自主办学的思想和策略。当前我国正在倡导中小学校实施校本管理,许多学校也正在探索着校本管理的模式。当前,从总体看来,许多学校也只是追赶时髦,停留在口号上或局部表层操作上,有的学校则把校本管理狭隘地理解成为要上级放权,以为校本管理就是校长要拥有更多的权力而已,因此都无法以实质性的校本管理来管理学校。能否真正实施校本管理,关键在于"校本"两字上做文章,体现"以校为本",解决三个根本问题:第一,学校所管理的东西是不是"校本"的东西?第二,学校能不能进行"校本"管理?第三,学校怎么才能做到"校本"?而要真正体现"校本"的关键,解决这三个根本问题,学校发展计划应当是一把很好的钥匙。

1. SDP 能体现"以校为本"——关键

学校发展计划(School Development Plan,简称 SDP)是在学校层次、通过自下而上的方式,广泛征求社区群众的意见,由学校和社区自主制订的关于学校未来发展的计划,包括三年发展展望和每学年的行动计划。学校发展计划既包括硬件方面,如校舍的新建和扩建、购置教学仪器设备和图书、配备课桌椅等;也包括软件方面,如教师素质的提高、教学方法的改进、学生学习成绩的提高以及学校管理水平的提高等。学校发展计划要分析学校的现状、存在的主要问题,明确应该优先解决的问题、未来的主要目标、所需的投入等,并进一步区分学校各项工作的轻重缓急。

学校发展计划从实质到操作上都体现着"以校为本"。学校发展计划的含义主要是指通过校本管理、社区参与等手段提高学校办学质量。学校发展计划的基本含义包括制订学校发展计划,以实现学校发展和办学水平的提高,强调一种政府间接管理的方式,学校基于自己发展中的问题自主管理。另外,基于学校层面,采取自下而上方式,以民主渠道制订,这种参与包括与学校相关的利益群体,如教师、社区成员、学生家长等,这种发展规划一般以三年为一个周期。学校发展计划的内容包括:确定未来三年社区可能对学校的需求;学校在三年中可能遇到的问题,并对这些问题进行排序;展望学校发展的前景和目标;确定实现目标的方法,测定每一年要达到的目标。其实质是以学校发展计划为切入点,采取一些优化的方案来调适组织与环境之间的关系,达到学校办学绩效不断改善目的。它的最基本特点是:目标是可测量的、程序是自下而上的、制订者之间的合作是充分的。学校发展计划(学校发展计划)与传统的学校计划最大的区别在于,它是由学校和社区共同合作,基于社区和学校的问题自主制订的,旨在满足社区和学校发展需要的计划。学校发展计划注重学校就发展问题提出自身的解决办法,而不是外部强加给学校。

2. SDP能帮助学校解决"是不是校本"的问题——基本前提

"是不是校本"的问题——就是要指学校要解决学校所发生的管理是不是立足于学校根本的问题,使学校管理从一开始以及全过程都围绕着学校的根本来发生和运作。顾名思义,"校本"的本就是要求学校的管理从"本"出发。"本"可以解读为"本质"、"本原"、"本土"、"本色"、"本性",即不以人的主观意志为转移的自己的最根本的东西,最能反映自我的真实东西。如果把学校比做一个生命体的话,那么"校本"即可解读为学校的"血脉"、"个性"、"生命历程"、"基因密码"。具体而言有许多方面的表现,比如学校的历史、学校的文化、学校的优势劣势及困境、学校的特质、学校发展的根本问题、学校的资源特点、学校的发展方向等。只有从上述对"校本"的解读出发,即从学校的根本出发,所发生的学校管理,才能构之成为校本管理的最起码前提。不然,"校本管理"则无从谈起,因为那样所发生的学校管理是无本之木,无源之水。那么,学校要具备这样的前提,逻辑上可以从以下三个基本方面通过运用学校发展计划得以实现:

2.1 通过SDP使学校明确知道自己的本

不是学校里的每个人都能认识得到学校自己的本的。在以往的管理模式下,学校成员无须关心学校之本,他们只能也只会按照统一的指令行事即可,因此包括校长在内都没有学校之本的概念。当一些学校开始引入了"校本管理"的概念之后,他们对于学校之本的概念还是没有足够的重视和认识,大致有以下几种偏差:(1)对学校表面的元素进行简单描述如校名、人数等。(2)说出一些与其他学校没有多大差异的内容,如一些教育的口号或时髦的词汇。(3)由校长一己之见代替学校之本。(4)某一上级教育行政部门领导或政府领导的说辞给学校之本盖棺定论等。学校发展计划可以在很大程度上纠正上述偏差。学校发展计划的基本操作是通过自下而上广泛发动社区群众、广大师生员工,通过最大限度地启动参与程序和发挥主体意识,共同来诊断和发现学校发展存在的问题、共同来分析学校的优势劣势,面临的挑战和困境、共同来对问题进行优先排序,最终来确定学校的目标定位,发展方向。其过程及结果实质上都在引导包括校长在内的全体成员一起关注学校自身、思考学校之本,形成"校本"意识,并最终能较为客观、准确、全面地发现和认识属于自己的真正学校之本。

2.2 通过SDP帮助学校打造自己的本

一般来说,学校都有属于自己的独特之本。由于起点不同,背景不同,历史不同等缘故,有的学校之本表浅,有的厚实;有的简单有的则丰富。但无论是哪种情况,学校都应该不断地巩固和打造属于自己的本。学校发展计划一开始就是通过客观真实全面地发现和分析学校发展的问题后来确定学校每一时期的优先发展的目标和定位,并在此基础上轻重缓急地组织可检测可操作可实现的管理行为,一年一个台阶,三年一个周期,为共同的愿景而努力,其程序本正源固,其步骤方向正确,有逻辑层次,有递进秩序,在这样的目标实现过程中,一方面在巩固和累积着原有之本,另一方面也在一脉相传地打造和发展学校之本,使之由从表浅到厚实,简单到丰富。

2.3 通过 SDP 使学校按照自己的本去发生和运作学校管理

学校有本,但一方面一些学校不认识或没发掘,无法根据学校之本去谋事,只能是随波逐流,任凭飘荡;另一方面一些学校则不按学校之本去发展学校,偏偏盲目模仿,照搬照抄别人的模式,简单走其他名校之路或按某一领导的主观意见去管理学校。如此种种都不可能发生真正意义上的校本管理。学校发展计划模式下的学校发展计划不是某个人的主观意图,而是通过自下而上的整套技术程序后而诞生的发展计划,其自下而上、民主参与、实事求是、轻重缓急等原则决定了它是一个较为科学、民主、客观、全面、真实可行的不可逆转的学校"宪法"。管理学原理告诉我们,计划是管理的开端。以学校之本制订出来的学校发展计划一旦通过,其所铺设的轨道,所立足的定位,所设定的方向都规定了学校必须走真正的以校为本的道路。学校发展计划模式下,学校必须按照自己的本去发生和运作学校管理,别无选择。

3. SDP 能帮助学校解决"能不能校本"的问题——基本条件

有的学校想进行校本管理,但步履维艰,原因在于没能解决好"能不能校本"的问题,即没有解决好学校是否有对应的权力管好自己的本以及是否有相应的能力管好自己的本的问题。前者是指学校是否能够有一个适度的管理权限空间,一个自主管理的宽松环境,即合理地处理好学校与上级教育行政部门之间的关系;后者是指学校校长以及其他成员是否有能力具有驾驭所赋予的权限与职责,是否有能力自主实施校本管理。如果学校不能解决好"能不能校本"的问题,则学校就不会具备实施校本管理的基本条件。

校内 SDP 宣传

在传统的管理模式下,这两个问题都不可能有较为满意的结果。对于前者,旧有的模式是"统得过多,管得过死",学校办学的自主权受到过多限制;对于后者,旧有的模式下,校长以及教师较多地习惯于听命于上级领导的指挥,习惯于按统一的步调行动,习惯于执行"红头文件",因此,常处于被动状态,没有自主管理的意识、能力和习惯。因此,旧有的管理模式容易导致"一管就死,一放就乱"的结果,很难去实施校本管理。

学校发展计划的引入则比较好地解决了上述旧有问题。首先,学校发展计划的技术本身就要求必须在一个比较宽松的自主管理环境下才能实施,它需要在学校与教育行政主管部门之间要建立起一种相互沟通,相互信任,相互默契配合的融洽关系。一方面教育行政部门通过学校发展计划文本的答辩过程充分了解和信任学校发展计划制订的过程和实施的可能,学校只要按照经过充分民主过程又经过了教育行政部门答辩审批的学校发展计划行事即可。学校发展计划技术上要求教育行政部门不能也不必管得过细,以使学校更能按照体现"校本"的计划以他们熟悉的更贴切的方式来管理学校。学校发展计划技术上要求教育行政部门以学校发展计划为依据,个性化地处理与学校关系,如分配所需资源,配备对应政策,提供适合的信息,最终以学校发展计划基本准绳来监督评估学校,放宽了学校自主空间,学校可以在校本计划的指引下放开手脚,创造性地自我发展,更好地实现计划,避免了按长官意志行事,避免了"大一统"的局面,避免了把学校当"牵线木偶"的状况。另一方面,学校发展计划技术上要求学校必须严格按照学校发展计划的文本实施学校管理,在充分自主地实施计划的过程中,自觉地进行自我检测和评估,并充分地接受社区的监督,主动与上级教育行政部门沟通并接受其督导和评估。其次,学校发展计划的技术本身就要求包括校长在内的学校主体成员必须提升自己的专业素养,提升自己的主人翁意识,提升自己的自我管理能力,充分发挥主观能动性去努力实现学校发展计划的目标。学校发展计划追求的技术效应就是上级教育行政部门对学校适度放权,进行宏观管理,而不必担心学校会缺乏监督而放任自流,学校则能在有效的监督下自我管理。达到"上级放开也不乱,自我管理而更灵活"的良性结果,从而使学校具备了实施校本管理的基本条件。

4. SDP能帮助校长解决"怎么做校本"的问题——基本方式

学校发展计划提倡通过学校层面的、以自下而上的方式设定学校的未来发展计划。学校制订自身发展计划是通过促进学校内外有关人、财、物等各种资源的合理配置和有效利用,使学校改革与发展能够反映多元的社会需要和个人需要。因此,它必然强调尊重上级部门、学校教职工、学生及其家长和社区代表的意见和需要,而这些人通过参与学校各种发展项目计划的制订,他们必然会获得相应的决策与管理权力。这有利于探索一条在现有管理体制下"学校有控制地自主发展"管理模式,即政府向学校下放一定的管理权限后,使学校在一定程度上走上了自主发展的道路,虽然这仍然是一种政府主导下的有限的自主,但在一定程度上学校的命运和前途都掌握在自己的手中,办学个性化的因素日益突出,学校的独立决策职能也日趋强化。

学校发展计划强调自主发展,首先集中表现为学校将外部环境对自己的制约置于自己的控制之下,并自觉、主动地对外部环境加以利用、选择与改造的过程;其次表现为学校作为自身活动的主人,独立、合理地实行自我支配、自我调控,以促进学校自我发展需要的满足、学校自我实力的提高、学校自我潜能开发的过程。学校自主发展,简单地说,就是指学校自主性的发挥过程,就是指学校自觉、自动地利用自身内外条件,独立支配和合理调控自身行为的过程。在学校发展计划背景下,学校从校长到教师都要围绕着学校发展计划独立开展教育和管理活动,并合理进行自我设计、自我组织、自我活动、自我评价、自我调控、自我教育。

我国学校长期以来缺乏特色,一个重要的原因就是我国的教育管理体制强调的是高度集中、强化的行政手段。要求整齐划一,缺少鼓励创新,因而学校的活力难以发挥,个性也就难以展现,使学校领导者求静畏动,求同避异,造成整个教育出现千校一面、万人一书、色彩单调、缺少生机的局面。学校要生存、要发展,就必须从"外控型"管理走向"内控型"管理,获得办学自主权,按照自己的特点办"活"学校,按照自己专有的学校发展计划组织实施,办出特色。

参 考 文 献

[1] 胡文斌,郑新蓉.乡村学校发展计划的制定与实施[J].福建教育,2005(4):15—16.

[2] 陶剑灵.英国学校发展计划的发展历程和运行模式[J].甘肃教育,2006(5):7—8.

"SDP"项目实施带来的变化

广西南丹县芒场镇中心小学 陈月华

学校发展计划是在学校层次,通过自下而上的方式,广泛征求社区群众的意见,由学校和社区自主制订的关于学校未来发展的计划,包括三年发展展望和每学年的行动计划。它强调通过制订和实施发展规划来改进学校的管理,促使学校教育的发展和质量提高,它不仅仅是一种学校发展的方案,更是一个创建学校发展方案并确保这一方案有效运行的一系列活动过程。

2006年SDP项目在我校全面启动,SDP项目的实施给我们带来什么呢?我认为主要有以下几点:

1. 学校与社区的联系越来越密切

过去我们一直误认为作为教师只要我们尽心尽力地教好学生,管好学生,家长只要把适龄儿童送入学校就行了。实施SDP后我们的想法改变了。SDP的基本原则是"自下而上",也就打破了以往由上级领导决定办学目的的方式,经过广泛征求社区群众的意见,把学校办成群众心目中理想的学校。为了达到这个目的,我们到社区群众中去,深入了解群众对学校、对老师有什么意见或建议。在逐家访谈过程中,我们先选好访谈的时间,注意访谈的语气,积极激活访谈氛围,让他们说出自己理想的学校是怎样的,并让群众知道在学校发展过程中他们有机会进行反馈,能看到学校发展的结果。经过社区访谈,我们了解到群众对我们学校和老师的工作都很关心、很支持。我们把采集的问题分类整理,解决了群众认为最重要的问题,使得学校与社区之间的联系逐级密切,并采取一些优化的方案来调适组织与环境之间的关系,并通过认真设计和全面实施学校发展计划过程,强化校本管理机制,提高社区参与程度,并通过充分调动各方面的资源和能动性,最终达到提高教育质量,更好地满足社会多方面的要求,达到学校办学效率不断改善的目的。

2. 学校硬件方面的变化

实施SDP项目以后，学校各方面都有了较大变化，特别是学校硬件方面的变化有目共睹。750 m² 的综合楼高高地耸立在校园内。学生们有了专门的实验室，能亲自动手做实验，体会到学习的乐趣、科学的奇妙。更有了阅览室、音乐室、电教室，改变了以往只是单调地在教室里讲授的传统，极大地丰富了学生的校园生活。教师们也有了大会议室，开学集中学习再也不用去别的单位借场地了，也告别了平日学校举行活动遇到雨天没有办法举行的历史。SDP项目实施后还改变了学校不合理的布局，横在校中央的旧教学楼被拆除填平，使学校有了宽阔的内院，为学生提供更多的活动场所。天桥的建成把各栋教学楼连成一片，整个校园布局合理，美观大方，给人耳目一新。

除了建筑方面，学校还添置了许多教学仪器设备为学生和教师提供更好的学习平台。

3. 学校软件方面的变化

SDP项目的实施要求学校提高管理水平，教师提高素质，改进教学方法，学生提高成绩。"SDP"项目的基本原则是"自下而上"。项目启动后，学校的管理也遵守这一原则，管理制度由学校班子讨论制订变为由全体教职工充分讨论后制订出来。由于是大家的意愿，所以都能自觉遵守，关系也更密切了。学校领导对于教师提出的合理意见也能被积极采纳。

PTT在SDP项目启动之际也同时启动，所有教师都参加了PTT的培训，大家都在努力提高自己的能力。PTT主要就是"参与式"教学，它是一种合作或协作式的教学方法。这种方法以学习为中心，充分运用灵活多样、直观形象的教学手段，鼓励学习者积极参与教学过程，成为其中的积极成分，加强教学者与学习者之间的信息交流和反馈，学习者能深刻地领会和掌握所学知识，并能将这种知识运用到实践中去。教师们在培训中积极参与，有2/3的教师被县教育局评为"优秀学员"。在培训后教师们做到：① 改变自己的教学方法，由以前的老师灌输、学生被动学习，逐渐过渡到由老师引导、学生自主探究掌握学习方法主动学习，把学习的主动权还给学生，让学生做学习的主人。② 在教育中重视教育的公平性。不管是优等生还是学困生老师都能发现他们的发光点，给予学生关爱，接近学生，与学生拉近距离，每个学生都能得到老师的爱。

SDP项目的实施使学校的管理更民主化、人性化，促使教师不断提高自身素质，同时也给学生更大的更自由的学习空间，自主学习的积极性明显提高。

4. 自我的变化

以往认为教师只要负责上好课，管好学生就是称职的教师。SDP项目实施以后，自己思想上发生了很大的改变。作为教师不仅仅要教好书，上好课，还要关注社区、关注群众等方方面面。工作不仅面向校内，还要面向校外。同时还需不断学习，努力提高自身的素养，不断改进自己的教学方法，逐步形成具有自我风格的教学方法，还积极注意培养好师生之间的关系，使师生关系融洽、和谐。

总之，SDP项目的实施给我们带来了许多实惠，促使我们不断提高自己的能力，我们的学校正朝着"自下而上与自上而下"相结合的学校大步迈进，相信学校的明天会更好。

SDP 和 PTT 项目所体现的过程与价值

广西南丹县芒场镇巴平小学　陈　静

　　学校发展计划(SDP)是"西发项目"中的一个子项目,提出了参与式的新型学校管理理念,即学校、政府、社区共同参与的学校管理。其实质就是在学校的层面上,通过自下而上的方式,广泛征求社区群众的意见,由学校和社区自主制订和实施的关于学校未来发展的计划,实施学校发展计划给我们教师和学校带来了质的飞跃,在这个实施的过程中,让我深有感悟的是它同时带来了先进的教学观念,让我们的课堂活了起来,也就是我们常常说的 PTT 教学方式。其内在的实质体现了我们教学与教人的"过程与价值"。

1. SDP 是一项构建和谐社会的民心工程
PTT 则是构建和谐课堂的实质工程

　　学校发展计划,提出许多实际的问题,通过学校、政府、社区共同努力,以构建和谐社会为目标,处理好各种社会关系,解决学校的难题,着力发展社会事业,只要社会稳定了,才能促进社会主义,建设和谐文化,推动社会建设与经济建设、政治建设、文化建设协调发展,只要经济稳定,我们的教育才无后顾之忧。PTT 教学理念带给我们的是"参与式教学"观,何为参与式教学,即一种合作式或协作式的教学法,这种方法以学习者为中心,充分运用灵活多样、直观形象的教学手段,鼓励学习者积极参与教学过程,成为其中的积极成分,加强教学者与学习者之间以及学习者与学习者之间的信息交流和反馈,使学习者能深刻地领会和掌握所学知识,并能将这种知识运用到实践中去。

2. SDP 和 PTT 的最终目标

　　学校发展计划,提出了参与式的新型学校管理理念,它的最终目标是:办让人民满意的教育,实施学校发展计划要求工作要创新,活动有痕迹,人人都能参与。

　　而 PTT 参与式教学总的说来就是学生投入了以学习活动为主的交流互动式的教学活动。其内涵包括以下几点:

　　——从观念层次出发,参与式教学首先是一种教育教学思想,是一种以学生参与活动促进教学的新型教学观。它要求教师必须转变观念,充分认识学生在教学过程中的作用。

　　——从方法论来讲,参与式教学通过多种途径、手段和方法调动学生积极参与活动的教学活动,它只是众多形式中的一种,必须与其他教学方法结合使用。

　　——从活动形式来讲,参与式教学是一个过程,它不仅要让学生学得知识,更要通过学得的过程来学会这种活动方式,衡量的唯一标准是学生是否有积极思维的参与。

3. SDP 优化学校自主发展的内外环境
PTT 则优化课堂学习环境

　　SDP 十分注重对社区资源的利用,吸纳校外各种积极因素参与学校管理,从根本上改变了学校的管理机制,形成开放性学校管理的新体制。优化了学校自主发展的内外环境。

PTT参与式教学的出发点是让所有的参与者都积极主动地参与到学习中来。因此,参与式教学力求通过多种途径、手段和方法调动所有的参与者都能平等地、积极地投入到课堂学习的全过程中,在参与中学习和构建新的知识并形成能力,在参与的过程中掌握方法,在获得知识和能力的过程中,体验各种丰富的情感,形成新的价值观。

4. SDP缩短了社区与学校的距离
PTT则缩短了教师与学生的距离

SDP是一块磁铁,它把学校和社区的人们吸引在一起,形成一个紧密相连的整体。这是项目学校所有教师的切身体会。通过我们下队访谈、宣传、问题排序和文本制作,我感到学校自主发展不完全决定于学校自身,学校自主性必须得到社会或外界环境的承认,才能由可能性转化为现实性。我校根据社民意见,采用巧妙实用的办法,根据轻重缓急,确定最能代表社民心声的问题写进SDP文本中,并逐渐加以解决,社区群众发出感叹,这才是我们的学校,并相继筹集资金修建学校,共同努力建好一个好学校。

PTT最显著的一个特点就是引导我们教师如何更好地与学生进行交流。交流就是彼此将自己的思想、情感、作品表达或展现出来,互相分享,通过对话、讨论、评议等形式深入交换意见。交流的目的在于分享,增进了解,互相促进。交流的前提条件是双方态度平等友好,使教师与学生之间的距离拉近。

交流的过程通常分为三个环节。第一环节是提出话题和主题,试探各方是否愿意就此展开交流。第二环节是呈现信息,也就是将自己的思想、感情、作品表达或展现出来,让大家充分了解。第三阶段是交换看法,也就是彼此了解有关信息之后,展开对话、讨论,深入交流看法。

总的来说,"西发项目"的SDP和PTT都是需要我们共同去努力的目标,只有注重过程,我们所有的付出才有价值,所有的努力才有所回报。我们的学生才会在自己的课堂上展现更美的一面。

基于SDP背景的校长角色转变

广西乐业县教师进修学校 蒋世标

学校发展计划(SDP)是在学校层面、通过自下而上的方式,广泛征求社区群众意见,由学校和社区自主制订的关于学校未来发展的计划,包括三年发展展望和每学年的行动计划。因此,实践SDP,校长将面对改革的新要求、学校的新任务、民众的新期望,也将面临错综复杂的新形势,这无疑要求校长必须及时自主地转变自己的角色。在实践中,我们认为,基于 SDP 背景的校长角色将产生根本性的转变。

1. SDP 背景下,校长必将是一位权力意识的淡化者

在传统的学校管理机制中,校长曾经是整个学校的独裁者,一手遮天,唯我独尊。而 SDP 模式要求校长摒弃陈腐的"官"念,放下架子,融入群体。校长,他不再是"官",而是一个"组织者",他和全校教职工及家长的利益目标完全一致,他必须放下架子,走到教师中来,走到社区中去,创造民主氛围,变集中管理为民主管理,学校内的教师开始参与学校的内部管理。在实践中,我们发现,权力意识比较浓的校长,比较难以接受 SDP 的理念,害怕管理权力的丧失;权力意识比较淡化、倡导民主管理的校长,容易接受 SDP 的理念,并乐于进行实践。从反面上看,推行 SDP 项目将使校长的权力意识得到根本性的改变。正如一些项目学校的校长所说的:"学校发展计划让我真正体会到了什么是管理民主。""过去,我们是不会接受老师和群众监督的,但学校发展计划让我们改变了这一观念。"可见,在 SDP 背景下,校长已经开始淡化自身的权力意识,实践并探索民主化管理学校的道路。

2. SDP 背景下,校长必将是一位资源的积极利用和开发者

在传统的学校管理机制中,大多数校长每天都在应付着繁杂的事务性工作。实际上有一些事务性的工作是可以分权而不必躬亲的,可让其他副校长或办公室主任去做。在繁杂的事务性工作中,校长做调查研究的时间少,即使有一些想法也很快被事务性的工作所取代,使工作仍然停留在经验层面上。然而 SDP 模式,要求校长能从繁杂的事务性工作中脱出身来,并能敏锐地感知社会经济发展对教育的要求,并将其融入学校管理实践。要求校长不但要善于进行行政管理,更要有较强的资源开发和利用能力。在实践中,我们发现,积极实施 SDP 学校的校长正在从等靠要的传统观念中解放出来,开始学会利用和挖掘学校内部和社区的潜在资源。正如一些项目学校的校长所说的:"学校发展计划项目使学校的管理更加有序和规范了,我比以前省力了。""学校发展计划让我知道了开门办学的价值。"亦如一些项目学校的教师所说的:"实施 SDP 使校长改变了高高在上的管理行为,让校长广泛地听到了有关学校发展的意见和建议。"也就是说,在 SDP 背景下,校长已经成为各种资源的积极利用和开发者。

3. SDP 背景下,校长必将是一位家长、社区的密切联系者

在传统的学校管理机制中,不太重视家长的需求与愿望。而 SDP 模式,家长的需求与愿望已成为学校的规划和各项工作的推行中一个不可忽视的方面,"学校发展管理委员会"对学校的管理有相当大的发言权,并责成校长推行决策。校长已经成为家长、社区的密切联系者。正如一些项目学校的校长所说的:"没想到我们从前在办学的道路上离社区是那么遥远,是 SDP 让我们学校与社区的距离拉近了。""过去我们真的与家长和社区联系不够呀,你不知道当他们知道我们学校要做什么后有多高兴。"亦如一些社区成员所说的:"我们从来不知道社区和学校的关系对大家这么重要。""这样,我们对学校的发展就更放心了。"也就是说,家长与社区都渴望与学校得到经常性的沟通。那么,作为校长,就必须首先成为家长、社区的密切联系者。只有这样,我们的学校才能得到更好更快的发展。

4. SDP背景下,校长必将是一位更加关注师生发展的促进者

在传统的学校管理机制中,由于缺少了对学校发展的可持续发展规划,临时性和易变性成分较浓,依赖于教育行政部门的常规性任务多,容易忽视对学校发展、教师发展和学生发展的长远关注。而SDP模式,由于有了三年的长期性规划,是一个科学而开放的管理系统,所以校长在学校管理中,更加重视人的尊严,遵循人性形成的规律,开发人的潜能,发现人的价值,把教师主体的发展与学生主体的发展有机地在教育过程中统一起来,以高质量地实现学校发展计划来激励师生,使他们的积极性、创造性最大限度的发挥出来,并同时体验到学习工作更有价值和更有尊严,从而为学校持续健康发展开拓广阔的前景。在实践中,我们发现,积极推行SDP管理的学校校长更受教师、学生和家长的欢迎。正如一些项目学校的校长所说的:"学校发展计划的核心是教师的发展和学生的发展,不关注教师和学生发展的校长就不是一位好校长。"亦如一些项目学校的教师所说的:"SDP让校长更重视了我们的存在,我们的教学更有信心了。"可见,在SDP背景下,校长已经成为关注教师发展和学生发展的成功促进者。

SDP——学校发展的新机遇

广西南丹县芒场镇中心小学　黎承素

SDP是"西发项目"中的一个子项目,是英文"School Development Planning"的缩写,即:学校发展计划,它提出参与式的新型学校管理理念,是由学校、政府、社区共同参与的学校管理,其实质就是在学校层面上,通过自下而上的方式,广泛征求社区群众和学校师生的意见,结合学校人力、物力、资源优势、问题等综合现状的分析归纳,并报请上级主管部门论证后审定的能集中反映学校办学思路和方向、中长期发展展望、活动内容、方法和策略、实施效果评价等诸方面的信息源。

正因为SDP要求学校各种规章制度的制定过程要有学生、家长、教师、学校管理人员、社区代表的广泛参与,学校内部的事不再仅是教育主管部门、学校校长、教职工的事,而是大家都应该有义务和权力来管的"家事",既然学校的事是大家的事,那么有事大家就"好"商量。学校发展计划是学校未来一定时期的成长蓝图,是学校办学理念的具体化或物化。它是学校自己的计划,它与过去学校每学年度根据上级部门的安排,学校制订的计划不同,它需要学校依据自己的办学理念,在充分分析校内外具体情况的基础上,看到自身发展面临的挑战与机遇,确立自己的办学目标,明确对学生的培养目标,优化配置各种资源,合理安排各项措施与途径,而不是别人替它制订的规划。它的最终目标是:办好人民满意的教育。

实施学校发展计划要求"工作要创新,活动有痕迹(即有记录、有画面),人人能参与"。

SDP要求正确处理好各种社会关系,解决人民群众最关心、最直接、最现实的利益,着力发展社会事业,促进社会公平正义,建设和谐文化,推动社会建设与经济建设、政治建设、文化建设协调发展。我校实施SDP已有一年,通过这一年的所见所闻,我有如下几点感触:

1. 学校管理的改善需要SDP的实施

学校发展计划在其制订和实施过程中,强调通过自下而上的广泛参与,使学校、社区和教育行政部门之间通过沟通、交流与合作,就学校的发展达成共识,从而建立起密切的联系,解决学校发展中存在的主要问题,使学校未来的发展更具有前瞻性和可持续性;同时也使学校和社区成员自觉地承担起改善教育的责任,自动挖掘资源,不再消极地"等、靠、要",使积极争取外部支持和自力更生能有机地结合起来,最终实现改善学校办学条件和水平的目的。我们学校率先实施"西发项目"中的学校发展计划(SDP),这是我校百年不遇的大好事。

2. SDP优化学校自主发展的内外环境

学校内外环境的优化是相互作用的,学校外部环境的优化,是由于学校内部环境的优化而获得意义。学校内部环境的优化总是伴随着外部环境优化的利用、选择或改造。在一定程度上塑造着外部环境的优化过程。我校综合楼自2005年7月破土动工,2006年3月投入使用,它解决了学校领导、老师办公难、学生无教室上课和做实验的问题,SDP的实施真正起到了帮助学校解燃眉之急的作用。

3. 学校与社区群众变得更有亲和力

通过实施SDP,广泛与群众接触,了解情况,使社区群众与学校之间的距离拉近了。7月11日上午召开的社区群众代表大会上,我们估计最多来100多个群众,但实际当天来了近200人,其中白裤瑶同胞就有十来个代表。在会上,社区群众代表积极发言,大胆展望学校发展前景,使会议按计划圆满结束,真正做到让社区群众参与到学校的发展计划中来。

4. 实施SDP,教师得到成长,学生得到发展

实施SDP以后,学校管理上力求精细化,树立"师生主动发展"服务和"人事双赢"的管理理念。

——强化教师的主动发展意识,从而促进教师、学生、学校共同发展,即追求教师和学生的主动发展、主动创造、主动参与。

——鼓励教师反省自己的教育、教学行为,明确自己的优势和不足,寻找新的生长点,确定自我表现发展目标,做到长计划、短打算,每个关键领域的发展计划要注重在原有基础上的发展,体现计划的可持续发展。

——在日常的工作实践中注重点点滴滴的创造并进行有效的总结,树立智慧型的教师形象,发挥主人翁精神,主动参与学校的民主化管理,树立改革主体意识,为学校的发展献计献策,从而促进学校的不断发展。

——加快骨干教师的培养进程,通过自培与外培相结合,让骨干教师迅速成长起来,成为学校教育、教学的"领头羊",以此带动全校教师挖掘自身优势,成为现代新型的专业化教师。

——帮助学生消灭低分、控制不及格人数、提高平均水平,保证每个学生在不同水平上都有发展。

——班级家访工作全方位,以尊重和了解学生为出发点,建立师生互爱情感,并及时积累家访过程中的典型经验,形成情意化的家访制度,建立学生成长记录袋,记录下学生在学校学习和生活的点点滴滴,帮助他们健康成长。

——课堂上注重学生主动参与、师生互动、动态生存的成效,坚持以师生主动发展为本,总结有效经验,优化过程管理、提高办学品位,促进教育内涵发展。

总之,我们学校成为"西发项目"监控学校以后,虽然实施学校发展计划给我们的感觉是工作繁细,要记录的材料很多,但更多的是带给我们快乐和实惠。

基于"SDP"下的校长培训模式

广西教育学院教管系　李文红

学校是否制订一个科学的、切实可行的学校发展计划是学校生存和发展的一个关键因素。最近几年,"SDP"是校长培训中使用频率很高的词语,成为校长培训中的一个重要内容。广西教育学院教育管理系作为"我国—联合国儿童基金会'CHINA—UNICEF 校长培训与学校发展计划'"、"西发项目'学校发展计划'子项目"、"中英西南基础教育项目"的项目技术支撑单位之一,经过几年的培训实践,探索出了"课堂参与互动、现场观摩诊断、实践指导督促"的学校发展计划校长培训的模式。

1. 认识 SDP 及 SDP 培训

SDP(School Development Planning)即学校发展计划,是近年在国际上兴起的一种改进学校管理、提高学校教育教学质量的技术方法,这种方法自 20 世纪 70 年代中后期从英国兴起,其后在世界范围内得到广泛推广,20 世纪 90 年代后期随着国际教育合作项目进入我国。上海、北京等地采用这种方式,尝试学校管理改革,以提高学校效能、促进学校发展,均取得了较好的效果。最近几年"我国—联合国儿童基金会'CHINA—UNICEF 校长培训与学校发展计划'"、"世行贷款/英国政府赠款'西部地区基础教育发展'项目'学校发展计划'子项目"、"中英西南基础教育项目"在西部地区的实施,SDP 在改进学校管理中取得的成效引起了国内广泛关注。

SDP 是在学校层次、通过自下而上的方式,广泛征求社区群众的意见,在全面分析学校的现状、存在的主要问题和急需解决的问题的基础上,由学校和社区自主制订的关于学校未来发展的计划,包括三年发展展望和每学年的行动计划。学校发展计划既包括硬件方面,如校舍的新建和扩建、购置教学仪器设备和图书、配备课桌椅等;也包括软件方面,如教师素质的提高、教学方法的改进、学生学习成绩的提高以及学校管理水平的提高等。"SDP"与传统的学校计划最大的区别在于,它是自下而上,通过学校和社区共同合作,基于社区和学校的问题自主制订的,旨在满足社区和学校发展需要的计划。社区的参与是它最突出、最重要的特点。

SDP既有理念又有技术,它是有支撑理念的方法技术。SDP涉及多方面的理念,如科学理念、民主参与理念、自主理念、资源理念;SDP有一套方法、技术,如画问题树、画社区图、社区大会的组织、沟通技巧、问题优先排序、SWOT分析法、头脑风暴法等;SDP有一套可操作的制订和实施步骤。虽然制订和实施学校发展计划没有完全统一的模式,但从时间上可以分为几个步骤:广泛宣传——成立学校发展计划委员会——骨干人员培训——制订学校发展计划行动计划表——广泛征求意见——归纳并明确主要问题,确定优先解决的问题——草拟学校发展计划——学区和县项目办审核、修改、审批学校发展计划——学校在学校发展计划管理委员会监督下执行学校发展计划——回顾和总结学校发展计划。

校长是学校发展计划的制订者和实施者。校长是否接受、认同、重视学校发展计划,是否具有与此相关的新知识、新理念、新技术影响着学校发展计划的制订和实施。因此,必须对校长进行SDP培训。

项目的SDP培训是一种专题培训。它有相对稳定的基本的培训内容:学校发展计划的基本原理、教育公平、学校发展问题信息收集、整理与诊断、学校发展中的资源开发与利用、社区沟通技巧、学校发展计划制订的操作流程与技术要点、

集中培训提高

学校发展计划的监控与评价等,通过学校发展计划思想理念、技术方法的专题培训,使参加培训的中小学校长掌握学校发展计划的技术与方法,熟悉运用学校发展计划的技巧与策略,培训结束后能够在自己管理的学校运用学校发展计划,不断改进学校管理、提高学校的教育教学质量。

项目的SDP培训是一种发展性的培训。它通过现场的观摩、诊断、答辩和指导,加深校长的感性认识,促进校长把学习的理念和技术很好地运用到学校的实际管理工作中,以提高学校管理效果,最终促进学校、教师、学生的共同发展。

项目的SDP培训是一种持续的动态性培训,这种持续动态性一方面体现在其培训内容上,另一方面体现在其培训的时间上。就培训内容而言,SDP培训除了强化学校发展计划思想理念、技术方法的专题培训外,还要根据学校发展的需要及学校在制订和实施学校发展计划中遇到的问题进行培训指导,如广西2007年在"西发项目'学校发展计划'子项目"的培训中,对县级专家、项目学校校长进行了"SDP"实施监测评估工具、项目的可持续发展策略、学校督导基本策略、学校发展内涵及教师专业发展等专题培训;就培训时间而言,SDP培训贯穿于整个项目始终。

项目的 SDP 培训是一种专项培训，它有专项经费，有培训的时间要求，为培训的顺利进行提供了保障。

2. 课堂：参与互动

过去，学校并不是没有制订学校发展计划，但由于缺乏应有的基本理念、理论、原则和操作模式等，制订的规划缺乏科学性、针对性、可操作性，使得规划成为"墙上挂挂"的摆设品，没能真正指导学校的工作。陈锁明、楚江亭在《探索领导培训新方式——参与、互动、多步式 SIDR 培训模式解析》中，指出目前我国中小学发展规划中存在的问题："第一，大多数学校的发展规划实际上是一种对学校发展的一般性描述，其本身并没有基本理念、理论基础、分析方式和结构框架；第二，很多学校的发展规划没有清楚地展现或分析当前该校的基本情况以及所在社区的背景状况；第三，诸多学校的发展规划定位存在误区……第四，很多学校的发展规划制订程序不合理，参与者有限，仅局限于有关领导和专家，没有教职员工、家长、社区、学生等代表的参与；第五，众多学校的发展规划还缺少有关评价方面的内容，没有具体衡量学校发展计划实施程度的有关指标；第六，大多数学校的发展规划呈现着刚性过强、弹性不足，以及缺乏与国家、地方政治、经济乃至教育政策的相关性，缺乏应对教育环境改变的敏感性；第七，不少学校的发展规划没有具体的实施策略或方法，也缺乏完成某项工作所需要的人力或社会资源以及保障规划实施的有关制度设置。"

与过去的学校发展计划不同，现在倡导的学校发展计划在制订的理念、原则、参与人员、步骤、内容及实施和评价都有很大的差别。这就需要通过培训改变校长们原有的认识，形成理念，掌握新知识、技能。而民主理念、自主理念是 SDP 的重要理念，这些理念指导着学校制订和实施学校发展计划，同时也贯穿于 SDP 培训的课堂教学之中。与以往的教师讲、学生听记的讲座式培训不同，SDP 培训强调培训过程是教师与学员互动的过程，强调培训中的教师与学员、学员与学员的交流、沟通，在课堂培训的过程中，教师除了讲授外，更需要精心设计培训内容、培训方式和活动，使学员能够亲自参与到的活动中，在思考、动口动手、合作、体验中获得知识、转变及形成正确的理念、学习具体的技术及操作模式。

2.1 在讨论、对话和案例分析中获得新知识、形成新理念

讨论是师生之间、生生之间的一种互动方式，是观点碰撞的过程，是资源共享的过程。通过讨论，学员们互相切磋，交流观点，甚至进行争论，促使学员们从多方面接受信息，从多角度思考问题，弥补思考的内容单一，思考深度较浅，思考效果不明等缺点，加深对理论的认识；同时，参与培训的学员们来自不同的学校，他们有着一定的理论基础和丰富的实践经验，对问题有着自己的见解，因此，讨论的过程也是呈现观点，启发思维，分享经验的过程。

对话的过程中，学员在教师的引导下，暴露自己的观点，并对问题进行深入的思考。通过不断的互动，使学员的认知结构的不断改组和重建，从而产生与创造新的知识、新的理念。

案例教学是指围绕一定的教学目标，选取学校在制订学校发展计划实践中的真实事例（成功的或失败的），加以典型化处理而形成的一种特定的教学案例，以供学员们分析、思考、讨论并做出各自判断的一种教学方法。案例教学有助于启发学员思维，加深学员对所学内容的理解，同时也可以提高学员分析问题、解决问题的能力。这种方法在 SDP 的

培训中经常采用,如"召开社区大会"这部分内容的培训中,可以向学员呈现某校召开社区大会的音像材料,让学员讨论分析社区大会的程序及要求;再如在"撰写'社区概况'及'学校概况'"的培训中,培训者向学员提供某撰写"社区概况"及"学校概况"的内容,让学员用相关的理论知识分析案例,从而明确"社区概况"及"学校概况"的主要内容及撰写时应注意的问题。

2.2 在演示、练习中形成技巧

在 SDP 的制订和实施的过程中,需要制订和实施者们运用一些方法和技巧如画问题树、画社区图、社区大会的组织、沟通技巧、问题优先排序、SWOT 分析法、头脑风暴法等去征求意见、归纳问题、分析问题、确定目标、寻找实现目标的措施,因此,SDP 的培训需要学员进行技巧训练。

技巧的形成、方法的获取需要学员亲自参与,反复练习。练习是技能形成的基本条件和必要保证。为此,培训者通过演示(教师的演示或学员的演示)等方式让学员了解所需要培训的技巧的要点,通过练习活动,使学员积极参与,在动脑、动口、动手中掌握方法,形成技巧。

3. 现场:观摩诊断

由于以往的校长培训主要局限在课堂内,教师讲学员听,教学方式单一封闭,理论和实践脱节,形成"两张皮"。现场教学是解决这一问题的一个有效的办法。通过现场教学,利于学生获得直接经验,深刻理解理论知识,提高学员解决实际问题的能力。实践也证明了现场教学是深受学员欢迎的教学形式。

SDP 培训中的现场教学由于培训目标不同,在实际操作中也有不同的组织方式。

3.1 让学员通过现场观摩,对 SDP 有初步的感性认识

基于这样的目标,在现场教学中主要让学校校长介绍学校实施 SDP 的过程及成效,在参观学校的过程中感受 SDP 给学校带来的变化,从而使学员树立实施 SDP 的信心,通过与校长的对话,学员明确实际中应注意的问题及实际操作中的技术要求。这种培训需要培训者选好培训现场。

3.2 获取项目学校成功经验,寻找和解决实践中的问题

基于这样的目标,培训者可以把学员带到项目学校,让学员去看材料,听汇报,运用所学的知识对项目学校制定和实施学校发展计划的情况进行集体会诊。会诊中学员畅所欲言,直抒己见,反驳质疑,争鸣研讨,集思广益,把"死"的理论变成"活"的观点。集体"会诊"后还可以由一两位教育专家进行点评,以还本清源。

3.3 方法技能的实践

学员在课堂教学中掌握了方法和技能后,培训部门可以安排学员到实习学校实习,让学员运用所学的咨询技巧与工具,通过召开社区大会、访谈等形式,进行信息收集。学员通过实践,进一步掌握所学的方法、技能,并在实践中发现问题,积累经验,为更好地制订本校的学校发展计划奠定基础。

挖掘、培育项目的典型学校从关注校长开始。校长是学校发展计划的制订者和实施者。在项目的实施过程中我们不难发现凡是做得好的项目学校都与其校长分不开的,而受训的校长是千差万别的,培训机构及培训者在培训的过程中,通过观察与交流,寻找能

力强,善于思考,对项目内容认同并有信心做好项目的校长。关注这些校长对培训内容的理解和把握情况,并在他们的实践活动中有侧重地指导。

挖掘、培育项目的典型学校要加强对学校的指导。在校长组织制订、实施学校发展计划的过程中,各级专家及时与校长沟通,根据项目要求,对校长及校长所在的学校进行指导,包括项目的宣传方式、与学校有关的各种人员的培训、组织的建设、各种技巧和工具的运用、文本的撰写、资料的收集及归档等。在指导的过程中,及时发现一些在制订和实施学校发展计划的过程中既体现项目要求,又凸显本校特点的项目学校,而且,这些学校在制订和实施学校发展计划的过程中真正发生了可喜的变化。通过这样培育出来的项目学校对其他项目学校具有示范的作用。

4. 实践:指导督促

由于理论和实践毕竟是有差距的,学员在课堂上虽然获得了理论,形成了理念,学到了方法和技巧,但实际工作中,由于学校的情况不同,在制订和实施学校发展计划的过程中会出现种种情况,遇到各种问题。基于此,SDP培训体现了持续动态性,它十分注重对项目学校在实践中的指导督促。

利用SDP实施检测评估工具,对项目学校的实践工作进行指导督促。学校发展计划的制订和实施要实行同步的检测和评估,这就需要相关的检测工具。SDP实施检测评估工具既可以让学校清楚地了解制订和实施学校发展计划应该完成的具体工作,又可以使学校通过自我的监测与评估,对自身的工作进行自我检查和反思,了解自己学校及工作状况,明确自己目标实现的情况,从而更好地制订和实施学校发展计划,促进学校发展。因此,培训部门要及时的制定出SDP实施检测评估工具,利用SDP实施检测评估工具指导项目学校的实践工作。

通过电话、电子邮件等方式,指导督促项目学校的实践工作。项目学校在制订和实施学校发展计划的过程中如有困惑,可以通过电话、电子邮件等方式反馈给培训者。培训者与反馈者沟通、讨论,分析问题,寻找解决问题的策略。

培训者不定期地通过电话、电子邮件等方式与项目学校交流,了解项目学校的项目进展情况,对其项目工作进行指导督促。

培训者还可以深入到项目学校,通过分析项目学校的原始材料、座谈等方式,收集项目工作中的成功经验,了解存在的问题,并针对问题及时给予指导。

总之,SDP培训有其自身的特点和价值,需要我们去挖掘和提升。

SDP的实施在我国农村学校发展中的现实意义

广西南丹县教育局 陆远来

学校发展计划(School Development Plan,简称SDP)是20世纪80年代中期兴起于英国的一套学校管理模式。它是在学校层面基础上,通过自下而上的方式,广泛征求社区群众意见,由学校和社区自主制订的关于学校未来发展的计划。由此不难看出,学校发展计划不仅仅是一个关于如何制订学校发展蓝图的技术工具,也不仅仅是一套学校管理的技术,更包含着丰厚的现代管理思想,有着丰厚的管理学内涵。因为学校发展计划是根植于学校自身发展愿望和社区群体需要基础上的一套学校管理模式,所以它有着极强的生命力和广阔的发展前景也是毋庸置疑的。有太多的理论研究和一线实践表明,学校发展计划的引进和实施,对促进我国现阶段农村学校的可持续发展有着深刻的现实意义。

1. SDP 的实施,弥补了我国现阶段农村教育管理体制的不足

众所周知,新中国成立以来,我国的教育管理体制几经变革,取得了举世瞩目的成就。然而,有一个显著的特征却始终没有得到根本性的改变,那就是学校(特别是农村学校)缺乏办学自主权,学校发展与社区发展缺乏有机联系,教育行政部门和学校之间是一种单纯上下级的行政关系。这样一来,学校和社区的关系表现为近乎"隔绝"的状态,地处社区怀抱中的学校得不到社区的关注、过问和支持,学校办学也根本不考虑社区的要求、呼声和需要,我行我素,"老死不相往来","你走你的阳关道,我过我的独木桥",人为造成了学校和社区的不融洽甚至对立关系,阻碍了学校的和谐发展。另一方面,由于学校和教育行政部门那种"铁定"的上下级关系,使得学校成为上级教育部门的"传声筒"、"附属品",一切都被动、消极地听命于上级教育行政主管部门的指令,没有任何办学的主观能动性或自主权,学校的办学行为从来都是"要我做",而非"我要做",校长似乎是在为上级教育行政部门办学,而不是在为自己、为学生、为社区办学。在这种办学模式下,面临存在的问题,哪怕是火烧眉毛的问题,学校也只能"积极、主动"地向上级汇报、反映,而不愿、不能甚至无权采取任何有效措施去努力使问题得到解决。

在学校层面,"校长说了算",学校的发展蓝图(或说学校发展计划)靠一个或几个人主观地、闭门造车地"敲定"。这就很难使学校发展计划体现社区、师生的愿望,很难为学校的发展"把好脉"、"定好调",很难给学校的发展目标一个恰当的定位。因而也就很难保证学校迅速地、有特色地发展了。也因为这样,传统学校发展计划的制订方式给教职员工们造成这样的感觉:"学校是校长一个人的,我们在为校长打工,我们在执行他的计划。学校办得好坏与我无关。"于是,其办学积极性、主动性和创造性荡然无存。

学校发展计划的引进和实施,犹似一股春风吹拂着校园,引发了学校各方面的诸多变化,在一定程度上弥补了我国现阶段农村学校管理体制的不足。

我们知道,SDP 内容包括:学校在三年中可能遇到的问题,并就这些问题的轻重缓急进行排序;展望学校发展的前景和目标,确定实现目标的方法,勾勒出为实现既定目标而采取的措施和开展的活动,并将问题解决的任务落实到具体的人、人群或组织,以避免实施过程中的扯皮、推诿现象,影响 SDP 实施质量;对 SDP 实施过程状态作定期或不定期的自我监测评估、反馈,以达到及时校正实施方向之目的;最后测定(自我监测)每年达到目标的程度,为下一年度 SDP 的实施提供现实依据,进而促进学校可持续发展。亦即是说,在 SDP 的运行过程中,学校要提前考虑将要做什么,如何做?是否达到了计划的目的和理想的水平。而这些工作完全是在学校发展计划管理委员会(这是一个由学校教职工代表、社区代表、弱势群体代表、一定比例的妇女代表构成的组织)的领导下,通过学校项目实施技术小组人员深入师生、学校周边机关、村屯入户访谈(注意关注弱势群体);利用社区图、问题树、优先排序(轻重缓急)等工具向师生、社区群众、社会各界人士广泛收集学校近三年需要解决的迫切问题;召开社区群众代表大会了解民意、征求意见;撰写出切合学校发展实际的 SDP 文本等一系列复杂、科学、真实的程序下完成的,因而它具有广泛的群众基础,充分体现了学校全体教职员工、社区群众和社会各界的意愿,为广大社区群众、全体师生员工和社会各界所认可、理解和支持。

从社区群众来说,由于他们品尝到了学校对他们尊重的甘露,他们埋在心头多年的关于如何办学的"心里话"得以"一吐为快",他们的合理化建议也得到了学校吸纳并写进了学校发展计划。因而他们一改以住对学校漠不关心的态度,认为"学校是社区的学校,是我们自己的学校,办好学校就是为了我们自己",从而焕发出他们支持、理解、关心学校办学的热情,进而自觉、主动地向学校敞开了社区资源的大门,在人力、智力、物力、财力等方面给学校予以无私的支持。以致学校和社区的关系由两者联系较少(甚至没有联系),向联系逐渐密切乃至紧密联系过渡。"春风化雨,坚冰攻破",以往很多因为社区因素一直困扰着学校发展的、悬而已久的难题不攻自破。自此,我们欣喜地看到,一些学校的扩建用地解决了,一些横穿校园的"民路"改道了,一些学校的围墙耸立起来了,一些辍学的孩子返回校园了,再也没有社会闲散青年无端入校捣乱了,捐资助学现象蔚然成风了,学校的办学活力增强了……

从学校教职员工来说,由于学校发展计划体现了他们的意愿;学校目前存在的问题,如何解决这些问题,未来的学校是怎么样的,学校的发展与他们自身的关系如何,都是他们用自己的心灵、智慧和汗水绘就的,"校兴我荣,校衰我耻"的意识在他们的心里扎下了根,他们自觉地把学校的命运和自身的荣辱紧密地联系起来了,从而唤醒了他们的主人翁意识和对学校发展的责任感、紧迫感,极大地调动起了他们办学的积极性、主动性和创造性。部分教职工以往那种应付了事、扯皮拖拉、得过且过的工作作风得到了有效的扼制,代之以严肃、认真、追求卓越的工作态度;部分学生以往那种随意迟到旷课、学习散漫、不求上进的学风得到了有效的制止,代之以勤奋、好学,争创"三好"的喜人学风。

从学校行政领导来说,学校发展计划的引进和实施,使他们以往那种闭门造车、生搬硬套(一切唯县教育局计划是从)的工作作风受到严峻的挑战,促使他们对多年来沿袭的学校管理制度进行深层次的思考,从而自觉检视以往自己工作中的不足,在 SDP 理念的指导下自觉改进工作作风,变"闭门造车,生搬硬套,脱离实际"的工作作风为"依靠社区,立足群众,服务师生"的工作作风,引导学校、师生、社区按 SDP 的操作规程,规范、科学、合理地收集问题,集思广益,提出解决问题的办法,撰写出符合学校实际的学校发展计划文本,为学校的发展绘就美好蓝图,努力把学校办在老百姓的心坎上,把学校办成学生愿上、教师乐教、群众称道的学校,把学校办成人民满意的学校。

从教育行政主管部门来说,学校发展计划的引进和实施,使他们看到了过去那种"一刀切""一切由教育局说了算"的宏观管理学校的弊端,从而主动地在整合学校资源,在人力、物力、财力的配置上更多地联系不同学校的实际,更多地考虑不同学校的实际需要,更多地理解基层学校办学方方面面的苦衷,更多地考虑社会、社区、学生对优质教育的期待,更多地把办人民满意的教育落实在具体的行动上,而非漂亮的口号上,各种名目繁多、效果不大的检查、评估、验收上,为学校提供更多的办学自主权,充分发挥学校教职工、社区群众和社会各界人士参与办学的积极性、主动性和创造性,促进学校教育教学质量有效、持续提高。

2. SDP 的实施,为新一轮课程改革的有效推进提供了新的支撑点

《基础教育课程改革纲要(试行)》指出:"建立教育部门、家长以及社会各界有效参与课程建设和学校管理的制度;积极发挥新闻媒体的作用,引导社会各界深入讨论、关心并支持课程改革。""课程改革应建立教育行政部门、教师、学生、家长以及社会各界广泛参与的有效机制。积极发挥新闻媒体的作用,使社会各界增进对课程改革的了解并扩大参与的机会,引导公众关心和支持课程改革。""在一些课改实验区,社会各界普遍关注课程改革,家长和社会各界的有识之士对新课程理解、参与和支持。他们开始主动积极地为课程改革提供咨询意见和资源支持。新闻媒体也积极宣传课程改革,一种参与、支持课程改革的社会氛围正在开始形成。"以上这些信息,表明了教师、学生、家长以及社会各界的关注、理解、支持和广泛参与(社区参与)是使基础教育课程改革取得成功不可忽视的关键要素,而由于学校发计划的实施特别强调社区群众的参与程度,所以它对这一关键要素的强化起到了催化剂的作用。

前面我们已经说过,学校发展计划是在学校层面基础上,通过自下而上的方式,广泛征求社区群众的意见,由学校和社区自主制订的关于学校未来发展的计划。它既包括硬件方面的内容。即是说,学校发展计划是通过促进学校内、外有关人、财、物等各种资源的合理配置和有效开发利用,使学校改革与发展能够反映多元的社会需要和个人需要。因此,在实施过程中,必然强调尊重上级部门、学校教职工、学生及其家长和社区代表的意见和需要,这些人通过参与学校各种发展计划的讨论和制订,使学校由与社区没有联系,向学校和社区的联系逐渐密切,直至学校和社区紧密联系转变,把学校办成社区的学校,办成人民满意的学校。这无异于告诉我们,学校发展计划的实践意义,在于它是在充分发挥学校自主性的基础上,充分调动政府、社区、教职工、家长等多个利益主体参与到学校的管理过程中来,对学校发展计划的制订和实施进行监督和管理,将学校自主发展置于学校、社区双重的有效控制之下,使学校的各项工作具有更加浓厚的群众基础,使学校实实在在的发展成为可能。与此同时,也为新课程改革在学校的顺利推进营造了一个良好的环境。

联系我国新一轮基础教育新课程改革的推进和学校发展计划的实施过程所反映出来的一些现象,我们可以得出这样的结论:无论是基础教育新课程改革,还是学校发展计划的实施,其共性之一,就是都要具备社会基础、社区基础、群众基础、学校师生员工基础和社会传媒基础的强有力支撑。如果没有了社区群众、师生员工、学生及其家长的广泛参与,基础教育课程改革目标的实现将会成为一句空话。由于学校发展计划操作流程的科学性、规范性、严格性、系统性、精细性和社区群众的渗透性,使得它与社区的接触更广泛、更深入、更具体,更能帮助社区群众了解学校现状,认识基础教育新课程改革的实质,从而促使他们积极主动地参与、支持学校的新课程改革。

另外,学校发展计划所提倡的"参与式教学(PTT)"理念,与新课程标准所倡导的"自主学习、合作学习、探究学习"的新学习方式不谋而合,因而它对学校教育教学质量的提高无疑具有极大的促进意义。这从另外一个角度佐证了 SDP 项目的实施对基础教育课程改革的促进作用。通过对新课程改革和 SDP 项目实施工作的理性思考,我们有理由相信,保证 SDP 的成功实施,就能为我国农村新一轮基础教育课程改革的有效推进提供新

的支撑点,于国于民于学校于社区于教师于学生于基础教育新课程改革都是一件功在当代、利在千秋的大好事。

3. SDP 的实施,为学校督导评估注入了新的生命与活力

他评(即上级教育行政主管部门对基层学校的监测评估,一般多为年终监测评估),作为我国农村学校长期存在的监测评估方式,多年来一直被我们津津乐道。事实上,这种督导评估方式存在着诸多弊端。第一,由于这种评估方式带有浓重的检查、评判成分,其评估结果将与学校行政领导的工作业绩、提拔应用,与职工的福利待遇、操守等级,与学生的优劣层次、评价定性密切相关(如将评估结果与奖励、评职称挂钩等),所以它很难得到被评估者发自内心的密切配合,从而也就难免影响评估结果的真实性、准确性;第二,由于这种评估方式的评估周期短(一般1至2天),评估内容窄(评估小组只看学校为其提供的一些材料,而不作全方位的、深入细致的考察),所以不可避免地会出现挂一漏万、以偏概全,重表象、轻实质,重硬件、轻软件,重评估、轻指导,重静态、轻动态,重感性、轻客观,重结果、轻过程,重鉴定、轻激励的现象,对促进学校的可持续发展意义不大;第三,由于这种评估之目的只在于给一所学校全年工作的"功过是非"作定量描述,最后评出个一、二、三等奖了事,而非为这个学校总结出成功的经验,寻找出存在的问题,并帮助学校整改。所以通过评估,有的学校仍然是"毫无触动,旧貌依然";第四,由于学校处于这种监测评估方式绝对的被评判对象,所以他们对监测评估总是抱着听之任之、小心应付的态度。关于监测评估,他们除了关心评估组给他们下的结论、定的等级外,就没有令他们"怦然心动,攒心挠肺"的事了。

学校发展计划所倡导的评估方式,不排斥他评(类似于以下所说的"外评"),而是强调在监测评估中充分发挥学校的主体性,以学校自我监测评估(以下简称"自评")为基础,同时,重视与外部监测评估(以下简称为"外评")相结合。因而,它能较好地克服传统监测评估方式所存在的弊端,使监测评估更好地为学校可持续发展服务。

3.1 自评工作的校本化,为发挥学校的主体性和创造性奠定了基础

在学校自评工作中的准备阶段(成立组织、培训人员、制订计划)、实施阶段(宣传发动、收集信息、判断赋值)、总结阶段(汇总信息、撰写报告、公布结果)等一系列流程中,都是由学校自主操作的,因而它能够保证学校、社区和师生意愿得到充分体现,保证学校方面对监测评估的"知情权",从而也就能很好地发挥他们参加自评的积极性、主动性、主体性和创造性,把自评变为"人人关心、个个参与"的事情,促成学校的评估意识由"要我评"向"我要评"转变,从根本上克服了以往那种"评估与我无关"、"评估是领导的事,上级的事"、"评估就是领导对付我们的杀手锏"的群众评估意识。

3.2 自评工作的群众性,为总结经验、诊断不足提供了多断面的搜索平台

"群众的眼睛是雪亮的",由于自评工作有了群众的广泛参与,学校就可以从学校行政、教师、学生,从社区群众、知名人士等多个侧面收集信息,了解情况,多方反思,总结学校工作中的成功经验和做法,发现其薄弱环节和需要改进的地方,促进学校理智发展,帮助学校实现预期发展目标。从而很好地克服以往那种把群众排除在评估"门槛"之外,只图形式,闭门造车的不良现象。

3.3 自评工作的经常化,为学校及时发现问题,调整规划,改进工作提供了灵动的运行机制

SDP 所倡导的学校自评,其运行特点是时效性,真实性,经常化。这就使得学校的自评工作可以根据学校发展计划实施情况、学校完成上级中心工作情况、学校开发和利用社区资源情况、学校教育教学工作进展情况等适时评估,或一期两次,或一期三次不等,把学校发展计划的实施过程与自评工作有机结合起来,发挥项目实施的过程效应,充分发挥监测评估的诊断和改进功能,在及时反馈信息、发扬成绩的基础上,及时发现问题,调整规划,改进工作,从而不断优化学校发展的内在机制和能力,不断完善自我、发展自我,促进学校可持续发展。

3.4 自评工作的社区参与,为学校广泛获取社区资源支持提供了一个通畅的情感通道

在传统的他评中,学校如何办,办得怎么样,达到什么层次,社区是没有发言权的,即是说,社区成员从来都是被排除在学校评估之外的。因而,他们对"学校如何办,办得怎么样,达到什么层次"也就"懒得管"了。实施 SDP 后,情况不同了。学校发展计划管理委员会成了学校自评的主角,社区群众成了学校自评的主人。因而,他们在"学校是社区的,学校是我们的","办好学校与我们息息相关,办好学校就是为了我们自己"主人翁意识的支配下,积极投身学校的自评工作——挤时间,找机会参加自评,帮助学校总结经验,搜寻问题,探究不足,发表意见,提出建议,协助整改。从而融洽了学校和社区的情感,和谐了学校和社区的关系,彼此不分你我,互通有无,相互促进,共同发展。这样一来,社区的企业老板、成功人士就可能乐意为学校"慷慨解囊";社区的群众组织(如山歌协会,老年人协会,同乡会等)就可能自发地为学校的德育工作"出谋划策";社区的图书室(馆)、文化室(宫)、纪念馆(场)等资源就可能向孩子们"无偿开放"。

3.5 自评工作的有效开展,为他评得以如实、客观地评价学校提供了宽松、透明、配合、支持的和谐空间

学校自评工作的有效开展,消除了师生员工与学校之间的抵触情绪,拉近了社区和学校的关系,改善了办学条件,优化了育人环境,促进了学校的健康发展,提高了师生员工、社区群众对监测评估促进学校实实在在发展重要意义的认识。因此,学校对来自上级教育行政主管部门的"他评"也就不像以往那么"反感"了,"应付式"了,"藏着""掖着"了;师生员工、社区群众遇见考评组也不像"老鼠见着猫,躲之不及了"。代之以发自内心地热情接待,真实客观地反映情况,多个侧面地提供材料,诚心诚意地听取意见,心平气和地对待批评,如饥似渴地征求建议,扎扎实实地进行整改。而由于评估环境的改善,学校对他评认识的提升,也为"他评"创造了和谐的环境,为他评客观、公正、有效的评估学校,促进学校发展提供了良好的条件。

4. SDP 的实施,为学校的可持续发展提供了新动力

SDP 的介入,引发了学校诸多方面的变化,这是有目共睹的。这一事实告诉我们,学校发展计划的引进和实施,为我国现阶段农村学校的可持续发展提供了新动力。第一,SDP 的引进和实施,对我国现行农村学校教育的管理体制提出了严峻的挑战,引发了教

育行政领导、学校校长们一系列关于如何改革现行学校管理体制,如何办好人民满意的教育,有效提高学校教育教学质量的深层次思考。其结果必定是,充分开发师生员工资源、社区教育资源,扩大民主办学的面积,调动一切有利因素,促进学校全面、健康、可持续发展的做法得到认可,进而最大限度地吸纳SDP理念的有益成分,将闭门办学转变为开门办学,将学校独立办学转变为充分开发和利用社区资源联合办学,促使学校迅速发展成为可能;第二,在学校发展计划视野下,学校师生员工的主人翁意识得到了前所未有的彰显,这将极大地刺激他们那股隐藏于心的办学积极性,促使他们积极主动地、创造性地为办好学校贡献力量;第三,项目理念告诉我们,没有社区的参与,学校发展计划的成功实施将成为一句空话。这就促使学校在依靠社区办学,在开发和利用社区资源办学上狠下工夫,为学校和社区密切沟通,共同办好学校闯出一条新路子。同时,社区也在SDP实施的过程中,认识到自己在办好学校方面义不容辞的责任,看到社区在支持学校办学的巨大潜力,进而主动配合、理解、支持学校的发展,为学校的可持续发展注入新的生命与活力;第四,项目实施所折射出来的办学效益乃至社会效益,一定会引发社会方方面面的关注(特别是政府部门、教育行政部门的关注),从而使SDP理念的引进和实施得到更大范围的肯定和推广,进而让SDP所倡导的办学理念得以推广开来,持续下去,为我国的教育园地增添一支艳丽的奇葩!

参 考 文 献

[1] 陈向阳.学校发展计划的管理学意义探析[J].教育评论,2007(3):27.
[2] 宋永刚.管理创新与学校发展[M].西安:陕西师范大学出版社,2004:48,461.
[3] 陶剑灵.英国学校发展计划的发展历程和运行模式(下)[J].甘肃教育,2006(9):10.

加强社区联系　促进学校发展

广西南丹县芒场镇中心小学　罗长全

说到SDP,还记得第一次听到这一名词时一脸茫然的表情,也记得老师们对这一项目实施的意义与作用议论纷纷的情景,时光荏苒,而今"学校发展计划"这一项目在我们学校已经实施了近两年。自实施了这一项目之后,不管是学校、社区或是教师本人都从这一项目中受益匪浅,大家都感触颇多。

SDP即学校发展计划,它主要是通过制订和实施发展规划来改进学校的管理,促进学校教育的发展和提高,是通过校本管理,社区参与以提高学校的自治能力,来提高贫困地区学校的综合办学水平和教育质量。从管理层次上讲,它主要是通过自下而上的方式,广泛地征求社区群众的意见,由学校和社区自主制订学校未来发展的计划。因此,社区群众的参与对于学校的发展起着十分关键的作用。

　　学校的发展只靠单一的力量是不行的,它需要社区群众的共同参与,共同管理,只有这样才能办好学校,才能办一所有希望的学校。记得项目实施前我们去家访的时候,老师们除了谈自己学生的学习和生活以外,很少会提到学校的发展,学校的管理,他们说的更多的是学生在校的表现如何如何。而家长们也更关心的是他们子女在校的学习情况,几乎很少会提到关于学校怎样发展,学校现在的状况如何等问题,家长们在校访时也无非问一问自己子女的在校的学习情况。很显然,作为学校主人翁的教师和社区群众,他们都只是顾及自己眼前的事情,关心的是自己的利益,没有做到把学校放在心间,没有做到顾全大局,学校变成了政府的学校,校长的学校,特别是群众并没有从内心上把学校当做社区的学校,自己的学校,还没有这样的主人公意识。这样的现象使得学校发展步履维艰,学校不能更快更好地发展,这一学校与社区的隔阂现象一直保持了许久。

　　我们都知道,"自下而上原则"是制订学校发展计划应遵循的原则之一,这一原则要求制订学校发展计划,一定要"从群众中来到群众中去",充分听取群众的意见,而不是校长或村干部说了算。这一原则充分体现了学校与社区联系的重要性,充分说明了学校是我们大家的学校,学校要发展,就得依靠社区的力量。项目实施以来,我校成立了学校发展计划管理委员会,并定期召开管理委员会会议,我们的管理委员会成员很好地起到了带头的作用,他们为学校做了很多的宣传工作,在工作中任劳任怨,把学校的发展情况及时地向社区群众传达,并把群众的宝贵意见反映给学校。通过他们的努力工作,使得学校和社区的关系日益密切,使得学校的 SDP 工作正在有条不紊地进行。他们的努力结果,更加证实了社区群众在学校管理中的巨大作用!

　　实施项目以来,我校还召开了两次社区群众代表大会,第一次大会有区级专家、各项目县专家、一百多名群众代表及学生代表参加了会议。会上,上至老年代表,下至青年代表及学生,他们分为几个小组,向学校提出了许多宝贵的意见和建议。如:为了学生的人身安全,建议在二级路口设立警示牌,画减速线;在校门口设立减速牌;校园要尽早做好围墙等等。会上,区项目专家还为社区群众作了相关问题的解答,使得群众对于学校今后的发展充满信心。这两次大会成功召开之后,学校和社区就更加密切了,群众更了解学校,同时使得群众改变了观念,更新了认识。

　　现在,当老师去家访的时候,群众除了问到自己子女的学习情况外还对学校问寒问暖,关心着学校的发展,社区群众和学校一同面对学校发展中遇到的各种问题,并通过商榷找出解决问题的办法,提高了群众参与学校发展的意识。当有群众来学校校访时,他们也不只是关心自己子女的学习情况,他们会关心着学校发展中遇到的问题,面临的困难,并向学校提出很多宝贵的建议。

　　总之,学校的发展离不开社区群众,社区群众在学校的发展中有着十分重要的地位。因此,我们决不能忽视他的存在,不能忽视他所产生的力量。为了学校的日新月异,让我们与社区群众一起共同努力,共创学校的美好未来!

制订和实施学校发展计划的几个到位

广西南丹县教育局 袁林权

世界银行贷款/英国政府赠款"西部地区基础教育发展"项目(简称"西发项目")"学校发展计划"子项目落户我县已有两年多的时间了,从制订和实施的具体过程来看,笔者认为,要制订和实施好学校发展计划,使之产生良好的项目实施效益,促进学校的可持续发展,办人民满意的教育,必须做到"五个到位",即认识到位、领导到位、制订到位、实施到位和监测评估到位。

1. 认识到位

任何一个新生事物,在我们接纳前都要对其进行大致的了解和认识,了解它的内在价值,认识它的重要意义。学校发展计划(School Development Plan,简称 SDP)对我们来说是一个崭新的事物,它是西方发达国家教育发展在一定历史条件下的产物,于 20 世纪 80 年代中期兴起于英国,近些年来成为国内外学校教育改革的一个新热点。它与我国学校制订的学校计划有着很大的区别:我国学校制订的学校计划,是自上而下的,是学校根据上一级教育行政部门制订的计划而制订的,制订学校计划的主要人物是校长,每年(学年)或每学期制订一次,学校其他人员或社区群众很少或根本不参与其中。政府部门对学校控制过多,社会对学校干预过多,学校主要是按照上级的布置去开展工作,学校不能自主发展、自主办学,不能发挥其应有的主观能动性作用。而学校发展计划(SDP)是在学校层次,通过自下而上与自上而下相结合的方式所制订的计划,是学校和社区群众自主进行的关于学校未来发展方向的计划,而不是由别人代替学校制订的计划,是一种政府间接管理学校的较好方式。学校发展计划还包括一所学校在未来三年内要达到的主要目标,包括硬件和软件两个方面的目标,硬件方面包括校舍的新建和改建、教学仪器设备的购置、课桌椅的配备等,软件方面包括教师素质的提高、教学方式的转变、学生学习成绩的改进及学校管理的改善等。

我国农村的学校和社区之间几乎处于一种相互隔绝的状态。社区群众往往认为办学是政府的事情,是教育部门的责任;社区的发展与学校的发展似乎没有什么联系。实际上,学校与社区的发展应该是可以相互协调、紧密联系的。在实施学校发展计划研究中,运用"自下而上,上下结合"的教育发展理念,把学校、社区、政府、教师、家长、学生结合起来,采取共同参与的方式,制订和实施学校发展计划,以利于促进农村基础教育的可持续发展。

制订学校发展计划要遵循前瞻性、可操作性、讲求效益、坚持标准等原则。学校发展计划是多方参与的、注重不同群体声音的、自下而上的、面向实际的、展望未来的、注重可持续发展的、共同合作的结晶。学校发展计划的制订能够获得社区群众、学校师生广泛认同,从而极大地调动起参与者的办学积极性;学校发展计划旨在解决具体问题,满足学校发展、教师专业发展、学生发展的现实需要,因而它也就具备了广泛的群众基础和强大的生命活力。总之,通过认真设计和全面实施学校发展计划的过程,强化了校本管理机制、提高了社区的参与的程度;通过充分调动各方面的资源和能动性,最终达到提高教学质量、更好地满足社会多方面需求的目的。有助于真正形成"人民教育人民办,办好教育为人民"的良好格局。

基于学校发展计划的意义和作用,基于制订和实施学校发展计划的技术和流程,无论是教育管理部门领导,还是学校校长、教师,都要解放思想,冲破阻碍学校发展的思想观念和体制机制束缚,不怕麻烦,勇于探索,锐意创新,提高认识:制订和实施学校发展计划,虽然比过去学校的工作计划的制订和实施繁琐,但其管理的理念更新、更民主、更有实效,更能提高学校办学的综合实力,更能促进社区的和谐、进步,更能促进学校的实实在在地发展。

如果认识不到位,认为搞项目就是为了钱,或者是认为搞项目是在狗拿耗子——多管闲事,是在找麻烦事做,或是把它当成学校工作的"附属品"处之。如果是认识不到位,就不会主动参与,创造性地参与,那就只好被动接受,应付了事,这样是不会把学校发展计划制订和实施好的,就会出现"两张皮"的现象,导致项目实施工作难以取得实效的不利局面。

2. 领导到位

我们认为,领导到位,是项目实施成功与否的关键因素,这也是由我国的国情所决定的。因为领导不到位,要钱没钱,要物没物,"没有粮草",兵马如何"先行"得了?为此,项目启动之初,我们在开发领导资源上下工夫:一是不厌其烦地向主管、分管领导宣传项目理念,陈述项目实施的重要意义,求得了领导对项目实施工作的理解和支持;二是成立机构,强化领导,层层抓落实。县级教育主管部门要成立以县政府分管教育的副县长为顾问、教育局局长为组长的项目领导小组,负责项目的管理、督查工作,同时成立县级项目专家组,把项目的实施工作具体分工,责任到人。县级专家组除负责集中培训指导外,还要经常深入学校进行零距离培训指导。同时,我们还充分利用国家级和省级专家的强大技术资源,请他们经常性地前来我县深入一线指导工作。学校层面成立技术支撑小组,以保证项目实施工作的科学、到位、有效落实。学校一把手要亲自抓、亲自参与学校发展计划制订和实施的全过程,并且要培养一批业务精、素质高、有奉献精神、把项目工作当成事业来做的教师队伍。从而形成了"政府领导经常过问、教育局主要领导宏观调控、教育局分管领导负责任务落实、国家、省(区)两级专家重点监控、县级专家经常督导、校长抓具体实施"的项目工作运行机制,保证了 SDP 项目实施工作的健康、有序、高效推进。

3. 制订到位

学校发展计划的制订工作是相当复杂的过程,不是一个人就能制订好的,需要付出艰辛的劳动。在制订学校发展计划时要注意以下几个方面:

一是要严格按照制订学校发展计划的技术流程进行操作制订。成立有各方人士(包括弱势群体)参加的学校发展计划管理委员会;深入村屯入户访谈;利用社区图、问题树、优先排序(轻重缓急)等工具收集学校近三年需要解决的迫切问题;召开社区群众代表大会了解民意、听取呼声、征求意见;撰写学校发展计划文本等,这一系列程序缺一不可,否则,学校发展计划文本就不可能真正体现社区、教师、职工、学生的意愿,从而也就有悖引进、实施学校发展计划项目的初衷。如果是这样,项目实施就没有什么意义可言了。

二是集思广益,充分听取学生家长、社区群众、校内各方面及其他相关群体的意见,特别要注意不能忽视弱势群体或者处境不利人群的意见和建议。社区的参与是学校发展计划最突出、最重要的特点,是学校发展计划制订过程中相当重要的一个环节。

三是制订学校发展计划要合理配置教育资源,获取尽可能多的效益。要制定合理的编制标准,合理确定每一个教师负担的学生人数,精简机构和人员。在努力实现教育投资效益的同时,也要坚持学校必要的办学条件的基本标准。这样,制订出来的学校发展计划才能切实可行,并得到有效的贯彻和落实。

四是目标和措施的逻辑思维要严谨,避免假、大、空。问题和目标是在访谈的过程中,通过技术小组优先排序、召开社区群众代表大会后确定下来的,确定的目标必须符合学校发展实际,是可操作、可量化、可实现、受时间限制的,那些过大、过高的目标是不切实际的,在有限的时间内是没法实现的,没法实现的目标就不要在文本中出现,但必须要跟社区群众解释清楚,争取社区群众的理解和支持,达成共识,形成一个体现绝大多数人意志的学校发展计划蓝本。目标和措施是学校发展计划文本的主要内容,其逻辑思维要严谨。问题来自于访谈,目标为解决问题而设计,措施是为目标服务的,目标和措施是相互对应的,他们之间的逻辑思维是经得起推敲,经得住考验的。当然,制订学校发展计划不是为了追求一个完美的学校发展蓝本,而是一个追求更好的过程。澳柯玛广告说得好:没有最好,只有更好。

五是制订学校发展计划要体现本土化,有自己的地方特色,有学校的校本特色。所谓的本土化就是符合本社区、本校的实际情况,具有地方特色,不死搬硬套别人的东西,别人的东西只作参考。学校与学校之间在制订学校发展计划的文本时要相互交流和沟通,如果文本内容和格式大同小异,就没有什么地方特色可言。因校情不同,在充分考虑本土化的前提下,要把上级的文件精神有机地融入计划文本中去,做到:人无我有,人有我优,人优我特。

4. 实施到位

学校发展计划文本制订出来以后,为学校发展计划的实施奠定了良好的基础。在前面已经说过,学校发展计划的制订过程是相当复杂的,是需要付出艰辛劳动的。既然文本的制订来之不易,我们就应该好好地组织实施,在实施学校发展计划的过程中要注意下面几个环节:

4.1 学校发展计划文本要做到学校教师人手一册

学校发展计划是社区、学校、家庭合作的结晶,校长是实施学校发展计划的第一责任人,而教师、社区群众是主要的参与者和合作者。为使文本目标得到切实、有效地落实,校长要将文本印刷装订成册,分发到每一位教师手中,社区代表、管理委员会成员也要人手一册,这样能使他们品尝到学校对他们尊重的快感,从而陡增一份荣誉感、责任感乃至紧迫感,进而以主人翁的姿态,自觉、主动地督促文本目标的具体落实。如果只有校长或者少数几个人有文本,甚至是将文本原封不动地放在档案盒里、抽屉中、枕头下,像一个新生的婴儿——全身都是湿漉漉的,这样,你若说是按照文本计划实实在在地开展工作是说不过去的。笔者建议,最好是将每年的文本计划中的所有目标和措施制成学校行事校历表,除教师、管理委员会成员、社区代表人手一份外,还将其张贴在学校最显眼的位置,这样更有利于计划文本的实施和学校工作的正常开展。此表可以这样设计:

××学校××年度学校发展计划目标和措施行事校历表

学期	月份	周次	起止时间	问题目标	活动措施	负责人	完成情况记录		督查人	备注
							已完成的	不完成原因		
秋学期		1								
		2								
		…								
春学期		1								
		2								
		…								

4.2 按照文本中制订的目标开展工作

大家都知道,实施学校发展计划,不是走过场、应付上级检查,而是促进学校发展,提高教育教学质量。因此在实施过程中,要经常召开学校管理委员会会议,商量目标的落实。按照文本中罗列的时间顺序逐项完成,每完成一个目标就记录一个,并及时地向社区公布一个,实在完成不了的要说明原因,以便滚动到下学期或下一年度。当然,要是校长的观念没转变过来,学校的文本或许是抄来的,或许是某一个人独立完成的,那么,学校就会有两套计划:一套是学校发展计划,另一套是学校原来的工作计划。当上级领导或SDP项目官员到学校检查学校发展计划时,学校就会把学校发展计划文本和一些假材料拿出来,让人看个够,但学校工作还是按老一套的工作计划来开展。当检查人员问到该校存在的主要问题和解决的办法时,校长回答得头头是道,一口气就能说出一二三四五,遗憾的是,与学校发展计划文本中的问题一点都不相符,真是:身在曹营心在汉,一脚踏着两只船。这就是严重的实施学校发展计划的"两张皮"现象。这样做,累了校长,苦了教师,教师更是无所适从,教师变成哑巴吃黄连——有口说不出。

4.3 正确处理好学校管理者和上级教育主管部门的关系

实施学校发展计划的目的,就是要整合学校所在地社区的办学资源,更好地促进学校的发展,就其根本来讲,是符合上级教育主管部门的工作要求的。校长如何把主管部门的要求融入学校发展计划呢?首先在宣传发动时要注意把主管部门的工作要求向师生和社区群众宣传,其次是要结合实际有机地把主管部门的工作要求渗透到学校发展计划中,这样既可以争取主管部门的大力支持,完成主管部门的工作部署,又可以解决师生和社区群众提出的问题。充分体现"自下而上与自上而下相结合"的理念。

4.4 把SDP和PTT有机地结合起来

"参与式"教学(简称PTT)是"西发项目"的又一个子项目,它与SDP在学校同步实施。所谓"参与式"教学,又称"合作式"教学或"协助式"教学,也就是让学生在接受知识的同时,积极参与到教学活动中,以最有效的方式达到学习、培养的目的。《中共中央国务院关于深化教育改革全面推进素质教育的决定》指出:"实施素质教育,就是全面贯彻党的教育方针,以提高国民素质为根本宗旨,以培养学生的创新精神和实践能力为重点……"

并强调指出:"由于主观和客观等方面的原因,我们的教育观念、教育体制、教育结构、人才培养模式、教育内容和教学方法相对滞后,影响了青少年的全面发展,不能适应提高国民素质的需要。"强调要"积极推进教学改革,提高课堂教学的质量……"什么"普九"工作、"普实"工作、"农村远程教育项目"工作、其他项目工作及其学校的软、硬件设备的添置、配备等一系列工作都是为教育教学服务的,其最终目的、根本目的就是全面提高教育教学质量,提高国民的素质。课堂教学是实施素质教育的主渠道,是提高教育教学质量的主阵地。"参与式"教学以理论知识为基础,以培养素质和提高能力为目标,以学生广泛参与教学、教与学互动为主要特征,是教学方法改革的方向和趋势,体现了"以人为本"思想,能使学生得到全面而具个性的发展。所以,学校要把"参与式"教学当做实施 SDP 的一项重点工作抓好,要求每一个教师把 PTT 的理念有机地渗透到课堂教学中去,改变过去那种老师讲,学生听,老师写,学生抄,老师是主角,学生是配角的填鸭式教学模式;变被动为主动,变老师要我学为我要学;师生之间呈现出民主、平等、相互尊重的行为;教学中的信息、思想和情感得到很好的交流;教学中的相互作用,相互激发,共同推动了教学活动的正常开展。实施 SDP 后,学校教学质量得不到相应的提高,内涵得不到应有的发展,那就失去实施 SDP 的真正目的和意义。所以,校长就要经常组织有关人员深入课堂、深入学生中了解课堂教学的动态和组织形式,督促教师更好地运用 PTT 的理念为课堂教学服务。

4.5 在实施 SDP 过程中离不开保障机制

保障机制就是指为服务于发展目标和发展要素需要提供的人、财、物等必要资源及其相关制度、措施。学校和社区资源是丰富的,要靠校长、老师广泛挖掘和利用;至于制度和措施,学校可根据本校实际情况并结合 SDP 的管理理念来具体制定。

5. 监测评估到位

在这里,给大家提供三个等式:开会+不落实=零;布置工作+不检查=零;抓住不落实的事+追究不落实的人=落实。由此可见,做任何事情,光布置和安排,不督导、不检查、不监测评估,任其自由发展,是不会有好结果的,SDP 也如此。

实施 SDP 不是把文本制订出来就完事了,关键是要落实到实处,所以要强化实施和实施过程的监督,才不至于流于形式。根据 SDP 的思想,运用发展性评价理念、教育评估的理论和方法,本着立足现在,回顾过去,面向未来,重视培养监测评估对象的主体意识和创新精神的原则,发挥教育评估的导向、诊断、激励、改进的功能,对 SDP 制订、实施过程的运作规范性和实效性进行价值判断,强化学校的目标意识、责任意识,总结成功经验、改进和完善运作机制,提高办学效能。

俗话说,没有规矩,不成方圆。要想评判一所学校实施 SDP 的好坏,就要有一套系统的、操作性极强的监测评估指标体系。国家级专家研制了 SDP 监测评估指标体系。指标体系分别就 SDP 的制订和实施两大内容进行监测评估,其中制定部分包括制订的规范性和文本的合理性;实施部分包括实施的规范性、目标实现和预期变化。指标体系还强调:SDP 是校本管理的重要内容,体现了每个学校的发展目标、管理方法和行动过程,其监测评估应充分发挥学校的主体性,以学校自我监测评估为基础,同时,重视与外部监测评估相结合。

为了操作方便,国家级专家制定的 SDP 监测评估指标体系具体到一级指标、二级指标以及评估内容、信息收集渠道、监测点、各指标分值等,为监测评估提供了有力的工具,促进了学校形成自我设计与实践、自我监控与调整、自我反思与评估、自我完善与发展的内在机制,强化学校发展的主体意识、提升学校的自主发展能力。

教育管理部门和学校要充分利用好这套监测评估工具,对学校SDP的实施情况进行很好的评判,并写出评估报告,总结成功经验、找出存在问题、反思实施的整个过程,为今后更好地实施SDP、促进学校发展奠定基础。

总之,一位好校长就会带领群众制订出一个好的学校发展计划,一个好的学校发展计划就会引领一所学校向更好的方向发展。

参 考 文 献

[1] 宋永刚.管理创新与学校发展[M].西安:陕西师范大学出版社,2004.
[2] 晏清才,龚春燕.实施学校发展计划促进农村基础教育发展[J].我国教育学刊,2006(07).

运用SDP理念提高学校管理效能

广西隆林县教育局 周 鋆

管理出效益,管理出质量。新形势下的学校管理,需要有新认识、新思想和新做法。面对新的教育形势,校长必须运用SDP理念,优化学校管理,迅速提高学校管理的效能。那么,如何才能迅速提高学校管理的效能呢?

1. 确定目标,制订规划

1.1 确定学校发展目标

学校发展目标就是指根据教育方针、教育行政部门的要求,结合学校实际情况制订的各个阶段的、学校各项工作要达到的标准。学校的发展目标要得到校领导、教师、学生和家长的基本认同,只有大家基本认同的目标才有可能实现。然而,在现实的学校管理实践中,有的校长制订了学校发展目标,但只有其本人或少数几个人知道。有的校长心中无目标,从而导致管理无规划,发展无蓝图,只是等待上级的工作布置,或者只是按照学校的常规进行工作,满足于日常琐碎的事务性工作,其结果只能是凭经验进行管理。用规章制度管、卡、压,终日忙于应付日常矛盾。几年下来,工作无进展,影响了学校的发展。因此,校长必须组织相关人员确定一个科学的、与国家和地方教育发展目标相一致的、符合学校实际情况的、具有挑战性和实现可能的、能够分解到学校各方面的工作中去的学校发展目标。

1.2 制订学校发展计划

学校发展计划是"办学的行动指南,是实现学校发展目标的重要组成部分,是明确学校发展、进而执行规划、推动学校不断前进的重要手段"。制订学校发展计划,必须先发现问题,然后分析问题,并对所有问题进行优先排序,分清轻重缓急,进而寻找解决问题的办法,设定未来工作的目标并分析所需投入的人力和物力资源。这是制订学校发展计划必须遵守的流程。这一过程的任何一个阶段,都是由学校和社区成员共同完成的。为了确保学校发展计划的有效性,校长在制订学校发展计划时要注意三个问题:在制订学校发展计划之前,应该自问"我们应该如何制订学校发展计划"。通过对问题的思考,确定制订学校发展计划的模式、程序和操作设计。在确定学校发展计划草案之后,应该自问"我们的学校发展计划有效吗"。通过对这个问题的思考,找出学校发展计划草案中的漏洞、问题和能够改善的地方。在确定学校发展计划之后,应该自问"有没有更有效的发展规划"。通过对这个问题的思考,对现有的学校发展计划进行反思和进一步修正,使学校发展计划更加完善。

2. 多措并举,创建队伍

师资是教育的脊梁。培养素质优良的教师群体,提高管理效能是每一所学校首要的、最基本的任务,校长要把建设一支优秀的教师队伍作为工作的重中之重。

2.1 加强职业道德教育

通过道德引领,专题讲座,创新评比等形式,广泛开展师德教育,强化职业道德观念,树立良好的主人翁意识,增强教师的责任感和使命感。

2.2 加大教师培训力度

校长对教师要从多角度着手,从多层面展开综合培养。其中,强化基础训练,增强教师教育教学的技能技巧,是提高教师业务素质的关键。因此,校长要重视全员培训与骨干教师培训相结合,加强对教师全员培训的指导、管理与考核,对每一次培训内容,提出具体的指导意见。同时,充分发挥骨干教师、学科带头人的作用,由骨干引领向全员参与过渡,力争提高全体教师的整体素质,造就一批具有扎实系统的专业知识、较强的教学教研能力、较丰富的教学经验的教师。

2.3 促进教师专业发展

校长要千方百计创造机会,搭建舞台,让一般教师也有展示自己才华的机会。要组织全体教师积极参加教育教学论文比赛、举行公开课、优质课评比等活动,努力营造良好的成长风气,让一般教师在优化的环境里迅速成长,让教师的专业素质得到提升。

2.4 建立教师成长档案

将教师参加的各种校内外学习、培训、教研等活动以学分形式记录在案,积累教师获得的各种荣誉称号,按学分多少纳入教师考核,激发教师参加工作和学习的积极性,不断提升自身的教学技能和工作业绩。

2.5 强化教职工的团队意识

在全体教职工中建立一种相互关心、相互信任、相互支持的人际关系,使团队的凝聚力得到增强,整体能力和素质得到提高,为学校的可持续发展奠定一个坚实的基础。

3. 信任下属,有效授权

授权,就是管理者为了达成工作目标,通过授予权力让被授权的人围绕部门或上级设定的工作目标进行工作。通过有效授权,可以充分调动下属和员工工作的积极性和创造性,提高团队的整体效能;可以使管理者有更多的时间去进行更重要的工作,有更多的时间去实现自身的发展。

校长是一所学校的灵魂,是学校组织、管理、决策、指挥的中心,校长的职责涵盖了学校工作的方方面面。不过,校长不应做"事事过问样样管"的管家婆,要学会有效授权。

3.1 根据岗位合理授权

校长要根据下属的岗位目标责任合理授权,总务处主任的工作不能授权给教导处主任去做,同样,教导处主任的工作不能授权给办公室主任去做。

3.2 将责任和权力一起交给下属

只有责任而没有权力,不利于激发下属的工作热情,只有权力而没有责任,则可能使下属不恰当地滥用权力。日常的学校管理中,由于很多校长没有授权的习惯,授权时只给下属相应的责任而没有给下属充分的权力,有时虽然授予下属权力,但校长本人又参与其中,造成了"统而不放",被授予权力的人只是一个参与者,不是全程的决策人,这样就给下属推卸责任留下了"借口"。

3.3 不搞无效授权或重复授权

"用人不疑,疑人不用",作为校长,如果你将某一项任务交给你的下属去办,那么你要充分信任你的下属能办好,因为信任具有无比的激励作用,是授权的精髓和支柱。授权必须明确到具体的个人,不能含糊其辞,不能重复授权。有的校长在授权的过程中总是担心出这样或那样的问题,

对每一个过程、每一个环节进行干涉,导致给下属的授权不能达到完全的授权,在实际的操作中,往往是授予的权力又被收回,或者将同一项任务同时授权给不同的下属,这样一方面容易造成学校人力、物力资源的浪费,另一方面造成下属之间的互相猜疑,进而影响到同事之间的关系,降低下属的工作积极性。

3.4 授权不是弃权

为保证下属能及时完成任务,校长在授权的过程中,必须确定相应的工作标准、决策范围等,并对被授权者的工作不断进行检查,及时掌握工作进展信息,或要求被授权者及时反馈工作进展情况,对偏离目标的行为要及时进行引导和纠正。同时管理者必须及时进行调控:当被授权者由于主观不努力,没有很好地完成工作任务,必须给予纠正;对不能胜任工作的下属要及时更换;对滥用职权者,要及时收回权力,并予以严厉惩处;对由于客观原因造成工作无法按时进展的,必须进行适当协助。

4. 学会沟通,获取支持

有效沟通是学校管理得以实施的主要手段、方法和工具,是做好思想政治工作、实现学校和谐发展的重要基石。校长所做的每件事中都包含着沟通。如:校长一旦做出决

策,就要进行沟通,否则,将没有人知道决策已经做出。又如:好的想法、有创见的建议,不通过沟通就无法实施。因此,校长需要掌握有效的沟通技巧,不断提高自己的沟通能力。首先,要学会欣赏和赞美对方。每个人都有被人赏识的"渴望"。校长要试着找出别人的优点,给别人诚实而真挚的赞赏。其次,无论和谁沟通都要本着"大事讲原则,小事讲风格"、实事求是的风格来进行真诚的沟通。做到顾大局识大体,坚持维护集体的利益,除此之外的小事就不必过于计较。再次,与同事沟通。要尽量保持平和、谦虚的态度。他会非常乐意回答你的问题,会热心地提出多种解决方法,而且其他同事也会参与你们的讨论,使你最终找到解决问题的最好方法。第四,与上司的沟通。要表现出尊敬。当上司发表言论时,要认真聆听,并适当地做笔记,当对某一话题有疑问或观点不同时,要等上司发言结束后有次序地提出,请求上司给予进一步的解释。阐述观点时,要尽量看着对方,语速可以慢一些,但一定要有条理性,不要一口否定上司的言论,可以说:"您说的……很对,不过我觉得也可以这样来做……请您多指教,"等等。第五,与学生沟通,教师必须要有意识地改变与孩子沟通的方式与方法。要接纳学生,不管他是怎样的人,我们都要真心的对待孩子,尊重学生的人格,真心关爱学生。让学生感受到老师的爱,确实能感动孩子们。有时,我们要将心比心、换位思考,从孩子的角度去看待问题。不要以成人的思维去看孩子们的过错,这样的沟通会更好。第六,要真心诚恳的和家长沟通,及时反馈孩子们在校的学习生活情况。发生问题时,全面了解、多方调查、妥当处理和家长交流。虚心听取家长的意见和建议,尽职尽责做好各项工作,取得家长的理解和支持。第七,要随时关注自己的下属和下属之间有无沟通障碍,一旦发现有冲突或者潜在问题,校长应该及时主动地去协调解决。只有这样,才能实现有效沟通,达到内部和谐。

5. 激励下属,实现目标

激励就是校长对教师的激发和鼓励,促进教师发挥其才能,最大限度地、自觉地发挥积极性和创造性,在工作中做出更大的成绩。它是校长的基本职责和必备能力。激励的方法有很多,然而就保证学校办学目标的实现而言,责任激励更能激发学校管理干部及教职工工作的热情。因此,校长要做到:第一,在赋予教师责任时,校长要说清责任。要说明下属做不到应做之事时所要承担的过失责任和对其追究的形式,使下属产生担负责任的危机意识,从而增强其工作的责任感。第二,在下属执行任务之前,必须要求下属对其所负之责做出明确表态,通过下属的这种表态,让下属明白"言必信,行必果"。这种承诺对责任者是一种巨大的自我激励。第三,在下属进入工作状态后,校长要告诉其责任检查的日期和检查项目的内容,并如期及时地进行责任执行情况的检查。让教师在一种随时随地都有领导检查的心态下工作,其实做好工作就是在这种激励状态下完成的。第四,校长一旦检查出下属在岗位中存在的问题,除非渎职,一般不要急于追究责任,应本着引导的原则,耐心地帮助下属找出存在问题的原因和解决问题的办法。这样会激发下属产生"不干出个样子无颜面对校长"的决心。第五,告诉教师不论是什么原因,没有如期完成分内应做的工作,就要追究责任。当然追究的方式有三种:一是对于工作态度不端正,履行责任不力,严重违反学校规章制度的责任人,要公开清算其所应承担的责任,公布惩处结果。校长在大是大非面前,要敢于坚持正义,敢于碰硬。二是对于态度端正、工作努力,由于受能力限制或客观原因而没有能很好履行责任的人,可以调整其岗位,这使其在人面前保留一份自尊。三是不论下属不能履行责任的原因是什么,只要是失职,校长就主动承担责任。校长责任"自究"会使下属感到安慰,对校长产生敬佩感。同时,下属对自己工作的失职也会产生深深的内疚,激发出"不好好干,对不起领导"的责任感。校长的责任自究,是激励下属主动承认过失和承担责任,弥补过错的有效途径。

总之,学校管理需要与时俱进,只要校长遵循教育规律和科学的可持续的发展观,坚持以人为本,做到求真务实,就能迅速提高学校的管理效能。这也是实施学校发展计划的内在要求。

问渠哪得清如许 为有源头活水来

广西南丹县芒场镇巴平小学 王凤兰

SDP 是"西发项目"中的一个子项目,即学校发展计划,提出参与式的新型学校管理理念,即学校、政府、社区共同参与的学校管理,其实质就是在学校层面上,通过自下而上的方式,广泛征求社区群众的意见,由学校和社区自主制订和实施的关于学校未来发展的计划,而不是别人替它制订的规划,管理者要知道"有所为,有所不为",SDP 是一种工具,教我们怎么找问题和如何解决问题。它代表着当今世界学校管理新思想、新潮流,符合学校走自我发展之路的管理新体系。我县实施 SDP 已近两年,通过走访实施 SDP 的学校,我有如下几点感触:

1. 实施SDP,维系学校的各种情感纽带

学校发展计划所确定的奋斗目标,制定的措施和方法,是遵循自下而上原则,广泛征求社区各类人群意见,结合学校人力、物力、资源优势、问题等综合现状的分析归纳,并报请上级主管部门论证后审定的能集中反映学校办学思路和方向、中长期发展展望、活动内容、方法和策略、实施效果评价等诸方面的信息源。正因为 SDP 要求学校各种规章制度的制定过程要有学生、家长、教师、学校管理人员、社区代表的广泛参与,学校内部的事不再仅是教育主管部门、学校校长、教职工的事,而是大家都应该有义务和权力来管的"家事",既然学校的事是大家的事,那么有事大家就"好"商量。实施 SDP,调和了各种关系,呈现出良好的发展趋势。

1.1 教师的主观能动性、创造性能充分地表现出来

SDP 不但关注学校的发展,也关注教师的发展。既然与"己"有关,工作起来当然就"我乐意",我们感受最深的是老师们都感到好像是在做自己家里的事一样。正因如此,以下的感人情形就不难理解:老师们顶风冒雨,晚上,打着手电,挨村挨户进行访谈;白天,赶上农忙的季节,老师们就到田间,与村民一边做事一边访谈,村民们对老师的到来既惊讶又欢欣。我们社区比较大,社区群众多、分布广。根据这些情况,为了使访谈能涉及各

种群体,我们把全校老师按年级分成多个组,分年级分片进行访谈。六月末正是学生复习准备期终考试的紧张阶段,老师们不顾疲劳,白天上课,放学后便组织本年级的教师、学生进行座谈,晚上就下村下户进行访谈。由于学校经费紧张,老师们晚上下村下户访谈所用的手电筒、电池都是自己掏钱买的,学校没有一分钱补助。为了搞好群众关系,老师们还自己掏钱买水果到群众家进行座谈。为了收集到更多的问题,老师们的工作都非常认真细致。在访谈中,老师们并不都是很顺利,也有的碰到了难堪,有些群众提的问题比较尖锐,甚至有些刺耳,但我们的老师都能耐心地倾听,耐心地解释,没有一个老师和群众发生冲突,得到了社区群众的好评。

1.2 弱势学生从此也能成为人们关注的对象

SDP 的理念是自下而上、民主参与、师生平等、关注弱势群体、社区沟通、促进全体学生主动发展、全面发展。SDP 将学生分为四类:常态学生(指非贫困家庭学生、以及身体或心智正常学生);弱势学生(指贫困家庭学生、身体或心智有残疾的学生);学困生(指不能适应学校学习、学业成绩严重不良学生);问题生(指行为规范不合格学生,表现为严重违纪或违法等)。虽然这样的分类不一定合理,但能在平时的教育教学中区别而公平地对待,其本身就给学生很大的自主权、民主权,是对学生的尊重;另一方面,SDP 的教学管理要求教学民主化(或参与式教学),使学生更加乐于上学、乐于学习,学生学习行为是自主、探究、合作、参与的,学生成为教育教学的主体。学生是学校的重要组成部分,他们提出的合理要求就得解决。这样他们就更加自觉地爱护自己的校园,关心学校的发展。

2. 学校与社区有着千丝万缕的联系

过去大部分的村民都认为:学校的事就是教育局的事,是老师的事,我们出钱送孩子上学,你们就得教好!你们又没有发工资给我们,凭什么要我们帮你们管事。但经过学校做了广泛而深入的宣传发动工作,社区群众的观念发生了很大的变化。老师们利用休息时间,中午、晚上、周末,按照自然屯进行访谈。村党委书记知道了学校的项目工作,也表示支持,派出村委的人协助老师的访谈工作;在学校发展计划管理委员会的努力下,争取到村委和各屯领导小组的支持,后来加上其他的捐助,筹到较多资金,解决了学校的很多实际困难。如果每一所学校都实施 SDP,每一所学校都争取得到社区的帮助,实现"和谐校园"、"平安校园"的目标也就为期不远了。

3. 体现人性化的管理和人文的关怀

SDP 对教师、学生发展的理解是:解决了实际问题,实现了新目标;通过探究弄懂以前不懂的东西;掌握以前不会的技术方法、会做以前不会做的事情;做同样的事情比以前效率更高、效果更好;有新作品。这样的评价不再是缺乏人情味的令人敬而远之的评价标准,给教师、学生更多的发展空间。也这样学校才能营造一个积极、文明、健康向上,且富有文化气息和时代气息的学习和工作氛围,使教育者和学习者时时感受到职业内在的魅力,让情感产生共鸣,情操得到陶冶,思想得到升华。

4. 促进新课程改革的进程

SDP 的评估属于发展性评估(个体内差异评价),重点评价学校的"增值"——发展和进步的内涵和幅度大小,而不是评学校水平已经达到的高度,一般不与他校做横向评比。这有利于各个学校根据自己的实际情况,制订适合本校发展的目标,提出具体可行的方案,采取因地制宜的措施。而我国新课程改革,教师发展的总方向是在教育教学中把握三个维度(即:知识技能、过程方法、情感态度价值观)、掌握三种技能(自主学习、合作学习、探究学习)、具备一个精神(创新精神)和一个能力(实践能力)。这与SDP的理念:民主参与、师生平等、促进全体学生主动发展、全面发展,是基本吻合的。

我校实施SDP后给我们带来的崭新面貌,以及所蕴藏的无限发展潜力,我们应从中领略到它给我们的启示,放下包袱,放开手脚,努力创新,展示真我,积极寻求出路,变被动为主动,而这种重思想、重氛围、重人才发展的需要,重参与型、民主型管理,把人的因素放在第一位的SDP应是我们的首选。

农村中小学校与社区关系的调查与研究

广西教育学院教管系 张 旭 李文红

1. 引言

社区是一定区域范围内的有关联的人群和组织的集合体,其中,学校属于社区的重要组成部分,与社区有着不可分割的联系。其一,学校融入社区,赢得社区的支持、协作和帮助是学校获得良好发展的保证;其二,学校主动了解社区、创设让社区组织和个人了解学校的机会、向社区提供服务是学校存在的价值体现。但是,长期以来,学校似乎并没有成为社区发展的重要力量,社区也没有为学校的发展提供有力的支持,学校与社区之间并没有构建起有效的互动渠道。"学校发展计划"项目的引进为本研究打开了一个切入口。"学校发展计划"是在学校层次,通过自下而上的方式,广泛征求社区群众的意见,由学校和社区共同制订关于学校未来发展的计划,包括未来三年的发展展望和每学年的行动计划,其最终目的是实现学校、社区全员参与,共同努力,为学校发展群策群力,提高学校教育质量,改善师生关系、保护处境不利儿童的权利、促进该地区儿童的发展。

本研究拟通过对参与"学校发展计划"项目的贫困地区的农村中小学校进行调查研究,了解这些中小学校与其所隶属的社区的互动关系,一方面为项目的开展提供基线数据,另一方面也可以为新课改背景下的教育理论与实践提供实证数据。

2. 研究方法

2.1 调查对象

调查样本从参与项目的广西18个项目县的项目学校中随机抽取,项目县主要分布在广西的中部和西部的贫困地区。由于项目的开展时间有先后,有的学校开展了多年,有的学校则刚刚起步。以"已开展项目"和"未开展项目"为标准,对参与项目的中小学校随机抽样。调查"已开展项目"的学校70所,发放问卷70份,回收有效问卷65份,总有效率

92.9%；调查"未开展项目"的学校 62 所，发放问卷 62 份，收回有效问卷 55 份，总有效率 88.7%。问卷均由学校的校长或副校长填写。

2.2 工具及数据分析

编制基线调查问卷，共有 26 个项目，每个项目均为单选。对回收的问卷采用 Spss 对调查数据进行统计分析。

3. 结果与分析

以"学校属于：县级学校、镇级中学、镇中心校、村校"为自变量，对 26 个项目作方差分析，结果显示，只有 4 个项目呈差异显著性，即"学校召开由社区群众、社区干部、村民、家长、学生、弱势群体共同参与的社区大会"，$F(3,119)=2.942, P=0.036$；"学校召开家长座谈会"，$F(3,119)=3.117, P=0.029$；"学校发展计划的制订吸收了来自社区的意见"，$F(3,119)=2.940, P=0.036$；"学校发展计划的制订有考虑弱势群体的意见（如老人、妇女、小孩、残疾人等）"，$F(3,119)=3.107, P=0.029$。其他项目均不呈显著性差异。

以"实施'学校发展计划'工作年限：没有实施、1～2 年、3～5 年、5 年以上"为自变量，对 26 个项目作方差分析，结果显示，有 19 个项目呈差异显著性；以"实施情况：已实施、未实施"为自变量，对 26 个项目作方差分析，结果显示，有 21 个项目呈差异显著性。结果见表 1。

表 1　26 个项目的方差分析结果（$N=120$）

序号	项目内容	以实施"学校发展计划"工作年限为自变量		以实施情况为自变量	
		$F(3,119)$	P	$F(3,119)$	P
1	学校召开由社区群众、社区干部、村民、家长、学生、弱势群体共同参与的社区大会	14.373***	0.000	40.582***	.000
2	学校召开家长座谈会	3.874*	0.011	9.724**	.002
3	社区人士参与学校的校务管理	6.721***	0.000	18.264***	.000
4	学校依靠社区的帮助改善了校容校貌	2.985*	0.034	7.283**	.008
5	学校的教学设备有来自社区的赞助	4.839**	0.003	8.366**	.005
6	学校的建设和发展问题听取社区的意见	5.723**	0.001	15.742***	.000
7	社区的群众可以任意来学校听课	2.038	0.112	3.255	.074
8	学校组织学生参与社区的实践活动	6.773***	0.000	16.371***	.000
9	学校老师有进行家访	.709	0.548	.878	.351
10	社区有监督指导机构对学校的管理、教学等工作进行指导	6.190**	0.001	13.847***	.000
11	学校发展计划的制订吸收了来自社区的意见	7.985***	0.000	23.394***	.000
12	学校发展计划的制订有考虑弱势群体的意见（如老人、妇女、小孩、残疾人等）	7.521***	0.000	22.394***	.000
13	学校对社区感到满意	3.022*	0.033	8.460**	.004
14	学校与社区领导有往来	5.528**	0.001	12.909**	.000
15	社区帮助学校提高入学率	3.270*	0.024	9.756**	.002

续表

序号	项目内容	以实施"学校发展计划"工作年限为自变量		以实施情况为自变量	
		F(3,119)	P	F(3,119)	P
16	学校在社区举行过宣传活动	4.514**	0.005	13.502***	.000
17	学校与社区有合作的项目	2.262	0.085	6.021*	.016
18	学校与社区有冲突	1.675	0.176	1.336	.250
19	家长过问学生的学习情况	4.722**	0.004	10.657**	.001
20	为防止学生辍学,社区与学校共同合作	5.417**	0.002	14.141***	.000
21	社区主动邀请学校参与社区活动	5.586**	0.001	16.892***	.000
22	社区清楚了解学校发展的进程	10.168***	0.000	30.783***	.000
23	社区帮助学校向有关部门反映过学校的情况	2.467	0.066	7.027**	.009
24	学校与社区建立了教育支持网络	1.450	0.232	3.861	.052
25	社区对学校的发展和建设有人力、物力、财力上的投入	.824	0.483	.003	.958
26	社区参与学校发展和建设的程度	2.790*	0.044	5.183*	.025

(注:* $P<0.05$,** $P<0.01$,*** $P<0.001$。)

结果表明,是否已经实施"学校发展计划",以及实施年限的长短,学校与社区的互动关系存在着较显著的差异。

4. 讨论

社区包含着学校,学校存在于社区中。学校和社区各自所拥有的教育和教学资源本可以相互借用,学校不仅可以为社区提供教育服务,而且可以通过为社区服务获得资源。尽管如此,长期以来,我国的中小学校与社区的关系较疏离,学校既少有接受社区监督的观念,也少有与社区沟通的愿望,更说不上向社区的机构、民众寻求理解和帮助。这种相互隔离的关系使学校很难从社区获取更多的动力和资源。

学校与其所隶属的社区的双向互动有其地缘优势,这种地缘关系使学校与社区之间的合作与互动成为可能。学校的文化环境可以向社区开放,如学校的体育场地、设施、图书馆等可以向社区开放,良好的校园文化和环境对社区文化建设有积极的促进作用;学校的发展与建设,所开展的教育教学活动也可以吸引社区成员参加,一方面社区成员可以为学校的发展、教育教学献计献策,另一方面还可以促进社区内成员素质的提高,如开办家长学校等。同时,社区中蕴

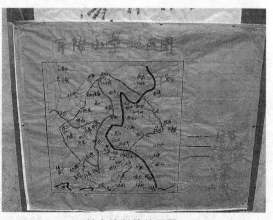

村小绘制的社区图

涵着丰富的教育资源,比如社区内文化景观、图书馆、公园、文化活动等,这些都可以被用来促进学校的教育教学活动。

调查结果显示,有少数的中小学校原先就与社区建立了良好的关系,但对大多数的学校调查表明,若不是因为项目的原因,许多中小学校与社区的互动关系并不紧密。较之关系松散的社区,作为法人主体的学校,更负有改善与社区关系的责任。鉴于此,可以采取以下策略改善学校与社区的关系。

4.1 做好宣传活动

可以通过发行学校刊物、宣传单、社区广播、口头传达等方式把学校的发展计划、愿景、对社区的期待等,在社区的各类人群中广泛宣传,使社区群众了解学校发展的需要,并唤起社区群众对学校的建设和发展提供支持和帮助的愿望。让社区群众产生这样的意识,即学校是社区的一面旗帜,它的兴衰繁荣是社区成员的责任,社区成员有义务和责任为学校的发展、建设献计献策、添砖加瓦。

4.2 开好社区大会

学校召开由社区群众、社区干部、村民、家长、学生、尤其是弱势群体共同参与的社区大会。其目的在于:向社区群众广泛宣传制订学校发展计划的意义;与群众讨论他们对教育的看法,特别是提高他们对子女接受教育的认识水平;明确学校面临的主要问题和原因;听取他们对学校今后几年发展的意见和建议并探讨解决问题的方法;加强学校与社区的联系和沟通等。

在具体组织和召开社区大会时,可能会碰到很多困难,比如群众居住分散、路途遥远、农活忙或外出打工、没有合适的会场等。针对这些可能的困难,学校的校长要有充分的思想准备,并事先做大量的工作,如依靠村干部的力量来动员群众参加大会,选择合适的时间,如不选择在农忙时节,可以选择在赶集日、社区的节日、宗教活动日等,也可以通过学校和社区共同举办文艺会演等形式来吸引群众参加会议。大会地点可以安排在学校、社区广场,也可以借用政府场所等。要尽可能地发动社区成员参加大会,尤其是弱势群体,如,失学儿童家庭、残疾人家庭、单亲家庭、少数民族、妇女等,社区大会要充分征求不同人群的意见,并做好大会记录。

4.3 创建良好的人际关系

有几个方面的人际关系要建设好:第一,学校内部建立良好的人际关系是学校与社区关系建设的基础,而学校内部人际关系的改善,校长是重要的协调人之一。第二,学校良好形象和公共关系的获得有赖于学校组织能否被社会公众所承认,因此,学校要与社区内的各种机构、各类人群搞好关系,包括各类政府机构、民间组织、社区群众等。第三,与上级教育行政机关建立良好关系是学校开展各项工作的保证。学校要认真贯彻执行教育行政部门的路线、方针、政策,通过多种方式获得各级政府和教育行政部门的资讯,努力获得上级教育行政机关对学校发展的认可和支持。

4.4 加强家校合作

心理学的研究表明,家庭直接或者间接地影响着学生的认知、情感和行为态度的形成与发展。同时,家长又是学校与社区联系的重要环节。家长与学校关系的改善对于学生的发展和学校良好形象的建立有着至关重要的作用。家校合作的途径有多种:一是通过与家长建立多样化的沟通方式,如家长会、家访、电话联络、互联网方式以及散发书面材料诸如家长联系手册、学生成绩册等进行联系。二是提供家长成长培训课程,对家长进行培训,提高家长的素质,使家长认识到学校的作用和意义,并对学校的教育工作起到辅助的作用。三是建立家长学校或家长委员会、学校管理委员会等组织,并定期开展活动使家长对学校的发展和建设有真正的关注和支持。

总之,学校、家庭、社区及整个社会,需要建立良好的互动关系,只有当所有的成员都把学校教育教学视为己任,把学校发展、建设看做是一种包括所有公民在内的社会责任,学校的发展就有了希望,学校的教育才能更好地培养出适应现代社会需要的有用人才。

参 考 文 献

[1] 程斯辉. 把农村学校建成农村社区的中心[J]. 教育理论与实践,2006(6).
[2] 黄崴,王晓燕. 学校与社区关系及其改善策略[J]. 教育科学,2006(5).
[3] 刘丽群. 美国社区课程资源开发及其对我国教育的启示[J]. 学前教育研究,2007(5).
[4] 马叶. 从"封闭"走向"开放"——基于学校向社区开放问题的思考[J]. 教育导刊,2007(1)上.
[5] 吴磊. 社区教育与学校教育协同发展策略探析[J]. 江西社会科学,2007(5).

学校是社区的学校

广西南丹县芒场镇中心小学 黄芳芳

以前,虽然学校是社区的学校,但是学校在社区中有着特殊的身份,造成两者联系很少。学校是在社区之中教书育人的场所。在实施学校发展计划(SDP)之后,这种情况得到了改变。自我校实施 SDP 以来,社区与学校的联系逐渐密切。社区与学校在未来必定会紧密联系。其关系可用下图表示:

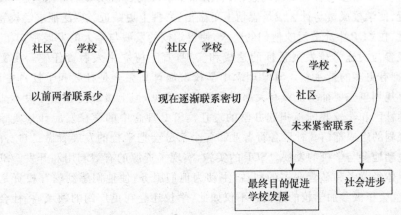

在实施学校发展计划之前,学校与社区的联系很少。两者之间的联系基本上处于"无事不登三宝殿"的状态。学校是社区的一部分,学校与社区是部分与整体的关系,学校是属于社区的。学校与社区的联系不畅,造成学校逐渐脱离了社区,变成不是社区的学校,而只是上级和政府的学校。学校管理,学校发展仍旧由政府教育行政部门一手操办。学校与社区的信息不流通,学校的工作有时不能得到社区群众的支持,学校不能有效和充分地开发和利用当地有利于发展教育事业的资源,学校都是坐等机会。即使是贫困地区,也有先富起来的一部分人,由于缺乏沟通,学校的办学与他们的个人利益不发生直接联系,所以,有些宁可将钱捐给慈善机构或用于修建庙宇祖坟,也不愿向学校掏一分钱。政府、社区、家长、学生都是学校利益人。社区与学校缺乏沟通。"利益关系人"对学校办学究竟有哪些想法,有什么要求和愿望?学校不一定完全清楚。学校所制订的规划,他们也不甚了解。本来,由利益关系所确定的,双方都应该予以关注的大事,结果,几乎就成了学校校长一人给定了。在以前,学校发展计划的制订程序采取自上而下(逐级变通抄写)的模式,学校的发展规划常常是由校长本人或少数几个人设计,很难得到社区成员的认同和支持,这样的规划缺乏坚实的群众基础,无法形成实施的合力,使得这种规划形同虚设,难以有实际意义。正像有些人所描述的那样:规划规划,纸上画画,墙上挂挂。在当前,封闭式的学校管理,制约着学校的发展。学校远离了社区群众的认识和需要,社区群众远离了学校教育的发展与人民群众日益增长的教育需要以及经济社会发展。当鞋合适时,走路才能轻便快捷,隔靴抓痒,始终不能解决问题。

　　令我们欣喜的是我校引入新的管理模式——学校发展计划(SDP)。SDP成为改进学校管理、提高教育教学质量重要途径与手段。SDP理念中的学校发展计划是一种全新的概念,它是学校在广泛征求学校成员和社区成员意见的基础上,通过自下而上的方式,由学校和社区共同制订的关于学校未来发展的规划。SDP带来的是学校管理革命性的变化,SDP来自于社区,它的实现也必然服务于社区。使社区的各方面的力量都能参与学校的管理,形成学校组织的凝聚力。打破学校与社区的隔膜,推动农村教育体制的改革,促进学校发展与社区发展的结合,给学校的管理提供了突破口。形成参与机制,促进学校发展,建立学校和社区间的互动、互助、互利,改善了关系,校本管理的格局和机制初步形成。为上级办学逐步转变到树立为社区办学的理念,根据社区群众的意见和建议来规划学校的发展。学校发展计划能体现:自下而上、立足现实、规划长远、合理科学。制订SDP的过程,是学校与社区交流的过程,它消除了学校与社区明显的界限,使学校与社区走得更近,使学校成员与社区成员感情上更融洽,心理上更贴近。广泛征求学校和社区成员的意见,在SDP中充分反映他们的要求,使得学校的发展与个人的发展密切相关,他们就会积极参与实施学校发展目标的达成和实现,真正树立主人翁责任感。在实施SDP后,学校拥有更多的自主权。SDP理念中学校发展计划完全是社区和学校自主制订的,虽然制订规划事先要征求上级有关部门及领导的意见,但上级部门和领导决不能包办代替。鼓励社区和学校共同承担起办学的责任。SDP理念中的学校发展计划实际上是社区发展规划的组成部门。社区各行各业和各个部分会把学校的发展看做是自身的发展,会积极主动地参与学校发展。SDP的实施,实现了资源的有效利用和开发。SDP充分考虑到个体经营者和私营业主的利益,主动为他们服务,使他们感到教育投资是有回报的,他们就会积极参加学校的建设。不仅如此,学校还会在更广阔的领域,将社会环境和自然环境中的各种潜在因素利用起来,改善学校办学条件,走出目前的办学困境。在我校,曾组织过一次捐资座谈会,这些富起来的个体经营者和私营业主纷纷慷慨解囊,为学校筹集善款。SDP体现了素质教育的要求,引进新的教学模式——参与式教学,会努力使每个学生都得到发展,使他们成为不同社会层次的有用之人,必定会推动社区的经济发展。在我校多次召集教师、学生、家长、社区干部、社区群众等集思广益,通过反复的讨论,由校长收集汇总资料,结合本校实际,加以分析、研究,确定了学校的办学理念和办学目标,制订五年的发展规划。SDP工作成绩在我校是显著的,不断得到上级部门和领导的好评和表扬。

学校不仅是政府的学校,还是社区的学校。学校主动了解社区的需要,满足社区群众的要求,同时也得到社区支持,为开发利用社区各种教育资源提供有利的条件。社区与学校的融合是学校发展计划的重要思想,没有社区的支持,学校发展就难以实现。学校是为社区培养人才的重要场所。为社区的发展输送社会各个层面的合格人才。学校发展了,教学质量提高了,势必会对社区的发展带来了希望,起到推动的作用。

如何有效地进行社区访谈

广西南丹县芒场镇中心小学　覃　娜

学校发展计划(SDP)提倡通过学校层面的、以自下而上的方式制订学校未来的发展计划。2006年,学校发展计划在我校正式启动。经过第一、第二阶段的充分准备之后,我校全体老师都投入了第三阶段的工作——下到各村屯进行访谈,收集问题制订学校发展计划文本。各小组都较好地完成了任务,取得了比较好的效果。这里,谈谈我在访谈中的一些做法。

1. 做好充分的准备

作为访谈者在进行访谈前要做好充分的准备,首先要弄明白什么是学校发展计划(SDP),单纯地向群众描述学校发展计划的概念,群众只会听得一头雾水。所以在和社区群众面对面交谈时,要能用自己的语言熟练地将什么是学校发展计划表达清楚,让群众知道实施学校发展计划后会给社区、学校带来什么好的变化,还要知道群众现在最想解决什么问题,有针对性地提问,才会听到最想听的话。

2. 注意访谈的方式方法

访谈时可以只对个人进行,也可以多人同时进行;可以是在家里,也可以是在田间地头,这要根据下村访谈时的具体情况来定。我们第一次到8队,和队长说明了我们的来意后,队长提议将各家代表集中起来,在一家进行访谈。我们小组采纳了队长的意见。访谈中,各代表都积极发表自己的意见、看法。对于个别不能到场的代表,过后再单独进行访谈。群众看到我们老师的诚意,都乐于配合我们开展工作,使我们的访谈工作能顺利开展。

3. 面对群众要诚恳、有礼貌

学生家长对老师都是很尊敬的,我们和他们交谈时,也要让他们感觉得我们对他们的尊敬。首先,要面带笑容,让群众一见到你就有倾诉的欲望,切不可板着一张严肃的脸,让家长见了心生畏意,不敢说出心中真实的想法。其次,在交谈时,要用真诚的眼神和他们做好交流。人们常说"眼睛是心灵的窗户",通过眼神,可以看到一个人的修养内涵,更可看到一个人的内心世界。当群众发表自己的意见时,我们应该用真诚的、充满期待的目光看着他,并不时点头,表示你正在认真听取他的意见,当他觉得自己受到重视,得到尊敬,感到自己的意见会得到采纳,他才会将自己最真实的想法、意见说出来。

4. 引导访谈要有针对性

针对不同的人,访谈的侧重点也不同。在访谈中要善于捕捉信息,了解对方心中的期望值是什么,是重视孩子的身体健康还是重视孩子的学业,是重视孩子的综合素质,还是觉得只要有某一方面好就行了。我想确定了对方的心理需求,我们就可以针对对方需求的那一点入手,与他交流如何使他的想法变为现实。如我是去8队进行访谈的,那个队目前最关心的问题是要解决他们队学生过二级路的安全问题。8队的群众希望能在二级路口设立警示标志,让车过时能减速。我们队的几位老师都表示学校一定就此事向上级反映,争取解决这个问题。群众感受到老师们的诚心,纷纷发表自己的意见,有的说要老师多家访,有的说要多向学生强调安全问题,有的说要管好学校门口卖小吃的,还有的说要建好学校围墙等等。

5. 做好必要的记录

在访谈中,不但要引导群众发表意见,同时还要做好必要的记录。俗话说"好记性不如烂笔头",群众的发言我们用脑子不可能都记得下来,这时,必要的记录是不可少的,这样我们在访谈后才能将材料整理得更好。

总之,访谈的方法各式各样,但是,不管采用什么样的方法,只要我们是诚心诚意地去做,我想都能得到群众的认可,得到群众的配合的。

提高学校管理水平　增进校社联系的有效途径

广西天等县安康小学　言光文

学校发展计划是一个以提高学龄儿童入学率、学校教学质量和学校管理水平为目的的综合性计划,它主要反映一个学校在未来三五年内要达到的主要目标和发展途径,提出实现这些目标优先需解决的问题、办法、行动计划和措施,这些行动计划和措施,通过学校校长、副校长和各部门负责人及所有教师的年度任务和计划来具体体现出来,也可通过社区成员的参与合作体现出来。我作为一个校长,通过三年的参与和实践深刻体会到:制订学校发展计划过程中没有社区的参与是不符合实际的,而目标的完成没有社区的支持与参与是不可能实现的,学校发展计划中确定的目标及活动无一不在学校管理中体现出来,学校发展计划就是规范、科学、民主管理学校的文本,制订和实施好学校发展计划是提高学校管理水平,增进社区联系的有效途径。下面我就学校发展计划与学校管理、社区联系谈谈自己的认识。

1. 实施 SDP 可消除在学校管理中存在的弊病和问题

在农村小学管理中,有一部分学校存在许多问题:一是管理者对学校和所服务的社区缺乏基本了解,学校和社区有限的教育资源得不到合理有效的利用,学校只是教育资源的消极接受者,而不是积极拥有者;二是学校的规章制度不健全,管理的人为因素明显和随意性大,甚至正常的教学秩序也得不到保证;三是社区成员、家长、教师和学生参与学校管理的渠道不畅,学校决策缺乏民主性;四是学校的发展和各项工作的开展,都由上级说了算,学校管理者、教师和社区群众不能参与决策,对学校管理缺乏前瞻性和自主性;五是忽视对教师的教和学生的学的指导,在教学过程中没有应用和推广新的教学方法,主要凭经验,不能有效的利用学校学习资源,学生只是被动接受知识,对学习上需要帮助的学生注重不够,没有做到面向全体;六是上级部门对学校资源分配和使用拥有绝对权利,而对学校个体发展和社区需要缺乏细致的认识和了解,决策促进了学校之间的共性发展,限制了学校个性发展,甚至出现不公平不合理的情景。学校发展计划的制订和实施过程则可消除以上弊病和问题。

——通过参与式方法制订学校发展计划,可以使学校和社区发现学校面临的问题和困难,确定优先解决的问题,明确学校的发展方向和目标。

——鼓励学校和社区承担改善学校教育的责任,调动学校和社区参与学校发展的积极性,在学校与社区之间建立互动、互助、互利的有效机制。

——建立教育管理部门与学校的一种新型关系,自下而上的确定学校的发展计划,促进教育资源分配的合理性和有效性。

——通过学校发展计划的制订和实施,提高社区成员对教育的认识,在当地形成一个良好的教育文化氛围,吸引更多的适龄儿童,特别是女童和少数民族儿童入学。

——学校管理者和教师、学生用制订学校发展计划时应用的工具、技巧和新的教育教学理念积极参与学校管理,充分发挥每个人的聪明才智,转变观念,形成民主管理学校的氛围,培养学生个性的发展,使学生主动学习。

2. 实施 SDP 促使学校和社区共同承担起管理学校的责任

通过制订学校发展计划,学校和社区之间建立了比较密切的联系,逐渐形成了社区积极关心、支持、参与学校发展和管理的良好局面。社区群众送子女入学尤其是送女童入学的积极性提高了,辍学率开始逐步下降,同时社区成员对学校的主人翁意识和责任感得到增强,学校和社区相互加深了理解,社区资源开始得到挖掘和利用,形成了人民教育人民办的良好格局和全社会关心支持教育的良好氛围。我们安康小学的发展就是一个很好的例证:安康小学是一所山村小学,占地面积小,危房多。由于学校条件差,群众没有送子女入学的积极性,更谈不上参与管理学校,教师工作不安心,改变状况无信心。自"西发项目"实施后我校作为SDP项目第一批试点学校,校长、教师通过参加项目培训,接受了新的教育理念,他们积极地宣传"西发项目",通过访谈、座谈,召开社区大会等形式,广泛征求社区成员意见,大家一致认为要想让学校发展,学生增多,入学率提高,首先要解决的问题就是改善办学条件,教学条件的改善使社区群众送子女入学的积极性高涨,由于学校发展了,村民有了信心,积极主动地参与学校的重大活动,并把学校看成是自己的学校。

3. 新一轮SDP实施的重点

——学校发展计划必须与学校的日常管理相结合,与教育行政部门的工作相结合才有生命力。

——学校发展计划的制订和实施,必须依靠社区成员的积极参与,学校必须主动担负起自身发展的责任,而不能只要求社区为学校做什么,而应该更多地考虑学校应为社区做什么。

——学校发展计划的制订和实施必须有县教育主管部门、学区和社区有效的监督和帮助,改革评价制度与机制,制订行之有效的评价细则,明确教育部门与社区、学校的职责,不能只靠"既得利益"的驱使,应有"问责机制"。

——彻底消除为"项目"做计划的意识,要把制订和实施学校发展计划的工作落实到学校发展有关的各个层次,要有持续性、前瞻性,尤其是校长要有高视点。

——人本治校,要有特色,切忌千篇一律,效仿无创新。

——制订和实施学校发展计划要有经费保障,否则一切将会落空。

变了——我们的学校

广西南丹县芒场镇中心小学　杨玉梅

我们学校是实施SDP项目的学校。实施这一项目以来,学校管理发生了较大的改变,教师的思想和教学模式有了很大的改观,学生的学习有了很大的进步,学校的校园焕然一新,这是SDP春风的吹醒,是专家关心和指导的结果,才使得我们学校发生如此的变化。

1. 多方参与制订学校管理方案

实施SDP是自下而上的管理代替了陈旧的自上而下的管理模式,这是我们实施了新的管理模式,学校的管理由群众、老师、学生的共同商讨得出的方案。在实施SDP的管理中,老师走村串寨对社区群众进行访谈,召开社区群众代表大会,让群众提出建议,共同商讨新的管理方案,再从各村选出群众代表、学生代表、机关代表、老师代表对方案进行综合分析后,给问题排序打分,学校根据群众提出的问题进行分类整理,得出学校的安全管理是学校目前重要的问题,得出这一结论后,我们根据群众提出的要求及时做好各方面的安全管理,建立放学护路安全小组,选出组长,在安全隐患的地带设好安全标志,对于通过二级公路的路口,学校去找公路局、交通局做好各种安全通道的标志。

2. 教师的思想和教学模式的改观

从召开社区代表会后,群众对我们老师的教学和思想也提出了不少的意见和建议,群众要求我们教师要提高教学能力,改变陈旧的教学模式,要更新观念,得到这些建议后,我们学校教师积极参加"参与式"教学的培训和到各个学校听课。现在教师的教学观念有了很大改变,抄教案上课的不良的教学观念得到改变,教师之间相互辅导、共同讨论、交流意见,共同搞好教学,使本年度毕业班教学成绩圆满完成地区的标准要求,这是实施SDP的结果,是社区群众、老师和学生的共同努力取得的成果。

3. 学生学习有了进步

SDP实施过程中,学生的学习态度有所改观,遵守学校纪律,同学之间相互关心,共同搞好学习,课堂上认真听课,合作交流学习,积极发言,到校后能主动进教室看书学习,积极参加校内外各种活动,使我校在县中小学艺术节中取得好的成绩,在体育方面也得到很大的发展。

4. 校园建设

从社区代表的讨论和商讨中得出校园的建设也是我们学校重中之重的问题,我们学校是在一个小山坡上,四处都是群众的住户,是群众干活、赶街和放牲口的通道,校园四通八达,这给学校的管理带来了很大的难度,自从实施SDP以来,在社区群众的支持下,学校领导、社区管理员和老师们积极与企业单位和老板协调,100多万元投入到我校建设,使我们学校的教学楼、综合楼、围墙、球场等有了很大的改变。这是我们社区群众的愿望。现在我们学校已有一栋两层的教学楼,一栋三层的综合大楼,有了各种教学设备仪器,围墙已建好,还有一栋综合楼正在施工中,春天,我们校园的花草树木蓬勃生机,鸟语花香。

芒场小学是一个没有名气的中心小学。我们感谢SDP项目在我校落实,实施这个项目以来师生精神面貌焕然一新,校园的崭新面貌也展现在眼前。

实施SDP给一所薄弱学校带来的变化

广西南丹县芒场镇中心小学　郁德义

我们学校实施"西发项目"子项目SDP以来,我有如下几点感触:

1. 学校有了明显变化

芒场小学曾是一所没有围墙和大门,非常的破烂的"薄弱学校"。可是两年前实施"西发项目"子项目SDP以来,我们学校发生了翻天覆地的变化。现在,校门、围墙建设和教学楼等基础设施改造工程已竣工。展现在我们面前的是整洁漂亮的操场,宽敞明亮的教室。实验室、图书室等功能室齐全,教师们能充分利用多媒体、电视、DVD 等教学设备进行教学。"薄弱学校"已经旧貌换新颜。

2. 教师的工作主动多了

SDP 不但关注学校的发展,也关注教师的发展。既然与己有关,大家工作起来当然就主动多了,我感受最深的是为了学校获得更多的信息,老师们顶风冒雨下队访谈,好像是在做自己家里的事一样,不叫苦不叫累。为了使访谈能涉及各种群体,白天上课,放学后便组织本年级的教师、学生进行座谈,晚上打着手电,挨村挨户进行访谈。由于学校经费紧张,老师们晚上下村下户访谈所用的手电筒、电池都是自己掏钱买的,学校没有一分钱补助。为了收集到更多的问题,老师们的工作都非常认真细致,在访谈中,老师们并不都是很顺利,也有的碰到了难堪,有些群众提的问题比较尖锐,甚至有些刺耳,他们认为:学校的事就是教育局的事,是老师的事,我们出钱送孩子上学,你们就得教好! 你们又没有发工资给我们,凭什么要我们帮你们管事。但经过学校广泛而深入的宣传,老师们耐心地解释,群众的观念发生了很大的变化。

3. 教学网络化

多少年来,我们的课堂教学以教师的语言讲授为主,单一的口耳相授的教学模式,禁锢了教师的思想,限制了学生的发展空间。现在,我们配备了远程教育接收装置,我们可以通过教学光盘、网络去采集和利用各种教育媒体资料,使我们的教学变得丰富多彩,使我们西部山区的学生也能享受到与城市一样好的教育。

4. 学生养成了好的习惯

老师们满腔热情地爱护每一个学生,满怀信心地爱护每一个学生,千方百计地帮助和教育每一个学生要养成好的习惯。现在学校的教室和走廊比以前安静多了,也卫生多了。学生们行为规范意识很强,都知道教室是读书的地方,走廊是走路的地方,操场是活动的地方。学生见到老师就问好、见到纸屑就捡。学生每天到校就自觉搞卫生。早上打扫教室和校园之后,并注意保持。

SDP 的实施对学校、学生、社区都是有益的,是恩泽社会与后代的,我们应放下包袱,及时积累项目资料,留下项目实施足迹,放开手脚,努力创新,把学校建设得更完美。

浅析学校发展计划制订过程中应注重的问题

广西蒙山县教师进修学校　庄兴钊

学校发展计划是指在学校层次,通过自下而上的方式,广泛征求社区群众的意见,由学校和社区自主制订的关于学校未来发展的规划,包括学校未来 3 年要达到的主要目标和每一年的行动规划。它主要强调通过制订和实施学校发展规划以实现学校教育的发展与提高,是一种政府间接管理学校的方式。制订学校发展规划,为实现学校的可持续发展,根据学校内外环境的变化,对学校的未来进行预测、谋划及设计方案,并加以有效实施的过程,是实现学校发展目标的首要工作。正确认识、发展与完善学校发展计划是学校真正实现自主办学,提高核心竞争力和迈向可持续发展道路的必修课。

1. 制订学校发展计划必须做到学校与教育行政部门的有机结合

学校发展计划的制订必须根据党的教育方针和政府的办学理念,应当在国家规划的前提下立足自主发展从学校实际出发,着眼认识和开发学校自主发展的内在动力,从而达到教育行政部门与学校的有机结合。因此作为政府的公立学校,在制订学校发展规划过程中,必须依照政府的办学方向,满足政府的办学要求,做好与教育行政部门的有效沟通,主动接受教育主管部门的宏观协调和指导,让教育行政部门相信学校已明确办学方向在努力工作,并取得教育行政部门对学校的自主发展的认可和在政策上给予支持,在信息上给予帮助,在财力上给予资助,做到依法办学,办人民满意的教育。同时由于长期以来我国基础教育阶段学校的发展,在方式上主要是以自上而下,大规模集体性的改革为主,从内容上以办学条件的改善,教学方法的探索,课程改革为主,而从当前学校发展的趋势看,学校发展的方式应该更加关注学校自身的特点,需要不断形成和强化学校的办学特色,从而需要改变学校按部就班管理学校的思路,不在于应对上级的检查评比,而在于学校自身发展,在于校长教师和学生的发展,应围绕学校自主发展重新认识学校发展规划,坚持自下而上,要求民主参与,通过群众的广泛参与和讨论在学校内部形成发展共识,促进学校能立足于自身基础的发展,并能付诸于实践。

2. 制订学校发展计划必须做到学校与社区的有机结合

集思广益是做好学校发展规划制订工作的关键。规划的制订过程是不同群体之间利益平衡的过程,也是利益平衡基础上确定共同价值观和共同目标的过程。在这过程中,就需要社区各方面人士与学校共同分析学校的现状和查找存在的主要问题,明确优先解决的问题、未来的目标、所需的投入等,并进一步区分学校各项工作的轻重缓急,进而拟定学校的年度规划,通过研究和分析学校发展过程中所反映出来的学校发展需求,教育行政部门在分配教育资源时可以据此做出更为科学合理的决策,从而达到学校与社区的发展愿望有机结合。因此,学校发展计划的制订必须在充分分析学校现状的基础上,明确学校目前处于什么类型的社区环境,这是规划制定的首要环节。制定学校发展规划时,不但要透彻、深入地分析学校现状,而且也要透彻、深入地分析社区的各种办学环境因素。每所学校发展都有自己的历史,在自己以往发展的过程中,都会形成自己的传统和优势,也都有自己的缺陷和劣势。而学校所处在社区的地理位置,社区的经济基础,社区的人口素质,社区的人文环境等因素对学校的影响都很大。既要建立在对学校实际深入思考和分析的基础上,从学校发展的内因问题着手,找出学校发展问题症结所在,根据学校实际而制定,做到"基于学校",并具有针对性,使学校教师对学校发展规划有基本的认同感,看到学校发展的方向和希望,大家都能所适从。同时也要注意到制订学校发展规划时要了解社区群众的需要,满足社区群众的要求,要明确没有社区的积极支持,学校的发展就难以实现。因而要广泛征社区意见,树立社区参与、广泛沟通、交流的重要思想,通过社区参与,了解社区群众的需求和愿望,争取社区的支持,开发利用社区各种教育资源,为学校发展创造良好的外部条件。从而使学校发展方向和目标更明确、更符合学校实际,也更科学合理。

3. 制订学校发展计划必须做到校长与教师、学生的有机结合

学校发展计划的核心观念是自下而上的民主教育思想。通过实施学校发展计划,校长的教育观念与管理策略得到了更新,管理更加民主,方法更加得当,措施更为有力。学校发展计划的执行在本质上是一个协同的过程,它把学校共同体各种力量聚集在一起,共同勾勒学校发展的使命、愿景和目的,共同完成学校发展的大业。它在很大程度上取决于校长、教师与学校共同体其他成员的协同作用。它是一个"自上而下"和"自下而上"过程的统一。因此,学校制订发展计划就要通过全体成员的共同努力,系统地分析学校的原有基础,选择重点发展项目,确定学校的发展目标,促使学校挖掘自身潜在资源,提高管理效能和教育质量。它的前提条件必须是学校的全体成员认同学校的办学思想、具有共同的价值观和理想追求。否则,所制订的学校发展计划就没有发展的灵魂,教师也没有教育思想的观念基础。

学校发展计划制订过程应该是校长凝聚各部门的力量共同勾勒学校发展蓝图的过程,是校长协调和整合各部门活动达到最优化的过程,校长首先必须对学校的过去、现在、将来作认真周密的整体系统思考。通过倾听广大师生的呼声,广泛商讨,集思广益,在看到学校面临问题的基础上找到解决问题的方式方法,提出自己明晰的学校管理的思想和思路,确立学校的总体目标。在取得全体教职员工的理解和认同的基础上,把学校总体目标层层分解落实到学校各有关部门乃至教职员工个人。而作为校长应该意识到学校的各级员工是计划执行的主体,他们对计划的认同对发展计划的成功执行有重要影响,如果认同度越高,计划执行的效果就越好。计划认同反映的是在学校内部不同个人与部门对使命、愿景及计划的共同认识和责任。认同度低,学校的发展计划的执行将缺乏合力,不同方向的牵引力将会引致和加剧组织内部的摩擦,无谓地消耗时间和资源,致使计划目标无法实现。由于制订学校发展计划是谋求发展,要以相关政策为依据,以新理念筹划跨越式发展之计策,是上下结合、群策群力的过程,绝不是简单的少数人的行动。所以学校校长不能"关门造车"、"单打独斗"地自己个人制订,而要充分调动教职员工的积极性,组成由校长、学校管理层、教师和其他相关人员组成的学校规划制订共同体,要让广大教职员工参与规划的制订,让执行主体全程参与到计划的制订与执行的各个环节,从认知与情感上提高对计划的认同,实现学校各部门工作的合理组合、统筹兼顾、主次分明、轻重有别、前后有序。只有这样才能形成各部门工作目标、个人发展目标和学校总体办学目标协调一致,环环相扣,最终使学校发展规划成为有内在联系的整体系统。从而使学校各部门乃至广大教职员工能够真正在校长的引领下结合实际进行自主思考和创新,为达到规划目标努力奋斗。

4. 制订学校发展计划必须做到前瞻性与可行性的有机结合

学校发展计划的制订是总结过去、理清思路、设计愿景、筹划未来的系统性工作，它要求基于认识，又要高于认识，是过去认识的理性化。它既要体现其制订的目标具有前瞻性，同时也要体现目标的可行性。因为学校发展计划一般包括学校未来3年要达到的主要目标和每一年的行动计划。从而就要求在制订时要指向未来，要表明未来学校的发展状态，这就需要具有前瞻性，要有预见的成分，使规划有高度、有创新，且思维严密。计划要从实际出发，但不能是实际的拷贝，不能迁就现状，而是要在实事求是地分析估价现实的基础上提出发展的要求，创造发展条件，制订发展措施。但制订的发展目标的定位必须符合学校的实际情况，在学校办学使命、学校发展的愿景之后形成的确定性标准，而不是随意地设想或照搬他校的文本。要根据教育目的和教育价值观的要求，根据学校已有成绩、优势以及可挖掘的潜能，在体现学校特色基础上提出的。因而目标不能过高，成为大家空喊的口号，也不应该过低，导致目标不能起到应有的导向和激励作用。另外，在整个目标体系中，不能出现子目标间相互背离和矛盾的情况，要力求达到和谐统一，真正起到统领和导向学校发展的作用。

随着我国基础教育改革的不断推进，笔者深信，制订和实施学校发展计划是实现学校发展的重要途径和手段，而且一个完整的，科学的带有前瞻性的学校发展计划，通过在实践中不断探索完善，对于指导学校的具体工作，促进学校可持续发展至关重要，并将会为学校转变管理思想，凝聚各方共识，准确分析诊断学校存在的问题，帮助学校自主持续发展提供一个有效的平台。

制订学校发展计划的几点原则

四川富顺县兜山镇中心小学　范明伟

我校是"西发项目"的试点学校。我于2005年参加了学校该项目的学校发展计划培训和以后的一些相关培训，并且参加了我们学校制订和实施学校发展计划的全过程。从中体会到学校发展计划的几点原则，主要有效益性、合作性、前瞻性和可操作性四条。效益性是学校改革所追求的根本目的，合作性是学校发展计划的主要特征，前瞻性是学校发展计划的内在要求，而可操作性是学校发展计划的有力保证。这些原则并不是单独起作用，而是彼此联系，任何学校发展计划的成功都是各个原则综合运用的结果。

1. 效益性原则

学校发展计划的根本目的是在学校生存过程中追求学校生命的高质量和高效益。学校发展计划可以使学校全体成员有一个清晰的发展前景：学校将如何发展，学校将朝哪里发展，学校发展的瓶颈是什么，学校正处在什么发展阶段，遇到的主要问题是什么。学校发展计划使学校全体成员形成共同的目标意识，共同的规则以及对学校愿景的共同看法。学校发展计划为学校全体成员参与学校各方面的事务提供机会，并为达到学校的使命、愿景和目标而努力，减少不必要的人员、物质和财力资源的浪费，保证用最少的时间和精力，使学校生活各个方面达到最好的效益。

2. 合作性原则

学校发展计划实质上是一个学校共同体成员就学校未来发展进行合作的过程。计划在很大程度上取决于校长和全体教师的合作，包括学校共同体成员与董事会商谈和讨论。计划由学校共同体所有成员一起讨论制订，尽管各个部门计划的目标存在差异，但是应该与学校的使命、愿景和目标保持一致。这样，教师对计划有高度认同感，而校长也较容易推进这种计划。

3. 前瞻性原则

前瞻性原则是指根据社会发展形势和教育改革的需要，去除其中一些过时、不符合社会发展需要的内容，增加新的符合社会发展形势需要的、符合时代精神的内容。计划就是建设的蓝图，就是学校未来努力的方向。学校发展计划以学校的使命、愿景和目标为核心，学校的愿景、使命和目标都指向学校的未来，是学校将要达到或努力要达到的一种理想状态。学校发展计划根据学校发展趋势和一定的教育思想，对学校未来进行合理性的预见。学校发展计划考虑的都是"明天的学校"，是学校发展的行动纲领。

4. 可操作性原则

学校发展计划必须要设计一系列具体的、详细的可以操作的行动计划，明确阶段性的目标，这样才能充分调动学校广大师生参与计划的主动性和积极性。可操作的行动计划包括以下的几个方面：目标必须是精确而可以测量的；具体任务的陈述必须是清晰明确的；责任的分配必须是合理到位的；时间表必须是合适的而可以利用的；成功标准必须是具体规定而可以达到的；另外还必须有严格的监督和评估过程。所有这些标准都是计划成功操作提供的前提条件，否则，计划就是一纸毫无意义的空文，就真的成了"纸上画画，墙上挂挂，嘴上话话"的摆设了。

学校发展计划正逐渐成为当前教育改革的一个热点。目前我国基础教育改革非常强调"均衡化发展"，各地对于中小学合理布局提出了强烈的要求。许多地方正在进行的实验性、示范性学校建设、基础薄弱学校治理与改进，都非常重视学校发展计划，并把它作为改进学校管理效率的一个重要工具或手段。但好多学校发展计划的制订多是任务驱动，是校长按照上级领导的布置，为了应付上级教育主管部门的检查和评估而制订的，很多计划的制订是学校的几位校长冥思苦想所得，有的是请人代笔完成，但这样的计划实际上并没有起到多大的作用。为了有效地推动学校教育和学校管理改革的顺利进行，我们可以从现在试行的学校发展计划取得的有关成果中得到一些启示。

学校工作计划融入学校发展计划的尝试

四川富顺县怀德镇大城九年制学校　熊光建

　　学校工作计划与学校发展计划在学校同时存在,学校发展计划更多的是作为一个课题在应付检查,学校工作计划具体指导学校工作的开展。作为现代学校的一种科学管理的理念,学校发展计划应该引起重视,学校工作计划应该与之有机地融合在一起,具体引导平时工作的开展。

　　在学校工作中,根据上级主管部门的工作计划,结合学校实际,在学年初、学期初,甚至在月、周前都要制订相关的工作计划。有学校整体的工作计划,也有各部门的工作计划。学校工作计划是上级主管部门检查学校常规工作的必查项目,也是学校理清工作思路,制定奋斗目标,安排部署工作的主要文件,对学校领导、老师在一段时间的工作具有指导作用。

　　学校工作计划可以是主要工作的概括描述,也可以拟定明确的时间表,后者往往指导性更强,更有利于各部门各教师把握。

　　学校发展计划是在学校层次,通过自下而上的方式,广泛征求社区群众意见,由学校和社区自主制订的关于学校未来发展的计划,包括三年的发展展望和每学年的行动计划。学校发展计划包括硬件和软件两方面。学校发展计划要分析学校的现状、存在的主要问题,明确应该优先解决的问题、未来的主要目标、所需的投入等,并进一步区分学校各项工作的轻重缓急。

　　在制订学校工作计划的过程中,完全可以融入制订学校发展计划的方法,把两个计划合二为一。这样才可以把学校工作计划真正落到实处。两个计划的融合,首先是制订计划前期准备工作的融合。运用制订学校发展计划的方法,在社区和师生中开展访谈。了解本学年师生关注的焦点问题,查找学校自身存在的优势和劣势,商讨解决的办法。其次才是文本的融合。上级主管部门布置的工作必须写入计划。

　　以前的工作计划通常都是校长根据上级文件要求,以自己或领导班子对学校自身的熟悉情况,按照自己对学校的管理思路,一挥而就,然后下发,装进档案备查。计划内容弹性大,缺乏指导性。合二为一的计划文本格式可以采用学校发展计划的样式,把一般工作计划中的一些套话、虚话删掉,代之以实实在在的分析思考,找准问题的症结,对症下药。看似把写计划的工作复杂化了,实际上才是真正的起到了计划的作用。由于集中了教职工共同关注的问题,在平时工作中指导性强,也避免了工作的随意性。学校工作计划的阅读对象主要是本校教职工,对大家熟悉的学校情况可省略,比全面的学校发展计划文本更简明。

　　以下是我校2007至2008学年度学校发展计划和学校工作计划的融合文本:

富顺县怀德镇大城九年制学校(2007—2008学年)发展计划

一、学校发展计划管理委员会

职务	姓名	性别	民族	文化程度	工作单位及职务
主任	熊光建	男	汉	大学	大城九年制学校校长
副主任	易先清	男	汉	大专	大城九年制学校副校长
副主任	甘立勇	男	汉	大专	大城九年制学校副校长
副主任	王邦宏	男	汉	大专	大城九年制学校支部书记
成员	罗东	男	汉	大学	大城九年制学校总务主任
成员	彭文辉	女	汉	大专	大城九年制学校办公室主任
成员	黄金玉	女	汉	大专	大城九年制学校教师
成员	李文辉	男	汉	大专	大城九年制学校教师
成员	张国从	女	汉	初中	菜坳村委会主任
成员	韦光清	男	汉	初中	学校伙食团经营者,村民
成员	张发银	男	汉	初中	个体经商户(残疾人)
成员	王禄贵	男	汉	初中	大城社区居民

二、学校本学年初概况

7个教学点,43个教学班。中学12个班;完小13个班;清辉村小2个班;新田村小5个班;惠泉村小5个班;甘菜村小两个校点,各有3个班,另外幼儿班完小3个,甘菜2个,惠泉和新田村小各1个。

全校教职工90人,正式教职工71人,代课及临时工19人。正式教职工中本科学历22人,中师中专高中以下学历18人(老教师和代课教师)。中级职称42人,中级待聘7人,高级待聘1人。本学年有2人退休。市级骨干教师7人,镇级学科带头人3人。

三、学校现状分析

SWOT分析	教职工的看法	家长(社区)的看法	学校领导班子的看法
优势	1. 教师有很强的敬业精神,学校教学质量较好,校风较纯; 2. 学校地理条件较好,生源相对比较充足; 3. 学校领导民主,管理公开、量化,各项制度完善; 4. 中小学有电脑能上网,教师能接收到比较新东西。	1. 学校管理方面做得好,重视安全教育; 2. 教师师德师风好; 3. 有相当部分成绩好的学生家长对学生的期望值高,有决心送孩子多读书; 4. "两免一补"后学生读得起书了。	1. 学校领导班子比较团结,有较长远的规划; 2. 教学质量较好,生源比较充足; 3. 学校管理制度完善,管理民主,教师有较强的敬业精神; 4. 学校紧邻抗元遗址虎头城,社区有一定的历史文化底蕴,可以进行校本教材的挖掘; 5. 重视学校安全工作。

SWOT分析	教职工的看法	家长(社区)的看法	学校领导班子的看法
劣势	1. 家长大部分不在家,对学生的教育困难; 2. 操场面积太小,特别是完小,学生活动场地狭窄; 3. 有安全隐患,初中部离公路太近,学校存在诸如小学厕所之类的危房,台阶多,转弯死角多; 4. 在现有体制下,学校奖金福利少,教师工资普遍很低,物价涨得太快,教师生活质量下滑,工作积极性下降; 5. 实验器材和场地缺乏,必要的分组实验无法开展。	1. 学生父母不在身边的多,隔代管教或帮人看管孩子,辅导和管理存在问题多; 2. 学校的英语和电脑开设得不好; 3. 学生的行为习惯差,脏话多; 4. 家长不很了解学校的制度要求。	1. 领导和教师们外出参观学习的机会太少,教育教学观念陈旧。上网去主动获取专业知识的人不多; 2. 师资力量不强,正式教师的实际知识水平大部分处在初中水平。特别是村小,由于工资待遇低,代课教师更换频繁,素质差; 3. 教学点多,村小的班额小,教育成本大,学校负担重; 4. 留守学生占到了全校学生总数的60%左右,对学生的管理和学习的辅导督促是一个问题; 5. 经费限制,电脑课只在两个教学点开设,故障多,不能正常使用。
机会	1. 参与式教学理念有所增强,课堂教学改革大势所趋; 2. 学校经费组成发生了巨大的变化,教学条件应该有大的改善,现代教育设施越来越完善。	1. 拓宽与社区的联系; 2. 现在国家重视教育。 3. 现在学生转学较容易,家长重视。	1. 基层机构改革可能导致学校管理模式改变。 2. 初中部综合楼可以投入使用,初中部的设备设施有较大提高,多媒体环境下的教学活动能开展。 今年的主要经费投入初中部建设。
威胁	1. 家庭、社会的负面影响大,学生越来越难教难管。 2. 初中毕业生缺乏职业技术教育,谋生困难; 3. 社会、家长、学校对教师的要求越来越高,教师身心疲惫。	1. 社区资源匮乏; 2. 小部分教师素质低,误人子弟。 3. 有些村的孩子读书走得太远了。	1. 留守学生教育问题难,青少年违法犯罪增多,流失增多; 2. 由于经费的原因,部分校舍陈旧且有安全隐患,但无力改善; 3. 教师待遇差,留不住优秀教师,教学质量如果下滑,就吸收不到优质生源。

四、学校本学年发展愿景

本学年,主要加强初中部硬件建设。新建成的教学楼开始投入使用,建成物理(生物)实验室、化学实验室、图书阅览室、会议室各1间;图书保管室、荣誉室、各种实验仪器保管室4间;面积近200平方米的多媒体教室建成并投入使用。配齐13间比较规范的教室,课桌凳摆放整齐,整洁美观。建成较规范的餐厅两间,能容纳约150人同时就餐。平整硬化初中部操场,修建一个面积约100平方米的主席台。

小学整合教育资源,在新田、惠泉实行隔年招生,清辉停招学生。完小保持13个班,调整教室布局,过道直观通畅。

一学年中,校园集体舞成为校园一景。课间操时间,中小学生伴随着欢快的旋律翩翩起舞,引来社区群众围观。中学校园的绿化美化初见成效,小叶榕树枝繁叶茂,四季鲜花盛开。中小学校园整洁美观,温馨的提示语告诉学生自己就是这个可爱校园的主人。课间,操场上,孩子们做游戏、踢毽子、跳绳、打乒乓、打篮球……

随着悦耳的上课铃声,孩子们快步进入教室,各班传出了歌声、笑声、鼓掌声,这是每个班级课前三分钟的小节目。参与式教学已成为了课堂的主要模式,课堂已成为了学生自主学习的舞台。

教室宽敞明亮,桌凳整整齐齐,多媒体教室的投影伴着动听的乐曲;电脑室里,孩子们正在互联网上下载资料;实验室里师生正在细心观察;备课室里,老师们正在精心准备上课的讲义……

荣誉栏里,陈列出学校的荣誉:"自贡市常规管理优秀级学校"、"县级卫生单位"、"县级文明单位"、"县级校风示范校"、"某某老师获县级优质课某等奖"……

课余常会看到师生谈心的身影,午间广播里传出一个个生日祝福,心理咨询室老师温馨的话语,帮助远离父母的留守儿童找到了心灵的慰藉。

一个设施较好、师资较强、教育教学效果显著的农村九年制学校正在成长。

五、本学年需优先解决的问题及其分析

(一) 2007—2008学年需优先解决的主要问题

类别一:与加强社区联系有关的最主要问题

> 问题1.1:在街上租房学生多,有安全隐患

类别二:与教与学有关的问题

> 问题2.1:满堂灌的教学模式不利于培养学生自主学习的能力
> 问题2.2:教研活动流于形式,影响教师专业成长
> 问题2.3:缺少校本课程,学生对当地文化资源不了解

类别三:与学生关爱有关的问题(含提高入学率、降低辍学率)

> 问题3.1:学生心理问题多,滋生厌学情绪,导致辍学率增长

类别四:与学校管理有关的问题

> 问题4.1:代课教师调资不落实,教师队伍不稳定
> 问题4.2:学校食堂不达标,影响学校办学条件整体提升

类别五:与校舍仪器设备有关的最主要问题(包括校舍及仪器设备的使用、维护和保养)

> 问题5.1:中小学需要能做科学、理、化、生课本分组实验的最基本的仪器设备

类别六：需要与政府社区协调解决的问题

> 问题6.1：街村水厂水池修建在校园内有安全隐患

六、本学年学校发展的主要目标与活动

问题类别：与加强社区联系有关的最主要问题		问题1.1：在街上租房学生多，有安全隐患		
问题解决的主要目标：让留守学生感到学校的关怀，在学习生活上进步				
活动与措施	开始/结束时间	负责人	所需资源（资金/人力等）	检测与评估时间及检测人
1. 建立健全留守学生档案；对学生在街村租房住的情况进行统计，不定期进行检查； 2. 班级专门组织留守学生开展活动或组织与留守学生有关的活动； 3. 组织老师和学生、学生和学生的学习生活帮扶活动；	2007年9月—2008年6月	关心下一代工作委员会小组/各班主任	学校领导牵头，各部门配合班主任具体开展工作。	2008年6月校长、副校长

类别二：与教与学有关的问题		问题2.1：满堂灌的教学模式不利于培养学生自主学习的能力		
问题解决的主要目标：转变教育教学观念，改革课堂教学模式				
活动与措施	开始/结束时间	负责人	所需资源（资金/人力等）	检测与评估时间及检测人
1. 以参与式培训为契机，学习经验"先学后教，当堂训练"； 2. 提倡尽量实行分组教学； 3. 以学科带头人为榜样，上示范课，由点到面地展开；	2007年9月—2008年6月	中小学教导处、各村校校长	约3000元/全校教师参与	教导处平时检查，考评

类别二：与教与学有关的问题		问题2.2：教研活动流于形式，影响教师专业成长		
问题解决的主要目标：开展学习交流，集体备课见实效				
活动与措施	开始/结束时间	负责人	所需资源（资金/人力等）	检测与评估时间及检测人
1. 开展集体备课，把长期以来的备课形式进行精简，表格式备课。把集体备课与课本上批注结合起来。 2. 读一本有助于专业成长的书。	2007年9月—2008年6月	中小学教导处、各村校校长	约5000元/全校教师参与	定期组织交流，教导处平时检查

类别二：与教与学有关的问题	问题2.3：缺少校本课程，学生对当地文化资源不了解			
问题解决的主要目标：编辑校本教材，宣传当地历史文化知识，增强学生热爱家乡的情感				
活动与措施	开始/结束时间	负责人	所需资源（资金/人力等）	检测与评估时间及检测人
编辑学校校本教材，整理现有资料，包括学校规章制度、安全卫生常识、虎头城历史知识等。	2007年9月—2008年5月	校本教材编写组	约2000元	2008年5月，学校党支部领导

类别三：与学生关爱有关的问题（含提高入学率、降低辍学率）	问题3.1：学生心理问题多，滋生厌学情绪，导致辍学率增长			
问题解决的主要目标：帮助学生解决心理问题，鼓励学生克服学习中的困难，提高巩固率				
活动与措施	开始/结束时间	负责人	所需资源（资金/人力等）	检测与评估时间及检测人
1. 关工委小组同志到各班调查统计留守学生情况，建立档案； 2. 评选优秀留守儿童； 3. 建立心理咨询室，每周定时和不定时接受学生咨询，帮助学生缓解心理压力，克服心理障碍。	2007年9月—2008年6月	学校关工委领导小组/心理咨询室负责老师	少许差旅费，为负责同志增加计算课时量	2008年5月，学校领导

类别四：与学校管理有关的问题	问题4.1：代课教师调资不落实，教师队伍不稳定			
问题解决的主要目标：想办法投入经费，解决代课教师的实际问题，巩固教师队伍				
活动与措施	开始/结束时间	负责人	所需资源（资金/人力等）	检测与评估时间及检测人
1. 根据学校实际情况及时向中心校反映； 2. 根据县聘代课教师工资标准核算到每个代课教师人头； 3. 增资金额向中心校汇报，争取经费； 4. 召开代课教师会，做好解释说明和安抚工作，垫发增资部分经费； 5. 争取上级拨付款。	2007年1月至2007—12月	学校后勤	近5万元	2007年12月，学校校长

类别四：与学校管理有关的问题	问题 4.2：学校食堂不达标，影响学校办学条件整体提升			
问题解决的主要目标：改建伙食团，加大经费投入，力争硬件达标，严格管理，为师生服好务				
活动与措施	开始/结束时间	负责人	所需资源	检测与评估时间及检测人
1. 在暑假中改建伙食团，保证硬件设施达到 C 级标准； 2. 做好伙食团承包人的招投标工作； 3. 制订管理考评办法； 4. 利用学生会、教师会、家长会广泛宣传，鼓励师生到食堂就餐；	2007 年 8 月—2007 年 10 月	学校后勤	5 万元	2007 年 10 月，学校校长

类别五：与校舍仪器设备有关的最主要问题（包括校舍及仪器设备的使用、维护和保养）	问题 5.1：中小学需要能做科学、理、化、生学生分组实验的最基本的仪器设备			
问题解决的主要目标：配备相关实验设备，开展学生分组实验，提高学生的理解和动手能力				
活动与措施	开始/结束时间	负责人	所需资源	检测与评估时间及检测人
根据"西发项目"原订器材清单，争取所需器材及时到位，并及时购置实验桌凳，建成较规范的学生分组实验室。添置图书柜。	截止到 2008 年 6 月	项目办	约 6 万元	2007 年 8 月/中心校及教育局等相关部门领导

类别六：需要与政府、社区协调解决的问题	问题 6.1：街村水厂水池修建在校园内有安全隐患			
问题解决的主要目标：搬迁水池，避免学生发生意外事故，彻底解决屋面积水渗透的现状				
活动与措施	开始/结束时间	负责人	所需资源	检测与评估时间及检测人
学校党政领导根据水厂水池带来的影响准备较详细的报告，恳请镇政府及时解决水池搬迁问题。（汇报资料由文字资料和图片组成） 　　利用各种机会向上级主管部门汇报水厂水池给学校带来的危害。	截止到 2008 年 6 月	学校党政领导/镇政府领导	不少于 50 万元	镇政府及上级主管部门领导

七、本学年工作月历表

月　次	活　动	负责人	完成情况
2007年9月	召开第二届教代会第五次会议	工会	
	建立心理咨询室	教导处	
	调查各班在街村租住学生情况	关工委	
	关工委调查留守儿童情况	关工委	
	收集整理当地历史文化资料	关工委	
10月	加强交通安全教育	行政	
	学校伙食团建设并投入使用且初见成效	后勤	
	运动会	团队	
11月	家长会	班主任	
	建成中学部多媒体教室	后勤	
	中小学各科优质课评选	教导处	
	汇集参与式课题资料并上交	教导处	
12月	师生艺术节	团队	
	召开代课教师会,补发2007年增资部分	后勤	
	迎接市常规管理优秀级学校复查验收	行政	
2008年1月	期末复习,考试	教导处	
	学期教学成绩考核	教导处	
2月	寒假	值班人员	
	学期初毕业班家长会	教导处	
3月	召开第二届教代会第六次会议	工会	
	采购图书柜,规范图书,使用图书	后勤	
	开展树新风文明礼貌月活动	团队	
	全校教师读一本专业书,交流	教导处	
4月	学生运动会,教职工劳动竞赛	工会团队	
	学校远程教育设施安装调试并投入使用	后勤	
5月	理、化、生各科实验器材到位并规范存放,投入使用	后勤	
	编辑发放校本教材《虎头城》	关工委	
	家长会	班主任	
	推荐评选怀德镇班主任工作研究协会成员并组织开展业务学习	教导处	
6月	六一国际儿童节庆祝活动	团队	
	整理资料接受"西发项目"的最后评估	行政	
	中小学毕业班复习考试	教导处	
	学校水厂水池搬迁	后勤	
7月	期末考试	教导处	
	学年工作考核	行政	

续表

月次	活动	负责人	完成情况
8月	新生录取报名	教导处	
	暑假	值班人员	
	教职工聘任	行政	
每月定期工作	财务公开，财监组定期审核票据并公布	后勤	
	校委会、班级工作考评会、月考、质量分析会、集体备课，安全工作检查和平时维修、排危，晨检每天坚持	相关部门	

拾得学校发展三件宝
——实施"学校发展计划"项目过程中的启迪

四川富顺县兜山镇起凤小学　钟德清

2005年10月，我校成为"西发项目"子项目学校发展计划（SDP）项目学校，先后派出学校管理人员共7次参加国家、省组织的专家进行的项目培训。学校也迅速启动了学校发展计划项目工作，成立机构，广泛宣传动员，积极征求意见，深入查找学校发展存在的问题，综合归纳出制约学校发展的主要问题，把它转化为学校优先发展的主要目标，提出相应的解决办法，初步制订出了学校三年发展愿景和一年发展计划。而后，在实际工作中我们围绕发展目标，积极争取各方支持，大胆地实施相关工作，并结合自己学校的实际对计划不断地修正。在近三年的项目实施过程中，学校管理上新台阶，校园硬件环境大为改观，师生精神面貌焕然一新，学校社区和谐发展。作为农村学校，在实施学校发展计划项目中，我们得到了三点启迪。

1．"自下而上"的原则是学校民主管理的基石

现在，许多学校所谓的民主管理往往是学校少数领导制订出学校计划或制度，交教代会讨论实施，这样做实际上只是让教代会或教师参与监督实施的过程，而绝大部分教师对制度和计划的制订缺少必要的参与和理解，更不要说学生、社区人员和家长。胡锦涛总书记在十七大报告中提出："要健全民主制度，丰富民主形式，拓宽民主渠道，依法实行民主选举、民主决策、民主管理、民主监督，保障人民的知情权、参与权、表达权、监督权。""人民依法直接行使民主权利，管理基层公共事务和公益事业，实行自我管理、自我服务、自我教育、自我监督，对干部实行民主监督，是人民当家做主最有效、最广泛的途径，必须作为发展社会主义民主政治的基础性工程重点推进。"可想而知，学校作为文明的传播地，实施民

主管理对于发展社会主义民主政治具有何等重要意义。

在实施学校发展计划中采用"自下而上"的原则可以有效地解决这一问题。"自下而上"的原则要求学校在制订学校发展计划之前,组成由学校领导、社区代表、家长代表组成的学校发展计划管理委员会,广泛征求社区内社区代表、家长代表,教师代表和学生代表的意见,集体分析学校存在的问题和优先解决的问题,对于问题提出解决的办法,了解各自在问题解决中的作用和角色。而不是上级领导、校长一个人或几个人说了算。

我校在制订和实施学校发展计划中,利用自下而上原则彻底改变了学校的民主管理环境。让社区、家长、教师和学生提前介入了学校发展计划的制订过程,他们不仅知道学校要做什么,而且了解了做这些事的必要性、条件和可能遇到的障碍与困难,以及自己在其中的位置,他们曾在这些决策和计划的形成过程中积极建言献策,自然增强了主人翁意识、使命感和行动的自觉性,起到了任何行政手段和途径都不可取代的动员作用,他们也自然成为学校发展计划实施的排头兵。

2. "社区学校"的理念是学校和谐发展的钥匙

现在的公办学校可以说是政府办学。但学校从其服务对象和属地看,应该是"社区学校",因为学校培养的主要是社区内居民的孩子,是属于社区的一部分,是社区的学校。应该以服务社区,服务于社区的孩子为办学宗旨,以培养出合格社区公民为办学目的,一个学校办学的特色和质量直接影响着几年、十几年、甚至几十年后社区的文明程度和人口素质。应该让社区居民感觉到学校是属于自己的,他们才会关心和关注学校的发展,学校才能充分利用社区资源为教学服务,才能充分发挥民主管理,学校才能办出地方特色,办出个性学校,教育才能真正地为地方服务。

因此,我校在学校发展计划制订和实施中,积极让学校教师和社区人员深刻理解"社区学校"理念,让教师明白:学校是社区的,应该积极与社区联系,学校要办出地方特色。让社区干部和群众明白:学校是自己的学校,应该主动帮助学校,帮助学校就是帮助自己,是为自己办学。应该承担其改善学校的责任,深挖社区资源,主动改善办学条件,提高办学水平。应该密切联系学校,参与学校发展计划的制订和实施,参与学校管理,发现学校面临的困难、原因和需求,全面而具体地了解学校的现状和学校优先解决的问题,并找出解决问题的办法,明确学校的发展方向和目标。我们的做法取得了以下效果:

首先,实现了开门办学。作为农村学校,原来我们很少到社区去宣传学校和征求群众意见,也不向社区开放,只按照上级要求办学,社区干部、群众根本不了解学校的办学情况和发展困难。教师也长期封闭在校园内,很少主动走出校园与当地干部、群众联系,对当地社会不了解。接受学校发展计划项目培训后,学校管理者管理理念发生变化,学校面向社区的门打开了,广泛征求社区对学校发展的意见,积极让社区干部了解学校发展状况和存在的困难,参加学校管理,协助学校管理,监督学校办学。并请社区学生家长走进学校,坐在课堂上与孩子一起听课,参观学校的实验室、教师办公室等,观看校园环境,与校长和老师面对面交流,对学校教育教学管理和学校发展进行讨论。

其次,学校与社区的关系变得和谐了。开放的门使学校和社区关系和谐起来,彼此相互关心,互相帮助。学校主动为社区干部学习和农民工培训开放微机室、图书室,同意社区在节假日利用学校的体育场地、器材。学校与社区解决了三十多年的土地纠纷,办好了校地土地使用证,并让横穿学校的大路改道,修建了围墙,第一次实现了校园完全封闭。原来学生"校外违纪"一直是管理的盲区,很多时候学校不知道,有时社区群众反映到学校,个别教师爱理不理。现在,社区群众积极协助学校加强学生校外管理,及时把情况反映到学校,以便学校迅速调查处理,有力地杜绝了学生校外违纪现象。

第三,调动了社区办学积极性。在学校与社区的交流互动中,通过不断地强化"社区学校"理念,社区干部、群众开始理解了学校是社区的,是社区群众自己的,他们有了办学的责任感,办学积极性被充分调动。近三年,我校利用泸自路,横窑路两条公路硬化机会,与社区一起找工程指挥部免费为学校硬化操场2000多平方米,为学校节约资金4万多元;争取和筹措资金对校园进行了绿化,建成花园式学校;社区成功人士红谷集团邓申伟董事长等捐资40万元全面改建了香炉小学;社区居民姚泰伦、王登能捐资2万元修建了学校乒乓球室,添置了部分体育器材;原学校校门交通不便,易发生交通事故,社区积极与学校商讨由社区捐地0.6亩,学校争取上级拨款10万元重新选址修建了新校门。

3. "问题解决为中心"的方法是学校加速发展的捷径

在实施学校发展计划项目的过程中,我们体会到,学校的发展并不是指轰轰烈烈翻天覆地的变化,而是应该以"问题解决为中心",把一个个存在的小问题、小矛盾加以解决,才会有从量变到质变的过程,才会有学校真正的发展。而且存在问题并不可怕,可怕的是找不到问题和问题得不到解决,任何矛盾都是可以转化的,许多问题都是前进发展中的问题,解决学校存在问题的过程就是学校不断发展的过程。

在实施学校发展计划过程中,首先,我们广泛征求意见,深挖学校存在的问题。通过组织学生、家长、教师、社区居民代表召开座谈会、个别访谈、问卷调查等方式宣传学校发展计划,广泛征求意见和建议,收集到了来自最前沿的学校发展意见和建议,找到了制约学校发展的问题。其次,我们积极采用先进的"问题树"分析方法对学校存在的问题进行分析。让学校领导和老师了解到问题产生的主要原因和可能会造成的影响,通过排序,罗列出应当优先解决的问题。第三,我们把需要优先解决的一系列问题转化成学校发展的一个个小目标。如我们把"部分村小英语教学开展差,英语教师素质低,教学水平差"的问题转化成"规范全辅导区英语教学要求,提高英语教师水平"这一短期目标。最后,我们根据不同目标的特点,设计出可行性系列活动编入学校发展计划,融入学校常规工作。

我们采用"采集信息→分析问题→确定目标→实施活动"这样一个程序,顺利把学校存在的问题转化成工作目标融入学校日常工作中,以活动的方式一一加以解决,不断推进学校的发展。如2005年底我们通过群众收集到"部分学生行为习惯差"的问题,利用"问题树"分析法分析到存在原因是"多因父母外出务工疏于管理、社会不良习气负面影响、学校常规管理力度不够等",可能产生的影响是"学习成绩下滑、违反校纪校规、社会公德意识淡薄、甚至造成青少年违法犯罪等",通过学校发展委员会研究,把它确定为学校发展优先解决的问题,并把它转化成"狠抓学生行为规范管理,学生操行评比优秀率达98%"这样一个目标。2006年上学期,学校用一学期时间组织开展了"如何养成良好行为习惯"大讨论,制订学生一日常规,设立学生行为习惯监督岗,开通红领巾广播监督专栏,组织学习《小学生守则》和《小学生日常行为规范》,制订班级公约,"养成好行为习惯"主题演讲比赛,评比"文明班集体"、"三好学生"、"文明之星"、"优秀少先队员",学科作业展评,学期操行评比等一系列活动,实现该目标。

三年来,实施学校发展计划项目给我们学校带来了新面貌,带来学校管理和发展的一次飞跃。在今后工作中,我们将继续把以上原则、理念和方法运用到学校的管理和发展中,并不断吸收各地好的经验和做法,努力提高学校办学水平,促进学校长足发展。

制订学校发展计划的几个关注点

甘肃环县曲子小学 黄胜利

学校发展计划是在学校层面,通过自下而上和自上而下相结合的方式,广泛征求社区不同群体的意见,全员参与,由学校自主制订的关于学校未来发展的校本计划。

从上述学校发展计划定义的表述中,我们不难看出,制订学校发展计划的最终目的是为了有效地促进学校的发展。学校发展计划是实现学校发展的重要手段。如何使这一"手段"最大限度地体现出学校发展的要求,笔者想结合自己的工作实践谈几点看法:

1. 关注参与人员

有人曾形象的将"过去"的学校比做"买家",而将"现在"的学校比做"卖家"。作为"买家"是享受服务,而作为"卖家"却成了服务的提供者。学校的服务能否让社区满意,能否让教师满意,能否让学生满意,是学校发展的一个主要标的。而取得他们的满意的关键就在于是否能满足他们的需求。因此,在制订学校发展计划时,社区成员、教师、学生的全员参与不容忽视,他们每个人的需求都值得我们去关注。

1.1 关注社区成员的参与

"只有使自己的学校成为整个社区人们注目的一个中心,而不是一个单独传授知识的场所,学校才能被人们所关注和支持,学校发展就快、前途就好。"这一理念已经成为许多学校成功办学的共识。学校可采取多种办法,多渠道地搜集社区成员对教育的需求,学校在制订发展计划时,尽可能地去满足他们的种种需求,注重学校对社区的责任和义务,只有处理好学校与社区、家长的关系,才能争取社区对学校的理解,调动社区支持学校办学的积极性,学校也才能更充分地利用到社区资源。千万不能因为这部分工作费时、费力疏于关注或不去关注,从而失去学校发展的一个有效资源。

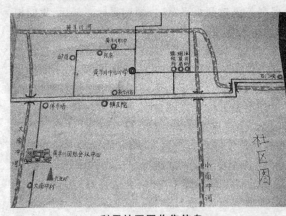

利用社区图收集信息

1.2 关注师生的参与

学校发展计划坚持"教育以学生为中心,办学以教师为中心",主要是建立教师、学生和学校发展的利益共同体,实现教师、学生和学校的共同发展。制订学校发展计划,要充分调动教师的参与意识,进行真诚的情感交流,了解他们对学校管理的需求、教学评价的需求、督导评价内容的需求以及自身发展的需求等,尽可能地采纳教师的建议,只有把教师作为办学的中心,才能使教师理解学校的工作,积极主动地参与学校的工作。学校教育工作的中心是"一切为了学生",但如果没有对学生的充分了解,学校就无法为学生提供能够满足他们学习和成长的理想环境,教师也难以有效地开展教育教学工作。没有了教师和学生的发展,学校的发展也只能是纸上谈兵。因此,制订学校发展计划,应充分关注学生、教师的需求。形成学校、教师、学生共同发展的利益共同体。

1.3 关注教育行政主管部门的参与

学校发展计划尽管是建立在学校层面上的,但这种"自主性"并不是绝对的,不是权力的绝对拥有。作为政府办学的学校,在很大程度上受控于政府,但办让人民满意的教育是政府与学校共同的办学宗旨。学校在制订发展计划时,要采取自下而上和自上而下相结合的方式,加强与政府的交流和沟通,争取政府对学校自主办学的认同和支持。

2. 关注学校现状

任何一所学校都是在特定的社会和自然环境里办学的,学校今天的现状是昨天发展的积淀,而今天的改革决定了明天的发展结果。从某种意义上讲,学校发展是一个不断适应内部和外部变化、调整和改革自身的教育教学及学校管理的过程。因此,关注学校现状是制订学校发展计划的又一个重要关注点。

2.1 关注学校外部环境

学校作为社会的学校,它的发展受其所处地域的自然环境、人文环境、经济环境、宗教信仰等诸多因素的影响。学校只有在充分地了解和分析各种外部因素的基础上,对学校所处的优势做出正确判断,才能更好地定位学校的办学规模、发展特色等。另外还应关注当地其他学校的状况,在同等办学的条件下,分析他们是如何有效利用当地资源的,作为自己办学的参照。学校要不断强化开门办学的意识,审时度势,最大限度地挖掘和利用外部的有效资源为自己所用,切不可闭门造车。

2.2 关注学校内部环境

每所学校的发展都不是从零开始的,都有自己的历史。在自己以往的发展历程中,都会形成一定的传统和优势,也都有自己的缺陷和劣势。即使是新办的学校,也不是从零开始。学校建设中蕴涵的多种文化因素,学校组成人员的不同经历和文化背景都会对学校产生深刻的影响。因此,制订学校发展计划,必须得摸清自己的"家底",从学校的硬件设施、教育改革、文化氛围、师资力量、领导班子、学生习惯等多方面入手,采用SWOT分析法,对各方面存在的优势、劣势、机会、风险都做出详细分析,作为制订学校发展计划目标的重要参考依据。

3. 关注目标与措施

学校发展目标是学校发展计划的核心和关键。目标的准确定位直接影响着学校发展计划的质量,而措施又是实现目标的重要途径,它与目标要形成相互对应的关系,不能支持目标实现的措施不能作为学校发展的措施,没有措施支持的目标不能作为学校发展的目标。

3.1 关注学校发展目标

目标的形成通常是以学校状况的分析与问题的诊断为基础展开的,是对所有参与者描绘的"学校发展愿景"的概括和总结。它的表述可以分为两个方面:一个是高度概括、代表绝大多数人意愿的总目标;一个是具有可检测性和实践性地阶段性目标。总目标要引领阶段性目标。学校的发展作为一个动态的过程,目标的确立也应该有动态的思想。我们不可能一次性地就能对学校十年后或二十年后的发展状况做出准确的定位。因此,目标的确立无论在时限上还是内容上,首先要有适中的原则,要求实现目标的时间不能太长,标准不能过高。正如一棵果树,要让人们能够盼到它开花结果,又能够通过自己的努力去摘到果子。不能好高骛远,使目标过空过大,华而不实。其次还应把握轻重缓急的原则。目标虽是由对学校现状中存在的各种问题的分析转化而来,但它并不是对各种问题的堆砌。学校要根据自身的发展水平和发展需求,分清轻重缓急,确立重点发展方面,集中突破,带动学校全面发展,以逐步形成学校的发展特色。

3.2 关注学校发展措施

措施是实现目标的重要途径,直接影响着目标的完成效果,它的制订必须注意以下几点:

——措施必须是为实现目标而定;
——措施必须精而简,避轻就重,抓最关键的、必不可少的"事";
——措施的制定必须要立足学校的现状,充分利用各种优势或机会;
——措施的表述要语言精练、规范,便于实际操作,不能含糊其辞,模棱两可,或以口号的形式出现;
——措施的各种任务指向必须明确,负责人、起讫时间,所需资源等要有明确的规定;
——措施的工作量分配要兼顾全体,力求均衡;
——措施必须是可监测、可评价的。

学校发展计划制订过程中应注意的几个问题

甘肃环县教育局　黄志远

实施学校发展计划的目的是通过学校发展计划的制订过程,提高社区成员对教育的认识,调动社区参与学校发展的积极性,在学校和社区之间建立互动、互助、互利的有效机制,提高学校管理水平。通过社区与学校的努力,在当地形成良好的教育文化氛围,促进学校和社区及社会的和谐进步发展。

学校发展计划模式,是借鉴了国外(英国)的一些思维模式和做法,受外来文化的影响较多,而文化正是通过相互交流、交融,取长补短,才能更好地生存发展。外国人(西方人)重实、重下(民意)、重客观(不强调主观因素)、重具体、重活动、重细节等求实的作风都体现在学校发展计划的制订中,应该是我们借鉴学习的方面。如果我们能很好地吸收、消化这些精华,制订学校发展计划,那么,制订的过程就成了激活学校工作的一步好棋,而好的文本计划,必然是统领全校工作的、井井有条的、环环相扣的工作大纲,学校存在什么问题,哪些问题由谁来解决,怎么解决这些问题,什么时间去解决这些问题,都一清二楚。

我们对学校发展计划这个新生事物还处在探索阶段,应付的文本多,好的文本少,而且在制订过程中还存在不少值得注意的问题。

1. 注意上下结合的问题

学校发展计划文本制定的第一个原则就是自下而上。而我们平日的计划恰恰是自上而下。各有各的好处,但从实际出发,从国情出发,正确的方法应该是自下而上,上下结合。自下而上是第一位的,上下结合是不可或缺的。比如在制定过程中,国家教育方针、政策的贯彻执行,素质教育的落实,德育工作的突出,基础教育课程改革精神的渗透等,必须在文本中体现和贯彻。所以,既要有来自下面的意见,也要有上面的宗旨。

2. 注重教职工的意见

能否召开好社区会议,是能否制订好文本的基础。但事实证明,在初始阶段,民众对学校的工作一般是不大了解的,也是缺乏沟通的。他们多关心的是自己孩子的学习问题,很少关心学校的发展。因此,他们提出的问题多与自家的孩子上学有关,比如经济上的照顾,生活上的关心,纪律上的严管等。而真正能对学校发展提出好的意见的是教师,因为教师是学校的最直接主人。他们最了解、最熟悉学校,也最关心学校,如果把他们疏忽了,发展计划就会黯然失色。因此,要多层次、多方位、多角度、广泛、深入、多次数地征求广大教职工的意见,集结他们的智慧,寻找学校发展中的诸多问题,并想方设法解决问题,促进学校整体发展,使他们真正体会到是学校的主人。

3. 注意找准学校存在的最主要的问题

提出问题比解决问题更为重要。为什么呢?因为提出问题是解决问题的前提。不单如此,提出一个好的问题,往往是抓住了事物的本质和核心,是牵住了牛鼻子。同时,发现并找准问题,正如医生给病人查病一样,开什么药方,并不重要,只有找准病症,才是关键,如果找不到病痛的症结所在,头疼而医脚,势必事倍功半,甚至劳而无功。学校的发展也是一样,要找准事关学校发展的主要问题,才有可能切中要害,举一反三,达到事半功倍的效果,如果明明是学风上的问题,却硬在环境上大做文章,那校园再阔,环境再美,也解决不了学校的实质发展问题。只要不断地去解决一个个的主要问题,学校在三五年内就一定会有质的飞跃。

4. 设计活动要与目标对应,并保证实现目标

把问题化解成一个个的目标,把目标细化成一个个的具体活动,通过一个个的具体活动的实施,实现一个个具体目标。好的学校发展计划应该就是这样。如果活动设计太少、太单一,就不足以达到目标。如针对"学生体质普遍较差"这一问题,只设计召开两次运动会,那是完不成该目标的。所谓"足以",是通过一系列的活动,或者较长时间的坚持活动,

多方渗透,最后圆满地解决这一问题。我们所见的计划文本,大多问题出在这方面。或者目标太大,太遥远,太笼统,没法设计相对应的活动,如"教学教风不正",是哪些教师教风不正,是表现在什么地方教风不正,要具体明确。或者目标与活动对应不上,目标是学风上的,而活动是方法上的,风马牛不相及。或者活动不能足以保证完成目标等。按照文本指南要求,学校里存在的重要问题,一是入学就学问题,一是教学质量的问题,其他都是次要问题,而一个主要问题,不但是学校校长工作要完成的,也是各科教学中要渗透完成的,如:"课外读书风气不浓"的问题,各科教研组在制订其活动计划时,都要解决这一问题,都要设计相应的活动,要强化这一目标的完成。

5. 注意几种思维方式的借鉴与运用

如"头脑风暴法","问题树法","排列次序法","SWOT 分析法","SMART 目标法",等等。这些思维方法、技巧,都有其特点,不仅在制订学校发展计划中,而且在日常工作、生活中都能用得上,用得到,对我们都会很有帮助,特别是 SWOT 分析法。我们过去强调的是"二分法",即一分为二;这是"四分法",一分为四——优势、劣势、机遇和挑战,更为全面、准确,学会了,对我们很有启迪,终身受益,这是我参加项目培训最有收获的地方,故此提出来与大家共勉。

学校发展的新动力

甘肃兰州市七里河区晏家坪二小 金 晶

学校发展计划这一学校管理理念起源于 20 世纪的英国。随着国际教育合作项目的实施和我国教育改革的深入,这一理念正在不同的地域被广泛接受和应用,在不断实践的过程中,广大一线的教育工作者们深深地感受到了它独特的操作程序,和实施后所带给学校发展的来自学校内部的动力。对于这些新动力的认识,也在逐步的清晰和明确。之所以说是"新动力",是因为在当前的教育形式和教育发展的理念下赋予它新的内涵。

学校发展计划是在学校层面,通过自下而上和自上而下相结合的方式,广泛征求社区不同群体的意见,全员参与,由学校自主制订的关于学校未来发展的校本计划。

在现阶段,尤其是在我国基础教育领域,学校发展计划这一理念在国际教育合作项目和部分有远见卓识的校长的推进下,经历了十多年的实践过程。作为一名实践者,所思考的问题不仅仅停留在一些操作程序上,它所带给学校的一些变化和发展是我们有目共睹的,这些变化和发展就来自学校发展所具有的"新动力"。笔者认为,学校发展的新动力主要体现在以下几个方面:

1. 学校发展的目标意识

现代教育的特点之一是从关注学校功能转变为关注学校效能。学校效能可以理解为

"学校在固定输入下可以表现出来的功能的程度"。学校效能是一个多类别、多层次的概念。这就要求学校在管理过程中要树立明确的目标意识,管理过程的投入和产出要有可量化、可测量、可控制的操作内容。在实施学校发展计划过程中,确定学校发展的目标就显得尤为重要。

1.1 学校发展的目标来源

学校发展计划的文本撰写是基于学校存在的具体问题而产生的,问题是从与学校相关的各个层面,经过征求意见,排序筛选所得到的。问题即目标。问题的来源即目标的来源。学校所确立的发展目标首先是反映学校成员、学生家长、社区成员及关注学校教育的相关人士对学校发展的期望,其次反映了学校目前存在的、亟须解决的问题。在诸多问题中学校根据轻重缓急和实事求是的原则,学校目前所具有的解决问题的能力,归类、整理,按文本中问题的类别确立具体目标,并制订相应的活动与措施。学校的成员既是目标的制订者,又是目标的执行者,这就使这些目标具有一定的生命力,它是鲜活的、是可实现的、是可操作的、是可以用具体活动和措施转化的。

1.2 学校发展计划中目标的期限

学校发展计划以文本的形式呈现,一学年一个文本。文本中有三年的展望,三年展望是愿景式的,表述较笼统;每学期、每学年都有具体的目标,表述具体,操作性强。可以说,在执行学校发展计划的学校中,目标的完成期限最长一年,最短一学期,甚至几周,具有很强的时间意识,且在短时间内的完成率较高。这就与我们有些学校的计划或规划形成了强烈对比,部分学校动辄五年规划,由于期限长,不能准确地完成预期效果,所以只能贴在墙上,放在纸上,没有具体、明确的操作要求。我不禁想起一位基层教育局长曾经说过"五年规划,我看是五年鬼话,期限太长,难以完成"。这说明完成期限越短的目标,其效果越好,完成率越高。

1.3 目标的达成度的自我评估的意义

海德格尔曾经说过:"人类与其他物种的不同,就在于人可以意识到自己的存在,正是这种反省认识使人类超越了自然界其他物种,可以自觉地修正自己的生存状态。"在学校发展计划的操作程序中要求每学年必须对本学年的文本进行自我评估和自我监测,反思实施过程中的"得"与"失"。在教育管理过程中,这是一种反思与提升的过程,在行动中发现并提升自我管理的能力,学校的管理者和所有参与到学校发展计划中的成员必须学会成为一个"反思性的实践者",不仅对管理行为反思,而且在行动中反思。就目标的达成度进行自我评估与自我监测,是一种思维方式和行动方式的培养,是以一种科学的、客观的、审视的态度来看待自己的管理行为。通过这一行动,能促进在后续的文本制订与实施中,产生更加"实用""好用"的发展目标。

2. "以校为本"的管理理念

学校发展计划的执行和实施强调基于学校目前的现状有针对性地制订文本,确立学校发展的目标和方向,是一种相对的自主管理。这与外控管理有很大区别。前者是根据自我需求来制订计划、目标。追求教育目标多元化,真正体现"校本管理"、"校本计划",它不是标准化的、模式化的、程式化的,为学校的发展注入了新鲜的动力。后者追求教育目标需求一元化,主张的管理重点是重视制度的稳定、精确性,追求数量的发展,追求相对标准的、统一的模式。

2.1 校本管理的内涵

校本管理模式起源于20世纪60年代中后期的澳大利亚,其目的是建立学校与社区合作的学校管理模式,这与学校发展计划的理念是一致的。20世纪80年代后,西方国家纷纷开始进行教育改革,校本管理逐渐成为许多国家中小学管理改革的主要措施。随着我国课程改革的深入,校本管理的理念也在逐渐被接受。从概念上来讲,校本管理是相对于外控管理而言的。校本管理强调学校的管理与发展要依据学校自身的需要和特色来进行,学校的成员不限于学校内部的校长、教师,还包括学生、家长及校董、校监等,他们民主参与,具有主动权和承担相应的责任。

2.2 在学校发展计划中落实校本管理

学校发展计划可以说是一个"校本计划",在实施学校发展计划的过程中,学校成为一个决策的主体,强调学校内部的权力下放和权力分担,体现了管理过程的民主性,通过内部分权构建了学校校长、教师、学生、社区成员之间的新型关系,发挥了学校成员的主人翁意识。

2.3 实现学校与成员的共同发展

学校是一个特殊的机构,它既是由人构成的,也是以育人为目的的。如果说教师是学校的资源,那么,学生就是学校的产品,教师和学生都是教育管理中的重要组成部分。学校要想长足发展,在当地获得良好的声誉,产生好的社会效益,就要想方设法挖掘教师的潜力,采用有效的激励措施调动广大教职工的主动性、积极性、创造性。在制订学校发展计划中,把培养教师,为教师搭建成长的平台作为计划中不可缺少的内容体现出来,实现学校与学校成员的共同发展,这就是我们追求的共同发展。

参 考 文 献

[1] 周湘林. 以人为本的校本管理理论模式探讨[J]. 课程·教材·教法,2008 (4).

规范SDP的制订和实施 促进教师的专业发展

甘肃兰州市电教中心 张 敏

"西发项目"的学校发展计划已实施两年了。作为甘肃省级专家,无论是在本省工作的推进中还是在兄弟省、区的参观学习中,我翻阅过许多文本,发现大多数学校都把与教师专业发展有关的问题集中反映在"类别三"及其相关目标和活动。涉及的内容也基本是"某些教师教学经验不足、能力不强或者缺乏某些学科教师若干名等"。从这些内容中,我们不难看出这些问题的出处基本上是自上而下的,也就是说,问题来源于学校管理者。由此也就出现了与之相关的活动与措施,大多都是举办各种讲座、集体学习新课标、结对子以及上示范课等。这些以校本教研为目的的教研活动,很多就搞成了工作安排会,精神传达会,没有研究的氛围,收效甚微;如新老教师"结对子",很多就是学校搞的"包办婚姻",新老教师都不满意对方,"貌合神离"普遍存在;讲座更是上面是声嘶力竭的说教,下面不是昏昏欲睡就是小会不断。

实际上无论我们采用什么手段,花费多少时间,动用多少人力和物力,我们的目的是促进教师自我的反思,并在专业知识、专业技能和专业情意上有所发展。上一段出现的问题集中体现在教师对自己的专业发展缺乏自我反思和自主意识,与之相关的教研活动也是基于学校领导的认识和思考。这种现象也是与SDP的基本原则有差异的。各项目校在实施中已经认识到,学校的发展与社区、教师和学生紧密相关,那么教师的专业发展如何在SDP的实施中得到有效的促进呢?强化SDP制订和实施的规范性,突出教师专业发展在学校发展计划中的地位"促进教师专业发展"具有独特的、明确的目标指向,它使关注对象直接指向本体对象——教师,强调以教师发展为本。而在教师发展的目标上,则又集中于专业发展,发展和提升了的教师专业素质在专业实践活动的外化将间接促进学校发展和学生发展,教师的专业发展是直接目标,学校和学生的发展是教师发展的结果。因此,在制订SDP时,一定要从教师的专业发展的角度出发,以教师为主体,才能最终促进学校的发展。

1. 制订的过程要体现自下而上的原则

在建立SDP管理委员会时就应当注意到参与教师的比例,尤其是教学能力有待提高的教师能够参与到管委会的工作中,以期这部分教师在学校发展计划中就教师专业发展方面拥有一定的话语权。在项目培训和信息收集中,要加强对教师们的宣传,调动他们对个人专业发展的需求和思考。在问题的筛选中,应该把有关教师专业发展的问题单独罗列,并在广大教师中间进行另一轮讨论并进行筛选和排序,再把大家认为亟需解决的问题呈现出来。这样做并不是降低社区及学生的参与度,而是教师的发展有其较为专业的一面,俗话说外行看热闹、内行看门道就是这个道理。只有同行、同专业甚至同年级的教师才能互相找到教学中的问题所在。在这个过程中肯定会遇到许多困难,这就需要SDP管委会和学校领导出面解决,要从信心和技术上给予教师们鼓励,使他们认识到其专业发展的重要性和迫切性。

与教师专业发展有关的问题找到了,接下来就是如何做,也就是把问题转化成目标,并制订出相应的活动和措施。这方面的工作当然需要教师们的广泛参与了。但是,如果教师们提出的目标与学校的现实情况产生距离,就需要SDP管委会和学校领导出面协调。学校应根据问题和教师们预期的目标,结合学校的实际情况制订出教师专业发展的建设思路和计划(根据实际情况,可呈现在各教研组计划,也可单独呈现)。除了总体思路和各教研组的计划外,学校还有责任帮助教师制订个人发展规划。作为一名校长,就得独具慧眼,寻找到每位教师的专业成长点,并给予合适的"阳光雨露",赋予相配的"绿叶红花",这样才能大大激发每位教师的竞争意识和竞争能力。

2. 实施的过程要体现民主性和科学性的原则

2.1 以校本教研和教研组活动为基础,实现教师整体的专业发展

校本教研活动一般是以年级教研组为基本单位,因此首先时间上要有保障,每次教研

活动不少于3小时,每周必须开展一次教研活动;其次是在内容和方式上也必须有明确的要求。内容包括对教材的分析和处理、对学生学习方法的指导、提高课堂教学效率的措施、对练习的选择和处理、对不同层次学生教学重难点的确定和教学策略、教学方法的选取、不同层次班级的教学进度等。校本教研的方式应选择能调动每个教师发表自己意见和建议积极性的方法,即参与式教师培训方法。参与式教师培训是在参与式的氛围中,使教师亲身体会主动、合作、探究学习的喜悦和困惑,以达到自身观念、态度和行为上的改变,并能将所学知识和方法运用于自己工作的培训活动。参与式培训过程中,教师们会感到自己是受尊重的,自己的经验是有价值的,他们不仅会对自己过去的经验重新评价,而且能够从他人那里获得启示和灵感,在交流中生成新知识和经验。与传统培训方式相比,参与式培训还更加注重培训过程。

2.2 建立教师专业发展档案,落实个人发展规划

教师的专业成长,除了受学校的办学理念影响以外,还受到自身条件的诸多因素制约。教师的这些"自身条件"有些是自己能看清的,有些是若有若无的,有些是潜在的。教师如果能看清自己的专业现状和潜能,就能明确自己的专业发展方向,增强工作信心,提高战斗力和竞争能力。作为校长和SDP管委会,就得充分发挥每位教师的职业潜能,进而实现"人尽其才"的管理目标。那么,怎样为教师的专业发展"修路"呢?首先,由教师制订一个简单的个人专业成长规划,其次,校长及管委会依据教师的专业成长需求和现状,建立教师专业发展规划档案。学校可根据新课程要求和教师个人发展需求提出基本目标,使目标能贴近教师的最近发展区。不同类型的教师,在发展中注意采取不同的目标和方式。青年教师要为其定目标,交任务,增压力,促其苦练基本功,迅速成长。对中老年教师则以培养"专家型"教师为目标。这些目标以及活动的开展应该是动态而易于操作的,也应该是可持续发展的。这一切都能在教师专业发展档案中体现出来。这样一来,校长和管委会明白每一位教师目前所处的专业发展的位置,而教师则在实现一级目标后注重向更高一级迈进,通过梯度达标升级,层次滚动发展而使不同层次的教师都得到最适宜、最充分的发展。

2.3 变"要我发展"为"我要发展"

要变"要我发展"为"我要发展",提高教师自我反思的能力,同时开展参与面更为广泛的"以评学促评教"的活动,从而促进教师专业发展的良性循环。

教师个人发展的历程一般是这样的:教学模仿——读书、学习、实践——教学反思——参与教研——不断提升。在长期繁重的教学任务下,教师们极易把教书变成惯性,容易产生职业倦怠,更谈不上对个人专业发展的思考和需求了。对于学校对其提出的专业发展的要求也仅仅理解为"要我发展"。校领导和SDP管委会在实施学校发展计划时,应该能够关注到这些现象,并通过开展有广大教师、学生和社区参与的评教和评学等活动,激励教师们进行自我反思,并产生个人专业发展的需求。

SDP管委会要在广泛宣传的基础上,调动社区、家长和学生关心课堂教学和参与提高课堂教学的积极性。课堂教学是一种在先进的教学理念引领下的师生互为主体的主动参与、主动建构、互动生成和共同发展的过程。促进主体发展是课堂教学的最高价值取向。所以对一节课的评价标准应从传统的"以教评教"的方式中解放出来,把"评教"和"评学"结合起来,"以学评教","以评学"为重点,实现由"评教"向"评学"的转变。一堂课的优

劣不仅要看教师发挥得怎样,启发引导是否适时科学,施教策略是否灵活多变。更要看学生在课堂上的主体地位是否突出,个性是否得到张扬,思维是否经受锻炼,能力是否得到提高等。具体来说就是要看学生参与的情绪状态、参与广度和深度、学生的参与方式是否多样、学生的参与品质和学生的参与效果。"以评学促评教",并不是不要评教。教师在课堂教学中的组织和引导仍然具有主导的作用,有时候起决定性的作用。教师驾驭教材、驾驭问题、驾驭课堂的能力和自身的教学设计能力、教育创新实践能力、语言功底和素养在教学中仍起主导性的作用。"以评学促评教"就是要客观地指出教师自身的问题和不足,并善意地加以引导,引领教师在自主反思实践中逐步修正错误,为教师搭建反思实践和改正不足的平台,教师的教学反思包括:自我反思、同伴互助和专业引领。自我反思,能促进教师个体教育智慧的生成。同伴互助,能激活教师群体的教育智慧。专业引领,能促进教师教育智慧的可持续发展。专业引领重在思想的指导。学校领导和教研组要用前瞻性的、富有生命力的教育思想和理论来引领教师发展,让思想说话,变重方法指导为重观念指导。注重选取教育现实中的焦点问题,选取支点,在激烈的观念碰撞中生成新的理念。

教师的专业发展不仅是教师个人的事情,它关乎到学生的发展和学校的发展。因此,学校在进行学校发展计划的制订和实施时,应该把教师的专业发展作为一个重要的方面,在广泛征求师生和社区意见的基础上,结合教师个人发展的需求,制订出切实可行的教师专业发展的规划。在实施过程中,也要动员师生积极参与,以评学促评教,促进教师专业发展的有效性,最终实现学生的发展。

参 考 文 献

[1] 侯明甫.催生每位教师的专业成长[J].教书育人·校长参考,2007(2).
[2] 田贵荣.促进教师专业发展的途径[J].教书育人·校长参考,2007(9).

实施学校发展计划带来可喜的变化

甘肃古浪县黄羊川中心小学　赵兴文

SDP项目在我校已实施四年,我从前期制订学校发展计划的迷惑,实施操作的无所适从,直到今天对学校发展计划的深刻认识,切实经历了一段艰难渐进的过程。

SDP项目是国外引进的管理理念,采用"自下而上"的模式,把重实、重下、重客观、重具体、重活动、重细节等求实的作风都体现在学校发展计划的制订实施中,我校在实施SDP过程中,按照制订学校发展计划的原则和步骤,从认识——实践——再认识——再实践的过程中,反复探索、务实进取,已初见成效。

1. 办学条件明显改善

通过实施 SDP 项目,学校硬件建设发生了巨大变化,使用项目经费投资修建教学楼 945 平方米,昔日的危房不见了,学生课桌凳,教学仪器、文体器材短缺的问题也由项目配置解决了。课桌凳配齐率 100%,文体器材配备率 96%,生均图书 10 余册。

几年来,通过多次召开社区大会,对项目进行大力宣传,并和社区群众进行广泛交流,学校和社区变得更有亲和力,关注和呵护学校的人越来越多,在人力、物力、财力上给予帮助,如 2006 年 9 月在一次社区大会后,社会各界名人为学校捐资 28 000 余元,购置了教师办公桌椅 25 套,音响设备一套。社区投入劳动力,硬化校园 120 平方米,修建教学辅助用房 5 间,办学条件得到了很大改善。

2. 学校管理日趋规范

项目实施前,学校管理方式随意粗放,常规管理"放羊式",课堂教学"填鸭式",备课批阅作业"应付式",管理无起色,工作效率低,效果不明显。通过实施 SDP,我们才发现了症结,其原因就是学校各种计划和管理制度的制订是由校长和少数人坐在办公室里"闭门造车",没有"自下而上"营造的氛围,没有大家的殚精竭虑,集思广益。计划文本显得敷衍、空洞与校情不相符,与教师的工作实际不相符,在执行过程中缺乏可操作性,得不到大家的认可,往往束之高阁,难以落实。

通过实施 SDP,学校工作计划和制度的制定,都发扬民主,走群众路线,采用"问题树"、"头脑风暴法"、"优先排序法"、"SWOT 分析法"等技巧与工具,让大家广开言路,平等参与,最大限度地调动所有参与者的积极性,因为教师最了解、最熟悉,也最关心学校,真正能对学校发展提出好的意见的是教师,如果把他们疏忽了,学校工作就会黯然失色。因此,我们多层次、多方位、多角度,广泛地、深入地、多次数地征求他们的意见,结集他们的智慧,让他们真正体会到自己就是学校的主人。这样通过"自下而上"制订的计划和制度,就能切实可行,最能赢得大家的认可,在实际工作中,就能自觉执行。如今每位教师在工作中,由过去的他约变为己约,校长和教师之间由简单的领导与服从的关系转变为服务与被服务的关系,校长与教师之间,教师与学生之间都平等互助、和睦相处、关系融洽。教师敬业、勤业、乐业,主人翁意识不断增强,工作积极性不断高涨,由过去的"口号型"、"陈述型"向"目标型"、"行动型"转变,在工作中,呈现了比干劲、比能力、比方法、比效果的良好势头。切实改变了以往干好干坏一个样的"大锅饭"弊端。

学校民主化管理效果显著,如学校各班级周评比工作都让值周教师引导值周学生去做,依据学校《周评比考核细则》,由学生日公布、周评比、月总结,期末总评。对周、月、学期先进的班级分别授不同标志的旗帜,这样班与班之间你追我赶、争先创优,同时也培养了学生从小分析问题,解决问题的能力。班级民主化管理有声有色,班上所有的事情都分别承包给每个学生去管理,如课桌凳、窗玻璃、墙壁卫生、班务栏,各种作业本等,所有班上的事情都责任到人,具体分工,人人有事做,事事有人做,时时有事做,事事有时做,人人都是管理者,人人都是被管理者,班级工作富有活力,井然有序,既培养了学生的管理能力,也培养了学生爱校如家的团队精神。学校还建立了家长代表、社区代表、村干部对学校工作的监督、评估制,定期让他们评价学校工作,参与学校管理。以人为本的管理理念,渗透在校园的每个角落,学校管理逐步走向规范化、科学化。2006年学校被县政府评为"学校管理先进单位"。

3. 教学质量不断提高

全体教师经过参与式教学的培训,不仅教学理念发生了变化,而且教学行为、教学方式都发生了变化。教法更新、角色换位,课堂教学由传统的"灌输式",变为平等、合作、伙伴式学习,师生之间建立了民主、融洽的新型关系。学生获得了与同伴互动交流的权力和机会。体会到了自我展示、平等参与、各显其能的乐趣,我参与、我快乐的风气正在校园内悄然兴起。"教学民主"、"教育公平"的理念已渗透到教学实践中,面向全体学生,关注后进学生,时时处处用"放大镜"观察他们的优点,捕捉他们的闪光点,让他们有展示自我的机会,想方设法让他们树立自信心,激发他们的学习兴趣,如我校专对后进生设立了"进步奖",每月对学有进步的学生进行一次奖励,让他们享受成功的惊喜,激励他们充满信心,积极进取。五年级学生马东在作文中写道:参与式教学,给了我展示的机会,我要给老师还一份惊喜。的确,他从四年级第一学期末的语文成绩30分,第二学期末的50分,成为现在班里品学兼优的学生。经过参与式教学,我校后进生数逐年递减,教学质量大面积提高。

SDP理念和新课程理念相吻合,不仅关注了学生的发展,也关注了教师的发展,我校教师通过参与式教学的培训,课堂的实践,不断研究教法、学法,30多篇论文在县级以上刊物上发表,8名教师成为县级学科带头人,一名被评为市级骨干教师,其中一名教师在全县"参与式教学"送教下乡活动中,多次上示范课,博得好评。SDP也推进了新课程改革的进程,为我校教学质量的提高注入了新的活力,近两年我校各年级教学成绩在全镇检测中名列前茅。

4. 环境优美,校园生活丰富多彩

在SDP实施中,"快乐校园"的创建使学校活了起来,动了起来,课堂结构的改变,使学生自信起来,"校园文化墙"、"班级展示台"、各种"兴趣小组"活动的开展能最大限度地调动学生参与的积极性,使具有不同个性特长,所好各异的儿童能够参加相应的各种活动,张扬其个性,发挥其特长,培养了学生的自我表现力,学校生活变得更加丰富多彩,不再是单调枯燥,而是具有吸引力,充满快乐的儿童乐园,学生感受到上学是一种幸福、一种享受、一种乐趣,真正体现了在学中玩、玩中学,学生乐意学习,养成自觉学习的习惯。

书声琅琅,歌声嘹亮。这里播种着希望,这里托起的是明天的太阳。环境能影响人、造就人,也能吸引人,优美高雅的环境,浓郁的文化氛围,能陶冶人的情操,能培养积极向上的道德品质和生活态度,从而形成一种关爱他人、奉献社会、报效祖国,留信心于自己的精神境界。学校优美的环境,也改变了社区环境及人们的观念以及长久形成的意识和习惯,增强了社区的文化氛围和群众的文化意识。"再穷不穷教育,再苦不苦孩子"、"穷不读书、穷根难断,富不读书、富不长久"的思想认识已经凸显。至今,快乐校园已经吸引住无数双渴求知识的眼睛,乐于上学,乐于学习。六年级(2)班学生杨晓艳在给亲人的信中写道:这里是我学习、生活成长的乐园,我的精彩人生就从这里开始,我的梦想就从这里放飞。经过这几年"快乐校园"的创建,使学校处处见知识、校园处处显文化、班级个个有特色。学校被评为"市级示范性校园"。

5. 政府关注、社会呵护、社区支持,学校发展

　　SDP 实施的影响力,也引起了政府的关注和社会各方面的支持,有精神上的鼓励,也有财物上的援助,学校不再是"独家经营",如:来自政府的投入和社会各界的帮助,学校的电教设备、网络建设、信息技术进一步加强,能享受优质的教育资源。今年黄羊川国际会议中心、深圳游子交流团、广州理想之光助学基金会分别为学校各班配备了火炉、课桌凳、图书等,还给贫困家庭学生捐资捐物。社区群众义务投入劳力为学校粉刷墙壁、维修校舍。通过实施项目,社区群众的认识不断提高,社区代表俞登云说:"学校社区是一家、管理发展靠大家。"良好的外部环境是学校发展不可或缺的,社会各方面对教育的支持是提高教育、教学质量,提高办学水平,改善办学条件不可缺少的,也只有这样才能更好地实施学校发展计划,才能使学校可持续发展。

　　通过实施 SDP,我深深体会到,SDP 激活了学校的全盘工作,取得了显著成效。经过大家扎扎实实的工作,取得了令人满意的结果。刚开始认为学校发展计划是为项目而做的,与学校自身发展关系不大。这几年得到专家的多次培训与现场指导,在工作中不断探索,反复实践,真正感受到 SDP 是从国外引进的一个全新的管理理念,是适合任何学校改善条件和促进管理的一种有效手段和工具。

　　通过实施 SDP 使我联想到,改革开放前,我们在一首歌里唱道:"我们的生活多么美好,我们生活充满阳光,我们还要拯救全世界三分之二受苦受难的劳苦人。"十一届三中全会后,打开国门一看,啊! 穷人都在里边,改革开放 30 年从国外引进了先进的管理理念,引进了科技、人才、设备等,为国家创造了无法估量的财富,使我国的综合国力逐步得到增强,人民生活水平向小康迈进。事实证明,任何先进的管理理念是不分国界的,故步自封,禁锢于个人狭隘之圈是永远得不到发展的。只有借鉴先进的理念,与进俱进,不断创新,才能得到长足的发展。

如何有效收集学生意见

甘肃陇南市武都区安化中心小学　张和翠

　　成功地制订学校发展计划有赖于社区成员和学校师生积极有效地参与,从一定意义上来讲,能否充分发动群众,广泛征求各方面的意见在很大程度上影响着学校发展计划的实际效果。广泛征求社区群众、广大师生员工的意见,可以了解社区和师生对学校发展方面的各种需求,进一步明确学校发展亟待解决的问题。在各方面意见中,学生的意见尤为重要,因为只有了解了学生的需求,才能最大限度地促进学生发展,这是教育最根本的使命,而学生的需要就是学校发展首要目标。因此如何有效地收集学生的意见和问题,我们的一些做法有一定的实用价值。

　　安化中心小学学校发展计划文本的制定,经过了学校发展计划管理委员会组织的校本培训,采取"征求意见、收集问题",学校发展计划管理委员按程序要通过社区大会、访谈、座谈、调查、问卷、专访等形式向教师、学生、村干部、村民、妇女、儿童、宗教人士等多方人士征求意见、收集问题。管理委员会通过研究讨论,面对全体教师,召开了如何广泛征求群众意见注重了技术操作方面的培训会,并对工作时间、程序进行了周密地安排。接着,教师们就如何更好地去"征求学生意见,收集来自学生方面的问题"这一主题展开了激烈地讨论,教师们议论纷纷,会场上热烈,各种说法都有,如:

"就预先设计的问题不能很好地征求到学生意见。"

"几张问卷所涉及的内容毕竟很有限。"

"问题也好、问卷也好,都是站在学校、教师的角度上为学生预设的,征求意见、收集有关学生问题能不能从学生内心出发多创设一些途径呢?"

"蹲下来和学生一条视线看学校发展是否可行?"

"学生内心的渴望应是学校发展的一个关注点。"

……

教师们这些发自肺腑的意见,令人深思。看来只想到的是工作方法、程序和任务的完成,这是不可取的,应将"以人为本"的理念渗透在具体工作中,像教师这样对自己的工作对象——学生倾注真情和爱,才能在工作上有如此深刻的见地。作为学校发展计划的制订和实施者,只有用真心、爱心去做工作,才能在富有激情的工作中产生令人满意的工作效果,才能真正达到工作目的。在学校发展计划制订的一系列过程中,所有参与者在参与中不断地反思已达成一种共识:教师的建议是关系到学校发展各方意见中有决定性作用,因为他们最了解学生,最关心学校,和群众接触最多。于是产生了一种思想:向学生征求意见收集问题,不只采用既定的方法和方式,每个班每个学生可结合实际采取不同的方法和形式。

镜头一:

J老师在六年级一班设计了一次主题队会:我与学校

活动1:(一)看一看——学生表演:模拟校园学生行为习惯方面的几个画面:

画面一:小红乱跑踩伤了花园中的鲜花,花儿耷拉着脑袋伤心地说:"我也是有生命的,请爱护我。我会用最美的花朵装点你们的生活。"

画面二:小明一边走一边吃着雪糕,吃完后,将塑料袋随手扔在地上,小青连忙过来捡起塑料袋,耐心地对小明说:"旁边就有垃圾桶,应该丢进垃圾桶。爱护卫生,从小事做起!"小明不好意思地点点头。

……

(二)议一议——谈谈自己看了以上表演的感受或想法.

学生争先恐后地发言:

"花草可以让我们的校园更美丽,应珍惜它们,它们也是有生命的。"

"随手丢纸屑和塑料袋、吐痰等现象一直下去,会让校园变成垃圾场,后果不堪设想,给我们的健康造成威胁。如果人人讲卫生、爱护卫生,校园干净,我们才能健康成长。"

"说脏话不文明。"

"破坏花草、卫生,还有说脏话的同学太可气了!严重影响了学校的声誉。"

……

活动2:辩一辩——个人行为与学校有多大关系,突出"我与学校"这一主题。

"我的一言一行代表学校的形象,所以要严格要求自己。"

"我的成长离不开学校的培养。"
"学生的进步就是学校的发展。"
"同学中违犯《中小学生日常行为规范》的现象太多了,应该成立一个监督小组,管理和检查这些管不住自己的同学。"
"在校园里适当的地方写一些富有教育和警示意义的提示语,可提醒学生规范自己的言行。"
……
最后在欢快的音乐声中,学生朗诵:
我们的学校多美好,
洒满绿荫,溢满欢笑,
我们在这里成长,放飞希望。
从小事做起,从我做起,
用每天一点点的进步,
作为献给学校的礼物。
用激情创造智慧的课堂,
用双手美化可爱的校园,
用行动唱响文明的赞歌。
让学校真正成为我们的乐园。

镜头二:
W老师在六年级五班设计了一堂以"给校长的建议"为话题的作文,经过老师在课堂上的一番引导,学生进入了角色,相互间展开了激烈地讨论、交流,看到学生思路已打开,老师便以"给校长的一封信"或"给校长说说心里话"为题让学生把自己想说的写下来。

学生甲写到:"尊敬的校长,学校在你的带领下发展得很快,教学楼宏伟壮观,教学设施齐全,我们生活学习在这样的学校感到快乐无比。可有一点最想给您说,咱们学校用水的地方太不卫生,水龙头也太少,4个水龙头打扫卫生时就已经很挤了,有时会撞倒学生,上完厕所洗手就谈不上了,应该在适当地方为我们多修几个水龙头,专用来洗手打水,把现在的用水处用做打扫卫生用水,好不好,如果能解决了这个问题,我们所有学生将万分感激。"

学生乙写到:"听老师说,咱们的西操场是学校借资征购的,现在我们在操场上跑操、打球玩得自由自在,可美中不足的是操场没硬化,活动时尘土飞扬,对我们健康带来极大危害,也不利于打扫。如果学校再想办法把操场硬化了,将会让校园变得更美,让我们活动得更高兴,多好啊!尊敬的校长,咱们努力能做到吗?"

学生丙写到:"校园里树多了,草坪长起来了,学校越来越美了,可有一些同学管不住自己随便踩踏草坪花园,其实是他们玩耍时控制不住自己,要是有人监督的话,这种同学会管好自己的。尊敬的校长,让谁来监督呢?"

通过不同的方式和途径,全面真实地收集到大量学生的意见,结果将学生提出的问题进行整理、筛选、排序,针对学生欠文明行为习惯,学校建立了"红领巾监督岗"、"卫生监督岗"、"安全监督岗",构建了学生自主管理的模式,强化了学生养成教育,促进学生健康发展。在学校发展计划文本中,在第三个类别"与办学条件和环境改善有关的问题"中,"学校缺乏供应学生饮水的设施和地点,学生饮水困难;西操场不整洁。"作为本学年优先解决的问题列入学校发展计划中,确定了"解决学生饮水困难问题,使西操场干净、整洁"的目标,并采取了相应措施,这些目标在本学年的第一学期已完成,解决了学生最关心的问题。让学生感到学校是采纳了他们的建议,关注了他们的需求而发展的。

学生的意见和建议如果受到了学校的重视,无疑体现了学校发展的核心——学生发展,也大大地提高了学生参与学校发展的积极性,让学生在 SDP 实施中体会到了他们才是学校真心的主人,这样会更加促进学生主动地参与学校今后的发展,会有更多的学生愿意为学校的发展献计献策。

在安化中心小学通过自下而上、上下结合的方式,由学校和社区自主制订关于学校未来发展计划过程中,学校发展管理委员会成员和全体教职员工是用自己的真心、真情走过了一个个艰辛的历程,在每一个平凡的细节中都有各自的感受。但对"广泛征求群众意见"有自己独到的见解,大家一致认为:征求意见、收集问题的对象是有限的,但途径又是多种多样的,就学生的意见征求和问题收集来讲,已运用和可列举的途径有以下几种:

(1) 学生大会、主题班、队会、座谈会。
(2) 家访。
(3) 专访。
(4) 调查问卷。
(5) 校园小信箱。
(6) 小记者采访。
(7) 校广播站征文或投稿。
(8) 话题作文。

整县推广"学校发展计划"的实践与思考

甘肃省景泰县教育局 王喜元

1. 县情与背景

景泰县位于甘肃中部,地处腾格里沙漠南缘,是甘肃省 18 个干旱县之一。全县总面积 5432 平方千米,辖 6 镇 5 乡,总人口 23.75 万人。全县现有各级各类学校 199 所,其中,普通高中 3 所,职业中专 1 所,初中 16 所,小学 152 所,幼儿园 24 所。在校学生约 6 万人。全县基础教育发展态势良好,1996 年通过国家"两基"工作验收,2001 年、2006 年通过国家"两基"年检,是甘肃省"两基"工作先进县。

由于景泰各乡镇所处区域位置和自然环境差异较大,经济发展极不平衡,特别是地处景泰西南部干旱山区的正路、寺滩、中泉三乡,气候干燥,干旱少雨,受干旱、冰雹、地震等自然灾害的影响,经济条件较为落后,教育发展相对滞后。2002 年"西发项目"的实施,使三乡办学条件得到极大改善,教育装备明显提高,教育布局更趋合理,"两基"水平进一步得以巩固和提高。特别是"学校发展计划"、"参与式教学"等先进管理方式和先进教学方法的推广应用,促进了学校管理水平和教育教学质量的显著提高。

"西发项目"带来的良好效应,使我们深受启发,倍加鼓舞,2007年,在项目乡实施的基础上,我县将"学校发展计划"这一先进的管理模式和"参与式教学"这一先进的教学方法,推广拓展到全县初中和小学,使项目成果在全县范围、更广层面共享并得到回应,从而推动全县教育管理、教育教学水平又上一个新台阶。

学校发展计划是19世纪80年代起源于英国的一种新的学校管理模式,它强调学校自主管理,提倡社区参与,是一种鼓励和发动学校全体教职工和社区成员积极参与,在充分了解学校实际状况和社区意见的基础上,自下而上地分析和制订学校发展目标,并依据目标,以计划实施的方式来改进学校管理,最大限度地开发社区教育资源,从而有效地推动学校发展的管理模式。这种管理模式与我县目前学校管理模式有相通方面,更有不同,特别是国家教育体制由分级办学、分级管理转变为各级政府办学,以县为主,由人民教育人民办转变为人民教育政府办以后,自上而下的管理特点更加凸现,要改变长期以来形成的习惯、思维定式、管理理念,决非一件容易的事。而突破这一难点却是改进学校管理方式、推广学校发展计划的关键。

形式多样的参与式 SDP 培训

2007年元月在兰州首次参加 SDP 系统培训,就引起了我的极大兴趣。作为"西发项目"县级专家组组长,我一边学习,一边和我十几年的中学管理实践对照、印证、反思:"学校工作计划"与"学校发展计划"的区别在哪里?学校行政管理和学校自主管理的利弊在何方?学校管理的主人究竟是谁?学校与社区、学校与教育行政主管部门之间的关系如何定位?我县中小学目前的工作计划经过中层干部和教职工民主讨论的学校占怎样的比例?当了校长10年以后,学校工作计划的制订又是怎样一种状态?如何正确处理上级教育主管部门工作安排与校本计划的关系?学校发展计划的精髓究竟是什么?

随着"西发项目"的推进,我与项目学校校长先后参加了在兰州召开的全省项目县骨干校长培训,全省项目校校长强化培训,以及在兰州七里河召开的学校发展计划实习演练现场会,在天水张家川召开的 SDP 文本制订研讨会,在景泰召开的优秀文本展评会,全面系统了解了 SDP 的全新理念、背景、实质,以及文本制订、实施办法与操作程序,详细了解了问题的筛选、目标的确定、措施的配套、活动的设计等,对 SDP 的内涵有了清晰的认识。十几年中学管理的实践感受和这半年来的系统培训,我深感在全县进一步拓展项目成果,推广学校发展计划提高学校管理水平的迫切性。同时,项目乡的良好效应更坚定了我们整县推广的信心和勇气。

2. 措施与做法

2.1 依托项目抓培训,更新校长管理理念。

依托项目培训,更新校长管理理念,整县推广学校发展计划的首要任务。近两年我们不断地借鉴、尝试、努力,取得了初步的成功。我们的做法:一是邀请国家级、省级专家零距离对全县中学校长、中心小学校长进行培训,多快好省,走了捷径;二是完全借鉴了"西发项目"培训模式。培训形式多样化、本土化,有专题讲座、参与式研讨、现场答辩、经验交流、学习参观、文本评定等,让受训者成为"行家里手";三是"金字塔"式的学校培训有效跟进,即校长培训学校中层领导,培训全体教师,培训社区成员,使理念根植基层,深入人心,渗透、灌输到每一位教师和社区成员。2007年8月14日景泰县"学校发展计划"、"参与式教学"两个培训正式开班。全县中学校长、学区校长、中心小学校长、县级专家组成员110人参加"学校发展计划"培训。全县小学语文、数学、英语620名骨干教师参加"参与式教学"培训。我们邀请国家级专家陶剑灵、省级专家郎巧莉、张尚文、彭正华等亲临我县专题讲座,示范教学,互动研讨,答疑解难。重点探讨修改了示范学校"学校发展计划文本",交流了"参与式"教学的经验及体会。

这次培训的目的是:在项目乡实施基础上,通过典型引路使SDP、PTT在全县全面推广,以项目引进的先进理念、先进教学方法促进学校管理方式和教学方式的变化,进而促进学校发展。培训安排一周时间,内容之一:非项目乡基础培训。全面了解SDP理念、背景、实质,以及制订与实施的方法步骤、原则,信息采集方法、工具等。并安排培训者利用暑假和开学初制订学校的发展计划,秋季开学后,县级专家组有效跟进,评价、答辩、指导、审定,用SDP取代学校工作计划。内容之二:项目乡强化培训。抓住项目培训,使项目乡校长达到比较熟练掌握SDP制订与实施过程操作程序,为非项目乡做出示范,典型引路。内容之三:学习交流景泰县九支中学2006—2007学年度SDP文本,九支中学校长交流文本制订、评审、实施过程。培训中又安排分组讨论评审其他三所示范学校SDP文本,为参加天水张家川研讨会议做准备。内容之四:全面推广参与式教学方法。PTT是一个内涵丰富、理念先进的教学方法,与新课改的基本原则要求统一,是深化、推进基础教育改革的有效手段。由于我们邀请国家级、省级专家零距离指导,参与式培训,有开班仪式的总体动员,任务安排;有培训结束的培训总结,秋季开学任务安排,又有本县项目乡示范学校的典型引路,特别注重了培训工作与县乡督导队伍建设,中小学校长建设和全体教师队伍建设的结合,所以为期一周的培训取得了良好的效果,使整县推广学校发展计划有了一个良好的开端。

同年春,中英二期项目在我县实施,草窝滩镇、五佛乡等乡镇 SDP、PTT 省级培训全面展开。中英二期项目的全面实施,又扩大了 SDP、PTT 实施面,两个项目覆盖面占全县近1/2乡镇,全县推广 SDP、PTT 氛围形成,时机成熟。

2.2 典型引路抓示范,培养县级专家队伍。

依托项目,典型引路,加强培训,整体推进,是我县整体推广学校发展计划的工作思路和主要特点。

"西发项目"在我县实施涉及三个乡的3所中学,50所小学。为了有力推进SDP、PTT,我们又确定了四所示范学校:九支中学、正路中学、脑泉小学、双墩小学,通过重点督导、典型引路,为其他项目校作出榜样、示范,同时,项目乡又成为非项目乡榜样、示范。

2007年7月,九支中学制订2006—2007学年度学校发展计划文本,在县级专家组帮助下,特别是国家级、省级专家的指导下,被省教育厅"西发项目"办评为优秀文本,并选送呈报教育部和世界银行英国国际发展部。2007年11月,全省17个项目县示范校SDP文本展评会在我县召开,正路中学2007—2008学年度学校发展计划文本经过陈述、答辩、评议,被评为优秀文本。我们抓住这一时机,及时召开"全县学校发展计划"优秀文本交流现场会,通过学习参观、座谈交流,既奉献了自己的智慧,也分享了他人的经验,使校长们获得本土化的更加真切的感受和认识,提高了校长队伍领导素养和管理能力。典型示范引路,进一步促进了文本的制订实施与全面推广。

通过一个时期两个项目的先后实施,我县及时调整、充实了县级专家队伍,吸纳具有实践经验的示范校校长进县级专家组,同时组建了项目乡乡级专家组。2007年9月,县级专家组深入非项目乡中学、中心小学诊断、评审学校发展计划,指导制订与实施SDP。2007年底,组织安排各学区、乡镇学校自我监测与评估;2008年6月,县级专家组巡回监测与评估各中学、中心小学2007—2008学年度SDP执行情况,促进学校自我管理。

2.3 行政推动抓管理,促进学校内涵发展。

我们认为,学校发展计划的制订,虽然是自下而上,但是学校发展计划的整县推广,必须依靠行政力量自上而下的推动,为了全面推进SDP、典型引路,我们于2008年3月组织全县中学校长、学区校长学习参观项目示范学校,召开现场观摩会;为了进一步深化学校管理与教育教学改革,全面推广SDP、PTT在全县的广泛应用,县教育局把2008年确定为教学管理年,设计了"走进学校、走进课堂""学课标、促课改""上好每一节课""教学反思""整章建制"等主要内容,大兴学习之风,大兴研究之风,狠抓学校管理,并分四个阶段检查督评。"教学管理年"活动的开展,营造了推广学校发展计划的良好氛围,"教学反思""管理反思""经验交流"等活动的开展,又为学校发展计划的实施、注入了活力。

2.4 及时监测抓评估,建立发展长效机制。

学校发展计划的实施,改变了学校以往的管理模式,以校为本、自主发展、全员参与、目标管理的学校个性发展已经凸现,这势必要求教育行政部门对学校的管理方式也要作相应的调整和改变,实现由外部管理为主转变为以校本管理为主,由直接的过程管理转变为间接的目标管理。否则,以往惯用的"一刀切"、"大一统"的评估方法必然阻碍学校的自主发展,应该给学校提供"以校为本,自主发展"的足够空间,教育行政部门的督导评估,要与学校新的管理模式相配套,只有这样才能促进学校管理水平的进一步提高。我县的评估办法是:充分利用"西发项目"学校发展计划评估标准,实行学校自主评估与教育局督导评估相结合,每学年分两次对学校SDP文本的执行情况进行监测评估,确保学校发展计划的有效运行,纳入县级教育督导部门工作计划。同时将学校发展计划的监测评估纳入县教育行政部门对学校的目标管理范畴,形成制度,建立推广学校发展计划的长效机制。

3. 思考与体会

两年来,学校发展计划的整体推广,"教学管理年"的深入开展,全县教育事业呈现出蓬勃发展的良好势头:学校管理向人文化转变,课堂教学向民主性转变,教学方式向参与式转变,学生学习向自主性转变,社区与学校资源向开发性转变。尽管整县推广"学校发展计划"刚刚起步,但我们对学校发展计划的学习、推广,却信心坚定。当然,经过两年的尝试,我们也遭遇了很多困惑和问题,这需要我们不断地实践与总结,不懈地探究与摸索,我们的体会是:

3.1 一定要抓住整县推广学校发展计划,潜心研究学校管理的良好时机。

景泰县1996年通过国家"两基"验收,全县义务教育基础良好,加之国家义教工程、扶贫工程、危房改造工程的后续支持,尤其是"西发项目"对干旱山区学校硬件的支持,全县办学条件发生了翻天覆地的变化,全县中小学大规模的基础建设基本告一段落。近两年来,农村义务教育经费保障机制的全面实施,长期困扰校长办学的"钱"的问题得以解决,学校的工作重心、校长的主要精力转移到学校管理和提高教育质量上已成历史必然。"西发项目",中英二期项目在我县五个乡镇的全面实施,为全县推广开创了良好的局面。集中精力,潜心研究学校管理,进一步提升教育质量势在必行。

3.2 一定要依靠扎实、富于成效的省级、县级、乡级培训,才能使校长、教师解放思想,树立全新的办学理念,改变传统的"把人管住,把事理顺"的管理理念,规划学校发展愿景,确立明晰的工作目标,采取得力的工作措施,促进学校的发展,实现由粗放式管理向精细化管理的转变。"西发项目"的校长教师培训模式,为我们提供了很好的范例,"西发项目"专家的精心指导,也使我们积累了宝贵的经验。

3.3 建立完善县乡两级督导网络和督导队伍,培养形成一支理念新、业务精的县乡级专家队伍,正确指导和科学评价,是制订和实施SDP的组织保证。

3.4 依托项目培训、典型引路示范、行政推动管理、定期监测评估是景泰整体推广的主要特征和显著特点。

3.5 我们认为,学校发展计划的制订与实施中,问题的提出,目标的确定,只有建立在全体教职工和社区成员的广泛参与的基础上,建立在充分调查了解学校实际情况和社区意见的基础上,才能形成科学的符合客观实际的学校发展计划。我们深切地感受到学校发展计划的制订中,问题的疏理体现了抓主要矛盾和矛盾的主要方面的哲学思想,目标的实现更是靠实了责任,调动了一切积极因素。整个学校发展计划的制订与实施,无不渗透着民主与科学的光辉思想,民主与科学是学校发展计划的思想精髓,学校管理的民主化、科学化则必然成为SDP的终极目标。

3.6 不可否认SDP制订起始阶段,头绪繁多、费时间、耗精力,SDP文本缺乏宏观的凝练和重点的突出,不能顾及学校的动态发展和特殊变化,不能不说是其不足,所以探究、寻求中国化、本土化的学校发展计划,构建一个能提高学校发展水平和教学质量的运行模式,必然是我们不懈的追求。调动广大教师参与学校管理的积极性,改变社区与学校"两张皮"状况,加强沟通,密切联系,需要我们付出更多的精力和更长的时间。

3.7 基础教育的发展要充分借鉴和吸取全世界最先进的教育文化成果,引进先进的教育理念,吸收先进的教育思想,推广先进的教学方法,SDP、PTT就是现代学校管理模式、教学模式的尝试与创新。

第二部分

学校发展计划文本案例

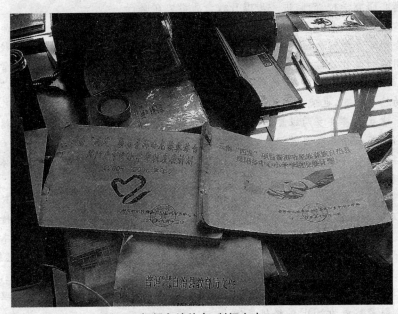

根据各地特点,制订文本

文本案例及简评

学校发展管理委员会组成人员名单

职务	姓名	性别	年龄	民族	文化程度	职业	联系电话
主任	张晓明	男	46	汉	大专	校长	
副主任	马青	男	42	汉	大专	永和村党支部书记	
成员	张正	男	41	汉	大专	大滩乡党委副书记	
成员	李升逾	男	43	汉	大专	学区校长	
成员	雷光曦	男	30	汉	大专	教导主任	
成员	马占江	男	38	汉	大专	张庄村村长	
成员	杨俊基	男	65	汉	中专	退休干部	
成员	李琳	女	30	汉	初中	村民代表	
成员	杨和	女	32	汉	高中	村民代表	
成员	王有	男	27	汉	大专	教师代表	
成员	纪登琴	女	32	汉	大专	教师代表	

注："职业"一栏是指校长、教师、村长、村民、宗教界人士等目前常用身份。

第一部分 社区概况及变化

社区概况：

我校社区——大滩乡，位于西山县西部，乡政府所在地距县城10千米。全乡总面积682平方千米，总人口18927人，共有16个行政村。东邻西山农场，南与正泰、山泉乡毗邻，西至国家级森林公园——福鹿山，北与草滩、江水镇接界。社区地势西南高，东北低，自东向西呈灌区、川区、山区梯级分布。气候区分明显，山川区系二阴地区，干旱少雨，温差大，自然灾害频繁。

社区经济文化较落后，农民人均收入约1900元，人均粮食拥有量380千克。农作物以小麦、玉米、小杂粮为主，经济作物主要有啤酒大麦、沙漠洋芋、胡麻、旱地籽瓜等农作物。矿产资源主要有石膏、煤炭等。

本社区旅游资源丰富。有风光秀丽的国家级森林公园——福鹿山，它享有"戈壁绿岛"之美誉。景区内山体巍峨，蜿蜒生动，绿波荡漾。福鹿山春日万物复苏，生机盎然；夏日青山叠翠，鸟语花香；秋日万紫千红，层林尽染；冬日白雪皑皑，银装素裹。游福鹿山有登天梯、踏云路、入仙乡之感。是旅游、避暑、休假的理想之所。还有历史悠久的永泰龟城和永泰小学。永泰龟城建于明万历三十五年(1607),永泰小学建于明清时期。

本区宗教以道教和佛教为主。道教庙宇20处,佛教活动场所1处。人们受传统观念和宗教思想的影响较大。

尽管如此,经过几年的不懈努力以及教育的发展,社区群众对教育和学校发展日益重视,陈旧观念初步转变。学校教学质量稳步提高。我们相信,不久我校社区的教育将有一个崭新的局面。

发生的变化:

在上级政府、主管部门的引导和帮助下,社区进行了大规模的退耕还林、暖棚养殖业。随着十支灌区的开发和大滩乡政府及所属单位的迁移,大量山区农民迁至新农村,激活了社区经济、文化教育、卫生的巨大变化。2005年人均收入1600元,2006年人均收入1900元。群众经济收入逐渐提高,对教育也日益重视,能主动和学校联系,由于项目对贫困生的救助,绝大部分贫困学生都能就学。

注:"发生的变化"一栏应着重突出本年度与上一年相比社区发生的主要变化。

第一部分简评

学校发展计划是建立在科学的学校发展基础分析上。作为基础分析的因素之一——社区概况及变化,该计划对学校所处社区的地理位置、经济产业、资源状况、宗教信仰,以及一年来在政府支农政策的扶持下,人均经济收益水平得以提高,对教育日益重视的情况作了简要介绍,让人们对学校所处的社区环境有了一定的了解。

但作为学校发展基础分析,更应揭示所在的社区经济、文化等方面发展对各类人才的需求,社会变迁和城市化进程所引发适龄儿童数量变化情况,父母进城务工所带来学生家庭教育需解决的问题,家长的文化水平和文化修养的现状,等等。

建议学校充实上述内容,把社区的客观需要分析透彻,才能使学校在发展目标定位时,更贴近与满足社区发展、家长期望的需求;在发展策略、发展举措思考和拟定时,更具有针对性、实效性。

第二部分 学校概况

学校概况

十里中学是一所寄宿制农村初级中学,始建于1980年。位于县城西10千米。生源主要来源于大滩乡16个行政村,服务半径约20千米。学校占地面积59 688平方米(约90亩),建筑面积6 871平方米,生均5.88平方米。绿化面积4 500平方米,生均3.6平方米。场地硬化面积6 400平方米,活动场所9 000平方米。现有教学班21个,教职工68人,男32人,女36人,平均年龄31岁。本科学历16人,专科学历48人,中专学历 4 人,学历合格率为 94%。其中中级职称 7 人,初级职称 19 人。学生 1 207 名,男 619 名,女 588 名。住宿生 887 名,男 463 名,女 424 名。

学校现有教学楼 2 幢,综合办公楼 1 幢,女生住宿楼 1 幢,教师宿舍 42 间,男生宿舍 27 间。国家三级实验室 2 个,微机室 3 个,微机 102 台,多功能报告厅 2 个,图书 9200 册,电子图书 2000 册。

学校有语文、数学、英语、政史地、理化生、艺术、信息技术 7 个教研组。建立健全了一整套管理体系,分为党支部、校长办公室、教导处、政教处、总务处五大块,共计 130 条细则。"四率"中入学率 100%,毕业率 97%,17 周岁完成率 96%,辍学率 3%。

学校管理严格,制度健全。形成了一支"团结、自律、廉洁、高效"的领导班子集体和为人师表、敬业奉献的教师队伍,营造了"文明、守纪、勤奋、进取"的校风,教学质量稳步上升。乘着"西发项目"的东风,2007 年 5 月,我校制定出 2006—2007 学年度学校发展计划文本,为学校实现健康、快速、可持续发展提供了强有力支持。

注:本栏应概要描述学生、教师以及与文本各类别相关的基本情况,同时反映上学年学校的主要变化。

第二部分简评

学校概况是阐明学校发展的基本条件。

该计划对办学规模、校舍设备、学校管理现状、师资队伍结构与教学质量情况作了详细的阐述,但尚未对数量状况进行分析,如现有的校舍设备是否齐全、是否适应办学规模的需求,师生比是否合理等。

建议学校对相关数量关系进行分析、比较;另外,可增加学生家庭背景的分析,社区、家长对学校工作的支持程度,同时补上上学年的主要变化情况,从而使内容更完整。

第三部分　过去三年学校发展的自我评估

过去三年中,在上级主管部门的正确领导下,学校充分发挥社区内社会文化、自然经济的优势,依靠项目支持,全校上下团结一心,积极进取,学校旧貌换新颜。"西发项目"修建综合办公楼 1 幢,女生住宿楼 1 幢,自筹资金修建 2 眼水窖,蓄水 400 立方米。后勤服务社会化,修建 610 平方米学生餐厅 1 个,争取政府支持完成 6800 平方米办公、住宿取暖配套设施。绿化校园 4500 平方米,硬化 6400 平方米。"西发项目"配备电脑 34 台、电视机 1 台、投影仪 1 台、图书 5373 册、实验仪器件,农村远教项目配备模式(三)设备一套(电脑 34 台、电视机 2 台、投影仪 1 台)。学校硬件建设跨上了新台阶,办学条件得到极大改善。

学校始终坚持"德育为首、质量立校、教研强校"的办学思路,始终将师德师风建设和学生品德教育放在工作首位,常抓不懈。近三年学校加大了教师培训力度,促进教师专业成长。积极倡导参与式教学,以教改进教研,以教研促质量。教师能够自觉学习先进教学理念,熟练应用现代化教学手段,教学水平不断提高,教学质量稳步上升。2004—2006年入学率保持100%,毕业率在97%左右,辍学率由3.75%降至3%,17周岁完成率由93.5%提高到96%,女生辍学率保持在3.4%以内,完成率由93.7%提高到97.6%。2005—2006学年度中考升学率56.3%,办学效益的提高使在校学生数逐年增加,2004—2005学年在校生955人,2005—2006学年在校生1116人,2006—2007学年在校生1233人。学校建立健全了一整套管理体系,使管理步入正规化、法制化。以"西发项目"为契机,学校制订了2006—2007学年度学校发展计划,明确了今后的发展方向和目标;增强了社区参与学校管理的意识,提高了参与水平;加强了学校和教育行政部门之间的联系,从而促使学校更好更快地发展。经过三年的不懈努力,学校在硬件建设、教育教学管理等方面取得显著成绩,先后被评为法制宣传教育、教育质量管理年活动、全省群众体育、档案建设、平安校园等先进单位,2006—2007学年度学校发展计划文本被省教育厅评为优秀文本,并呈报国家教委和"世行"项目总部。我校已成为大滩乡及周边莘莘学子求学的理想乐园,成为教师工作生活的舒心场所,成为家长放心、社会认可的快乐学校。

　　自评等级:A(　　) B(　　) C(　　) D(　　)

　　注:应根据《指南》附件二"学校发展水平自我监测评估指标"对过去三年学校发展计划中各目标的实现情况进行自我评估和等级划分。

第三部分简评

　　作为前三年学校发展的自我评估,是本次计划制订的重要依据。自我评估应抓住学校的发展要素,结合工作实际进行自我反思总结,一般可从学校管理、队伍建设、教改实践、学生发展、校社共建、办学条件等方面展开。自我评估应在大量丰富生动的探索实践中,概括提炼成功经验,发现有待改进的方面,并提出相应的改革举措,为新一轮计划的制订寻求发展的生长点。

　　本次自评报告,对办学条件作了较详尽的阐述,但其他发展要素的总结缺乏深度、缺乏个性,如学校采取怎样的有效举措,加大了教师培训力度;如形成了怎样的工作机制,使教改促进了科研等等,摆成绩多,谈问题少。

　　该校通过三年努力取得了显著成绩,应通过自评,认真总结提炼学校自身的办学经验,重视学校文化的积淀,为后续发展奠定基础;同时,应加强自我诊断,善于发现问题,促进自我完善、自我发展。

第四部分 未来三年学校发展展望

发展目标

一、硬件建设方面

1. 根据结构调整，寺滩中学即将并入我校的现实，应积极争取项目资金，消除男生宿舍中的危房，并力争建成 1 幢男生住宿楼；改造教师宿舍，解决教师住宿紧张的问题。
2. 争取项目，建成国家二类实验室 3 个。
3. 绿化校园 1500 平方米，使学校绿化面积达到 10％，硬化校园 2000 平方米，使学校硬化总面积达到 8400 平方米。
4. 学校局域网接通 ADSL，为教育教学提供丰富的资源。

二、教育教学方面

1. 加大校本培训力度，全面提高教师教育教学水平。
2. 积极推进素质教育，全面实施"平等参与式教学"，优化课堂设计，提高课堂效率。
3. 以省、市级课题为龙头，以教研促教改，实施集体办公，全面提高教学质量。
4. 积极开展各类文体活动，发展学生特长，促使学生全面发展。
5. 继续创建"平安九中"，营造快乐校园，力争市五星级学校。

三、学校与社区联系方面

1. 完善家校联系制度，提高家长参与学校管理教育水平。
2. 依托学校网络资源，加强社区党员与农技培训。

发展展望

充分发挥社区的资源优势，经过三年的不懈努力，使学校校舍齐全，布局合理。校园内绿树成荫，鲜花竞放，构建良好的育人环境。教师职业道德和教育教学水平得到极大提升，凸现名师效应，以名师打造名校，坚持"以人为本，民主治校，科学管理，全面实施素质教育，努力创办特色学校"的办学思想，坚持"以教师为主导，以学生为主体，以思维为主线，以能力培养为主题，以学生发展为根本"的"四主一本"的教学理念。把我校办成一所环境幽雅，质量上乘的花园式学校，成为教师工作、生活，学生学习的理想乐园。

注：吸纳社区各方面提出的意见和建议，明确未来三年学校发展展望。

第四部分简评

该部分要求从发展目标、发展展望两方面进行阐述。首先,发展目标是根据学校的发展理念和发展基础而预先确定的学校发展在一定时期内所达到的最终结果。发展目标由办学目标和培养目标构成学校发展的总目标,是对学校发展的定位。办学目标是对未来三年发展后学校形象、质量的设计,培养目标是对未来三年发展后学校育人的规格、特征的描述,办学目标和培养目标必须分解为学校发展过程的分阶段目标以及学校各职能部门的具体目标,或各改革领域的具体目标,形成学校发展的"目标链",才能使学校发展计划便于实施。办学目标、培养目标的表述应精炼、概括,便于记忆。其次,发展展望是对发展目标(办学目标、培养目标)内涵的阐述,把精炼、概括的表述具体化,反映三年后的学校发展水平。

有待改进的地方是:1.应对学校发展的总目标(办学目标、培养目标)进行阐述。如建议学校在修改"把我校办成一所环境幽雅,质量上乘的花园式学校,成为教师工作、生活,学生学习的理想乐园。"基础上,作为办学目标提出。2.需从最终结果的角度对硬件建设、教育教学、学校与社区联系等三个领域的具体目标进行表述。3.若目前此三个领域难以修改、完善后的学校发展总目标相匹配对应,应适当调整、充实领域。4.在完成上述三点改进工作后,对学校的发展目标进行具体化的描述。

第五部分 本学年需优先解决的问题

类别一:与社区少年入学和巩固有关的问题:

问题1:辍学少年35名,(八年级9名,九年级16名)
问题2:1206名学生中有近10%的学生来自临县,中泉、正路乡,西山农场,如何使他们留得住,学得好。
问题3:山区贫困生达110名。

类别二:与学生学业成就和综合发展有关的问题:

问题1:八、九年级的部分班级学生学习合格率、及格率、优秀率偏低。
问题2:学生综合能力发展缺少测试制度。
问题3:课外兴趣小组活动未能得到真正落实。

类别三:与教师的教和学生的学有关的问题:

问题1:68名教师中有25人属近3年新招聘教师,教学经验不足,教学能力不强。
问题2:缺少专业教师9名(语文3名,数学3名,英语、生物、体育各1名)。
问题3:各班有10%的学生基础知识差,学习压力大,部分学生濒临辍学。

类别四：与办学条件和环境改善有关的问题：

问题1：理化生实验仪器达不到国家二类标准，缺少标准实验台36组。
问题2：21个教室均为水泥黑板，因反光致使教室两侧的学生上课看不清晰。
问题3：北楼楼顶面漏水严重。
问题4：操场不平整，跑道沙尘大，影响师生健康。

类别五：与学生关爱有关的问题：

问题1：对899名寄宿生的吃、住、行缺乏有效的监督与管理。
问题2：学生出现身心健康问题未能及时得到关注与帮助。
问题3：个别教师存在着歧视学困生的现象。

类别六：与学校的领导和管理有关的问题：

问题1：干部队伍管理能力不强。
问题2：以爱生为理念，明确、规范、系统的各项规章制度不健全。
问题3：没有系统的教师专业发展计划，教师专业成长缓慢。
问题4：教师的评价体系缺乏科学性、民主性。

注：本栏中问题的数量由学校依各自实际情况填写，不必机械地拘泥于栏中规定的多少。

第五部分简评

  该部分的内容应与第四部分有密切联系，是实现第四部分发展目标的操作思路。首先应依据学校发展过程的分阶段目标以及学校各职能部门的具体目标，或各改革领域的具体目标，确定具体的类别；然后，再在各类别中，寻求需解决的问题，并进行排列优先次序，决定最紧迫的问题；最后，通过这些问题的解决，为实现各具体目标和学校发展总目标打下基础。

  文本该部分的内容撰写存在两个值得改进的地方：一，各类别及各问题与发展目标提出的内容关联度欠密切，如类别三：与教师的教和学生的学的问题，需解决的问题是师资缺乏，经验不足及学生基础差，濒临辍学。应依据发展目标，针对师资培训、优化课堂设计、教改促科研等方面寻求需解决的问题，使第五部分内容真正成为实现第四部分内容的实践操作思路。二，有的问题与文本在学校概况中或自评报告中的表述不相一致，存在矛盾，如类别六：与学校的领导和管理有关的问题：问题1：干部队伍管理能力不强。问题2：以爱生为理念，明确、规范、系统的各项规章制度不健全。但该计划在学校概况中，对学校管理现状的表述却是"学校管理严格，制度健全。形成了一支'团结、自律、廉洁、高效'的领导班子集体"，同样在自评报告的表述为"学校建立健全了一整套管理体系，使管理步入正规化、法制化"。难以显示需解决问题的针对性、紧迫性。

第六部分　本学年学校发展的主要目标与具体措施

类别一：与社区少年入学和巩固有关的问题：

问题：辍学少年 35 名，(八年级 9 名，九年级 16 名)					
解决该问题的主要目标：动员 16 名辍学少年重返校园。					
具体措施	开始/结束时间	负责人	所需资源（资金/人力等）	实施情况记载	
^	^	^	^	进展情况	记录人及时间
班主任家访摸清辍学原因	秋季开学前一周	八年级、九年级班主任	交通费：240 元	经家访 18 名同学系学困辍学；5 名外出打工；2 名因家庭贫困辍学。	
学校和社区共同举办辍学家长培训班，宣传《义务教育法》	2007 年 9 月 1 日	校长：张晓明	培训费：180 元	12 名学生家长送学生返校	
乡政府、村委会动员辍学学生家长，促使家长送孩子返校读书	秋季开学前一周	校长：张晓明		经村干部动员，4 名学生被家长送回学校。	

注：每个问题一页。"问题解决的主要目标"必须是具体的、可量化的、可行的和有时间限制的。

问题：1206 名学生中有近 10% 的学生来自古浪县，中泉、正路乡，西山农场，如何使他们留得住，学得好。					
解决该问题的主要目标：让全校 10% 的外县、外乡籍学生留得住、学得好。					
具体措施	开始/结束时间	负责人	所需资源（资金/人力等）	实施情况记载	
^	^	^	^	进展情况	记录人及时间
各班主任统计本班外县、乡级学生数。	2007 年 8 月 27 日—8 月 28 日	各班主任		经统计七年级有 41 名，八年级有 39 名，九年级有 36 名。	
发放免费教科书、住宿生补助时要优先考虑外县、外乡家庭贫困、学习成绩良好的学生。	2007 年 8 月 27 日—2008 年 7 月 15 日	姬福民			

各科任教师在课堂教学中予以关注	2007年8月27日—2008年7月15日	雷光明				

注：每个问题一页。"问题解决的主要目标"必须是具体的、可量化的、可行的和有时间限制的。

问题：山区贫困生达110名。

解决该问题的主要目标：救助110名贫困生，促其完成学业。

具体措施	开始/结束时间	负责人	所需资源（资金/人力等）	实施情况记载	
				进展情况	记录人及时间
发放免费教科书	2007年8月27日—2008年3月1日	姬福民		110名贫困学生均领到免费教科书	
发放住宿生生活补助	2008年1月15日—2008年7月15日	姬福民		110名山区贫困生人均领到750元生活补助	
社会救助	2007年8月27日—2008年7月15日	张晓明		国好爱心基金会资助2000元	

注：每个问题一页。"问题解决的主要目标"必须是具体的、可量化的、可行的和有时间限制的。

类别二：与学生学业成就和综合发展有关的问题：

问题：八、九年级的部分班级学生学习合格率、及格率、优秀率偏低。

解决该问题的主要目标：提高落后班级的学生整体学业成绩，班级间差距缩小到10分以内。

具体措施	开始/结束时间	负责人	所需资源（资金/人力等）	实施情况记载	
				进展情况	记录人及时间
教导处统计上学期期末落后班级成绩，摸清情况。	2007年8月28日	雷光明			
落后班级的班主任、科任教师共同制订提高学生成绩的具体工作计划。	2007年8月28日—30日	张晓明			
各科任教师齐抓共管，落实方案。	全学年	雷光明			

注：每个问题一页。"解决该问题的主要目标"必须是具体的、可量化的、可行的和有时间限制的。

问题：学生综合能力发展缺少测试制度。					
解决该问题的主要目标：制订《十里中学学生综合测试方案》					
具体措施	开始/结束时间	负责人	所需资源（资金/人力等）	实施情况记载	
				进展情况	记录人及时间
召开全体教师会议，制订学生综合能力测试方案。	2007年9月11日—16日	张晓明		9月15日，经教师大会讨论制订出了《十里中学学生综合能力测试方案》。	
组织人员，落实方案。	2007年9月16日—2008年7月15日	张晓明			

注：每个问题一页。"解决该问题的主要目标"必须是具体的、可量化的、可行的和有时间限制的。

问题：课外兴趣小组活动未能得到真正落实。					
解决该问题的主要目标：提高音、体、美等课外兴趣小组的活动效率。					
具体措施	开始/结束时间	负责人	所需资源（资金/人力等）	实施情况记载	
				进展情况	记录人及时间
召开艺术组全体教师会议，分析存在的问题，制订出活动方案。	2007年9月20日—9月21日	张晓明			
每周二、三、四下午为活动时间。	2007年9月21日—2008年7月12日	樊凯胜			
每次活动必须有计划、有内容、有记录，教导处检查落实情况。	每周星期一下午	雷光明			

注：每个问题一页。"解决该问题的主要目标"必须是具体的、可量化的、可行的和有时间限制的。

类别三：与教师的教和学生的学有关的问题：

问题：68名教师中有25人属近3年新招聘教师，教学经验不足，教学能力不强。					
解决该问题的主要目标：提高25名青年教师的课堂教学水平。					
具体措施	开始/结束时间	负责人	所需资源（资金/人力等）	实施情况记载	
^	^	^	^	进展情况	记录人及时间
组织25名青年教师学习新课标。	2007年9月1日—9月8日 2008年3月1日—8日	雷光明			
组织青年教师学习参与式教学理论知识。	2007年9月11日—9月16日 2008年3月9日—16日	雷光明			
"青蓝"结对子，青年教师拜师学艺，老教师做好传、帮、带工作。	全学年	张晓明			
李仁仁、陈绍芳、段海燕等骨干教师分别上语文、数学、英语示范课。	2～4周	雷光明			
来进祥、田吉辉等8名新教师上公开课。	2007年10月8日—12日	雷光明			

注：每个问题一页。"解决该问题的主要目标"必须是具体的、可量化的、可行的和有时间限制的。

问题：缺少专业教师9名（语文3名，数学3名，英语、生物、体育各1名）。					
解决该问题的主要目标：调配专业教师9名。					
具体措施	开始/结束时间	负责人	所需资源（资金/人力等）	实施情况记载	
^	^	^	^	进展情况	记录人及时间
县教育局分配8名	2007年9月1日—3日	张晓明		教育局分配来进祥、田吉辉等8名同志到我校任教	
学区调配1名	2007年9月2日—3日	张晓明		未实现	

注：每个问题一页。"解决该问题的主要目标"必须是具体的、可量化的、可行的和有时间限制的。

问题：各班有10％的学生基础知识差，学习压力大，部分学生濒临辍学。					
解决该问题的主要目标：缓解学困生心理压力，挖掘其学习潜力，提高学困生成绩。					
具体措施	开始/结束时间	负责人	所需资源（资金/人力等）	实施情况记载	
^	^	^	^	进展情况	记录人及时间
科任教师应根据学生学业基础进行分层教学，适应减缓学困生学习坡度。	2007年8月27日—2008年7月15日	雷光曦			
科任教师在作业、测试中应对学困生放低标准，促其成绩逐渐上升。	全学年	雷光曦			
科任教师应充分发现学困生的"闪光点"，挖掘潜力，调动学困生学习的积极性。	全学年	雷光曦			

注：每个问题一页。"解决该问题的主要目标"必须是具体的、可量化的、可行的和有时间限制的。

类别四：与办学条件和环境改善有关的问题：

问题：理化生实验仪器达不到国家二类标准，缺少标准实验台36组。					
解决该问题的主要目标：建立国家二类实验室3个。					
具体措施	开始/结束时间	负责人	所需资源（资金/人力等）	实施情况记载	
^	^	^	^	进展情况	记录人及时间
通过市仪器站"筹一奖二"方式解决。	2007年9月	张正	15万元		

注：每个问题一页。"解决该问题的主要目标"必须是具体的、可量化的、可行的和有时间限制的。

问题：21个教室均为水泥黑板，因反光致使教室两侧的学生上课看不清晰。					
解决该问题的主要目标：更换黑板21块。					
具体措施	开始/结束时间	负责人	所需资源（资金/人力等）	实施情况记载	
^	^	^	^	进展情况	记录人及时间
购买21块磨砂玻璃黑板。	2007年8月18日—8月22日	姬福民		21块水泥黑板已全部更换为磨砂玻璃。	

注：每个问题一页。"解决该问题的主要目标"必须是具体的、可量化的、可行的和有时间限制的。

问题：北楼楼顶面漏水严重。					
解决该问题的主要目标：北楼楼顶做防水处理。					
具体措施	开始/结束时间	负责人	所需资源（资金/人力等）	实施情况记载	
				进展情况	记录人及时间
对北楼楼顶做防水处理。	2007年9月15日—10月5日	姬福民			
对三楼办公室、教室内墙面进行刮墙处理。	2007年9月15日—10月5日	姬福民			

注：每个问题一页。"解决该问题的主要目标"必须是具体的、可量化的、可行的和有时间限制的。

问题：操场不平整，跑道沙尘大，影响师生健康。					
解决该问题的主要目标：平整操场，绿化草场四周。					
具体措施	开始/结束时间	负责人	所需资源（资金/人力等）	实施情况记载	
				进展情况	记录人及时间
组织八、九年级学生平整操场，并设置跑道线。	2007年10月23日—25日	王福民			
组织七、八年级学生在操场四周开展植物活动。	2008年4月12日—15日	王福民			
铺压管道，定期向跑道喷洒清水。	全学年	马登			

注：每个问题一页。"解决该问题的主要目标"必须是具体的、可量化的、可行的和有时间限制的。

类别五：与学生关爱有关的问题：

问题：对892名寄宿生的吃、住、行缺乏有效的监督与管理。					
解决该问题的主要目标：聘请生活管理教师，对寄宿生实行有效的监管。					
具体措施	开始/结束时间	负责人	所需资源（资金/人力等）	实施情况记载	
				进展情况	记录人及时间
聘请责任心强、有爱心、生活经验丰富的老教师2名（一男一女）分别做住宿男、女生生活管理教师。	2007年9月1日	张正			

组织全体寄宿生学习《十里中学宿舍公约》。	2007年9月5日—9月15日	曾得福			
值周组、学生会加强对住宿生的就寝、卫生、安全等方面的管理,并进行量化评比。	全学年	曾得福			

注：每个问题一页。"解决该问题的主要目标"必须是具体的、可量化的、可行的和有时间限制的。

问题：学生出现身心健康问题未能及时得到关注与帮助。
解决该问题的主要目标：制定出学生身体意外伤害事故应急方案,建立心理咨询室。

具体措施	开始/结束时间	负责人	所需资源（资金/人力等）	实施情况记载	
				进展情况	记录人及时间
制定出《十里中学校内学生意外伤害事故应急方案》。	2007年9月11日—13日	曾福			
聘请心理健康辅导教师做心理辅导专题讲座。	2007年10月11日 2008年5月9日	曾福			
成立心理健康咨询室。	2007年9月3日	曾福			

注：每个问题一页。"解决该问题的主要目标"必须是具体的、可量化的、可行的和有时间限制的。

问题：个别教师存在着歧视学困生的现象。
解决该问题的主要目标：完善教师工作评价体系,提高学困生成绩。

具体措施	开始/结束时间	负责人	所需资源（资金/人力等）	实施情况记载	
				进展情况	记录人及时间
召开校委会议,完善教师工作评价体系,改变单纯以学生成绩论教师高低的现实状况。	2007年9月23日—25日	张正			
组织全体教师学习新的评价体系。	2007年9月27日	张正			

加强师德教育,学习爱生理念,发现学困生的闪光点,帮助其树立学习的信心逐步提高学困生的学习成绩。	2007年9月1日—2008年7月15日	雷光曦			

注:每个问题一页。"解决该问题的主要目标"必须是具体的、可量化的、可行的和有时间限制的。

类别六:与学校的领导和管理有关的问题:

问题:干部队伍管理能力不强。					
解决该问题的主要目标:提高干部队伍管理水平,实施精细化管理。					
具体措施	开始/结束时间	负责人	所需资源(资金/人力等)	实施情况记载	
^	^	^	^	进展情况	记录人及时间
召开中层干部队伍会议,明确权利,责任到人,使干部"敢管"。	2007年8月26日—27日	张正			
组织干部队伍学习《中小学管理》等管理理论知识,使干部"善管"。	2007年9月1日—2日	张正			
组织全体教师学习《十里中学制度汇编》,落实"以制度管人",使干部做到"精管"。	2007年9月4—5日 2008年3月4—5日	张正			
定期召开干部队伍会,交流管理经验。	每月月底	张正			

注:每个问题一页。"解决该问题的主要目标"必须是具体的、可量化的、可行的和有时间限制的。

问题：以爱生为理念，明确、规范、系统的各项规章制度不健全。					
解决该问题的主要目标：完善"以生为本"易操作的管理制度。					
具体措施	开始/结束时间	负责人	所需资源（资金/人力等）	实施情况记载	
^	^	^	^	进展情况	记录人及时间
召开中层干部班主任会议，研究完善原有的学生管理制度，充分体现"以生为本"。	2007年9月17日—20日	张正			
召开班主任会议，布置各班制定"以生为本"的班级管理制度。	2007年9月24日—25日	张正			
检测记载制度的运行。	全学年	张正			

注：每个问题一页。"解决该问题的主要目标"必须是具体的、可量化的、可行的和有时间限制的。

问题：没有系统的教师专业发展计划，教师专业成长缓慢。					
解决该问题的主要目标：制订教师专业发展五年规划。					
具体措施	开始/结束时间	负责人	所需资源（资金/人力等）	实施情况记载	
^	^	^	^	进展情况	记录人及时间
召开教研组长会议，制订教师专业发展五年规划。	2007年9月19日—13日	雷光曦			
分步落实规划，完成本学年任务。	全学年	雷光曦			

注：每个问题一页。"解决该问题的主要目标"必须是具体的、可量化的、可行的和有时间限制的。

问题：教师的评价体系缺乏科学性、民主性。					
解决该问题的主要目标：制定科学的评价制度。					
具体措施	开始/结束时间	负责人	所需资源（资金/人力等）	实施情况记载	
^	^	^	^	进展情况	记录人及时间
召开教职工大会、管委会，修订和完善评价制度。	2007年9月23日—25日	张正	A4纸2包，34元		

| 检测记载制度的运行情况。 | 全学年 | 张正 | 奖品所需资金1800元 | | |

注：每个问题一页。"解决该问题的主要目标"必须是具体的、可量化的、可行的和有时间限制的。

第六部分简评

该部分是第五部分的具体操作行为，主要依据第五部分拟订的各类别中的具体问题提出解决的具体措施。这些措施应具有针对性、实效性，更应通过措施的实施、问题的解决，形成学校发展的机制，才能促进学校持续发展。

建议从以下两方面改进：在具体措施的表述上，如类别三的青年教师问题，具体措施："'青蓝'结对子，青年教师拜师学艺，老教师做好传、帮、带工作。"可改为："构建'青蓝'结对子的带教制度，青年教师拜师学艺，老教师做好传、帮、带工作。"同样，类别一的辍学问题，在三条具体措施后，可增加一条：总结工作经验，构建预防制止辍学的工作机制。在解决该问题的主要目标的表述上，如类别一的辍学问题，解决问题的主要目标可改写为：动员16名辍学少年重返校园，形成预防制止辍学的工作机制。同样，类别三的青年教师问题，解决问题的主要目标可改写为：提高25名青年教师的课堂教学水平，形成"青蓝"结对子的带教制度。

第七部分　学校周历表（第一学期）

周次	时段	工作内容	负责人	完成情况	备注
	8.20—8.25	召开社区大会，成立学校管理委员会	上届管委会		
一	8.27—9.2	1. 注册报到 2. 召开学校发展计划培训会 3. 组织制定学校发展计划文本	教导处 管委会		
二	9.3—9.9	1. 开学情况检查 2. 常规教育 3. 召开社区大会	校委会 政教处 管委会		
三	9.10—9.16	1. 庆祝教师节 2. 填写年报及"四率"表册 3. 优秀教师、学生表彰大会	校委会 教导处		
四	9.17—9.23	1. 九年级教师岗位练兵活动 2. 班主任工作会议（一）	教导处 政教处		

续表

周次	时段	工作内容	负责人	完成情况	备注
五	9.24—9.30	1. 九年级教师 岗位练兵活动 2. 新团员入团宣誓 3. 迎国庆广播操比赛	教导处 团总支 艺术组		
六	10.1—10.7	国庆放假			
七	10.8—10.14	1. 八年级教师岗位练兵活动	教导处		
八	10.15—10.21	1. 八年级教师岗位练兵活动 2. 实验室使用情况检查 3. 学生安全教育专题活动 4. 班主任工作会议(二)	教导处 政教处		
九	10.22—10.28	1. 八年级教师岗位练兵活动 2. 教职工拔河、乒乓球比赛 3. 公物阶段性抽查	教导处 艺术组 总务处		
十	10.29—11.4	中期考试	教导处		
十一	11.5—11.11	1. 教育教学质量分析 2. 班主任工作会议(三) 3. 初三年级教师会议	教导处 政教处		
十二	11.12—11.18	1. 学生心理健康教育专题会 2. 各班班长、学习委员会议 3. 七年级教师岗位练兵活动	政教处 教导处		
十三	11.19—11.25	1. 七年级教师岗位练兵活动 2. 各年级数学竞赛	教导处 数学组		
十四	11.26—12.2	1. 七年级教师岗位练兵活动 2. 英语演讲比赛	教导处 英语组		
十五	12.3—12.9	"一二·九"雅言经典·中华诗文诵读比赛	团总支 语文组		
十六	12.10—12.16	班主任工作会议(四)	政教处		
十七	12.17—12.23	1. 学生作业展评 2. 师生书画展 3. 课件展评	教导处 团总支 艺术组 信息技术组		
十八	12.24—12.30	1. 各大室工作盘点 2. 教学常规检查 3. 公物检查	教导处 总务处		

续表

周次	时段	工作内容	负责人	完成情况	备注
十九	12.31—1.6	1. 学校发展计划完成情况评估 2. 庆元旦文艺晚会 3. 全县元旦中长跑对抗赛	管委会 团总支 艺术组		
二十	1.7—1.13	1. 期末考试及质量分析 2. 安排放假事宜	教导处 校委会		

注：如果假期间有活动亦可列在周历表中；本表中"备注"一栏主要说明未完成或影响完成的主要原因。

第八部分 学校管理部门和人员工作计划表

校长工作计划（第一学期）

姓名	张正	年龄：40	性别：男	民族：汉	职称：中高

学校现状分析：

　　学校现有教职工68名。其中男32名，女36名，平均年龄31岁。本科学历16人，专科学历48人，中专学历4人，学历合格率94%。中级职称教师7人，初级职称19人。学生1207名，男619名，女588名，住宿生904名，男463名，女441名。教师队伍年轻化，富有朝气。大部分教师责任心强，有上进心，肯吃苦，乐钻研。学校领导班子团结一致求真务实。校委会成员主要由教研组长和骨干教师担任。学校建立健全了一系列规章制度，分五大块，共计130条细则。形成了"党支部保证监督，校长全面负责，校委会统一决策"的管理模式。学校校园布局合理，干净整洁，绿树成荫，文化氛围较浓，形成了良好的校风、教风、学风。其中档案建设、体育教学工作走在全县的前列。曾被甘肃省体育局评为"2000—2005年全省群众体育先进单位"。我校2006—2007学年学校发展计划文本，被教育厅评为优秀文本，并呈报教育部和世行总部。

　　学校以"办好人民满意的教育"为宗旨，以加强教师队伍职业道德建设，努力提高教师教育教学水平，狠抓教学"五认真"，科学有效地提高教学质量为工作重心。以培养良好"三风"，创建"平安九中"营造和谐校园为目标，全面开展学校各项工作。

　　社区内村民文化程度不高，学校家庭教育薄弱，综合素质偏低。学校68名教师中有25人属近3年内新招聘教师，教学经验不丰富，教研教学能力不强。教研成果不显著。随着寺滩中学并入我校，教师、男生住宿紧张。给教师工作、学生生活带来诸多不便。学校实验室达不到国家二类标准。以上因素较大程度影响了学校持续快速的发展。

目　标	活动/措施	时　间	完成情况	备注
入学率达100%，学困生比率控制在10%以内	1. 做好"两免一补"工作 2. 组织人员到各村宣传《义务教育法》 3. 联合各乡村干部上门动员 4. 提高教学质量，扩大影响力	8.26—9.1 9.1—9.7		
加强教师管理，强化教师纪律	1. 政教处定期考勤 2. 加强值周工作的考勤 3. 建立教师工作激励机制	全学期 9月份		
加强学校财务管理	1. 监督各种收费 2. 严把财务收支关 3. 做好期末财务检查工作	9月份 全学期 学期末		
巩固"普九成果"完成"普九档案"	1. 检查档案的收集归档工作 2. 做好期末档案的收集归档工作	10月份 学期末		
开展教研活动，继续深化新课程改革	1. 坚持教学"五认真" 2. 搞好"说—听—评"教研活动 3. 优质课竞赛 4. 总结成果，撰写论文	全学期 10—11月份 学期末		
召开不同层次、不同内容的会议，研究部署工作	召开全校教师大会；校委会议；教研组长会议；中层干部队伍会议法制教育会，组织纪律教育，期末总结会	全学期		
安排组织好学校文体活动	1. 组织好元旦中长跑对抗赛 2. 组织好元旦文艺晚会	10月—12月 元月		
图书、仪器使用率达80%以上	1. 印刷目录下发教师 2. 校内举办教具使用培训 3. 更新补充各种资料	8月份 10月份 11月份		
创设"平安九中"建设"快乐校园"	1. 召开教师专题会议，制定具体措施 2. 按照标准开展各项工作 3. 在师生中开展专题调查问卷	8—9月份 全学期 12月份		
争创语言文字规范化学校	1. 倡导学生说普通话、写规范字 2. 庆国庆书法比赛 3. "一二.九"雅言经典中华诗文诵读比赛	全学期 10月 元月		

校长工作计划(第二学期)

| 姓名 | 张正 | 年龄：40 | 性别：男 | 民族：汉 | 职称：中高 |

学校现状分析：

　　学校现有教职工68名。其中男32名，女36名，平均年龄31岁。本科学历16人，专科学历48人，中专学历4人，学历合格率94%。中级职称教师7人，初级职称19人。学生1206名，男618名，女588名，住宿生887名，男463名，女422名。教师队伍年轻化，富有朝气。大部分教师责任心强，有上进心，肯吃苦，乐钻研。学校领导班子团结一致求真务实。校委会成员主要由教研组长和骨干教师担任。学校建立健全了一系列规章制度，分五大块，共计130条细则。形成了"党支部保证监督，校长全面负责，校委会统一决策"的管理模式。学校校园布局合理，干净整洁，绿树成荫，文化氛围较浓，形成了良好的校风、教风、学风。其中档案建设、体育教学工作走在全县的前列。曾被甘肃省体育局评为"2000—2005年全省群众体育先进单位"。我校2006—2007学年学校发展计划文本，被教育厅评为优秀文本，并呈报教育部和世行总部。

　　学校以"办好人民满意的教育"为宗旨，以加强教师队伍职业道德建设，努力提高教师教育教学水平，狠抓教学"五认真"，科学有效地提高教学质量为工作重心。以培养良好"三风"，创建"平安九中"营造和谐校园为目标，全面开展学校各项工作。

　　社区内村民文化程度不高，学校家庭教育薄弱，综合素质偏低。学校68名教师中有25人属近3年内新招聘教师，教学经验不丰富，教研教学能力不强。教研成果不显著。教师、男生住宿紧张。给教师工作、学生生活带来诸多不便。学校实验室达不到国家二类标准。以上因素较大程度影响了学校持续快速的发展。

目标	活动/措施	时间	完成情况	备注
入学率达100%，辍学率控制在3%以内	1. 做好"两免一补"工作 2. 组织人员到各村宣传《义务教育法》 3. 联合各乡村干部上门动员	2.28—3.1 3.1—3.7		
加强教师管理，强化教师纪律	1. 政教处定期考勤 2. 加强值周工作的考勤 3. 依据教师工作评价制度，评价教师工作	全学期 3.7—3.9		
加强学校财务管理	1. 监督各种收费 2. 严把财务收支关 3. 做好期末财务检查工作	3月份 全学期 学期末		
安排好学校文体活动	1. 组织庆"五一"中学生韵律操比赛 2. 安排全县中学生篮球联赛	3—5月份 3—5月份		

目标	活动/措施	时间	完成情况	备注
学生品德合格率达100%	1. 坚持思想品德评价机制 2. 组织法制教育专题讲座 3. 班主任开好德育主题班会	全学期 5月份 全学期		
图书仪器使用率达85%	1. 印刷目录下发教师 2. 校内举办教具使用培训 3. 更新补充各种资料	全学期		
优化校园环境,创设绿色校园	1. 组织后勤人员购买树苗,盆景 2. 组织开展全校植树造林活动	4月中旬 4月中旬		
建成二类实验室3个	1. 通过市仪器站"筹一奖二"的方式解决	2008年3月		
创建语言文字规范化学校	1. 要求全校师生在校必须说普通话 2. 各科教师要求学生写规范字 3. 全校普通话演讲比赛 4. 作业展评	全学期 全学期 4月26日 6月底		
争创五星级学校	1. 依据方案,落实各项方案 2. 校委会检测执行情况	全学期 全学期		

党支部工作计划(第一、二学期)

姓名	张正	年龄:40	性别:男	民族:汉	职称:中高

现状分析:

现有党员11名,男10名,女1名。8名党员为校委会成员,形成学校领导集体的核心。党支部坚持以邓小平理论、"三个代表"重要思想和科学发展观为指导,全面贯彻党的各项教育方针和教育法律法规,积极配合学校领导班子搞好学校的各项工作。使学校的教育教学工作有了组织上的保证。学校教师政治思想坚定,热爱祖国,拥护中国共产党的领导。大部分教师能够积极向党组织靠拢,并以自己实际行动接受组织的考验。党支部每学期发展1~2名师德高尚、业务精湛的教师加入党组织。

目标	活动/措施	时间	完成情况	备注
加强学校教师职业道德建设	1. 组织全体教师进行师德师风学习 2. 每月进行一次党员政治思想学习 3. 每学期开展一次模范党员评比活动	全学年		

续表

目标	活动/措施	时间	完成情况	备注
组织好党员生活会	1. 每月开展一次党员生活会 2. 每月开展一次党员思想自查工作 3. 每学期党员向党支部汇报思想一次 4. 学期末开展党风廉政建设民主测意活动	全学年 1,7月份		
加强党员的组织建设	1. 每月进行一次党员理论学习活动 2. 每学期发展1~2名入党积极分子，加入中国共产党	全学年		
加强社区内党员的培训活动	每学期进行2次农村党员培训活动	全学年		

教导处工作计划(第一、二学期)

| 姓名 | 雷光曦 | 年龄：35 | 性别：男 | 民族：汉 | 职称：中一 |

现状分析：

　　学校现有教师68人，平均年龄31岁。其中男32人，女36人；本科学历21人，专科学历44人，中专学历4人，学历合格率为94.2%。有教学班21个，共1207人，其中男生619人，女生588人。年轻教师多、干劲足，发展潜力大，这是我校最大的资源财富，但这部分教师缺乏教学经验，课堂驾驭能力不强，教学艺术不高，因此通过各种途径、方法促进年轻教师的快速成长是我们的一项重点工作。

　　学校教研活动主要是通过教研组和年级组来实施的。(七个教研组是：语文组、数学组、英语组、理化生组、政史地组、艺术组和信息技术组)。教研氛围浓厚，听课、评课、交流积极主动。但学科领军人物还欠缺，引领作用不强，所以在提升教师的理论素养和培养学科带头人上还要下工夫。

　　学校各功能室齐全，使用正常。

目标	活动/措施	时间	完成情况	备注
组织落实好教研教改活动	1. 认真落实"教学五认真"。每月由教导处与教研组长共同督查一次落实情况。 2. 教研组组织公开课、汇报课、示范课等为教师搭建交流平台。教师每人听课15节以上，教研组长、领导20节以上。	本学年		

续表

目 标	活动/措施	时 间	完成情况	备注
组织好月考绩和期中、期末考试	1. 每月抽考2~3门课程进行诊断了解 2. 科任教师命题 3. 做好适量分析	每月底		
组织好年轻教师岗前培训	1. 以教研组为单位,对新教师进行教材、教法培训 2. 开展全校教师岗位练兵活动	每学期第3周—第14周		
搞好英语组经验交流活动	请四中李桂春等两位教师到我校上示范课,与教师座谈、交流教学经验,提高整体素质	9月24—9月30		
转化后进生40名(每班2名)	1. 要求全体教师给予更多关注 2. 严格执行梯度发展计划	本学年		
培养合格+特长的学生	1. 学校对有特长的学生通过音乐、体育、书画、奥赛等课外兴趣小组活动大力培养 2. 举办书法比赛,作业展评	每周二至五下午		
提高学生阅读能力,拓展知识面	1. 以班为单位对学生进行借阅,规定每位学生每学期借阅15本以上图书 2. 开展中华诗文诵读活动	本学年元月		
加强教学督查力度	1. 做好"四率"工作 2. 定期检查各大室使用情况	9月10—18日,每学期第8周,18周		
学生年辍学率控制在5%以内	1. 与班主任签订协议书 2. 做好学生跟踪调查工作 3. 与年终成绩考核挂钩	9月初 本学年 每学期末		
提高教师课堂驾驭能力,促进教师专业成长	1. 全体教师开展岗位练兵活动 2. "青蓝"结对子帮扶成长	4,5,7,8,12,13周;本学年		

政教处工作计划（第一、二学期）

| 姓名 | 曾得福 | 年龄：45 | 性别：男 | 民族：汉 | 职称：中高 |

现状分析：

我校现有教职工68人，其中女：36人，男：32人，近几年招聘的年轻教师占多数，班主任队伍年轻，整体上缺乏教育教学实践经验。需加强学习，通过传、帮、带，推进教师专业成长。学生主要来源于寺滩山区、川区、灌区，基础参差不齐。学生1207名，男619名，女588名，住宿生904名，男463名，女441名。故政教处工作以班主任、学生会为依托，以团总支及各支部、班委会为骨干，在校委会和党支部的领导下 开展"树新风、铸师魂、强师能"活动，加强教师队伍建设，开展好学生思想品德教育工作，定期检查周会、督促团总支工作、抽查值周工作、组织升国旗仪式、组织学校各项大型文体活动。加强学生安全教育和法制教育，努力做到各项管理的精细化，为我校全面推进素质教育奠定坚实基础。

目标	活动/措施	时间	完成情况	备注
常抓教职工的政治学习，不断更新观念，与时俱进	1. 每周星期一例会，学习与教育相关的法律法规 2. 定期召开班主任思想工作经验交流会	每周星期一第6,12,16周		
抓团总支、学生会工作	1. 每月进行一次团课学习；主要是办壁报。两周一次，由团总支书记负责 2. 及时检查指导学生会工作	每月20日		
增强法制教育抓安全教育	1. 由法制副校长韦应戳进行了2次法制报告会，落实"五·五"普法教育 2. 采用讲座、观看视频材料、演习等方式对学生进行安全教育	本学年		
强化升国旗仪式的规范性	1. 每学期发展4名旗手。（每学期开学的第1~2周） 2. 确定升国旗致辞主题，由每周值周班级根据政教处、团总支的德育安排表拟致辞	每周星期一		
进一步促进家校联系，形成教育合力	1. 督促班主任开展家访每学期不少于600人次 2. 每学期召开一次家长会	开学初和期中考试后		

目 标	活动/措施	时 间	完成情况	备注
加强值周工作，完善值周制度	1. 安排值周工作。由校委成员担任组长并具体负责 2. 检查督促值周工作，值周组认真填写相关值周考评表，政教处随机抽查值周情况 3. 确保量化的公平、公正	第一周		
创建平安和谐校园	1. 检查每周班级周会及周会记录表的填写 2. 利用升旗致词、周会等加强学生思想品德教育 3. 利用升旗仪式、思想品德课、语文课等加强学生常规教育、爱国主义教育 4. 加强留守儿童的心理健康教育	每周星期一		
推进"家长学校"的建设进程	1. 调动社区、家长、学校诸方面的力量搞好家长学校建设工作 2. 促进学校教育、教学的步伐	本学年		

团总支工作计划（第一学期）

姓名	李成武	年龄：36	性别：男	民族：汉	职称：中一

现状分析：

  团总支共有团员675名，其中男团员占375人，女团员占300人。团总支下设21个团支部，各支部以班为单位，设支部书记、宣传委员、组织委员各一名。负责各支部活动的开展。宣传和贯彻党的各项方针政策，积极配合学校搞好思想政治工作，为学校教育教学提供有力的思想支持，努力营造"和谐"的育人环境。

目 标	活动/措施	时 间	完成情况	备注
培养学生良好的行为习惯	1. 以"合理安排学习"为主题创办壁报 2. 以"诚实守信为荣"为主题，开展主题班会，创办壁报	1～3周		
学会理解父母，回报父母	1. 以"放飞理想"为主题创办壁报 2. 主题班会："感激父母"	3～5周		
引导进步学生向团组织靠拢	1. 召开共青团知识 2. 组织学生观看影视资料	5～8周		

续表

目标	活动/措施	时间	完成情况	备注
绿化美化校园,增强环保意识	1. 开展植树种草活动 2. 各支部绿化、净化校园	9～11周		
增强团员主人翁精神和奉献精神	1. 以"拥抱2008"为主题创办壁报 2. 以"我为奥运添光彩"为主题,发动团员进行义务劳动,整洁校园	14～17周		

团总支工作计划(第二学期)

姓名	刘成武	年龄:38	性别:男	民族:汉	职称:中一

现状分析:

　　团总支共有团员675名,其中男团员占375人,女团员占300人。团总支下设21个团支部,各支部以班为单位,设支部书记、宣传委员、组织委员各一名。负责各支部活动的开展。宣传和贯彻党的各项方针政策,积极配合学校搞好思想政治工作,为学校教育教学提供有力的思想支持,努力营造"和谐"的育人环境。

目标	活动/措施	时间	完成情况	备注
培养学生良好的行为习惯	1. 以"合理安排学习"为主题创办壁报 2. 以"诚实守信为荣"为主题,开展主题班会,创办壁报	1～3周		
学会理解父母,回报父母	1. 以"放飞理想"为主题创办壁报 2. 主题班会:"感激父母"	3～5周		
引导进步学生向团组织靠拢	1. 召开共青团知识 2. 组织学生观看影视资料	5～8周		
绿化美化校园,增强环保意识	1. 开展植树种草活动 2. 各支部绿化、净化校园	9～11周		
增强团员主人翁精神和奉献精神	1. 以"拥抱2008"为主题创办壁报 2. 以"我为奥运添光彩"为主题,发动团员进行义务劳动,整洁校园	14～17周		

总务处工作计划(第一学期)

| 姓名 | 王福民 | 年龄:40 | 性别:男 | 民族:汉 | 职称:中高 |

现状分析:

总务处现有工作人员6名,全部为男性,其中兼职3人,专职3人。专职人员中2人为54岁以上的老同志。总务处承担着全校60多名教师,1200多名学生的后勤保障工作,以及学校的绿化、美化、公物的维修等。尽管事多人少,但全体后勤工作人员能团结务实、加班加点,保障了学校的后勤服务工作。

目 标	活动/措施	时 间	完成情况	备注
七年级新生分配桌凳、教室	凳号、桌号、登记入账。承包到每位学生。 教室承包到班级。	2007年8月26日—8月27日		
冬季取暖安排	全校供暖(门房无暖气,另配备火炉)。北楼教室、宿舍因冷需另配发火炉,拉煤分发	2007年9月—10月		
公物阶段性检查	苏明山、童延虎检查九年级公物。马登祥、梁爱龙检查八年级公物。姬福民、王扶德检查七年级公物	2007年10月23日—10月29日		
储备冬季用水	联系水管所给水池蓄水(三个大池蓄自来水,三个小水池蓄黄河水)	2007年11月1日—11月7日		
花园、林带浇灌冬水	联系水管所给花园、林带抽水	2007年11月10日—11月15日		
公物常规检查	每班进行公物大检查,登记损坏公物,对损坏的桌凳门窗进行维修	2008年1月1日—1月17日		
安排放假护校	找十里村缪中明、缪延奎两人安排假期护校工作	2008年1月17日		

总务处工作计划(第二学期)

| 姓名 | 王福民 | 年龄:40 | 性别:男 | 民族:汉 | 职称:中高 |

现状分析:
　　总务处现有工作人员6名,全部为男性,其中兼职3人,专职3人。专职人员中2人为54岁以上的老同志。总务处承担着全校60多名教师,1200多名学生的后勤保障工作,以及学校的绿化、美化、公物的维修等。尽管事多人少,但全体后勤工作人员能团结务实、加班加点、保证了教学的后勤保障工作。

目　标	活动/措施	时　间	完成情况	备注
检查假期各班公物	每班详细检查玻璃、桌凳、更换损坏玻璃。维修损坏桌凳	2008年2月23日—3月2日		
抽取生活用水	联系水管所给三个大水池蓄自来水	2008年3月10日—3月15日		
花园、林带浇水	联系水管所为花园、林带春灌	2008年4月20日—4月30日		
绿化校园	安排劳动任务、每班承包植树任务	2008年3月10日—4月30日		
美化校园	修剪校园花草树木。国槐剪枝,侧柏定杆	2008年5月1日—5月10日		
花园、林带浇水	联系水管所为花园、林带浇水	2007年5月10日—5月15日		
平整操场	联系车辆,拉沙平整操场跑道、拉水压土6 000平方米	2008年5月15日—5月17日		
花园林带松土	承包到各班、自带工具为林带花园松土	2008年5月17日—5月27日		
公物检查	每班进行公物大检查登记损坏情况	2008年6月1日—6月10日		
安排暑假护校	联系缪中明、缪延奎两人安排假期护校工作	2008年7月13日		

第九部分　教研组工作计划表

语文组工作计划表(第一学期)

| 姓名 | 王德 | 年龄:38 | 性别:男 | 民族:汉 | 所教学科 | 语文 |

教研组现状分析:

　　语文教研组有 12 名专职教师组成,其中男教师 8 名,女教师 4 名。本组均为青年教师,其中今年新参加工作的教师 2 名。本组获中级职称 1 人,初级职称 3 人;本科学历 4 人,专科学历 8 人。本组是一个求真务实,团结奋进,奋发向上的专业团队,承担着"语文创新性课堂教学模式研究"的校本教研课题。教师中多人参加过市县级优质课竞赛并获奖。本组教师最大的优势是年富力强,思想开放,接受新知识新信息的能力强,勇于开拓进取,有一股闯劲。不足之处是大多数教师由于年轻,教学经验不足,教学方法欠缺,本着"以老带新、取长补短、教学相长"的原则,假以时日,一批教学新秀会迅速成长起来。

目　标	活动/措施	时　间	完成情况	备注
树立现代观念	1. 参与式教学及中学语文教学策略等理论 2. 学习与个人学习相结合	本学期		
促进教学质量稳步提升	1. 研究新课标、新教材 2. 开展参与式课堂教学活动 3. 学生的"双基"和学习习惯 4. 质量分析与研讨	本学期 第 11 周		
加强青年教师的培训	1. 拜师学艺 2. 教师带头上示范课、做讲座 3. 年级语文教师岗位练兵 4. 年级语文教师岗位练兵 5. 年级语文教师岗位练兵	第 3 周 第 4,7,12 周 第 4,5 周 第 7,9 周 第 12,14 周		
课题研究阶段性总结	课题研究阶段性小结	第 7,11,16 周		
加强语文与信息技术的整合	1. 参加信息技术的培训,学习制作课件 2. 教师至少上一节整合课	本学期		
"一二.九"雅言经典中华诗文诵读比赛	班内挑选每班两名	第 15 周		
总结交流与成果展示	1. 教案、课件评选 2. 征集 3. 组工作总结	第 18 周		

语文组工作计划表(第二学期)

姓名	王德	年龄:38	性别:男	民族:汉	所教学科	语文

教研组现状分析:

　　语文教研组有 12 名本职教师组成,其中男教师 8 名,女教师 4 名。本组均为青年教师年富力强,其中今年新参加工作的教师 2 名。本组的中级职称的 1 人,初级职称的 1 人;本科学历 4 人,专科学历 8 人。本组是一个求真务实,团结奋进,奋发向上的专业团队,承担着"语文创新性课堂教学模式研究"的校本教研课题,教师中多人参加市县级优质课竞赛并获奖。本组教师最大的优势是年富力强,思想开放,接受新知识新信息的能力强,勇于开拓进取,有一股闯劲。不足之处是大多数教师由于年轻,教学经验不足,教学方法欠缺,本着"以老带新、取长补短、教学相长"的原则,假以时日,一批教学新秀会迅速成长起来。

目标	活动/措施	时间	完成情况	备注
树立现代教育观念	扎实学习有关语文教学的理论	本学期		
抓课改促质量	1. 深挖细研吃透教材 2. 深化参与式教学活动 3. 继续抓学生的"双基"和学习习惯 4. 有针对性地做好初三语文教学和复习工作	本学期		
继续加强青年教师的培养	1. 继续抓好"青蓝"结对互帮互学活动 2. 青年教师上公开课 3. 继续实施岗位大练兵活动	4—14 周		
深化课题研究	一月一总结,期末大总结	4,8,12,16 周		
语文与信息技术的整合	1. 每个年级有一位老师上整合示范课 2. 每位教师上一节整合课	5,9,13 周		
开展语文知识竞赛活动	以年级为单位,每班挑选 6 位学生代表班级参加	第 15 周		
总结交流与成果展示	1. 优秀教案、课件评选 2. 论文征集 3. 教研组工作总结	第 18 周		

注:以上提供的是样表,请根据需要多少另行复印,要求每位教师填写,填写后单独装订成册。

数学教研组工作计划表(第一学期)

姓名	张烨	年龄:31	性别:女	民族:汉	所教学科	数学

现状分析:

  数学教研组由 14 名教师组成,其中男 6 人,女 8 人,中级职称 2 人,初级职称 5 人,本科学历 6 人,专科学历 6 人,中师学历 2 人。本组教师大多数为青年教师,教学经验欠缺,教学能力不强,但他们上进心强,思想开放,接受新知识新信息的能力强。为此,本组主要采取"青蓝搭对子"的措施,不断提高新教师的教学水平,同时我们也本着"以老带新,以新促老"的原则,促使全组教师的快速成长。

  数学教学中,我们以"学生的发展为本,活动为线,创新为主旨",充分体现"新课程,新标准,新教法",积极推进素质教育,努力提高全体学生的数学素养。

目 标	活动/措施	时 间	完成情况	备注
制订切实可行的教研计划	全组充分讨论制订本学期教研工作计划	第 2 周		
学习新课标、吃透新课标	组织全体教师学习新课标即参与式教学活动的设计	第 3 周		
促进教师快速成长	1. 加强业务学习,建立定期学习制度 2. 组织好课题研究,定期总结成果,服务于教学 3. 树立学科带头人	本学期		
教师岗位练兵	1. 九年级 5 位教师公开教学及评课 2. 八年级 4 位教师公开教学及评课 3. 七年级 5 位教师公开教学及评课	4～5 周 7～8 周 12～13 周		
阶段性总结	1. 中期考试质量分析 2. 教研课题阶段性总结 3. 后期工作思路探讨	11 周 9 周 15 周		
全校数学竞赛	分年级每班选 8～10 人竞赛	14 周		
交流、总结	1. 分年级制订总复习计划 2. 评选优秀教案、论文、课件 3. 回顾与总结本学期工作	17～18 周		

注:以上提供的是样表,请根据需要多少另行复印,要求每位教师填写,填写后单独装订成册。

数学教研组工作计划表（第二学期）

| 姓名 | 张烨 | 年龄：31 | 性别：女 | 民族：汉 | 所教学科 | 数学 |

现状分析：

数学教研组由 14 名教师组成，其中男 6 人，女 8 人，中级职称 2 人，初级职称 6 人，本科学历 6 人，专科学历 6 人，中师 2 人。本组是一个团结务实，有较强的事业心和责任心的专业团队。近两年新分配教师 6 人，教学经验欠缺，但他们乐学善学，"青蓝"结合，教学相长，促进全组成员共同进步。响应新课改的号召，数学课堂以"学生的发展为本，活动为主线，创新为主旨"，充分体现"新课程，新标准，新教法"，积极推进素质教育，努力提高全体学生的数学素质。

数学组一向重视特长生培养，2007 年全国奥林匹克竞赛有 8 位同学获省市级奖，4 名教师获得不同级别优秀辅导员光荣称号。

目标	活动/措施	时间	完成情况	备注
促进教师专业成长，提高教学质量	1. 组织好教研教改课题的研究 2. 树立学科带头人，新老教师搭对子 3. 开展教学大比武，形成竞争意识	本学期		
做好毕业班复习工作	1. 九年级教师不定期研讨教育教学 2. 组织好模拟考试，查漏补缺，提高质量	本学期		
制订切实可行的教研计划	全体教师充分讨论，群策群力，制订本学期教研计划	第 2 周		
学习新课标，制订教研课题	制订总课题，分组研讨实施子课题	第 3 周		
开展竞赛活动，培养特长生	1. 4 月份九年级学生参加全国奥赛 2. 七、八年级参加校级竞赛活动	第 5 周 第 14 周		
七、九年级教师岗位练兵	10 位教师上公开课，并组织好说课、授课、评课活动	5~9 周		
阶段性总结	1. 教研课题阶段性总结 2. 中期考试质量分析 3. 后期工作思路探讨	第 11 周		
八年级教师岗位练兵	4 位教师上公开课，并组织好说课、授课、评课活动	第 12~13 周		
质量分析评估	结合各班成绩和教师授课情况，进一步研讨交流，使教育教学活动更完善	第 15 周		
总结交流本学期工作	1. 评选优秀教案、课件 2. 分年级交流制订总复习计划 3. 回顾与总结本学期工作	第 16~18 周		

注：以上提供的是样表，请根据需要多少另行复印，要求每位教师填写，填写后单独装订成册。

英语教研组工作计划表（第一学期）

姓名	段梅	年龄：30		性别：女	民族：汉	所教学科	英语

现状分析：

　　英语教研组由13名教师组成，其中女教师12名，男教师1名，初级职称3人，未定级教师10人，本科学历6人，专科学历7人。本组教师大多数为青年教师，对工作有很强的敬业精神，也充满热情和干劲，但有部分教师教学经验欠缺，专业知识浅薄，组织教学能力较低，专业成长和教学能力亟待提高。

　　英语学科为语言学科，要想学好它，就要有效地运用它，要求学生张嘴去说，去实践。而实践语言需要语言环境，这些无疑给英语教师和英语学习者带来某种程度的困难，因此英语学科对于大部分学生来说是一门较难学的学科，它需要初学者勤奋不懈地去记去读，部分学生嫌其枯燥渐渐导致其成为英语学习中的"学困生"，与其他同学拉开了距离，形成"两极分化现象"。

　　由此，针对本组教师、学科和学生的现实状况，本学期我们英语组将以新的面貌，坚持创新，立足改革，并继续承担以"注重课堂效率，提高教学质量"为主课题的校本教研课题。本着"新老结合，取长补短，教学相长"的原则，继续加强课程标准学习，将参与式教学渗透到教学实践中，相信在我们组教师的共同努力下，我校英语教学质量一定能稳步提升。

目标	活动/措施	时间	完成情况	备注
制订切实可行的教研工作计划，提高教学质量	1. 学习新课标，制定本组工作计划 2. 学习"五认真教学常规"	8.27—9.9 1～2周		
促进教师专业成长	1. 开设年级备课组 2. 确定教研课题 3. 参与式教学融入课堂 4. 九年级本组教师岗位练兵	全学期 9.10—9.30 3～5周		
八年级本组教师岗位练兵	1. 注重参与式教学 2. 每位教师上课后，组织好说、授、评课活动 3. 教学经验交流	全学期 10.8—10.28 7～9周		
质量分析评估	以年级组为单位，分析各班成绩，查漏补缺，制订后期工作目标	10.29—11.11 10～11周		
课题研究阶段性总结	1. 期中课题研究总结 2. 后一阶段思路探讨	11.6—11.11 11周		
七年级本组教师岗位练兵	1. 注重信息技术与课程整合 2. 参与式教学进入每堂课 3. 座谈、讲评、总结	12.8—12.23 12～14周		

续表

目标	活动/措施	时间	完成情况	备注
提高教师教学技能，激发学生学习兴趣	1. 学生作业展评 2. 教师课件评比 3. 英语演讲比赛	12.9—12.23 17周 12.3—12.8 14周		
总结交流	1. 座谈交流复习方案 2. 评选优秀教案、论文 3. 期末交流总结	16周 12.24—1.13 18～20周		

英语教研组工作计划表（第二学期）

姓名	段梅	年龄：30	性别：女	民族：汉	所教学科	英语

现状分析：

　　英语教研组由13名教师组成，其中女教师12名，男教师1名，初级职称3人，未定级教师10人，本科学历6人，专科学历7人。本组教师大多数为青年教师，对工作有很强的敬业精神，也充满热情和干劲，但有部分教师教学经验欠缺，专业知识浅薄，组织教学能力较低，专业成长和教学能力亟待提高。

　　英语学科为语言学科，要想学好它，就是要有效的运用它，也就是要求张嘴去说，去实践。而实践语言需要语言环境，这些无疑给英语教师和英语学习者带来某种程度的困难，因此英语学科对于大部分学生来说是一门较难学的学科，它需要初学者勤奋不懈去记去读，部分学生嫌其枯燥渐渐导致其成为英语学习中的"学困生"，与其他同学拉开距离，形成英语学习中严重的"两极分化现象"。

　　由此，针对本组教师、学科和学生的现实状况，本学期我们英语组将以新的面貌，坚持创新，立足改革，并继续承担以"注重课堂效率，提高教学质量"为主课题的校本教研课题。本着"新老结合，取长补短，教学相长"的原则，继续加强课程标准学习，将参与式教学渗透到教学实践中，相信在我们组教师的共同努力下，我校英语教学质量一定能稳步提升。

目标	活动/措施	时间	完成情况	备注
促进教师专业发展	1. 组织教师校本培训 2. 课题研讨会 3. 根据学校工作计划，制订教研组计划和个人工作计划	1—3周		
提高英语学科教学质量	完善英语量化考核标准，教案、作业量化规定	4周		

续表

目　标	活动/措施	时　间	完成情况	备注
转变教师的教育观念	1. 学习新课标,做好学习笔记 2. 组织教师深钻,参与式教学活动设计 3. 九年级教师公开教学,并组织好说课、授课、评课活动	5周		
加强英语教学与信息技术的整合	1. 组织教师参加信息技术学习,制作高质量的课件 2. 选2名教师各授一节整合展示课	6—7周		
课题研究阶段性总结	1. 课题研究阶段性小结 2. 后一阶段工作思路探讨	8周		
质量分析评估	对比分析各班成绩,查漏补缺,制订后期工作目标	11周		
提高学生英语学习兴趣和技能	1. 组织七、八年级英语竞赛 2. 作业展评	12—14周		
提高教师教学技能	1. 七、八年级教师教学大比武,形成竞争意识 2. 组织好说课、授课、评课活动	15—17周		
验收教学成果	1. 评选优秀教案、论文、课件 2. 期末交流总结	19周		

注：以上提供的是样表，请根据需要多少另行复印，要求每位教师填写，填写后单独装订成册。

理化生教研组工作计划表(第一学期)

姓名	纪登琴	年龄：33	性别：女	民族：汉	所教学科	化学

现状分析：

　　理化生教研组由12名专职教师组成，其中女教师9人，男教师3人；中级职称2人，初级职称5人，本科学历2人，专科学历10人。青年教师占大多数，朝气蓬勃，富有活力，是一支很有生机的队伍。本组是学校科技创新人才培养的摇篮，老师们都对自己的要求比较高。他们平时一方面在课余钻研相关的教育教学专业知识，提高自己的专业素养，更新自己的教育理念；另一方面在新课改的课堂实践中严格要求自己，尽快成长起来。但随着新课改的逐步深入，传统的教学模式与新课程理念的冲突进一步凸现，本组教师将努力学习，更新理念，积极实践，不断提高。

　　本组结合学校实际，积极开展各种教研活动，督促大家提高施教能力，努力将新课改理论转化为实际教学行为，提高使用现代教育技术的能力，使教师们逐渐形成自己独特的教学风格。以"培养每一位学生的创新"为目标，面向全体学生，培养学生科学素养，让他们学会自主学习、合作学习、探究学习，力争在新的一年全国物理、化学奥林匹克竞赛中再创佳绩。

目　　标	活动/措施	时　间	完成情况	备注
学习新课标，加强教研教改	1. 组织新教师学习课程标准(第1—3周) 2. 制订教研计划，确立教研课题 3. 组织好每一次教研活动(每两周一次)	本学期		
促进教师专业发展	1. 新老教师结对子，互帮互学 2. 培养和选拔骨干教师，一科一人	1—3周		
教师岗位练兵	1. 九年级6位教师公开教学及评课 2. 八年级4位教师公开教学及评课 3. 七年级3位教师公开教学及评课	4—5周 7—8周 12—13周		
多媒体与各科的整合教学	1. 积极参加学校安排的信息技术校本培训 2. 每科选出一名教师上多媒体课	14—15周		
组织好全校的理化各科竞赛	1. 初三物理竞赛(每班6人参赛，赵烈宇老师负责) 2. 初三化学竞赛(每班6人参赛，周永凤老师负责)	14周		
成立物理、化学、生物课外兴趣小组	1. 物理组15人参加，张燕儒老师负责 2. 化学组15人参加，屈登琴老师负责 3. 生物组15人参加，任娜老师负责	本学期		

注：以上提供的是样表，请根据需要多少另行复印，要求每位教师填写，填写后单独装订成册。

理化生教研组工作计划表（第二学期）

姓名	纪登琴	年龄：33	性别：女	民族：汉	所教学科	化学

现状分析：

　　理化生教研组由12名专职教师组成，其中女教师9人，男教师3人；中级职称2人，初级职称5人，本科学历2人，专科学历10人。青年教师占大多数，朝气蓬勃，富有活力，是一支很有生机的队伍。本组是学校科技创新人才培养的摇篮，老师们都对自己的要求比较高。他们平时一方面在课余钻研相关的教育教学专业知识，提高自己的专业素养，更新自己的教育理念；另一方面在新课改的课堂实践中严格要求自己，尽快成长起来。但随着新课改的逐步深入，传统的教学模式与新课程理念的冲突进一步凸现，本组教师将努力学习，更新理念，积极实践，不断提高。

　　本组结合学校实际，积极开展各种教研活动，督促大家提高施教能力，努力将新课改理论转化为实际教学行为，提高使用现代教育技术的能力，使教师们逐渐形成自己独特的教学风格。以"培养每一位学生的创新能力"为目标，面向全体学生，培养学生科学素养，让他们学会自主学习、合作学习、探究学习，力争在新的一年全国物理、化学奥林匹克竞赛中再创佳绩。

目 标	活动/措施	时 间	完成情况	备注
继续学习新课标，不断加强教研教改	1. 组织新教师学习课程标准（第1—3周） 2. 制订教研计划，确立教研课题 3. 组织好每一次教研活动（每两周一次）	本学期		
提高教师专业技能	1. 新老教师结对子，互帮互学 2. 培养和选拔骨干教师，一科一人	1—3周		
教师岗位练兵	1. 九年级6位教师公开教学及评课 2. 八年级4位教师公开教学及评课 3. 七年级3位教师公开教学及评课	4—5周 7—8周 12—13周		
多媒体与学科的整合	1. 积极参加学校安排的信息技术校本培训 2. 每科选出一名教师上多媒体课	14—15周		
组织好全校的理化竞赛	1. 初三物理竞赛（每班6人参赛，赵烈宇老师负责） 2. 初三化学竞赛（每班6人参赛，周永凤老师负责）	14周		
加强课外兴趣小组活动的督促	1. 物理组15人参加，张燕儒老师负责 2. 化学组15人参加，屈登琴老师负责 3. 生物组15人参加，任娜老师负责	本学期		
总结交流	1. 评选优秀案例、课件、论文。 2. 总结交流教育教学中的成功经验。	19周		

注：以上提供的是样表，请根据需要多少另行复印，要求每位教师填写，填写后单独装订成册。

政史地教研组工作计划表（第一学期）

姓名	于宗礼	年龄：47	性别：男	民族：汉	所教学科	地理

现状分析：

　　政史地教研组由18名教师组成，其中男教师10名，女教师8名，这些教师中大多为青年教师，上进心强，富有创新精神。其中中级职称2人，初级职称2人，未评级14人。本科学历4人，专科学历13人，中专学历1人，该组主要承担学校综合实践课的教学任务。本组最大的特点是教师所任学科的专业性不强，大多为兼职教师，针对跨学科现实状况，本学期必须加强课程标准的学习，在具体的教学活动中开展"新老结合"活动，在同年级同科教师中取长补短"结对子"，积极开展参与式教学活动设计，并渗透在各科教学活动中，使教研教改蔚然成风，在"说—授—评"课中逐步提升教学质量，并确立课题进行研讨，使论文发表有所突破。

目标	活动/措施	时间	完成情况	备注
及格率提高3个百分点	1. 学习新课标,制订工作计划 2. 强调"教学五认真"	1—2周 8.27—9.9		
参与式教学及"结对子"	1. 参与式教学进入每堂课 2. 确立教研课题 3. "青蓝结对子"(附名单) 4. 九年级本组教师岗位练兵	全学期 第1周 3—5周 9.10—9.30		结对子 附名单 练兵有表安排
八年级本组教师岗位练兵	1. 注重参与式教学 2. 以课例为主,谈各自在教学中的困惑,互相交流,解决问题	7—9周 10.8—10.28		有安排表
参加期中测试并进行质量分析	1. 组织学生认真参加期中测试 2. 进行本组教师教育教学质量分析(必有试卷分析)	10—11周 10.29—11.11		
七年级本组教师岗位练兵	1. 要求在练兵活动中尽量上信息技术整合课,为课件评比打基础 2. 座谈、讲评、总结	12—14周 11.12—12.2		练兵有安排表
评比课件	认真对待,各科教师精心制作课件,争取名次	16—17周 12.10—12.23		
期末复习与测试	1. 座谈交流复习方案 2. 严阵以待,以良好的心态,优异的成绩结束本学期工作	18—20周 12.24—1.13		

注：以上提供的是样表,请根据需要多少另行复印,要求每位教师填写,填写后单独装订成册。

政史地教研组工作计划表（第二学期）

姓名	王泽	年龄：25	性别：男	民族：汉	所教学科	政治、历史

现状分析：

  政史地教研组由18名教师组成,其中男教师10名,女教师8名,中级职称2人,初级职称3人,本科学历4人,专科学历13人,中专学历1人,承担着学校综合实践课的教学活动。本组教师结构合理,敬业心强,是一个充满生机与活力的集体。由于该组专业教师缺乏,大多教师为兼职教师,在开展教研活动时常与别的组在时间上发生冲突,但本组教师还是想尽办法,采取有效措施确保教研活动有序、有效地开展,充分体现了教师的责任感和使命感。

目标	活动/措施	时间	完成情况	备注
学习新课标，吃透新课标	组织教师学习新课标，各年级各科教师分开有序进行	1—2周		
加强教师师德师风建设	组织本组教师观看师德教育录像，参加师德师风讲座，从而进一步提高教师职业道德水平	3—4周		
提高教师业务能力	1. 新老教师结对子，互帮互学 2. 组织优秀教师上演示课	6—8周		
检测教学效果	1. 制订复习计划 2. 中期考试 3. 中期质量分析	9—11周		
让参与式教学深入课堂	1. 组织各教师进行公开教学，尔后评课，让每位教师取长补短 2. 组内听课不少于15节	12—15周		
经验交流会，制订复习计划	1. 交流教学中的得与失，并探讨解决方案 2. 制订切实、有效的复习方法与计划	16—18周		

注：以上提供的是样表，请根据需要多少另行复印，要求每位教师填写，填写后单独装订成册。

信息技术教研组工作计划表（第一学期）

姓名	魏军	年龄：30	性别：男	民族：汉	所教学科	信息技术

现状分析：

  信息技术组现有教师3名（男教师2人，女教师1人），其中本科1人，专科2人，初级职称1名，未评级2名。3人都兼任其他科教学任务。学校现有微机室3个，多功能报告厅2个，主控室1个，电脑总数102台，其中一个微机室因设备陈旧已经停用，教师办公用机3台。随着课程改革的进一步推进，信息技术在学科教学中的作用越来越重要，目前我校教师的电脑操作技能还需进一步提高，校园局域网与因特网还未接通，教师无法通过网络浏览更多的教学资源，严重制约着学校教学质量的提高。本组教师一贯注重专业特长的发挥，本学期将积极帮助全校教师加快信息技术与学科整合步伐，认真指导学生实践操作，注重培养特长生。

目 标	活动/措施	时 间	完成情况	备 注
制订教研计划及课题	召开教研组会议,讨论制订教研组工作计划和本组教研课题	第1周	完成	课题:地方课程实施情况研讨
及时传递信息资源库的更新	每周将接收到的新的教学资源,及时上报,供教师上课所需	2—19周		
开通校园宽带网	学校与电信局筹划,争取开通校园宽带网	3—6周		
鼓励教师继续学习	微机室每周二、三、四向全体教师开放2小时,供教师继续学习与深造	3—15周		
地方课程实施情况研讨会	对信息技术课本的实施情况进行组内研讨	第8、16周		
开展教学岗位练兵活动	本组每位教师最少进行三次公开教学	第6、12、15周		
组织学生电脑操作比赛	每班选5名学生参加,对优秀学生学校给予奖励	第18周		
教师优秀课件评比	教导处组织,每组选5例优秀课件参评,对获得优秀课件的作者给予奖励	第17周		

注:以上提供的是样表,请根据需要多少另行复印,要求每位教师填写,填写后单独装订成册。

信息技术教研组工作计划表(第二学期)

姓名	魏军	年龄:30	性别:男	民族:汉	所教学科	信息技术

现状分析:

  信息技术组现有教师3名(男教师2人,女教师1人),其中本科1人,专科2人,初级职称1名,未评级2名。3人都兼任其他科教学任务。学校现有微机室3个,多功能报告厅2个,主控室1个,电脑总数102台,其中一个微机室因设备陈旧已经停用,教师办公用机3台。随着课程改革的进一步推进,信息技术在学科教学中的作用越来越重要,目前我校教师的电脑操作技能还需进一步提高,校园局域网与因特网还未接通,教师无法通过网络浏览更多的教学资源,严重制约着学校教学质量的提高。本组教师一贯注重专业特长的发挥,本学期将积极帮助全校教师加快信息技术与学科整合步伐,认真指导学生实践操作,注重培养特长生。

目标	活动/措施	时 间	完成情况	备注
制订教研计划及课题	召开教研组会议,讨论制订教研组工作计划和本组教研课题	第1周		
全体教师能够利用网络资源进行备课	1. 讲解因特网的基本知识,学会上网 2. 加强实践指导	全学期		
及时传递信息资源库的更新	每周将接收到的新的教学资源,及时上报,供教师上课所需	2—19周		
提高全体教师计算机操作能力	微机室每周二、三、四向全体教师开放2小时,供教师操作练习	3—15周		
校本课程实施情况研讨会	对信息技术课本的实施情况进行组内研讨	第8、16周		
开展教学岗位练兵活动	魏军孔、任娜、岳卫峰三人分别最少进行三次公开教学	第5、11、14周		
组织学生电脑操作比赛	每班选5名学生参加,对优秀学生学校给予奖励	第16周		
教师优秀课件评比	教导处组织,每组选5例优秀课件参评,对获得优秀课件的作者给予奖励	第18周		

注:以上提供的是样表,请根据需要多少另行复印,要求每位教师填写,填写后单独装订成册。

艺术教研组工作计划表(第一学期)

姓名	樊凯	年龄:38	性别:男	民族:汉	所教学科	体育

现状分析:

  艺术组现有教师6名,其中男5名,女1名,本科学历3人,专科学历3人,中级职称教师1人,初级职称1人,未评级4人。年轻、学历高、干劲大是他们的特点;爱岗敬业,爱生如子,无私奉献是他们的宗旨。正是凭借这些优势,在强烈事业心的感召下,本组教师承担着"面向全体,发展特长"的校本教研课题,并且取得了显著成绩,得到了领导师生们的认同。2000—2005年被评为全省群众体育先进单位;2007年白银市韵律操竞赛中荣获市第一名。教师中多人参加市县级优质课竞赛并得奖。

  不足之处师资紧缺,有兼职;器材不足,上课形式单一,练习密度不够。

目 标	活动/措施	时 间	完成情况	备注
制订切实可行的教研计划	全体教师充分讨论,制订出本学习本组工作计划	9.5		负责人:樊凯胜
提升初一年级广播操质量	以班为单位开展广播操比赛	9.26		樊凯胜
以篮球项目拓展其他体育项目	国庆篮球联赛	9.27—10.15		王进京
量化,督促课外活动的开展	1. 成立量化组委会 2. 评定结果列入班级量化	本学期		量化组委会
组织县、校两级中长跑对抗赛	1. 分年级组校级对抗赛 2. 通过选拔参加县级对抗赛	12.25		樊凯胜 王进京
给师生一个展示自我的平台,提高艺术表现能力	师生书画展 庆元旦文艺晚会	12.19 12.31		缪成武 缪成武 卢有科
提高教师的健身意识	教职工拔河、乒乓球比赛	10.26		王进京
学习实践参与式教学	1. 学习讨论参与式教学模式 2. 通过授、评来互相学习,共同提高	本学期		全员参加

注:以上提供的是样表,请根据需要多少另行复印,要求每位教师填写,填写后单独装订成册。

艺术教研组工作计划表(第二学期)

姓名	樊凯	年龄:34	性别:男	民族:汉	所教学科	体育

现状分析:

  艺术组现有教师6名,其中男5名,女1名,本科学历3人,专科学历3人,中级职称教师1人,初级职称1人,未评级4人。年轻、学历高、干劲大是我们的特点;爱岗敬业,爱生如子,无私奉献是我们的宗旨。正是凭借这些优势,在强烈事业心的感召下,本组教师承担着"面向全体,发展特长"的校本教研课题,并且取得了显著成绩,得到了领导师生们的认同。2000—2005年被评为全省群众体育先进单位;2007年白银市韵律操竞赛中荣获市第一名。教师中多人参加市县级优质课竞赛并得奖。

  不足之处师资紧缺,有兼职;器材不足,上课形式单一,练习密度不够。

目标	活动/措施	时间	完成情况	备注
制订切实可行的教研计划	全组教师充分讨论,制订出本艺术组工作计划	第二周		负责人:樊凯胜
以篮球项目拓展其他体育项目	五一篮球联赛	8—10周		王进京
量化,督促课外活动的开展	1. 成立量化组委会 2. 评定结果列入班级量化	本学期		量化组委会
学习实践参与式教学	学习讨论参与式教学模式,通过授、评来互相学习,共同提高	本学期		全员参加

注:以上提供的是样表,请根据需要多少另行复印,要求每位教师填写,填写后单独装订成册。

第七、八、九三部分简评

　　这三个部分内容主要阐述学校年度工作内容(学校周历表),并在校级领导工作计划、各教研组工作计划中明确工作目标,落实活动、措施内容,确定完成时限等,使学校各项工作从上至下有计划、有步骤地开展,推进学校发展。从文本撰写内容可看出,制订认真,内容具体,思路清晰。但存在问题是,第五、六部分涉及的各类别中需解决的问题在各计划中体现不够,使解决发展中的问题与学校日常工作的结合欠紧密。

　　建议学校依据各类别问题解决的相关职能部门,在工作计划中充实这些内容,更好地使学校发展计划的实施与学校日常工作的开展紧密结合。同时,学校应重视学校发展过程中的自我监测评估工作,并把此项工作纳入学校各层面的工作计划中,强化目标意识、责任意识,不断提升学校自主管理水平。

第十部分　本学年学校发展计划的监测与评估

时间	监测评估情况	监测者	
		姓名	职务

注:本表主要由校长、学区校长(主任、区长)以及教育局有关人员填写。"监测评估情况记载"一栏应根据第六部分的目标与措施的进展情况填写并有监测者签名。校长每学期至少应有两次实施情况监测评估记载。

第十部分简评

该部分是对学校发展计划监测与评估的工作安排,需明确时间,落实内容,确定监测者,确保学校发展计划监测与评估工作有序开展。建议学校在本次 SDP 监测评估过程中,总结经验,依据学校实际,组建自我监测评估组织,研制自我监测评估指标,制订自我监测评估制度和工作计划,有步骤地开展自我监测评估活动,形成学校自我诊断、自我改进、自我完善、自我发展的长效工作机制,增强学校自主发展能力。

附 件

附件1 学校服务半径内学龄儿童分布情况统计表

20___至20___学年	学龄儿童分布情况					
	三千米之内		三至六千米内		六千米以外	
	男	女	男	女	男	女
	总数 | 已入学	总数 | 已入学	总数 | 已入学	总数 | 已入学	总数 | 已入学	总数 | 已入学
学年初						
学年末						

20___至20___学年	学龄儿童入学情况								
	服务半径内儿童入学						服务半径外儿童在本校就读		超龄或不足学龄在本校就读
	男			女					
	总数	本校入学	外地入学	总数	本校入学	外地入学	总数 | 男 | 女		总数 | 男 | 女
学年初									
学年末									

附件2 学校服务半径内学龄儿童"三率"统计表

20___至20___学年	入学率(%)					辍学率(%)					完成率(%)				
	总数	男生		女生		总数	男生		女生		总数	男生		女生	
		计	少数民族	计	少数民族		计	少数民族	计	少数民族		计	少数民族	计	少数民族

附件3 学校师生基本情况统计表

学生基本情况							
总数	男生	女生	少数民族	学前班	小学	初中	残障

教职工基本情况							
总数	男	女	少数民族	专任教师	30岁以下	31~45岁	46岁以上

附件4 教学设备设施及使用情况

项目 \ 内容	数量	能否正常使用	使用情况（按人/次进行统计）	备注
学校占地面积（m²）				
校舍建筑面积（m²）				
普通教室（m²）				
实验室（m²）				
图书室（m²）				
微机室（m²）				
语音室（m²）				
寄宿学生住宿用房（m²）				
教师办公用房（m²）				
专用展室或展板（m²）				
生活用房（m²）				
其他用房（m²）				
体育运动场（馆）面积（m²）				
计算机（台）				
校园网络（有或无）				
远程教学设备（有或无）				
体育器材（有或无）				
音乐器材（有或无）				
美术器材（有或无）				
理科实验仪器（有或无）				
图书藏量（册）				
电子图书藏量（片）				
教学挂图（幅）				
教学设备实施价值（元）				
图书、资料价值（元）				

注："体育运动场（馆）面积"包括操场、跑道、器械场地、球类场地及室内场（馆）；此表按上学年的情况进行统计。

附件 5　学校财务收支情况统计表

学期	收入						
	总计	公用经费	捐资	助学金			其他
				"西发项目"	两免一补	其他	
第一学期							
第二学期							
学年总计							
百分比							

学期	支出								结余
	总计	水电费	购置教学设备	校舍维修	贫困生助学金	教学奖励金	教学研究费用	教师培训费用	其他	
第一学期										
第二学期										
学年总计										
百分比										

附件 6　学校发展管理委员会会议记录

时间：　　　　　　　　　　地点：

主题：
到会人员签名：
会议主要内容：
会议记录人：

注：学校发展管理委员会每两个月至少要召开一次会议，原则要求每次每位成员到会。

第三部分
学校发展计划监测评估方案

基于 SDP 的自评培训

监测评估

编写说明

为了进一步确保学校发展计划工作的顺利实施,提高学校发展计划制订和实施过程的质量和效果,强化监测评估的意识和新理念,充分发挥监测评估在项目推进过程中的保障作用,完善和构建监测评估的机制,促进各项目省、县、学校监测评估的规范运作,提高项目实施的实效性,特制订本方案。

本方案把监测评估的实践操作要点分为:目的、程序、范围与内容、评判方法、信息收集与自评报告等六个方面,提出了具体的操作要求,充分考虑了监测评估的可操作性。把监测评估的理性思考,概括为内涵、设计思想、实施原则与运作特点等四个方面,在附录中作了简要阐述,以帮助使用者更好地理解、把握本方案的要义,保证监测评估工作顺利、有效地进行。

本方案主要供项目学校进行自我监测评估时使用,促使学校认真总结项目实施的成功经验,增强学校自我反思、自我评估的能力,为学校持续、自主、内涵发展奠定基础。

在适当改编的基础上,本方案也可供各省、县学校在日常管理和进行监测评估时使用,本方案的内容在编写时已较好地考虑到了在更大范围使用时的适切性。本方案的质量和使用效果还要经反复的实践做不断地修订和改进。

1. SDP 监测评估的目的是什么?

对 SDP 进行监测评估,是制订和实施 SDP 必不可少的环节,是保证 SDP 制订和实施质量的重要手段。监测评估的目的为:

- 总结 SDP 制订和实施过程中的成功经验和做法,寻求其薄弱环节和需要改进的地方,促进学校制订有效的发展策略,实现学校预期的发展目标;
- 促进学校形成自我设计与实践、自我监控与调整、自我反思与评估、自我完善与发展的内在运行机制,强化学校发展的主体意识,提升学校的自主发展能力。
- 提高各项目省、县对学校服务、指导的针对性,调动学校办学的积极性、主动性和创造性,提升省、县项目实施推进的整体水准。

2. SDP 监测评估的程序是怎样的?

SDP 是校本管理的重要内容,体现了每个学校的发展目标、管理方法和行动过程,其监测评估应充分发挥学校的主体性,以学校自我监测评估(以下简称为:学校自评)为基础,同时,重视与外部监测评估(以下简称为:外部评估)相结合。

学校自评工作的基本程序如下:

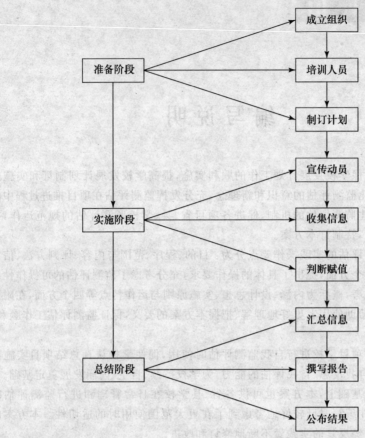

学校自评工作流程图

2.1 准备阶段

——成立组织。成立由学校主要领导及各部门负责人与教师、学生、家长、社区代表参加的自评小组,一般由5~7人组成,校长任组长,负责学校监测评估工作。

——培训人员。组织自评小组成员学习本方案,明确监测评估目的,熟悉监测评估程序、指标体系,掌握监测评估标准和评判要求、统计方法。

——制订计划。对监测评估内容进行人员分工,明确各阶段的工作任务及其相应的日程安排。

2.2 实施阶段

——宣传动员。召开教职工会议,全员了解《SDP监测评估方案》,公布监测评估实施计划,动员全体人员积极参与学校自评工作。

——收集信息。依据监测评估指标体系,利用信息收集表,通过座谈、访谈、问卷调查、查阅资料等多种方法,获取信息。

——判断赋值。在对获取的各类信息进行分类整理的基础上,进行实事求是的分析,对照监测评估标准,自评小组成员逐条判断赋值,每个人分别填写监测评估记录表。

2.3 总结阶段

——汇总信息。自评小组分析、归纳每张监测评估记录表与专题评估表,做出监测评估结论,完成学校整体性的监测评估记录表与专题评估表。

——撰写报告。根据学校自评结论,按照 SDP 制订和实施两大部分,总结经验、发现问题、制定对策,完成自评报告(自评报告格式见附件 X)。

——公布结果。将自评报告向 SDP 管理委员会和全校师生员工、社区群众公布。

● 外部评估的基本程序

外部评估的程序和学校自我评估的程序大体相同,但外部评估是一项专业性更强的工作。采用内外结合的监测评估,能更好地促进学校的改进和发展。其基本程序是:

——组织准备。确定监测评估学校,成立监测评估小组,下发监测评估通知书,监测评估小组作好评估前的各项准备。

——进校评估。监测评估小组认真阅读学校自评报告,依据本方案的指标内容和评估标准,明确分工和操作步骤,深入调查,广泛收集信息,经汇总后综合分析,得出评估结果,并及时向学校反馈。

——报告结果。评估小组组长根据监测评估人员意见,并吸取学校领导和有关方面意见后撰写监测评估报告。监测评估报告应及时分送被评估学校和有关部门。

3. SDP 监测评估的范围和内容有哪些?

SDP 监测评估范围分制订和实施与成效两大部分,其中制订部分包括制订的规范性和文本的合理性;实施与成效部分包括实施的规范性、自主目标实现和项目预期变化。指标体系如下:

3.1 SDP 监测评估指标体系

SDP 的制订(200 分)	A1 制订的规范性(100 分)	B1 组织建设(15 分)
		B2 职能发挥(10 分)
		B3 工作计划(10 分)
		B4 宣传培训(20 分)
		B5 信息收集(20 分)
		B6 问题排序(15 分)
		B7 资料管理(10 分)
	A2 文本的合理性(100 分)	B8 文本填写(20 分)
		B9 文本修改(20 分)
		B10 文本质量(40 分)
		B11 文本审核(10 分)
		B12 文本公布(10 分)

		B13 实施准备(15分)
		B14 履行职责(25分)
	A3 实施的规范性(100分)	B15 合作互动(20分)
		B16 自评调整(20分)
		B17 资源开发(10分)
SDP 的实施与成效		B18 资料管理(10分)
(300+50分)		类别1
		类别2
	A4 自主目标实现(100分)	类别3
		类别4
		类别5
		……
		B19 教育公平与学生关爱(24分)
		B20 教师的专业发展(21分)
	A5 项目预期变化(100+50分)	B21 参与式教学(24分)
		B22 全员参与学校管理(16分)
		B23 校社共建(15分)
		B24 学校特色与创新(50分)

3.2 SDP 制订情况监测评估内容与方法

一级指标	二级指标	评估内容	信息收集渠道	检测点	分值(分)
A1 制订的规范性 (100分)	B1 组织建设(15分)	建立了 SDP 管理委员会,人员由不同人群代表组成,有1名以上女性代表。	查阅材料	委员会人员的结构	15
	B2 职能发挥(10分)	SDP 管理委员会在制订 SDP 时起到组织、计划、指导和管理的核心作用。	查阅活动记录,访谈相关人员	委员会人员的职责分工、活动情况与实效	10
	B3 工作计划(10分)	按照 SDP 的技术流程,制订了推行 SDP 的行动计划,规定了 SDP 制订的顺序、时间和负责人,各项活动都能按照行动计划完成。	查阅日程表及活动记录	计划的工作内容、安排,计划的实施情况	10
	B4 宣传培训(20分)	1. 学校采取多种方法,通过不同渠道,在校内、社区宣传制订和实施 SDP 的意义和作用。	查阅活动记录,个别访谈	宣传的形式、内容,宣传对象对 SDP 的了解程度	10
		2. 开展了包括 SDP 管理委员会成员和教师在内的全员培训。	查阅培训记录、教师笔记,访谈	培训效果	10

续表

一级指标	二级指标	评估内容	信息收集渠道	检测点	分值(分)
A1 制订的规范性(100分)	B5 信息收集(20分)	1. 制订SDP时，充分征求不同人群对学校发展的意见、建议，信息来源具有广泛性和代表性。	查阅记录 个别访谈 调查问卷	征询意见、建议的数量，关注女性、贫困家庭等人群参与情况	10
		2. 召开了有各类不同人群的参与社区大会，注重弱势群体的参与。			10
	B6 问题排序(15分)	1. 在广泛征求各方面意见的基础上，采用问题树等办法，确定影响学校发展的主要问题。	查阅记录 个别访谈 座谈	排序采用的方法，排序过程的民主性	8
		2. 按照重要性排列问题的优先次序，对学校需要首先解决的问题有明确判断。			7
	B7 资料管理(10分)	有制订SDP时涉及的访谈、座谈、社区大会等活动情况记录和产生的相关资料。	档案类别、查阅原始记录、图片、电子文档	资料的分类、条目、数量	10
A2 文本的合理性(100分)	B8 文本填写(20分)	按照SDP文本格式完整填写，内容表述符合填写要求。	查阅文本	填写内容真实，与要求吻合，无遗漏	20
	B9 文本修改(20分)	1. 向师生员工、社区群众等各方面征求对SDP文本初稿的意见，修订文本。	查阅修改记录、答辩记录，访谈	采纳修改意见情况	10
		2. 向教育主管部门或县级项目办征求意见，或根据SDP答辩中提出的意见和建议，及时修订文本。			10
	B10 文本质量(40分)	1. 合理分析学校现状，规划设计切合学校实际的愿景或展望；明确学校存在的主要问题，制订相应的目标措施。	查阅文本，访谈	现状—展望—问题—目标—计划—措施的对应与合理情况	20
		2. 在学校展望—主要问题—目标措施—配套计划之间形成有效的逻辑支持结构和关系。			20
	B11 文本审核(10分)	SDP正式文本，在实施前须经教育主管部门或县级项目办的审批。	查阅相关文件或记录	教育行政部门审定意见	10
	B12 文本公布(10分)	向师生员工和社区群众公布审批定稿的SDP文本。	召开座谈会，个别访谈	对SDP文本的知晓情况	10

3.3 SDP制订情况监测评估记录表

时间：

一级指标	二级指标	分值	等级 优 1.0	等级 良 0.8	等级 中 0.6	等级 差 0.4	估等级的理由	得分 B	得分 A	总分
A1 制订的规范性(100)	B1 组织建设	15								
	B2 职能发挥	10								
	B3 工作计划	10								
		10								
	B4 宣传培训	10								

续表

一级指标	二级指标	分值	等级 优 1.0	等级 良 0.8	等级 中 0.6	等级 差 0.4	估等级的理由	得分 B	得分 A	总分
A2 文本的合理性(100)	B5 信息收集	10								
		10								
	B6 问题排序	8								
		7								
	B7 资料管理	10								
	B8 文本填写	20								
	B9 文本修改	10								
		10								
	B10 文本质量	10								
		10								
	B11 文本审核	10								
	B12 文本公布	10								

填写说明：

1. 评估人员依据指标内容收集信息，进行价值判断，将评估结果正确填入表内。

2. 对照二级指标的评估内容，依据等级标准，在二级指标评估内容所对应的等级格子内打"√"，进行等级评定；并在"评估等级的理由"一栏，简要陈述等级评定的理由。

3. 在"得分 B"一栏里填入每个二级指标的得分，含一项评估内容的二级指标，得分 B＝分值×等级比例；含两项评估内容的二级指标，得分 B＝分值(1)×等级比例＋分值(2)×等级比例。

4. 在"得分 A"一栏里填入相应二级指标的得分之和。同样，总分为各一级指标得分之和。

3.4　SDP 实施与成效情况监测评估内容与方法

一级指标	二级指标	评估内容	信息收集渠道	检测点	分值（分）
	B13 实施准备(15分)	1. 组织全体教师、SDP 管理委员会成员讨论、熟悉 SDP 文本内容。	查阅活动记录、访谈	有关人员对 SDP 文本问题、目标、措施的了解程度	5
		2. 学校领导和教职工，各职能部门、教研组或年级组都明确自身在实施学校发展计划中应承担的任务、职责和目标。	查阅各职能部门、岗位的工作计划、座谈、访谈		10

续表

一级指标	二级指标	评估内容	信息收集渠道	检测点	分值（分）
A3 实施的规范性（100分）	B14 履行职责（25分）	1. SDP 管理委员会能发挥监督、指导、协调职能，每学期召开会议，了解 SDP 实施情况，分析存在的问题和原因，提出相应的改进措施。	查阅会议记录、相关文件资料	各相关部门活动内容与职能发挥情况	7
		2. 学校管理团队能围绕 SDP 中设定的预期目标，组织开展各项工作，为承担不同职责的人员创造条件，提供支持。	查阅各职能部门、岗位的工作计划，座谈、访谈		9
		3. 学校各职能部门和教职员工能根据 SDP 中既定的目标，各司其职，完成任务。	查阅相关计划总结、访谈		9
	B15 合作互动（20分）	1. 利用展板、家校联系、社区活动等多种形式，通报 SDP 实施情况，让师生员工、家长和社区群众了解学校工作的进展，在校内外形成良好氛围，保证 SDP 的顺利实施。	座谈、访谈	教师、学生、家长、社区群众对学校发展的知晓和参与情况	10
		2. 学校管理团队、师生员工、家长和社区群众持续参与学校发展计划的实施活动，形成推进 SDP 持续开展的整体合力。	查阅活动记录，座谈、访谈		10
	B16 自评调整（20分）	1. 学校管理团队和教师对照计划内容，经常性地进行自我监测，总结经验，发现问题，及时调整，并形成自评机制。	查阅监测记录、访谈	监测评估制度及落实情况，调整计划的依据与工作情况	10
		2. 根据学校实际情况的变化，合理调整计划安排和目标要求。	查阅相关资料、访谈		10
	B17 资源开发（10分）	学校发展各项目标及活动所需资源落实到位。	查阅相关资料，实地查看	资源开发、到位与计划预期的一致性	10
	B18 资料管理（10分）	对实施 SDP 过程中的原始记录和资料分门别类归档，完整地加以保管。	查阅档案	资料的分类、条目，资料反映工作轨迹	10

续表

一级指标	二级指标	评估内容	信息收集渠道	检测点	分值（分）
A4 自主目标实现（100分）	类别1	各类别目标实现程度	查阅文本及相关资料，个别访谈，座谈，听课	措施落实情况，问题解决程度	
	类别2				
	类别3				
	类别4				
	类别5				
	……				
A5 项目预期变化（100分＋50分）	B19 教育公平与学生关爱(24分)	1. 适龄男女儿童平等入学，学校没有因性别、文化、社会地位、宗教信仰、贫富等因素导致的歧视现象。	查阅资料，校内观察	服务区内男女儿童入学率	3
		2. 学校采取措施，对来自弱势群体家庭的子女以及留守儿童给予更多的帮助。	座谈、访谈	措施落实情况	3
		3. 有特殊需要的学龄儿童能随班就读并得以平等相待。	查阅资料、观察、访谈	随班就读情况	3
		4. 师生关系融洽和谐，相互尊重，没有因师生关系紧张而导致学生退学、转学或厌学的现象。	查阅资料、观察、访谈、走访社区群众和家长	学生退学、转学或厌学的原因	3
		5. 教师能及时发现学生心理、行为、言语等方面的问题，并提供相应的帮助和指导。	查阅记录、访谈	学生心理、行为、言语方面表现	3
		6. 学校采取措施杜绝教师体罚或变相体罚学生的现象。	访谈、观察、座谈	体罚或变相体罚现象	3
		7. 学校能为学生定期体检，有学生健康档案；每天保证学生参加体育活动1小时。	查阅档案资料、访谈、观察	学生健康情况	3
		8. 学校为学生提供了安全的校园生活，对学生开展安全教育，设置安全警示语，为学生提供方便舒适的学校生活条件。	观察、座谈、访谈、查阅安全教育纪录	安全状况	3

续表

一级指标	二级指标	评估内容	信息收集渠道	检测点	分值（分）
A5 项目预期变化（100分＋50分）	B20 教师专业发展（21分）	1. 学校有教师专业发展的建设思路和计划。	查阅资料、访谈	计划的可行性	3
		2. 学校有帮助教师制订、落实个人发展计划的举措，并建立了教师专业发展档案。	查阅档案资料、有关文件、访谈	举措落实情况、档案建设情况	3
		3. 学校能结合实际，制订校本研修年度活动计划，并能有效开展教育教学研究活动。	查阅资料、活动记录、访谈	计划落实情况和实施成效	3
		4. 学校能通过引导教师撰写教学案例、成长故事等方式，提升教师自我反思能力。	查阅资料、访谈	教师自我反思能力	3
		5. 学校加强教研组职能建设，促进教研组成为学习型组织。	查阅资料、座谈、访谈	教研组活动	3
		6. 学校能够争取和创造各种条件，鼓励和支持教师参与校内外专业进修和学习交流活动。	查阅档案记录、访谈、问卷	活动效果	3
		7. 开展了学生参与的评教评学活动。	查阅活动记录、座谈等	活动情况	3
	B21 参与式教学（24分）	1. 学校能将参与式教学纳入新课程改革实施中，有实施方案和管理制度，能为教师提供参与式教学资源，为相关培训和教学活动创设条件，促使绝大多数教师树立理念，掌握方法，运用实践。	查阅资料、观察、访谈、问卷	学校领导重视程度	7
		2. 学校定期开展参与式教学研讨交流活动，及时解决参与式教学实施中遇到的问题，参与式教学成为校本研修的重要内容。	查阅活动记录、座谈、访谈、实地观察	运用情况	7
		3. 学校及时总结参与式教学的有效方法和经验，促进教育教学管理方式的改革和学校文化建设，促进学生自主、合作、探究学习能力的提高。	查阅活动记录、访谈、听课	成功经验	7
		4. 学校注重参与式教学成果的收集和积累，并能建立专项档案。	查阅相关资料	档案建设情况	3

续表

一级指标	二级指标	评估内容	信息收集渠道	检测点	分值（分）
A5 项目预期变化（100分＋50分）	B22 全员参与学校管理（16分）	1. 在SDP制订、执行、检查、总结的过程中，全员参与，形成自主管理的工作方式。	观察、访谈、查阅有关规定	全员参与度	4
		2. 在学校建章立制过程中，建立广大教职工共同参与的工作机制。	访谈、查阅相关规定、了解工作过程	机制运行情况	4
		3. 在广泛征求不同群体意见的基础上，形成学校重大事项经由教代会和学校发展管理委员会审议、通过的民主决策工作程序。	查阅会议记录、座谈、访谈	工作程序的运行情况	4
		4. 建立健全的校务公开制度并得以落实。	查阅相关制度文件	校务公开制度落实情况	4
	B23 校社共建（15分）	1. 学校管理委员会成员中有社区和家长等不同群体代表参加。	查阅相关资料	成员组成状况	3
		2. 根据学校发展需求，及时召开社区大会，共同研究学校发展事宜，促进学校发展。	查阅会议记录、访谈	社区大会内容	3
		3. 学校能积极主动争取社区支持，加强与社区政府和相关组织的联系，充分挖掘和利用社区资源。	查阅相关记录、走访群众	资源开发和利用情况	3
		4. 学校积极协助社区开展各种活动，学校资源向社区开放，实现资源共享。	查阅活动记录、观察、走访	资源共享情况	3
		5. 建立家校联系制度，定期召开家长会、进行家访，通过多种方式和渠道，促进学生健康成长。	查阅会议记录和家访纪录	制度落实情况	3
	B24 特色与创新（50分）	在学校管理和教育教学等活动中逐步形成了具有独特、稳定的经验和工作机制。	查阅相关资料、座谈、观察	经验和机制的个性化	50 附加分

3.5 SDP 实施与成效情况监测评估记录表

时间：

一级指标	二级指标	分值	等级				估等级的理由	得分B	得分A	总分
			优 1.0	良 0.8	中 0.6	差 0.4				
A3 实施的规范性(100)	B13 实施准备	5								
		10								
	B14 履行职责	7								
		9								
		9								
	B15 合作互动	10								
		10								
	B16 自评调整	10								
		10								
	B17 资源开发	10								
	B18 资料管理	10								
A4 自主目标实现(100)	类别 1									
	类别 2									
	类别 3									
	类别 4									
	类别 5									
	……									
A5 项目预期变化（100+50）	B19 教育公平与学生关爱	3								
		3								
		3								
		3								
		3								
		3								
		3								
		3								
		3								
		3								
	B20 教师专业发展	3								
		3								
		3								
		3								
		3								
		3								

续表

一级指标	二级指标	分值	等级				估等级的理由	得分B	得分A	总分
			优 1.0	良 0.8	中 0.6	差 0.4				
A5项目预期变化（100＋50）	B21参与式教学	7								
		7								
		7								
		3								
	B22全员参与学校管理	4								
		4								
		4								
		4								
	B23校社共建	3								
		3								
		3								
		3								
		3								
	B24学校特色与创新	50								

填写说明：

1. 评估人员依据指标内容收集信息，进行价值判断，将评估结果正确填入表内。
2. 对照B级指标的评估内容，依据等级标准，在B级指标评估内容所对应的等级格子内打"√"，进行等级评定；并在"评估等级的理由"一栏，简要陈述等级评定的理由。
3. 在"得分B"一栏里填入每个二级指标的得分，含一项评估内容的二级指标，得分B＝分值×等级比率；含两项或两项以上评估内容的二级指标，得分B＝分值(1)×等级比率＋分值(2)×等级比率＋…＋分值(n)×等级比率。
4. 在"得分A"一栏里填入相应二级指标的得分之和。同样，总分为各一级指标得分之和。
5. 一级指标A4所包括的各项二级指标的分值，应根据学校实际类别的数量，每个类别平均赋分。

4. SDP监测评估采用怎样的评判方法？

本方案采用二次量化的评判方法，即等级—分数—等级。具体操作过程如下：

4.1 确定各B级指标评估内容的等级

本方案各B级指标评估内容的等级划分为四个等级，即优、良、中、差。

各等级的判断标准和得分比率见下表：

等级	优	良	中	差
标准	主要是优点	优点多于不足	有一些重要的不足	存在大量不足
得分比率	1.0	0.8	0.6	0.4

打分时，先对照评估标准，依据等级标准判断各B级指标评估内容的等级。

4.2 计算B级指标的得分

含一项评估内容的B级指标，得分B＝分值×等级比率；含两项或两项以上评估内容的B

级指标,得分 B=分值(1)×等级比率+分值(2)×等级比率+…+分值(n)×等级比率。

4.3 计算 A 级指标的得分

A 级指标的得分=各 B 级指标的得分之和。

4.4 计算制订部分得分与等级划分标准

(1) SDP 制订部分得分以 A1(制订的规范性 100 分)、A2(文本的合理性 100 分)的得分统计,满分为 200 分。

制订部分得分=各 A 级指标的得分之和。若有 n 个监测评估人员参加,以 n 个得分的平均分为最终制订部分得分(采用四舍五入)。监测评估结果以等级表示,制订部分得分等级划分标准:

优:[180,200]　良:[140,179]

中:[100,139]　差:[99 以下]

(2) SDP 实施与成效部分得分以 A3(实施的规范性 100 分)、A4(自主目标实现 100 分)、A5(项目预期变化 100 分+50 分)的得分统计,满分为 300 分,A5(项目预期变化)中的 B24(特色与创新 50 分)得分作为附加分,不记入等级评判分,但其计算方法同上。监测评估结果以等级表示,实施与成效部分得分等级划分标准:

优:[270,300]　良:[210,269]

中:[150,209]　差:[120 以下]

(3) SDP 制订和实施与成效情况监测评估总得分满分为 500 分。

总得分=制订部分得分+实施与成效部分得分。监测评估最终结果以等级表示,总得分等级划分标准:

优:[450,500]　良:[350,449]

中:[250,349]　差:[200 以下]

5. SDP 监测评估信息收集工具

这部分包括针对教师、家长和社区群众设计的问卷调查表、学生访谈提纲等,供监测评估人员参考使用。它将帮助监测评估人员在评估过程中收集有关 SDP 制订和实施与成效情况的原始信息,发现学校的优势、不足,并为进一步制订和完善 SDP 提出意见和建议。

5.1 监测评估调查问卷(用于教师参考)

(请在你确定的选项后打"√")

1. 你对 SDP 制订、学校发展目标确立的参与程度

积极参与(　)　一般性了解(　)　很少了解(　)　从不参与(　)

2. 你认为学校在常规管理方面(层级、职责、运转)的绩效

明显(　)　较明显(　)　一般(　)　不明显(　)

3. 你对学校各项规章制度,包括自我评价制度的建设与责任制的落实的看法

有制度能落实(　)　　　　　部分制度能落实(　)

有制度不落实(　)　　　　　无制度(　)

4. 学校对师德规范、师德考评

重视(　)　比较重视(　)　一般(　)　不够重视(　)

5. 校长对教学工作

亲自上课带头研究(　)　　　比较重视(　)

很少过问(　　)　　　　　　　　　　从不关心(　　)

6. 近三年来你依据学校教师业务培训计划，接受过

　　学历培训(　　)　　　　　　　　业务进修(　　)

　　其他培训(　　)　　　　　　　　没有接受任何培训(　　)

7. 校长对教师及其家庭生活情况

　　非常关心(　　)　　有时关心(　　)　　很少关心(　　)　　从不关心(　　)

8. 你认为学校在后勤服务与财务公开方面做得

　　好(　　)　　　　较好(　　)　　　　一般(　　)　　　　差(　　)

9. 你对学校德育常规教育与班集体建设

　　满意(　　)　　　较满意(　　)　　　一般(　　)　　　不满意(　　)

10. 学校对有行为偏差学生转化

　　好(　　)　　　　较好(　　)　　　　一般(　　)　　　不够重视(　　)

11. 你认为学生日常行为规范达到县(区)行为规范合格校水平吗

　　完全达到(　　)　　基本达到(　　)　　尚未达到(　　)

12. 教研组活动情况

　　有制度能落实(　　)　　　　　　　部分制度能落实(　　)

　　有制度不落实(　　)　　　　　　　无制度(　　)

13. 学校是否有符合学校实际和教学实际的专题研究计划，有措施、有检查、有总结、有交流、其成效

　　明显(　　)　　　较明显(　　)　　　一般(　　)　　　不明显(　　)

14. 学校有语言文字工作计划，对普通话

　　有要求(　　)　　一般要求(　　)　　很少要求(　　)　　不要求(　　)

15. 你对学校的办学条件

　　满意(　　)　　　较满意(　　)　　　一般(　　)　　　不满意(　　)

16. 你认为社区在关心学校、帮助解决困难、援助失学儿童、资助贫困生等方面，与学校的联系

　　密切(　　)　　　　一般(　　)　　　　很少来往(　　)

17. 学校周边环境对学校正常的教学秩序

　　无干扰(　　)　　　有时干扰(　　)　　　干扰严重(　　)

18. 校内和学校周边是否发生过抢学生财物钱、围攻打架、闲杂人进学校骚扰等事件

　　从未发生(　　)　　偶尔发生(　　)　　经常发生(　　)

19. 校长对于学校的重大事情是否听取教师的意见

　　能够倾听教师意见(　　)　　　　　有时和教师商量(　　)

　　很少和教师商量(　　)　　　　　　从来不和教师商量(　　)

20. 您对学校进一步发展有什么建议？

5.2 监测评估调查问卷（用于社区/家长参考）

（请在你确定的选项后打"√"）

1. 你对学校的板报、各种专栏、标语图片等文化环境建设感到

　　满意（　　）　　较满意（　　）　　一般（　　）　　不满意（　　）

2. 学校周边环境对学校的正常教育有

　　无干扰（　　）　　有时干扰（　　）　　干扰严重（　　）

3. 对学校成立的家长委员会、举办的家长学校、校长接待日、定期家访和家长会你的态度是

　　支持（　　）　　较支持（　　）　　一般（　　）　　支持不够（　　）

4. 你对学校的办学水平感到

　　满意（　　）　　基本满意（　　）　　有意见（　　）　　很不满意（　　）

5. 教师有无体罚和变相体罚学生的情况

　　没有（　　）　　有（　　）

6. 你对学校最为满意的是

　　能控制作业量（　　）　　　　　　无全班性补课（　　）

　　不按考试成绩公布学生名次（　　）　　不设重点班、快慢班（　　）

　　不滥发各种复习资料（　　）　　　残疾学生随班就读（　　）

7. 你对学校工作感到不满意的是

　　教学质量差（　　）　　　　　　办学条件差（　　）

　　乱收费（　　）　　　　　　　　学生课业与心理负担重（　　）

8. 学校对学生的德育常规教育与班集体建设

　　重视（　　）　　较重视（　　）　　一般（　　）　　不够重视（　　）

9. 学生有无参加社会公益劳动和社区服务的劳动习惯

　　有（　　）　　少（　　）　　没有（　　）

10. 学校是否对学生的日常行为规范有要求

　　有要求（　　）　　很少要求（　　）　　无要求（　　）

11. 你认为学生的课外作业量重不重

　　有些重（　　）　　不太重（　　）　　合适（　　）

12. 在帮助失学儿童返校、资助贫困学生、解决学校办学中的重大问题等方面，学校与社区的联系

　　密切（　　）　　不明显（　　）　　没有联系（　　）

13. 学校是否邀请家长和社区代表开会，征询对学校办学的意见和建议

　　经常（　　）　　有时（　　）　　基本不征询（　　）　从来没有（　　）

14. 您认为儿童不上学或中途辍学的最主要原因是

　　家庭困难供不起（　　）　　　　念书没有用（　　）

　　供女孩子上学不合算（　　）　　学校办学条件太差（　　）

　　教学质量太低（　　）

15. 您对学校进一步发展有什么建议？

―――――――――――――――――――――――――――――――――

5.3 学生访谈提纲(供评估人员使用)

1. 在你所学的学科里,你喜欢哪些课,为什么?
2. 你对学校安排的作息时间满意吗?
3. 老师布置的作业,除了课堂上做一部分外,课外的作业量大不大?能做完吗?
4. 节假日学校有无补课情况?
5. 你认为你的学习负担重不重?
6. 学校的收费项目与标准向学生和家长公开吗?这学期你交了多少钱?
7. 学校对学生的日常行为规范有要求吗?你对逃学、出走、轻生有警觉吗?
8. 你参加什么艺术兴趣小组,开展过什么活动?
9. 你参加学校组织的社会公益劳动和社区服务吗?你在家里能帮父母做一些力所能及的劳动吗?
10. 你喜欢学校吗?为什么?
11. 你在课堂上喜欢发言吗?
12. 老师有没有体罚和变相体罚学生的情况?
13. 学校和老师对学生学说普通话有要求吗?
14. 校长、老师对每个学生的态度是公平的吗?
15. 你和你的同学受到过别人的欺负没有?

6. SDP 自我监测评估报告格式

● 自评工作概况:包括自评工作准备、参与评估的人员组成、评估过程、收集信息的情况及质量等。

● 评价结果:

按照评估指标标准,分制订和实施两大部分,分析和概括学校在如下两方面的总体情况。

——主要经验和成绩
——需要改进的方面

● 建议和解决办法

针对需要改进的方面,讨论研究,提出切合实际的改进措施。

附　　录

1. SDP 监测评估的内涵

SDP 的监测评估,是 SDP 制订和实施过程中必不可少的一项工作。其内涵可表述为:运用教育评估的理论和方法,发挥教育评估的导向、诊断、激励、改进的功能,对 SDP 制订、实施过程的运作规范性和实效性进行价值判断,强化学校的目标意识、责任意识,总结成功经验、改进和完善运作机制,提高办学效能的监测评估活动。这里的监测,就是经常检查

SDP 在实施过程中规定应该做的事情是不是做了、做到什么程度;评估就是对目标达成度的估价,对 SDP 中目标完成情况的分析总结。监测是评估的基础,及时准确的监测能为评估提供和积累大量的信息和证据;评估则是一种比较,与既定目标比较,与学校自身的发展比较,与同类学校比较,这样才能做出科学、合理的判断。

SDP 项目的监测评估是以 SDP 为主线,围绕 SDP 制订—实施—总结这一过程循环往复,形成学校自我监测评估与外部监测评估相结合的运行状态。这一运作状态,依据监测评估的目的、内容来划分,可把 SDP 项目的监测评估分为以下三种类型:

SDP 制订的监测评估,是学校发展计划制订后,对制订过程规范化和规划文本合理性的价值判断,增强学校后续发展的规范意识,提高学校自我规划的能力,促进项目的有序推进。

SDP 实施的监测评估,是学校发展计划实施过程中,对实施运作状态的诊断和对阶段目标达成度的价值判断,充分运用监测评估结果,适时调整、充实发展规划,改进学校管理,保障规划顺利实施和促进学校发展目标的实现。

SDP 总结的监测评估,是学校发展计划实施年限期满后,对学校历年来规划实施情况整体发展的态势和目标达成度进行全面的价值判断,总结学校成功经验,寻求发展生长点,为学校制订新一轮发展规划提供可靠依据。

2. SDP 监测评估的设计思考

——监测评估内容,以 SDP 文本制订的规范性、合理性和文本实施的规范性、实效性两大模块相结合,形成对 SDP 项目全过程的监测评估,注重监测评估内容的全面性和整体性。

——监测评估标准,以共性的规范标准和个性的选择标准相结合,注重监测评估标准的绝对性和相对性,有助于促进项目实施的规范运作,创设和尊重学校自主发展空间,调动学校办学的积极性、主动性和创造性。

——监测评估过程,以项目实施过程与监测评估过程相结合,开展形成性评估和终结性评估,尤其注重形成性评估的诊断、改进功能,及时发现问题,及时反馈信息,及时改进不足,及时总结成效,促进项目的顺利推进、实施。

——监测评估方法,以学校自我监测评估与外部监测评估相结合,重视学校的自我监测评估,以学校的自我认识、自我改进、自我完善为归宿,催生学校自主发展长效机制的构建,提升学校自主发展能力。

——监测评估结果处理,以激励与改进相结合,充分发扬学校项目实施的有效经验与成效,提出改进工作与调整、完善计划的举措,促进学校的可持续发展。

3. SDP 监测评估的实施原则

——绝对评估、相对评估和个体内差异评估有机结合,以个体内差异评估为主。

SDP 项目监测评估重视学校的未来发展,重在促进学校在原有基础上的发展,对体现规范性指标的监测评估侧重于绝对评估与相对评估相结合,以确定学校规范制定、实施行为与 SDP 项目技术流程客观标准的差距,以及在同类学校中规范化程度的位次;对反映学校自主发展内容指标的监测评估,以个体内差异评估为主,重在学校的现在与过去的纵向比较,凸现学校自主发展成效的价值判断,激励不同条件背景、不同层次学校自主发展的积极性,使学校获得成功的体验,增强学校发展的内驱力。

——形成性监测评估和终结性监测评估有机结合,以形成性监测评估为主。

SDP项目监测评估,把整个监测评估视为与学校发展计划文本制订、实施、总结相结合的活动过程,需要对学校发展计划实施年限到期后的终结性监测评估,但更强调规划实施期间重诊断、勤反馈、求改进、促发展的形成性监测评估,促进学校针对偏离素质教育与学校期望目标要求的问题,采用必要的纠正措施,完善可持续发展的运行机制,从而确保学校项目顺利、健康地实施和推进。

——自我监测评估与外部监测评估有机结合,以自我监测评估为主。

SDP项目监测评估,认为受评学校是发展的主体,有效的监测评估应建立在对受评者高度信任及其自尊、自信、自觉的基础上,以受评学校的自我认识、自我改进、自我完善为归宿,因而必须坚持以自我监测评估为主,建立学校的自我监测评估组织与制度,不断增强受评学校的自我监测评估意识,调整评估心态,提高自我监测评估能力,形成学校内部的自律工作机制。

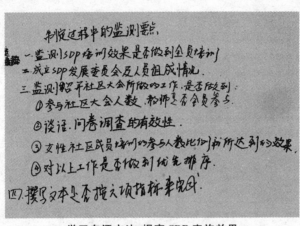

学习自评方法,提高SDP实施效果

4. SDP监测评估的运行特点

——主体性。监测评估应充分发挥学校的主体作用,引导和促进学校建立自我监测评估组织和制度,增强学校自我发展的责任意识,促成"要我评"转变为"我要评"的监测评估心态,把自我监测评估行为作为学校自身发展的需求,优化学校自我发展的内在机制和能力,不断完善自我、发展自我。

——差异性。监测评估要依据每个学校不同的发展基础,尊重学校符合教育方针的自主选择的发展目标、内容和达成标志,依据学校的发展基础、考察学校的发展过程、判断学校自订目标的达成度,重视对学校发展态势和绩效的纵向比较,让每所学校在自身发展过程中获得成功的体验。

——过程性。监测评估以未来的可持续发展为出发点和归宿,把学校发展过程与监测评估过程统一起来,充分发挥监测评估的诊断和改进功能,在及时反馈信息,及时发扬成绩的基础上,及时发现问题,及时改进工作,及时调整规划,增强学校自主发展的能力。

——互动性。监测评估要求监测评估双方建立相互信任,共同合作的工作基础,努力创设平等合作、协同研究、相互促进的工作氛围,使监测评估过程成为不断提高学校管理水平、完善学校内在发展机制和提高监测评估工作水准的过程。